云南省"十二五"规划教材

主　编◎杨斯迈
副主编◎陈　蕊　李源源　郭德民　孙海艳
总审校◎杨　勇　杨　苍

精编基础会计

JINGBIAN JICHU KUAIJI

西南财经大学出版社
Southwestern University of Finance & Economics Press

图书在版编目(CIP)数据

精编基础会计／杨斯迈主编．—成都：西南财经大学出版社，2011．5
ISBN 978－7－5504－0248－5

Ⅰ．①精…　Ⅱ．①杨…　Ⅲ．①会计学—教材　Ⅳ．①F230

中国版本图书馆 CIP 数据核字(2011)第 067923 号

精编基础会计

杨斯迈　主编

责任编辑：孙　婧　于燕飞
助理编辑：李　婧
封面设计：何东琳设计工作室
责任印制：封俊川

出版发行	西南财经大学出版社(四川省成都市光华村街 55 号)
网　　址	http://www. bookcj. com
电子邮件	bookcj@ foxmail. com
邮政编码	610074
电　　话	028－87353785　87352368
印　　刷	四川森林印务有限责任公司
成品尺寸	185mm×260mm
印　　张	24. 5
字　　数	540 千字
版　　次	2011 年 8 月第 1 版
印　　次	2011 年 8 月第 1 次印刷
印　　数	1— 3000 册
书　　号	ISBN 978－7－5504－0248－5
定　　价	43. 80 元

前言

基础会计既是会计学科的最前续课程，也是学好会计学最基础的课程。好比在沙滩上盖建摩天大楼，如果基础不稳，摩天大楼纵有华丽的外表，外界稍有风吹草动，就会轰然倒塌。我在多年会计教学过程中问过中专、大专、大本、研究生学习会计学的学生，当被问起他们为什么学了后续课程（如财务会计、纳税会计、成本会计等）后，仍然对会计学课程掌握不好时，他们都把原因指向“没学好基础会计”，或归于老师引导不对，或归于教材编得没有新意，枯燥无味，应有的会计思维建立不起来，应有的会计逻辑若明若暗。学到后续课程像被“拖着走”、“听天书”。

基础会计理应为会计学体系提供“三基”内容：

●基础概念：包括基本理论、基本术语、基本知识；

●基本方法：会计学有实践性强的特点，方法至关重要；

●基本技能：会计学不仅实践性强，而且要求有较强的动手能力。会计核算号称以“记账、算账、报账”为主要内容，除要掌握会计理论、专门的会计方法外，还要具有一定的技能，这样在离开会计教科书后，才会记账、算账和报账。故此，本教材的英文名不取“Basic Accounting”，而取“Essential Accounting”。Essential，有“精义”、“精髓”、“本质”的含义。

多年的教学实践让我明白，学好基础会计是解决“**会不会做账**”的问题，学好其后续课程（如财务会计等）是解决“**如何做好账**”的问题。

创新是我们这样一个有五千年文明古国的一切学问的生命力所在。编一本“学生爱学、教师爱教”的基础会计教科书，是本教材追求的目标，在会计核算的四个环节——确认、计量、记录、报表中，初学者会感到概念空泛、规则难记、计量中的数字烦人、理论和实务脱节等诸多困难。所以本书既要遵循培养“应有会计思维”的规律性，也要遵循认识论的规律性，从易到难，从简单到复杂，在众多会计方法中找出最重要的方法，反复讲、反复练。通过本教材的系统学习后，在遇到一笔经济业务（经济交易事项）时，既能正确地选择科目账户，又能正确地运用复式记账原理、借贷记账法，正确地按照公认会计准则（我国为企业会计准则、中小企业会计制度、金融业会计制度）的记账规则去进行“会计处理”，最终能以描述该经济业务的“国际通用商业语言”——会计分录进行表述时，初步的“会计思维”就算建立起来了，“会做账”的问题就基本解决了，再通过工业制造业企业资金运动（资金筹集、生产准备及采购、生产加工、产品销售、利润形成及分配）诸环节，重复练习选择会计科目及借贷记账法，应有的“会计思维逻辑”就建立起来了。特别是在工业制造业企业经济交易事项的会计处理中，凭证、账簿、报表都以仿真的形式出现，初学者就会自然而然地进入会计学殿堂之中了。以后再学高级、复杂的会计课程，问题都会迎刃而解。

创新有两种，一种是原创性的创新，如物理学中的“物质不灭定律”、相对论，要在基础会计中搞原创性的创新，本人没那个本事，也不想在此标新立异；另一种是站在前辈巨人的肩膀上，把他们的会计思维的智慧，进行新的组合、嫁接，把有些编书者有意或无意疏漏的内容捡起来，比如对于“公认会计准则”（我国的企业会计准则）这样的记账规则、游戏规则内容的取舍，教材应如何处理？一开头讲它吧，非常空洞，读之如同嚼蜡；但不讲，没有规则、惯例指导的会计核算，怎么称得上“国际通用的商业语言”？你编出的会计报表，人家读不懂，怎么能到国际资本市场去融资？中国怎么走工业化道路？再有就是诸多的会计方法，如何把他们串起来，这就要讲不同企业类型会计核算中的“会计循环”。会计循环可以在“会计凭证→会计账簿→会计报表”过程中，将不同的会计方法以应有的“会计逻辑”串起来，以解决理论和会计实务脱节的问题。本教材既不追求多种会计方法的堆砌，也不追求只讲空泛的会计理论。本教材追求学完这本教材后“会做账”，为学后续课程“做好账”做准备。

本书的创新之一，是将“专门的会计方法体系”与“会计假设、会计准则、会计惯例”及“会计循环”，构成本教材“三位一体”的知识框架。

本书的创新之二，是在多年的会计教学以及产生的诸多会计方法中，正确地选择“会计科目（账户）”以及正确地运用“复式记账原理”是“会做账”的关键方法。许多初学者就是因为没把这个基本功掌握好，所以正确的“会计分录”做不出来，实现不了“会做账”的愿望。故本书将以上两种方法的反复应用作为全书的一条红线，遇到经济业务时，反复练：首先该经济业务应选择何种会计科目（账户）去描述；该类会计科目（账户）应归属于哪种会计要素，是增加还是减少；该会计要素在扩展的会计恒等式（资产+费用=收入+负债+所有者权益）中，处于等号的哪一方；然后按照复式记账原理，等号左方的要素计量时是“借增贷减”，等号右方的要素计量是“借减贷增”；并在默默诵念复式记账的记账规则“有借必有贷，借贷必相等”的过程中做出会计分录。这样的练习贯穿全书综合练习的每一道题。这样做，开头会慢，但练完全书近百道经济业务的综合练习后，初学者大概就会了。这种创新方法，我在多年的校内教学及校外培训班上屡试不爽。本人愿在本书中将此种创新奉献给读者。

创新之三，是图文并茂。会计教材本身表达的内容就比较枯燥，加之所反映的资金运动“此增彼减”、“此减彼增”的回路很复杂，更增加了这种枯燥。这本教材为避免这种问题，从初学者的角度出发，尽量配图加以说明。除此之外，“重要的提示”、“知识点链接”也以最简单的图形说明。看这样的创新尝试能否提升学生“愿意学”及教师“很好教”的兴趣问题。

本书的创新之四，是力争做到“有所为、有所不为”。与会计从业资格证考试（会计生涯的入门证）的知识有密切联系，且确定是基础会计内容的，“有所为”，一定讲深、讲透；如果延伸到后续课程（如财务会计等），则“有所不为”，不难为初学者。毕竟基础会计只教会“如何做账”，而财务会计则解决“如何做好账”的问题。

本书的创新之五，是以实际会计处理中的凭证、账簿以及报表来记录会计信息。“记账、算账、报账”以及从“凭证→账簿→报表”的内容，是会计核算的核心内容。初学者一般不易接触到这些仿真的证、账、表，如果不在适宜的时候，用仿真的证、账、表将文字表述表现出来，初学者始终不能有“身临其境”的感觉。为使初学者尽快地建立“会计思维”，使初学者学完基础会计后，脱离教科书，学生就能达到“会做账”的目的，这也算为克服会计教学中理论教学与实际操作“相脱钩”的问题作点贡献吧！

本书的创新之六，是要解决“基础会计”与“财务会计”脱节的问题。本人在多年的教学实践中发现，一些学生觉得“基础会计”学得还好，但一到“财务会计”觉得无形中难度增大了不少。究其原因，是一般的基础会计不讨论六大会计要素及所归属的会计科目的内涵、功能、借贷记账法的应用及余额的方向。本书从第5章到第9章，分别讨论了六个会计要素及所归属的会计科目的简单的会计处理（简单地做出会计分录），而把更深入的内容留给“财务会计”去讨论。这样，既不违反“有所为、有所不为”的原则，又能解决“基础会计”与“财务会计”脱钩的问题。

说有创新，但本教材既不应该是“离经叛道”，也不是“标新立异”，它只是在前人成果的基础上加上一点创新理念形成的。因此在书后，我们注出了所参考的书以及作者的名录，以表达我们对前边编书作者辛勤耕耘的敬意。

本教材由杨斯迈教授主编，陈蕊、李源源、郭德民、孙海艳任副主编，杨勇、杨苍任总审校。刘玉伟进行了图文编校工作。

由于水平有限，各位读者如发现编书过程中的不慎或错漏之处，请不吝赐教。

杨斯迈

识于2011年新年始

导读

基础会计的“基础”，并不意味简单，也不意味容易。会计是经济管理的一个分支，但很多经济学教授不愿意教会计学课程，甚或是一些能讲“财务会计”课程的老师不一定讲得好“基础会计”。这说明，一本“学生高兴学、教师高兴教”的“基础会计”教材，编写及学习起来，是有一定路径的。本书建议想教好学生的老师和初学会计的学生一定要读此“导读”。

本书内容分成两大部分：第1章到第13章是营利性企业会计；第14章为非营利组织会计。本教材重点介绍营利性企业会计。

第1章到第13章内容中，突出的中心内容是会计核算和监督的实体内容：即“记账、算账和报账”、“会计凭证→会计账簿→会计报表”以及“会计核算的四环节——确认、计量、记录以及报表”。第1章到第13章，分成四块内容：第一块从第1章到第4章，属于“概论的部分”；第二块从第5章到第9章，讨论六个会计要素；第三块从第10章财产清查、第11章账务处理程序与会计循环到第12章会计报表，将概论中七种专门的会计方法中没有讲完的会计方法进一步完善，并加上“账务处理的程序与会计循环”的内容。经过这一块内容的补充，从“会计凭证→会计账簿→会计报表”的整个流程、会计专门方法、账务处理程序和会计循环，就完善、健全和成体系了。第四块内容，是前三块内容“水到渠成”的结果。会计核算对象的营利性企业，分成三种类型，即从业务最简单的服务类企业，到业务略微复杂的商品流通企业，再到业务最复杂的工业制造企业。本教材选取了经济业务最复杂的工业制造业企业资金运动，将资金运动各环节（资金筹集、生产准备、制造加工、产品销售、财务成果）所涉及的经济业务、会计科目选取、正确运用借贷记账法，通过60笔经济业务编出会计分录，然后以仿真的会计凭证、会计账簿及会计报表，在第13章中进行课堂的仿真练习。初学者经过全书近百道习题的实训，不仅可以巩固基础会计中的基本概念，而且通过练习最重要的选择会计科目及运用借贷记账法，可以建立起初学者“应有的会计思维”；再较为真实地模拟了工业制造业企业资金运动各环节的会计处理，则建立起“应有的会计逻辑”。最后，从记账凭证出发，经历了会计账簿，形成了会计报表。此时，初学者明白了：会计人员从经济业务映射获取原始凭证得到的原始会计信息，如何通过记账凭证进行第一道加工，再通过会计账簿进行第二道加工。最后，经过第三道加工，会计报表所形成的会计信息，提供给信息需求者（投资者、债权人、企业管理层、政府税收机构、供应商等），以供他们决策之用。至此，会计作为一个经济主体的经济信息系统完整地呈现在初学者面前，初学者再不会把会计当成虚无缥缈、可望而不可即的概念。离开这本教材，初学者应能实际操作，达到“会做会计账”的水准。

在第一块的第1章中，通过会计发展的历史，总结出会计的定义：会计是经济主体的经济信息系统，由于它为经济决策服务，所以是一种经济管理活动。这个定义贯穿了全书的内容：既然会计是以提供财务会计信息的经济信息系统，所以它要以七种会计专用方法处理、加工、分类、归纳会计信息（基础会计阶段，为初学者建立“应有的会计思维”，重点讲述、反复练习会计科目和账户及借贷记账法）；以公认会计原则（我国的企业会计准则、中小企业会计制度、金融企业会计制度）规范会计核算；以账务处理程序和会计循环（在第11章中介绍）将会计方法按一定程序串起来。在第1章中，有会计专用的七种方法，即科目设置、复式记账、会计凭证、登记账簿、成本计算、财产清查、会计报表。七种专门方法、28个字，初学者一定要熟记。“会计假设和会计原则”在“基础会计”阶段也很重要，但让初学者在概论中就死背这些会计原则，会凭空给初学者增添了一份枯燥和无奈。所以本教材以下面三种方法解决：第一，“国际公认会计准则”和“我国现行的企业会计准则体系”都同样强调的“会计核算四大假设”，即会计主体、货币计量、持续经营、会计分期，这四大假设、16个字，要在弄懂内涵的基础上进行熟记；第二，由于2006年6月我国重新修订并颁布的《企业会计准则》与会计核算的国际惯例开始趋同，所以，介绍国际公认会计准则是必要的，但是九个会计准则不必死记硬背，书中每项原则均给出了中国资本市场中会计核算的案例，给初学者建立“应有的会计思维”。让他们了解：遵循这些原则和假设，反映的会计信息是“真实的、公允的以及连续的”，不遵循这些原则和假设，就会“粉饰报表”、“做假账”；第三，我国现行的企业会计准则，只与国际公认会计准则“趋同”，所以，一定要介绍“我国现行的企业会计准则体系”，要熟记“会计信息的八项质量要求”、“五种计量属性”等内容。

第一块第2章中的会计要素、会计科目与会计账户与第3章复式记账（借贷记账法），两部分内容是七种会计专门方法中的中心内容——可以说，把这两部分内容熟练掌握了，“应有的会计思维”就建立起来了，遇到简单的经济业务，就“会做账”了。注意，本教材编写的特点，是将“会计账户”编在先（第2章），将“借贷记账法”编在后（第3章），但会计账户的“结构”就包含了借贷记账法的内容。会计核算时，通过会计报表向企业外部提供会计信息，资产负债表和利润表是两张最主要的报表。资产负债表中有三个会计要素，即资产、负债及所有者权益；利润表中也有三个会计要素，即收入、费用及利润。六个会计要素是对会计信息最基本的分类，在每个会计要素下，又划分成若干会计科目，每一会计科目，代表一种会计现象（我们按照“会计账户按经济用途及结构”分类的原理总结，“基础会计”常用的会计科目有47个），是对会计信息的更细的分类。会计科目是会计账户的名称，会计账户是会计科目加一定的账户结构。第3章借贷记账法是以复式记账原理为基础的。复式记账原理既是现代会计发展中的一个里程碑——因为它能说明资金的来龙去脉，而且也是基础会计的一个难点。本教材创新性地利用拓展的会计基本等式，等号左边的要素（资产、费用）"借增贷减"，等号右边的要素（收入、负债、所有者权益）"借减贷增"，前边针对经济业务正确选取会计科目及所归属的会计要素，后边加上记账原则——"有借必有贷、借贷必相等"。第3章的第3节又举出能应用17个会计科目的经济业务进行借贷记账法的实际训练，每一笔经济业务都进行了会计处理分析，通过这样反复练习，相信绝大多数初学者一定能克服基础会计的学习难关。

第一块的第4章介绍七种会计专门方法中的会计凭证和会计账簿。从原始凭证获取的经济业务的原始信息，在记账凭证中进行了第一次信息加工。记账凭证既涉及了会计科目，又涉及了账户结构，体现了借贷记账法。从记账凭证"过账"到会计账簿中，总账和明细账的平行登记，证（凭）—账（簿）数字相符，账（簿）—实（物）相符，既体现了会计的核算和监督两大功能，又体现了在会计凭证之后，对信息的第二次加工。

第二块知识，从第5章到第9章，逐步讨论了六个会计要素。基础会计常用的会计科目有47个，在第3章第3节"借贷记账法举例"中，只涉及16个会计科目，余下的31个会计科目如何运用借贷记账法，要在此处解决。这样，在第13章"借贷记账法的实际应用——以工业（制造业）企业为例"中，遇到实际经济生活中所有经济业务时，都能从容应对了。

第三块知识，第10章"财产清查"，主要解决实物资产与账簿记录的实物的账实相符的问题，同时，要解决实物的盘盈、盘亏以及如何进行账务处理问题。第11章"账务处理程序与会计循环"，是将会计专门方法按一定程序和循环途径串起来的知识和技能，它是书本中的会计方法与实务中的运作方法之间的一种不可或缺的补充。账务处理程序，主要是解决不同企业规模（大、中、小型企业）如何选择会计核算方法；会计循环，则是根据不同经济业务的复杂程度（从最简单的服务型企业到商品流通企业，再到最复杂的工业制造业企业），是如何运用会计专门方法的，包括对账（证—证相符、证—账相符、账—实相符、账—账相符、账—表相符）、结账（期末"虚账户"收入和费用账户进行结转到本年利润账户，期末结转后无余额）、账项调整（某些账户从收付实现制调整为权责发生制）。这些会计处理完成了，就为编制会计报表做好了准备。第12章"会计报表"，是在会计账簿之后对会计信息进行第三次也是最后的信息加工，变成会计信息的需求者要求得到的信息。基础会计只讲资产负债表（反映某一时点企业的财务状况、资金存量）和利润表（反映某一会计时期的经营成果、资金流量）以及如何根据各账户的期末余额及发生额进行编制的方法。同时，简单介绍了根据资产负债表和利润表的数据，从权责发生制到收付实现制计量基础的转换，编制出现金流量表的原理。至此，会计核算从“凭证→账簿→报表”的过程就完成了。

第四块知识，是以工业制造业企业资金运动为例，全面练习正确选择会计科目和借贷记账法。

第五块知识，即第14章，介绍非营利组织会计的基本原理、概念和方法。

目录

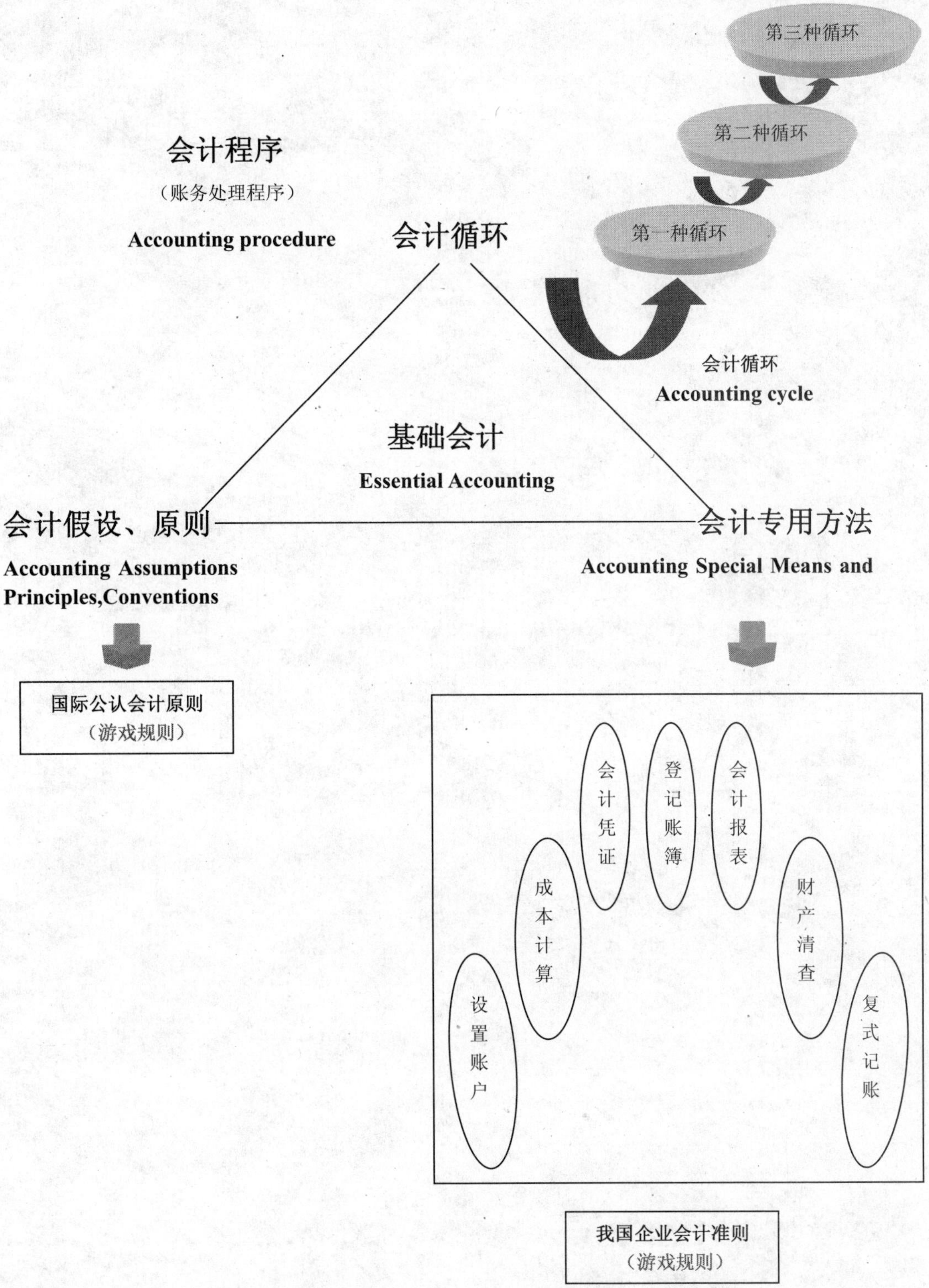
第三种循环
第二种循环
会计程序
（账务处理程序）
Accounting procedure
会计循环
第一种循环
会计循环
Accounting cycle
基础会计
Essential Accounting
会计假设、原则
Accounting Assumptions
Principles,Conventions
会计专用方法
Accounting Special Means and
国际公认会计原则
（游戏规则）
会计凭证
登记账簿
会计报表
成本计算
财产清查
设置账户
复式记账
我国企业会计准则
（游戏规则）

第1章　导论

本章内容提要

学习本章，既要对会计有个概括的认识，也要以本章的知识为基点，发展和深化全书内容。

本章重点

●会计是什么，它的概念、本质、特征、职能、分类是什么；

●会计作为一种经济信息系统，它有何种专门的方法体系和程序；

●会计是一种操作性极强的学科，任何操作活动的效率、效益和效果要依赖一定的游戏规则，介绍世界和我国会计核算的规则和规范的内容。

1.1　会计概述

1.1.1　会计的起源与发展

会计（Accounting）学科是会计活动的理论化总结。会计是因人类生产实践和经济管理的客观需要而产生并发展的。会计活动的内容和形式必然因社会经济发展的状况的不同，在不同历史时期有所差异。会计的英文单词“Accounting”的词干为“count”，有计数、计算之意，与会计核算意义相近，但它在不同历史时期给我们的印象是极为不同的。其意义演化如图1－1所示。

图1－1　会计核算意义的演化

图1－1中，原始、渔猎、农耕时代的会计活动是“结绳记事”、“刻木记事”；电视片“大染坊”中主管会计活动的是“账房先生”——头戴瓜皮帽、佩戴老花眼镜，工具是账本和算盘——他与“东家”（投资者、股东）、“掌柜的”（经理）共同组成企业的“高管层”；而现代掌管企业会计活动的，已是具有一定专业知识、学历和职业资格，通晓计算机，且具备各种软件技能的会计主管（Financial Controller）或财务总监

(Chief of Financial Officer, CFO)。

这给我们一个启示：形成会计活动的充分条件是一段历史时期人类生产实践、经济管理和社会发展的客观需要；其必要条件是该时期已形成了货币活动。人类活动首先始于实物（商品、服务）活动，为了计量实物价值和充当商品交换媒介，实物的价值表现即货币资金活动出现了。因为只有货币，才能在计算不同实物形态的价值时，有统一的"量冈"，不然人们一定无法弄清为什么一架米格10型战斗机少了300万千克小米就一定换不来！人类活动中，除有上述的实物活动以及价值相等、相向而行的货币活动外，还有反映实物及货币活动的信息活动。

综上所述，无论是在中国还是在其他国家，社会上很早就存在会计，并有着专职承担会计工作的人员。随着社会生产的日益发展和生产规模的日益扩大，经济活动日益频繁和错综复杂起来，会计经历了一个由简单到复杂、由低级到高级的不断发展和完善的过程。会计从简单的计算和记录财务收支，逐渐发展到使用货币计量来综合地反映和监督经济风险。会计的方法和技术，通过长期实践，加上运用先进的科学技术成果，也逐渐完善起来。整理会计资料，从全盘手工操作，逐渐发展到利用机械操作（手摇计算机、计算器等），现在发展到部分或全盘的会计电算化。会计理论和方法也受到经济、政治、法律、文化以及科学技术发展变化的影响，得到发展和完善。

会计发展的历程可分为古代会计、近代会计和现代会计三个阶段。

1.1.1.1 古代会计阶段

这一会计阶段始于人类活动旧石器时代中期，即从会计的产生到工业革命兴起的14世纪复式记账原理应用前的阶段。这一阶段，在农牧、渔猎的物质生产活动中，为达到以尽可能少的劳动耗费创造尽可能多的劳动成果的目的，就要在货币活动产生后对劳动成果（收入）和劳动耗费（费用）进行记录和计算，并将收入和费用进行比较（收入-费用=利润）和分析，达到提高经济效益［经济效益（利润）=收入-费用，或经济效益=收入/费用］的目的。此时的会计只计算三个会计要素，即收入、费用和利润，且只使用单式记账法（单式记账法一般只在一个账户中进行登记，不能全面反映各会计要素有关具体项目的增减变化情况）。

1.1.1.2 近代会计阶段

一般认为这一阶段始于工业革命兴起时的14世纪，至20世纪50年代。工业革命兴起时，经济活动变得复杂起来。除了要核算动态的价值运动的收入、费用和利润三个会计要素以外，还要核算静态的价值运动，即企业主体的资产以及提供资产来源的权益（包括反映债权人权益的负债和反映投资者权益的所有者权益），从而要核算资产、负债和所有者权益三个会计要素。不仅如此，会计核算要能反映各会计要素之间的有机联系——即能反映"资金的来龙去脉的关系"——这是单式记账法无法做到的。此时，复式记账原理应运而生，树立了会计史上的一个里程碑。由于它能系统地反映六个会计要素之间的有机联系，从而能反映资金的来龙去脉，故使会计成为一门科学，这成为会计史上划时代的事件。13世纪以后，在地中海地区意大利佛罗伦萨的银行账簿中，率先以"借主"、"贷主"登记其债权债务项目，这成为日后"借贷记账法"中记账符号的基础。从实践活动的角度来看，借贷记账法是复式记账的萌芽阶段。1494年，意大利的数学家卢卡·帕乔利在《算术、几何以及比例概要》中科学地总结了流行于意大利威尼斯的威尼斯簿记法，为复式记账在全世界的广泛流传奠定了基础，确立了复式记账原理的科学地位。该书的出版可称为近代会计发展史上的一个里程碑——使会计在学科发展中树立了科学核算的地位。

在以复式记账为标志的近代会计阶段，还有两个重要性仅次于发明复式记账原理的会计事件：一是1853年，苏格兰爱丁堡会计师公会成立，标志着会计开始作为一种专门的职业而存在；二是19世纪工业革命胜利后，工厂制度逐步代替了家庭手工业，企业主出于对利润的关心，对生产过程中的费用支出和成本日益重视。1911年，被称为“管理之父”的泰勒的《科学管理原理》出版，产生了标准成本会计和预算会计，为成本会计的产生和发展创造了条件。

1.1.1.3 现代会计阶段

一般认为，现代会计阶段始于20世纪50年代。20世纪50年代以后，所有权与经营权相分离的现代企业制度的产生，从两个方面促进了会计的发展：

1. “公认会计准则”（GAAP，Generally Accepted Accounting Principles）的出现

现代企业制度是继独资经营（Sole Proprietorship）和合伙制（Partnership）的企业组织形式后，随着股份有限公司（Joint-stock Company）这种新的企业组织的产生而产生的。股份有限公司方便于工业化社会中的企业到资本市场中大规模筹资（列宁曾说过，“资本主义社会如果没有股份有限公司上市发行股票筹资，便连一条铁路都修建不起来”）。股份有限公司要在社会公众，特别是跨国的社会公众中，通过发行股票筹资，就要通过“披露会计信息”——向外界报告企业的经营成果、财务状况和现金流量的法定义务形式（公司法、证券法）所要求的，向社会公众披露财务报告。而这种对外披露的会计信息，必须是大家听得懂的、按公认会计准则和会计惯例编制的，因而是真实的和可信的，而且会计规则是在全世界范围内不产生歧义的。为使会计工作规范化，提高会计报表的真实性和可比性，国际会计界认为必须着手制定会计准则。1934年，国际公认会计准则得到共同认可。

股份有限公司所有权和经营权的分离，产生了核查经理人员履职情况的需要。大规模信贷业务的发展，又促使审核企业偿债能力成为不可缺少的一环。于是社会上出现了以查账为职业的特许会计师（CA，Charted Accountant）和注册会计师（CPA，Certified Public Accountant），再加上同期各国税法、民商法和公司法的相继完善和颁布，也促进了会计的发展。

20世纪50年代以后，由于信息论、控制论、系统论、现代数学、行为科学等被引入会计学科，极大地丰富了会计学的内容，尤其是管理会计部分。跨国公司的兴起和发展，出现了国际会计的分支。通货膨胀的加剧，也催生了通货膨胀会计分支的出现。电子计算技术引入到会计领域，使会计信息的搜集、分类、处理、反馈等操作程序摆脱了手工操作的烦劳，实现了电子化、自动化，提高了会计工作的效率，进一步把会计理论和方法推上了一个新水平。

2. 与财务会计相对独立的管理会计的出现

企业的所有权与经营权分离产生了现代企业制度，意味着投资人通过经营者加强对企业内部运营的控制。传统的财务会计，是以向外部传输会计报告为己任的；而为满足企业内部管理者决策的需要，产生了与传统的财务会计对应的相对独立的管理会计。财务会计以原始凭证为信息来源，以会计准则为核算的会计规则，以核算和监督过去已发生的会计交易事项为内容，以向企业外部的相关利益者传递会计信息为己任；管理会计则是建立在加工财务会计信息的基础上，以决策为原则，以决策方法为核算规则，以预测未来为决策提供依据，以向企业内部决策者提供决策依据为己任。

1.1.1.4 我国会计的发展

会计在我国起源甚早。但是，古代重士抑商的思想长期占据统治地位。从事会计，也像经商贸易一样，为社会视为末流。影响所及，我国虽有五千多年的历史，而且千百年前的会计思想和所用的方法，与同时代的国外相比，毫不逊色，但它一向不为国人所重视，不被认为是一门值得重视的学问。直到 19 世纪末，西方的会计学知识从海外引入，才有人把它作为专门的学科来传授和研究。新中国成立以前，我国的会计实际上是中西式并存的。新中国成立以后至 1985 年以前，我国较多地仿效计划经济国家会计核算的模式，以“资金运用 = 资金来源”取代六个会计要素的复式记账的核算。1979 年以后，我国进入市场经济的改革开放时代。1985 年，我国颁布了《中华人民共和国会计法》，我国会计工作从此进入法制阶段。20 世纪 90 年代初，我国恢复了股票市场，为适应这一需要，1992 年财政部颁布了《企业会计准则》，从 1993 年 7 月 1 日起施行，这是引导我国会计工作与国际流行的会计实务接轨的一项重大措施，也是我国会计理论与实践发展的一个重要里程碑。20 世纪末，我国重新加入 WTO，意味着包括会计在内的经济管理方式开始融入国际经济运作模式。2006 年 6 月，我国重新修订并颁布了《企业会计准则》，在国际上被认为是与会计核算的国际惯例开始趋同的一个重要标志。我国会计发展阶段如图 1－2 所示。

图 1－2　我国会计发展阶段

1.1.2 会计的本质

人们的认识符合“实践→认识→理论总结→实践”的规律。总结会计发展史可知，会计随着人类社会经济的发展而发展，人们对会计本质的认识也是随着这个过程的发展而逐步加深的。

1.1.2.1 会计的本质

会计的本质像英文“Accounting”（会计）源于其词干“Count”（计量、计算）一样，会计从一开始就与计量技术密不可分。会计计量要运用货币为计量尺度，来记录经济活动所占用、所耗费的各种实物财产物资、核算所取得的劳动成果，并将取得的劳动成果与所耗费的财产物资进行比较，从而衡量经济活动的经济效益。会计在核算计量过程中，所运用的计量尺度主要是货币计量，其他计量尺度如劳动尺度、实物尺度等只是一种辅助手段。以货币作为计量尺度，使会计核算区别于其他核算如统计核算、其他业务核算等核算活动。

会计核算既然以货币尺度进行计量，所以它反映的是经济主体的资金运动。

会计核算由于是对会计信息进行分类、汇总和记录，通过记账、算账和报账的基本模式，通过确认、计量、报告等环节，对会计信息进行加工处理，所以被称为会计主体的经济信息系统。

会计作为一种经济信息系统，采用不同于其他系统（如机械系统和社会系统等）的专门方法体系。

会计核算为保证信息的真实性、公允性和可比性，必须按照一定的会计规范、准则进行核算。在国际经济一体化的前提下，一国要到其他国家融资，还必须按照国际公认会计准则（GAAP）核算。因此，会计也被称为“国际通用的商业语言”。会计主要是指财务会计，与另一个会计分支——管理会计相区别。财务会计依据会计惯例和会计准则核算，管理会计依据决策原则和方法核算。

会计通过向决策者提供会计信息，参与经济管理活动。

综上所述，给会计一个定义：会计（主要指财务会计）是以提高经济效益为目的，以货币计量为基本形式，运用一系列会计的专门方法，按照会计惯例、会计准则和一定的会计程序，以处理财务信息为主的经济信息系统，用来反映和监督资金运动的一种管理活动。

将上述定义浓缩为：会计是使用特定的会计专门方法和会计惯例（会计准则），按一定程序和会计惯例核算资金运动、财务活动的经济信息系统，通过提供经济信息支持决策，参与管理活动。会计的定义如图1-3所示。

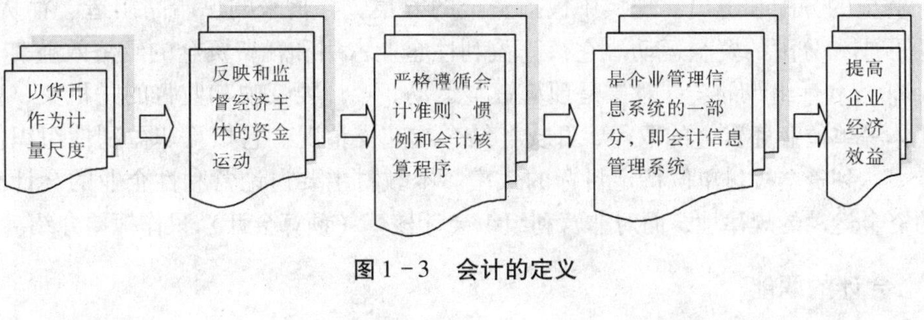

图1-3 会计的定义

1.1.2.2 会计的特征

●会计以价值尺度为主进行计量，以此与其他劳动核算和统计核算相区别，从而能核算资金运动和财务活动。

●会计作为一种经济信息系统，有不同于其他系统核算的专门会计核算方法。

●特定会计方法的核算必须按普遍认可的会计惯例和会计准则核算。为指导会计人员编制具有可靠性、易懂性和可比性的财务报表，各国根据国际公认会计准则和本国具体情况编制了企业会计准则。到国外筹资和公司上市，必须依据国际公认会计准则编制的企业会计准则核算。

●为把特定会计专门方法按一定程序串接起来，会计核算要按一定程序和会计循环核算。程序的“程”，是按一定的固有的模式（程式），“序”是指先后顺序。本书设计了三个会计循环，以逐步地、螺旋上升地向初学者展现有关的基本会计方法。财务会计核算按会计准则核算，管理会计核算按决策原则核算。

●财务会计以客观存在的经济交易事项为基础，从原始凭证入手核算，最终对（企业）外部传输和披露会计报表。管理会计以财务会计的原始资料为基础，再经过加工，得出为企业内部决策者服务的信息。

1.1.3 会计的对象

会计对象是指会计所反映和监督的内容，或指会计职能发挥作用的范围，是特定主体能够以货币表现的经济活动或资金价值运动。

1.1.3.1 会计的一般对象是社会经济过程中的资金运动

商品经济发展到一定阶段出现货币以后，货币成为衡量其他商品的价值尺度。会计以货币为尺度进行计量，财产物资的价值运动就是资金运动。因此，会计的一般对象是社会经济过程中的资金运动。为对内容繁多的资金运动进行分类，便于核算。会计对象的基本组成是六大会计要素。

1.1.3.2 不同会计主体的资金运动

1. 会计主体。会计在相对独立的营利性企业和非营利性组织的特定空间范围内从事会计反映和监督活动，这个特定的空间范围称为会计主体。会计主体有两类，即以盈利为目的的企业和非赢利的组织（机关、事业和团体等单位）。

2. 营利性企业的会计对象是经营资金运动。会计要反映的是资金的投入、循环和周转，资金的分配和退出。现实中包括资金的筹集、存货采购、产品制造、存货销售、利润的形成和分配的资金运动。它核算盈利性企业占用和耗费资金的经济效益。

3. 非营利性组织的会计对象是预算资金运动。会计要反映和监督的是机关、事业单位、团体等单位业务资金的取得、开支、结余或超支情况。它核算非盈利性组织使用预算资金去达到资金拨付单位特定目标的效率。本教材主要讨论营利性企业的会计反映和监督的资金运动的规律性，而对非营利组织会计核算（预算会计）只作扼要介绍。

1.1.4 会计的职能

会计最基本的职能，一是核算，二是监督。会计的职能是会计本质的具体表现。

1.1.4.1 会计的核算职能

指会计通过计量和核算而实现的反映职能，以及会计提供经济信息的功能。会计以货币作为主要的计量尺度，运用各种专门的方法和程序，依据一定的会计惯例及会计准则，对会计信息进行收集、识别、分类、汇总和会计处理，记录在会计凭证、账簿和报表上，得出总括性的会计报表，最后将会计信息提供给外部和内部的使用者。

1.1.4.2　会计的监督职能

会计既监督经济活动的合法合规性，也监督经济活动的效益性。

1. 监督经济活动的合法合规性。各国的会计法律法规有会计法、会计准则及依据会计准则制定的各单位会计工作的制度三个层次，用以监督企业、单位的会计事项和会计处理是否符合会计法、会计准则和会计制度的规定。

2. 监督经济活动的效益性。促使企业在守法、合规的前提下，不断提高经济效益。

1.1.5　会计核算的具体内容

1. 款项和有价证券的收付；
2. 财物的收发、增减和使用；
3. 债权债务的发生和结算；
4. 资本金的增减；
5. 收入、支出、费用、成本的计算；
6. 财务成果的计算和处理；
7. 其他事项。

1.2　会计的分类

会计，既可理解为会计学（Accounting），也可理解为从事会计工作的人（Accountant）。

1.2.1　会计学及其分类

1.2.1.1　近代会计学科的发展

会计学是一门研究会计的理论、方法、技术、规则、程序及会计工作客观规律的经济科学。

会计学随着经济发展中的会计活动的产生而产生，并随会计实践的发展而发展。可称之为科学的会计学的雏形形成于 15 世纪 90 年代。

1494 年由意大利学者在著述中总结的、流行于意大利威尼斯的复式记账原理，是近代会计史上新纪元的里程碑。

19 世纪 20 年代至 20 世纪初，围绕填制会计凭证、登记会计账簿、编制会计报表等实务，形成了会计循环理论，其中资产负债表理论是最典型的理论，最具实践指导意义。20 世纪初到第二次世界大战爆发前，随着工业化发展以及随之而来的大规模筹资的需要，一是传统的间接投资方式逐渐发展出了资本市场的直接筹资方式，二是产生了以所有权和经营权分离为特征、以股份有限公司为主要形式的现代企业会计制度，从而对会计理论提出了新的要求，除了记账、算账和报账外，还要求由独立于企业以外的组织和个人查账。为了准确确定企业的经济效益的盈利或亏损，因此需要强化成本计算；为了强化企业内部成本控制，在20世纪初又创立了标准成本会计制度。

第二次世界大战结束后，由于经济和科学技术的发展，多学科之间加强了沟通，在成本会计理论的基础上，逐步形成了以服务于企业内部管理决策为主的管理会计理论体系，成为与财务会计理论并行的会计学科分支。

随着电子计算机技术引入会计领域，会计电算化这种综合性很强的学科，逐步形成了自己的理论和方法，并极大地提高了会计核算的工作效率。

1.2.1.2　会计学科分类

1. 按研究内容分类

其骨干课程体系为：

（1）基础会计：主要阐明会计核算的基本理论、基本方法和基本操作技术，以及会计核算必须依据的核算规则、准则和会计程序及会计循环理论。它作为会计学的入门学科，主要给初学者一个应有的“会计思维”，是学习其他会计学科的基础及最前续课程。

（2）财务会计：主要阐述企业如何按照会计核算的一般原则和账务处理程序，对经济业务进行确认、计量、记录和编制会计报表，对外传递会计信息。

（3）管理会计：是以加工财务会计提供的信息为基础，包括侧重于内部管理的执行和以专用方法帮助决策两部分的内容。

（4）财务管理：主要阐述以筹资、投资、日常经营资金的管理和分配为主要内容，以企业价值最大化为评价标准的资金管理的学科。

（5）审计：是阐述鉴定和鉴证企业信息的真实性、公允性和完整性的学科。

2. 按活动分类

（1）财务会计：也称对外会计，主要为外部的投资者、债权人、政府部门（宏观调控、税收）、供应商提供财务报表会计信息的会计，按公认会计原则核算，核算的基础是权责发生制。

（2）管理会计：也称对内会计，主要为内部经营决策者提供有用信息的会计。管理会计建立在财务会计信息再加工的基础上，按决策原则核算。

（3）预算会计：主要阐述非营利组织会计核算的理论、方法、技术，以及所依据的核算原则及程序。非营利组织主要指政府机构、社会团体以及事业单位中除去经营活动的部分。非营利组织的共同点是都没有股东或所有者，预算会计核算的基础不同于财务会计，是收付实现制。

3. 按就业领域分类

（1）公共会计师：即注册会计师，主要提供社会审计。

（2）企业会计师：承担企业会计核算、编制企业会计报表、财务预测、内部审计和内部控制以及设计企业会计制度。

（3）政府和非营利组织会计师：承担政府部门（包括税务管理部门、证券管理部门）、事业单位及社会团体的会计核算工作。

1.3　会计专门的核算方法体系

1.3.1　会计专门的核算方法

会计专门的核算方法，是会计作为经济信息系统，不同于其他信息（科技信息、军事信息等）系统的核算方法。会计核算方法，是指对经济活动（财务活动）过程进行连续、系统、全面、综合地反映和监督的业务技术方法。会计（财务会计），不同于管理会计，它偏重于已经发生的经济业务会计信息的分类、汇总、记录以及确认、记录、计量和报告四个环节，运用记账、算账和报账的形式，形成了设置账户、复式记账、填制和审核会计凭证、登记账簿、成本计算、财产清查和编制会计报表等一系列专门会计核算方法，并形成体系。

1. 设置账户

会计信息系统中的会计信息首先要进行分类。最基本的会计信息分类是六大会计要素（资产、负债、所有者权益、收入、费用和利润）。会计科目，是对会计要素具体内容再详细分类的标志。一个会计科目只限定包含一定的经济内容，全部会计科目则能完整地包含会计主体的资金运动情况。会计科目之间既有严格的界限，又有内在的联系。

会计科目的名称是账户的名称，账户是根据会计科目开设的。

会计科目只是个名称，会计科目没有结构；而账户则根据会计科目开设在账页上，具有一定的结构，能够用来分类、连续和系统地记录实际发生的经济业务情况。

账户是一种将经济业务进行科学分类，按照一定的结构，有系统地、分门别类地、序时地进行登记，处理经济业务的手段和工具。

正因为通过设置账户可以使纷繁复杂的经济业务按照一定的标准进行整理、归纳，从而分门别类地提供满足企业经营以及与企业有利害关系的各利益集团所需的会计信息。所以，设置账户是会计核算的一种重要方法，也是科学地组织会计核算的一项重要条件。

熟悉每个账户所反映的经济业务，在经济业务发生时，能迅速、准确地选择正确的账户进行反映，是合格会计人员必须具备的基本功和会计基础工作，也是衡量会计人员素质高低的重要标准之一。

2. 复式记账

经济业务（经济交易或事项）的发生会引起有关会计要素发生增减变化。例如，购买价值50万元的钢材50吨，既意味着某会计主体以原材料形式表示的资产要素增加了50万元，也意味着以现金或银行存款的形式表示的资产要素同时减少了50万元。要在账户中进行分类，系统地记录所发生的经济业务，实践活动中有单式记账和复式记账两种形式。

单式记账，是对发生的经济交易事项只在一个账户中记录的记账方法。例如，用银行存款 50 万元购买钢材 50 吨，记账时只在“银行存款”账户中记录银行存款减少 50 万元，购买 50 万元钢材不做记录。由于账户设置不完全，不能科学反映账户之间的相互关系，因而单式记账不能全面、系统地反映资金的来龙去脉，也不利于检查账户记录的准确性。

复式记账，是以“资产 = 负债 + 所有者权益”的会计恒等式为理论基础，对实际发生的每一项经济业务（经济交易事项），在相对应的两个或两个以上的账户中，以相等的金额进行记录的记账方法。复式记账中存在的对应关系的账户称为对应账户。

复式记账法有：借贷记账法、增减记账法、收付记账法。为与国际惯例接轨，我国《企业会计准则》规定，会计记账采用借贷记账法。我国的企业会计和预算会计目前已统一采用借贷记账法。

复式记账包括运用借贷记账法编制会计分录、借贷记账法的试算平衡以及总分类账户与其所属的明细分类账户平行登记这三种技术方法。

会计核算的主要工作是记账，只有在记账时运用好复式记账原理才能正确反映复杂经济活动中资金的来龙去脉关系。对于初学者来说，熟悉掌握复式记账，既是学习基础会计方法体系的核心要点和重点，也是学习的难点。

3. 填制和审核会计凭证

填制和审核会计凭证是会计核算的一种专门方法，是账务处理程序的起点。

会计凭证是记录经济业务的发生和完成的情况，以明确经济责任，具有法律效力的书面证明，是登记账簿的依据。

为保证会计记录的客观性和真实性，要求在经济业务发生时，必须由执行或完成该项经济业务的有关人员，从外部取得或在单位内部自行填制会计凭证，以书面形式反映经济业务发生和完成的情况，并在会计凭证上签字或盖章，以对经济业务的真实性和合法性负责。审核无误的会计凭证，才能作为记账的依据。

4. 登记账簿

设置和登记账簿是会计核算的一种方法。

账簿是由具有一定格式、相互联结的账页组成，用来按照时间先后顺序，分类记录和反映各种经济业务的簿记。

营利性企业和非营利性组织，在经营的过程中所发生的全部经济业务，在发生和完成时，都已经记录在会计凭证中。会计凭证所提供的会计信息虽然详细、具体，但由于分散在各个会计凭证中，每张凭证只能反映个别经济业务的内容，不能连续、全面地反映经济主体经济业务内容，因此，需要分门别类地记载到各有关的账簿中，以便提供各种类别经济要素的增减变动的情况和结果，并为综合、全面地提供会计信息做好相应的准备。

科学地设置各类账簿，正确地登记账簿，是充分发挥会计作用中不可或缺的一环。

5. 成本计算

成本计算只适合于营利性企业的会计核算。它是指按一定的成本对象，对生产过程、经营过程中所发生的成本、费用进行正确的归集、分配，以确定该成本计算对象的总成本和单位成本的一种专门会计核算方法。通过准确地计算成本，可以掌握成本的形成过程以及成本构成情况，也便于考核成本计划的完成情况，并通过总成本与企业收益的对比掌握生产经营的成果，从而促使企业加强会计核算，增收节支，提高经济效益。

企业永恒的主题是生存、发展和获利，这三个命题的基础都在于企业内部的成本控制（产品价格是企业无法控制的外部因素），所以通过正确的成本计算所提供的会计信息，是非常重要的。成本计算也是会计核算的重要方法和技能。

6. 财产清查

财产清查是指通过实物盘点、账面核对以及对各种往来款项进行查询核对，以保证账账相符、账实相符的一种专门会计核算方法。通过财产清查，既可以查明企业所拥有或控制的经济资源的情况，也可以查明作为企业权益的债权债务及所有者权益存在和变化的情况。财产清查不仅可以通过核查账账相符、账实相符，强化会计反映的职能，也可通过监督财产是否完整，促进和加强财产管理，强化会计监督职能；并且，财产清查还为正确核算损益提供正确的资料。财产清查是专用会计核算方法之一。

7. 编制会计报表

会计报表既是会计核算的专用方法之一，也是会计核算的最终成果，是企业对外提供会计信息的主要形式。

会计报表是以日常核算资料为主要依据，以简明的表格形式总括地反映企业、事业单位在一定的会计期间内全面的财务状况、经营成果和现金流量的书面报告材料。

在编制会计报表以前的会计日常核算的一系列方法（前六种方法）中，所取得的会计信息，仍分散在各种会计账簿中，不能全面地、概括地、相互联系地反映企业的经营成果和财务状况。与企事业单位有经济利益关系的单位和个人，也不能直接依靠分散于账簿中的会计资料来对企业的经营成果和财务状况进行科学的评价，以做出正确的决策。此时，就迫切需要一种会计核算形式，最终在日常核算的基础上，对已加工的会计资料进一步总结、归类、整理和汇总，按照一定的表格形式编制会计报表。编制会计报表是会计核算的终结阶段。

外部会计报表的使用者包括投资者、债权人、供应商、政府税收部门以及需了解企业的财务状况、经营成果和现金流量状况的其他相关者。主要的会计报表有资产负债表、利润表和现金流量表。

上述会计核算方法并不是孤立存在的，而是形成一个相互联系、相互渗透的完善方法体系。运用这七种会计方法，要依据一定的会计惯例和会计准则；同时，也要靠一定的会计核算程序（会计循环），把七种方法串起来，使之成为一个有一定程式、有一定顺序的会计方法体系。

1.3.2 会计核算的四个环节

会计核算的四个环节是确认、计量、记录和报表。

1. 确认（Confirmation）：是对经济业务（经济交易事项）所反映的会计信息，进行分类的实践工作的称谓，即确认为哪一类会计要素，确认为归属于哪类会计要素中的会计科目。

2. 计量（Count，Measurement）：会计核算要大量计量。

3. 记录（Rccord）：记账凭证、登记账簿以及编制报表，都是以不同形式记录会计信息。

特别指出，在中华人民共和国境内的外商投资企业、外国企业和其他外国组织的会计记录必须使用中国文字。

4. 报表（Statement）：报表是财务会计核算的最终成果，也是与企业、事业单位有经济利益关系的单位和个人向企业、事业单位获取会计信息的主要载体。

会计核算的四个环节与会计核算七种专门方法相互联系、相互渗透，并形成体系。

1.3.3 会计核算的工作

会计核算的工作一般包括记账、算账、报账，近现代还发展了查账。

1. 记账：与四个环节中的记录意义相同（详见 1.3.2.3）。

2. 算账：与四个环节中的计量意义相同（详见 1.3.2.2）。

3. 报账：狭义报账与四个环节中的报表意义相同（详见 1.3.2.4）；广义报账包括财会人员对原始凭证的审查，报销人员应接受审查监督。

4. 查账：查账是为了鉴定和鉴证会计信息的真实性、公允性以及完整性。查账应依据《企业会计准则》及《审计工作准则》进行。

七种会计方法、四个会计环节和四种会计工作，共同组成了不同于其他种类信息系统的会计专门方法体系。

1.4 会计假设和会计原则
(Accounting Assumptions and Principles)

会计核算随着社会经济活动的发展而发展。当商业、经济活动出现新的交易类型时，为了记录和解读这些经济交易事项，使会计处理后的会计信息具有真实性和可比性，会计人员就逐步建立了各种规则和惯例（Rules）。这些规则和惯例在世界范围内被统一称呼为“公认会计准则”（Generally Accepted Accounting Principles，GAAP），并以假设、原则、准则、惯例等不同的术语加以表述。1973 年，美国、英国、澳大利亚、加拿大、法国、联邦德国、日本、墨西哥、荷兰 9 国的 16 个会计职业团体在伦敦发起成立了国际会计准则委员会；2001 年，国际会计准则委员会改组为国际会计准则理事会。公认的会计原则并非是自然界的自然规律、定律，而是会计界人士制定的当做“国际通用商业语言”的处理会计事项的规则，其权威性取决于能否为会计职业界所普遍接受。目前，市场经济国家大多数都接受了国际公认会计准则，各国会计准则的大部分是类似的，但也存在一些差别。

我国于 1997 年 5 月加入国际会计师联合会，同时成为国际会计准则委员会成员。

我国于2006年2月发布了新的《企业会计准则》，强化了为投资者和社会公众提供有用的会计信息的新理念，首次构建了比较完整的有机统一体系，实现了向国际公认会计原则的趋同。

我国会计核算的法律、法规及规范有三个层次：最高层次是《会计法》等法律法规（我国第一部会计大法《中华人民共和国会计法》颁布于1985年）；第二个层次是在《会计法》管辖下，参照国际公认会计准则制定的《企业会计准则》，它主要用于指导股份有限公司的会计核算，我国另有《小企业会计制度》以及《金融业企业会计核算制度》；第三个层次是根据《企业会计准则》，各企业自行制定的会计制度。我国会计核算在国内执行《企业会计准则》；到国外筹集资金，其会计报表的编制，要按筹集资金对象国的会计准则要求规范。

现代会计理论的公认会计原则是以一系列的会计假设和会计原则为基础的。

1.4.1 国际公认会计准则

国际公认会计准则（Generally Accepted Accounting Principles，GAAP）的主要内容由会计假设和会计原则所组成。

1.4.1.1 会计假设（Accounting Assumption Concept）

会计假设是从会计实践中抽象出来并得到公认的、会计理论中最基本的部分，是会计核算的基本前提。会计是要运用一定的专门方法和程序来进行会计核算实践活动的。会计假设正是对会计实践活动中一定的环境、一定的对象和一定的计量手段所涉及的客观条件进行的判断。会计核算对象的确定、会计方法的选择以及会计数据的收集，都要以会计假设前提为依据。若改变或达不到这些客观条件，后边的会计原则就不能实施，会计核算的结果也就不具备真实性和可比性。

“一定的环境”，是指特定的时间环境和空间环境。

“一定的对象”，是指特定的时间和特定的环境内，特定的经济活动。

“一定的计量手段”，是将货币作为会计核算主要的计量手段。

举例来说，会计假设中“货币计量”假设前提是指，使用币值基本稳定的货币作为计量单位进行核算的，就是会计核算。反之，不以货币为手段进行核算的，就不是会计核算，而可能是统计核算或其他业务核算。不是会计核算，就不能再使用会计原则来规范会计核算了。

会计假设（Assumption Postulate Concept）有四个，即会计主体、持续经营、会计分期和货币计量。

1. 会计主体假设（Entity Concept）

会计主体（Entity）必须具备三个条件，综合起来是指拥有一定数量的经济资源、进行独立的生产经营活动或其他活动、实行独立核算的经济实体。会计主体是会计核算的对象，既可以是企业、行政事业单位、社会团体，也可以是其一部分（集团公司下的分公司）。会计主体的运用不受法律地位的限制，一个主体可能不是一个法律意义上的法人实体，但它可以成为一个会计主体。即会计主体不一定是法律主体，但法律主体可作为会计主体。如市政当局、集团公司下的分公司，只要符合上述三个条件，都可成为会计主体。

会计主体假设是站在会计主体的立场上进行的，而不是为了所有者、经营者或会计主体的其他利益关系人进行的。这样的事实称为会计主体假设。

【例1-1】张鹏贸易公司是一个会计主体，且张鹏先生是张鹏贸易公司的唯一的所有者。张鹏先生从公司提取现金2万元，张鹏先生手中的现金增加了2万元，相应地，他在公司的所有者权益减少了2万元。

在进行账务处理时，应站在张鹏贸易公司会计主体的立场上，而不是站在张鹏先生这个“独资企业老板”的立场上。从会计主体假设出发，应记录张鹏先生撤资2万元对公司各账户的影响，否则，就是错误的会计处理方式。

2. 持续经营假设（Going-concern Concept）

它是指在可以预见的未来，企业可按预定的目标持续正常经营下去，不会面临“持续经营”的反面——破产、清算局面。在企业持续经营假设的前提下，企业的会计政策才可保持前后一致的稳定，确认和计量会计信息的许多原则才能使用。现实中，若出现与“持续经营假设”相对应的情况——企业破产、倒闭及清算，“持续经营假设”便不再适用，建立在这一假设基础上的会计确认、计量、报告的原则及会计程序和方法也不再适用。

3. 会计分期假设（Periodicity Concept）

它是指在会计主体的正常持续经营过程中，将“持续经营”的期间人为地划分成一定等长的会计期间（Accounting Period）。我国的会计期间与公历日期一致，划分为年度、季度和月份，即应当按年、按季和按月分期结算账目。编制会计报表不满一年的，均称为会计中期。

会计主体的经营活动和业务活动是不间断的，为能确定一定会计期间的财务成果，必须人为地截取等长的时间，以便结账和编制财务报告。

会计分期与持续经营有密切关系，两者都是对时间环境的假设，只有假定会计主体可以无限持续经营下去，才有必要和可能进行会计分期。

会计分期，或者说正确地确定会计期间（Accounting Period），对完善会计核算的方法具有重要意义。由于划分了会计期间，从而产生了一系列的会计方法和会计原则。

例如：

●期末结账、期末账项调整、期末存货、期间费用、分期摊销、分期计提折旧、期末资产、负债、所有者权益、长期负债、短期负债等的确认和计量方法。

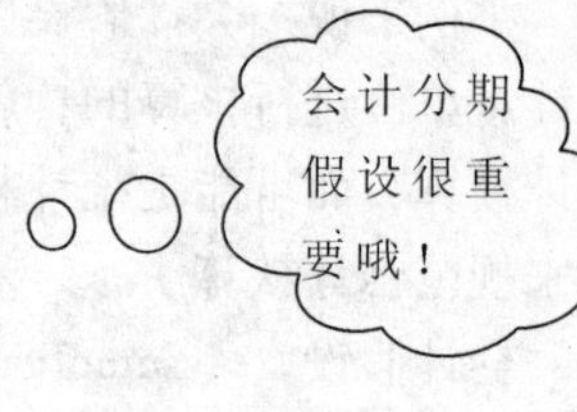

●收付实现原则、历史成本原则、配比原则、谨慎性原则、一致性原则等会计原则。

4. 货币计量假设（Money-measurement Concept）

货币计量假设的完整涵义是：会计核算是用币值稳定的货币为计算单位来计量、记录和报告经济活动的。该定义有两个特点：

（1）会计仅仅能够核算用货币计量的交易和事项。这是会计核算区别于其他经济核算（统计核算及其他业务核算）的重要特征之一。这是因为营利性企业或非营利性组织拥有的各种经济资源的性质（有形的、无形的）、形态（固态、液态、气态）和实物计量单位均不同，只有借助货币才能统一衡量不同经济活动的数量。

（2）稳定的货币单位。即在货币计量假设的前提下，还要假设货币的币值不变。这是因为在现实生活中，货币价值（汇率）是经常变动的。如果币值每发生一次变动，在会计记录上就要进行一次调整，既不可能也无必要。当然，“稳定的货币单位”仅是一种会计假设，在一些涉外单位中，有新拥有的外币价值（相对于人民币价值）波动的问题，会计核算以设置“外汇汇兑损益”的账户核算。又如，大幅通货膨胀引起币值大幅变动的问题，另辟“通货膨胀会计”予以解决。

1.4.1.2 会计原则（Accounting Principles Conventions）

在会计假设的基础上，会计核算应遵循九个会计原则，会计原则是会计工作的一般规则。制定会计基本原则的目的，是为了规范会计核算行为，保证会计信息的质量。

> 此部分初学者不用死背，到要素的各章中可以深入体会。

九个会计原则分别为客观性原则、权责发生制原则、收入实现原则、谨慎性原则、重要性原则、资产计价原则、配比原则、一贯性原则、充分揭示原则。

1. 客观性原则（Objectivity Principle）

这是指会计核算应当以实际发生的交易（Transaction，指应记入会计核算系统的事项，它至少包括两个会计要素的事项）或事项为依据，如实地反映企业财务状况、经营成果和现金流量，做到内容真实、数字准确、过程完整和资料可靠。

客观性原则是会计核算中第一重要的原则，会计核算的客观性是会计信息的生命。如果违背客观性原则，会计信息就会失真，就会导致决策的失误。

客观性原则包括三方面的含义，即真实性、可靠性和可验证性。

（1）真实性是指会计核算反映的结果应同企业实际的财务状况、经营成果和现金流量情况相一致，不能无中生有、捏造事实。

（2）可靠性是指对于会计信息的记录和报告，应以客观事实为依据，不能受主观意志、长官意志所左右。

（3）可验证性是指有可靠的凭证可据以复查其数据的来源及其信息提供的过程。

既然客观性原则是会计核算的第一重要原则，说明照此原则核算，就能提供真实、公允及完整的会计信息。反之，则会导致错账。如为了某种“圈钱”的目的，蓄意违背客观性原则，则会“粉饰报表”、“会计造假”，构造“会计数字陷阱”，触犯有关法律。

【例1-2】虚构经济交易事实设置会计报告陷阱，是指用以编制财务报告所依据的经济交易是伪造的、虚假的，导致财务报告反映的数据和披露的内容与客观事实不符，甚至严重背离和歪曲。从1996年琼民源年报中所称的5.71亿元利润中有5.66亿元是虚构的、占总利润的99%以上，再到银广厦仅在1999年至2000年间就虚构的7.45亿元利润被披露于世。企业管理当局出于经营管理上的特殊目的，使得上市公司信息不真实，其手法表现在三个方面：（1）编造虚假会计凭证，会计确认没有事实依据；（2）编造虚假会计账簿、会计记录，记录歪曲经济事项；（3）编造和出具虚假财务报告。

——摘自《财务报告陷阱》，吴革编著，北京出版集团文津出版社，2004年。

2. 权责发生制原则（Actual Basis of Accounting）

它是指收入和费用是否应当计入本期的标准，是确定本期收入和支出的一种原则。按照权责发生制，凡应属于本期的收入（Revenue）和费用（Expenses），不论其款项是否已收付，均作为本期收入和费用处理；反之，凡不属于本期的收入和费用，即使其款项已在本期收到或付出，也不作为本期的收入或费用处理。所以，权责发生制也被称为“应计制”或“应收应付制”。由此可见，权责发生制是依据权责关系（某项经济交易按权责发生制核算能反映出所有者权益的变化）来划分收入和费用项目的归属。由于实行该核算原则能正确反映企业不同会计期间盈亏的经营状况和财务成果，因此，营利性企业都采用权责发生制。我国《企业会计准则》规定，经营性企业都应采用权责发生制核算。

与权责发生制相对应的是收付实现制（Cash Basis of Accounting）。采用此原则，凡是本期实际收到的款项的收入和付出的费用，不论其是否归属于本期，都作为本期的收入和费用处理。所以，收付实现制也称“现收现付制”。由于收付实现制不能反映收入和费用的权责关系（即不反映所有者权益的变化）的归属，所以，不适于正确反映某一会计期间的盈亏经营情况和财务成果，只适用于非营利性组织的行政单位会计，事业单位会计除经营业务可以采用权责发生制以外，其他大部分业务采用收付实现制。

会计最难的问题就在权责发生制上，初学者往往把收入（Revenue）概念和费用（Expense）概念与现金（Cash）概念等同，而忽视是否发生了“权责的变化”，以及是否“归属到本期”。为给初学者一个清晰的概念，现举例说明权责发生制与收付实现制不同的计量基础。对同一笔经济业务，会计处理会有不同结果。

【例1-3】某公司收到某单位支付的自本月起半年的房屋租金18 000元，按照两种不同的记账基础，应当如何处理?

分析：按照权责发生制原则，该公司应分别在六个月内，每月增加收入3 000元，即在收入实现时入账；而在收付实现制下，只在收到现金时才计入收入账，即在当期直接增加收入18 000元。

权责发生制原则与另外三个会计原则密切相关：收入实现原则、谨慎性原则、重要性原则。

3. 收入实现原则（Realization Principle）

它是指收入（Revenue）只有在足够的证据证明货物已经被发送，或劳务已被提供，以及收入能够合理确定，可以实现的金额入账时，才能确认为收入。不具备这些必备的要件的，不能确认为收入。

对于一个制造型企业来说，该原则的重要性是在会计处理时，出售货物的收入是在产品移送给客户时（法律意义上是货物的产权发生转移时），才能确认收入，而不是在产品生产出来（此时还没发生产权转移，还是制造企业的存货）时就确认收入。（具体应用详见第8章）

在产品有证据被发送时，收入得以实现。实现原则就是指收入应在实现时加以确认和记录。

现实生活中，销售收入的实现和确认、记录可分三种情况，产生三个不同账户进

行核算:

(1) 确认收入的第一种情况,收入的确认与货款的支付同时发生,即“一手交钱、一手交货”的“付现”情形。此时的会计处理是,销售产品企业的“销售收入”增加以及“银行存款”同时增加相等的金额。

(2) 确认收入的第二种情况,货款收到在销售实现之后,即我们平时所说的“赊销”。此时是“销售收入”增加以及“应收账款”同时增加相等的金额。

(3) 确认收入的第三种情况,货款收到先于销售实现之前,即平时所说的“预付货款”。这种情况下,企业有送货的义务,这种义务构成一项负债要素的“预收账款”账户。这项经济业务一方面导致资产要素“现金”账户的增加,另一方面导致负债要素“预收账款”账户增加相同的金额。

【例1-4】4月,普天广告公司收到一家公司预付的广告筹划款10万元。4月,普天公司该项交易事项的会计分录为:

借:库存现金 100 000

贷:预收账款 100 000

很典型的例子,注意理解哦!

用这种“国际通用的商业语言”说明,此笔经济业务一方面导致“库存现金”账户增加了10万元(4月的“预收账款”还不是真正的收入,仅是未实现的收入),另一方面引起负债会计要素的“预收账款”同金额增加10万元。

8月,普天公司将广告策划交给客户。此时,从客户处收到的“预收账款”这项负债不再存在。8月,随着“预收账款”负债的不复存在,才真正实现了收入10万元(如上所述,4月普天公司只收到“未实现收入”的现金10万元)。

按照《企业会计准则》规定,销售收入确认的必要条件包括:企业已将商品所有权上的主要风险和报酬转移给购货方,不再对商品的保留与所有权相联系的控制权或管理权负责,相关经济利益能够流入企业,收入与成本能够可靠计量。企业(公司)为了调节各会计期间的利润,往往违背“收入实现原则”,提前或延后确认收入,造成“会计数字陷阱”。

“未做决算”说明“成本还不能确认”,此时收到的现金不能作为收入。

【例1-5】在房地产等高新技术企业,提前确认收入的现象非常普遍,如将预收账款作为销售收入。公司往往利用预收收入来分散公众对实际收入的注意力。例如,闽东公司与冠顺公司合建的闽东大楼,该大厦已经销售但未最终决算,双方经协调确认了1997年度预分配利润251万元,占公司当年利润总额120.3万元的208.65%,这就是一宗典型的虚构当期(1997年)收入、虚构当期利润的案例,虚构的原因是违背“收入实现原则”。

——摘自《财务报告陷阱》,北京出版集团文津出版社,2004年。

4. 谨慎性原则（Conservatism Convention）

此原则跟会计人员的主观判断有关，容易设计陷阱！

谨慎性原则也称稳健原则。企业外部条件，是充满竞争和各种风险不确定因素的。在这种情况下，会计核算人员在作出职业判断时，应保持充分的谨慎态度，不多记资产或收益，不少记负债或费用，把会计核算尽可能建立在比较稳妥、可靠的基础上。例如，企业对可能发生的各项资产损失计提资产减值准备，就体现了谨慎性原则。但是要注意，不能任意设置各种秘密准备，滥用谨慎性原则。按照现行的会计原则，要在应收账款之下记录一笔坏账准备，这就是资产减值准备和冲销的来源。虽然此概念从字面上没有何种难度，但是实施起来却有很大难度。因为会计制度并不是让我们在损失之后才记录损失，而是在损失确认之前就要对发生的损失进行估计。但是会计人员凭经验判断，具有一定的主观性。这些需计提资产减值损失的项目就属于可操纵应计项目。计提资产减值准备的原意是，当各项资产价值发生意外而减少时，用先前计提的资金来弥补。资产减值准备反映到利润表中就是损失，会降低公司的利润。上市公司对资产减值准备和冲销的态度是能“不计就不计，能少计就少计”。资产减值准备和冲销的低估会导致公司利润表中费用和净利润的高估，造成资产负债表中的资产高于它的实际价值。

学到第5章“坏账准备”的核算时，会用到此原则！

【例1-6】K公司为一上市公司，1997年应收账款坏账准备计提率为3%。K公司的子公司为A公司，1996年的应收账款坏账准备计提率为3%，到1997年时，变为2%提取。A公司的利润最终要和K公司的利润合并，作为上市公司利润。但是，1997年K公司的应收账款净额从97 601 513元增至159 660 569元，而且K公司当期的净资产收益率为10.19%，勉强超过10%的配股资格线（意味着K公司有资格进行增资配股了）。不难看出，将A公司坏账准备的计提率降低（从3%调至2%），为帮助其上市公司母公司K公司达到收益率10%这个标准起到了很重要的作用。

——摘自《上市公司财务问题及其分析》，肖星著，中国计划出版社，2002年。

5. 重要性原则（Materiality Concept）

它是指忽视不重要的经济交易事项，但要披露所有重大的经济交易事项。对资产、负债、损益等有较大影响，并进而影响财务会计报告使用者据以作出合理判断的重要会计事项，必须按规定的会计方法和程序进行处理，并在财务会计报告中予以充分、准确披露；对于次要的经济交易事项，则可在不影响会计核算真实性的情况下，作适当的简化、合并反映。结论是：当说不说，必有隐情！

【例1-7】在【例1-6】中，K公司的子公司的坏账计提准备率从1996年的3%下调至1997年的2%，在有法定披露义务的财务年报中没有披露。K公司也没有在年报中说明，为什么1997年K公司（与子公司合并报表）的当期应收账款净额，反而从97 601 513元增至159 660 569元？因为这些是应该作为重要事项予以报告和披露的。说它是“当说未说”的重要事项，是因为这样的坏账计提准备率的人为调整，影响到了“当期的净资产收益率”这一重要指标（直接影响K公司能否参加增资配股的资格）。

6. 资产计价原则（Asset－measurement Concept）

资产计价原则（Asset－measurement Concept）也被称为历史成本原则。通常，货币性资产（我国称交易性金融资产）以公允性价值（市场交易价）列报，其他资产以其取得的成本或基于取得成本的金额列报。非金融性资产的计价以取得时的实际成本为依据，除非国家另有规定，否则不得随意调整账面价值。企业采用实际成本计价有许多优点：

资产计价原则的应用在第5章“固定资产”折旧的核算。

（1）实际成本是买卖双方的交易价格，比较客观。

（2）实际成本有原始凭证为依据，便于验证，可信度高。

（3）实际成本计价由于不需经常调整账目，从而使核算手续简化，且也可防止出于虚构经营成果的目的而随意改动资产价值。

（4）按实际成本计价，可使收入与费用的配比都建立在实际交易的基础上，防止肆意歪曲企业经济效益。

历史成本原则的一个最直接的例子是固定资产计提折旧。为了体现历史成本原则，设有“固定资产原值”（固定资产购买和形成的价值）科目，然后将固定资产使用的费用称为“计提折旧”，作为固定资产原值的“备抵科目”。

然而，在实际中，物价与币值都会经常发生变动，当币值变动较大（如发生严重通货膨胀）时，仍按历史成本计价就会低估资产价值，就会高估利润（导致资产费用化后的费用被低估），进而形成经营成果不实。发生这种情况，就要按有关规定或惯例对资产的账面价值和损益情况作适当调整。

7. 配比原则（Matching Concept）

它是指企业会计期间取得的收入（Revenue）和相关的成本（Cost）应“配比”，确认为该会计期间的费用（Expenses）。也就是说，收入与其相关的成本、费用应当相互配比。正常生产经营条件下，企业的收入与费用的配比关系表现在两方面：

（1）经济内容的配比。存在配比关系的收入和费用，必在经济内容上存在因果关系。比如说，主营业务收入的取得是由于耗费了主营业务成本后才可取得，由于存在因果关系，所以体现了配比原则。

（2）时间上存在一致配比关系。属于某一会计期间的费用必须与相同受益期的收入相配比。例如，主营业务收入与主营业务成本配比，它们必然同属于一个会计期间。

仅仅依靠改变会计政策，就改出利润，真是“纸上利润”呀！

可见，配比原则与权责发生制原则存在着内在联系。

8. 一贯性原则（Consistency Principle）

一贯性原则是指一个企业在不同的会计期间所采用的会计程序、计价标准及会计核算的方法应保持一致。会计核算的一贯性（Consistency）与可比性（Comparison）是两个不同的概念。一贯性是指同一会计主体在时间维度上与会计信息纵向可比，不给信息接受者“该会计主体会计政策会经常变化”的判断；可比性强调不同会计之间横向的会计信息的比较是否可比。不同会计主体之间，只要按统一的公认会计原则或统一的企业会计准则进行核算，就不存在相互间会计信息不可比的问题。如确有必要变更会计政策，应将变更的情况、变更的原因及其对企业财务状况和经营成果的影响，在财务会计报告中说明。（具体应用详见第 8 章）

此原则的应用详见第8章。

坚持一贯性原则，一个会计主体在不同的会计期间中的会计处理方法、计价标准应保持连贯一致，这样既便于正确评价企业的财务状况、经营成果和现金流量，更为重要的是，能防止会计主体利用会计处理方法的变动，防止在会计报表中弄虚作假，“粉饰”会计报表。

【例 1－8】NY 公司的案例。在 1997 年，NY 公司的产品成本计算方法由加权平均法改变为先进先出法。在当时物价上涨的情况之下，这样做无疑降低了产品的销售成本，导致了利润的上涨。据 NY 公司 1997 年的年报显示，1997 年年末的存货数比 1996 年年末下降了 39.15%，主要源于 1997 年销售的往年房产开发项目的成本、1997 年年末存货比 1996 年年末减少了 5 263 万元，其中，房产开发项目减少 4 884 万元，减幅达 47.43%。如此巨额的存货发出成本的核算，由加权平均法改为先进先出法，对利润的影响程度可想而知。NY 公司由于会计政策的变更，当期实现扭亏。

【例 1－9】Q 公司的案例。Q 公司的全资子公司 HD 涤纶厂原来按照直线法计提固定资产折旧，从 1997 年起，改按上年度折旧额与产量匡算单位产品折旧额，按当年产量计提固定资产折旧。由于 1997 年涤纶市场疲软，涤纶产量下降，当年按产量计提的固定资产折旧随之下降，当年利润相应增加。公司未披露折旧方法变更对当期利润的影响。分析结果显示：1997 年底固定资产原值比 1996 年底增加了 3 900 万元，增幅达 12%；1997 年折旧费用却比 1996 年减少了 86 万元，减幅达 9%；Q 公司 1997 年净资产收益率 10.49%。（净资产收益率 10% 是能够被批准为增资配股的分界岭）

——摘自《上市公司财务问题及其分析》，肖星著，中国计划出版社，2002 年。

9. 充分揭示原则（Full Disclosure Principle）

对预期可能影响利润、负债和所有者权益的会计事项，以及会计政策的变更，要充分地在会计报告中披露。

1.4.2 我国企业会计制度

会计制度是进行会计核算工作有关规则、程序和方法的规范和准则。一般应遵循：

●要符合《会计法》及国家其他有关法律、法规规定。

●要符合根据《会计法》等法律法规及国际公认会计准则制定的《我国企业会计准则》的要求。

●在不违反上述两项要求的基础上，可根据企业的具体情况，制定本企业具体会计核算方法。

1. 我国现行的企业会计准则体系

2006 年 2 月，我国财政部发布新修订的《企业会计准则》体系，自 2007 年 1 月 1 日起首先在股份制企业施行。我国现行新会计准则体系分为基本准则、一般业务准则、特殊业务准则和报告准则。我国会计准则体系的主要内容如下：

（1）会计核算的四大假设

①会计主体：界定了从事会计工作和提供会计信息的空间范围。

②持续经营：明确了会计核算的时间范围，是企业选择会计处理方法、确认和计量的基本前提。

③会计分期：也称会计期间，便于分期结算账目，编制报表（人为划分）。

④货币计量：为核算提供了统一的计量单位手段。

（2）会计信息的八项质量要求

①可靠性：基本要求，强调应当以实际发生的交易或事项为依据进行确认、计量和报告。

②相关性：要求会计信息要与信息使用者的需求相关。

③可理解性：强调会计信息要清晰明了，便于理解和使用。

④可比性：包含两层意思，即同一企业要能保证核算期纵向可比，不同企业相同交易或事项处理则要一致，以便横向可比。

⑤实质重于形式：强调经济形式重于法律形式。

⑥重要性：企业应当提供重要的信息，在核算中可区别重要程度，采用不同核算形式。

⑦谨慎性：要求面临不确定因素要保持谨慎，要求不应当高估资产和收益，不低估负债或费用，也不得计提秘密准备。

⑧及时性：要求核算和提供会计信息不得提前或延后。

（3）会计核算的计量基础

①分为权责发生制和收付实现制两种。

②企业会计的确认、计量和报告应当以权责发生制为基础。

③行政单位和事业单位（大部分业务）都以收付实现制为基础。

（4）五种计量属性

企业对会计要素进行计量时，可选择的会计计量属性有历史成本、公允价值、重置成本、可变现净值和现值。

①历史成本：又称实际成本，即取得或制造某项财产物资时，所实际支付的现金或其他等价物。

②公允价值：指在公平交易时，熟悉情况的交易双方自愿进行资产交换或债务清偿的金额。主要用于交易性金融资产、可供出售金融资产的计量等。

③重置成本：又称现行成本，指按当前市场条件，重新取得同样一项资产所需支付的现金或现金等价物的金额，多用于盘盈固定资产的计量。

④可变现净值：指在正常经营中，以预计货价减去进一步加工成本和预计销售费用以及相关税费后的净值，常用于存货资产减值情况下的后续计量。

⑤现值：指对未来现金流量以恰当折现率进行折现后的价值，常用于非流动资产可回收金额和以摊余成本计量的金融资产价值的确定等。

2. 会计核算的一般要求

（1）会计核算方法的要求：按照国家统一会计制度；

（2）会计核算依据的要求：必须以实际发生的交易或事项为依据；

（3）会计核算依法设账的要求；

（4）会计核算资料（会计档案）保管的要求；

（5）会计电算化要求（会计电算化所使用的软件和生成的会计资料必须符合国家统一会计制度规定）；

（6）会计记录文字要求：必须使用中文，民族自治地方可同时使用一种民族文字，外国企业或外国组织可同时使用一种外国文字。

复习思考题

1. 什么是会计？
2. 简述会计核算的基本方法。
3. 什么是会计准则？我国会计法规由哪几个层次组成？
4. 我国会计信息质量的要求有哪些？

实务练习题

一、单项选择题

1. 下面关于会计对象说法不正确的是（　　）。

A. 会计对象是指会计所要核算与监督的内容

B. 特定主体能够以货币表现的经济活动，都是会计核算和监督的内容

C. 企业日常进行的所有活动都是会计对象

D. 会计对象就是社会再生产过程中的资金运动

2.（　　）作为会计核算的基本前提，就是将一个会计主体持续经营的生产经营活动划分为若干个相等的会计期间。

A. 会计分期　　B. 会计主体　　C. 会计年度　　D. 持续经营

3. 会计的基本职能一般包括（　　）。

A. 会计计划与会计决策　　B. 会计预测与会计控制

C. 会计控制与会计决策　　D. 会计核算与会计监督

4. 会计的基本方法是（　　）。

A. 会计预测方法　　B. 会计核算方法

C. 会计分析方法　　D. 会计决策方法

5. 会计在进行会计核算的同时，对特定主体经济活动的合法性、合理性进行的审查称为（　　）。

A. 会计控制职能　　B. 会计核算职能

C. 会计监督职能　　D. 会计分析职能

6. 会计以（　　）作为主要计量单位。

A. 实物计量　　B. 劳动计量　　C. 货币计量　　D. 时间计量

7. 在（　　）计量属性下，资产按照其正常对外销售所能收到的现金或者现金等价物的金额扣减该资产至完工时估计将要发生的成本、估计的销售费用以及相关税费后的金额计量。

A. 重置成本　　B. 现值　　C. 可变现净值　　D. 公允价值

8. 下列关于会计主体中说法正确的是（　　）。

A. 会计主体和法律主体对等　　B. 会计主体不一定是法律主体

C. 法律主体就是会计主体　　D. 以上都不对

9. 按照会计信息质量的要求，企业在对交易或者事项进行会计确认、计量和报告时，正确的做法是（　　）。

A. 不应高估资产或负债　　B. 不应高估资产或费用

C. 不应高估资产或收益　　D. 不应低估资产或负债

10. 企业应当以实际发生的交易或者事项为依据进行会计确认、计量和报告，如实反映符合确认计量要求的各项会计要素及其他相关信息，保证会计信息真实可靠，内容完整。这一会计信息质量要求是（　　）。

A. 可靠性要求　　B. 相关性要求

C. 实质重于形式要求　　D. 可比性要求

11. 会计假设包括会计主体、持续经营、会计分期、（　　）。

A. 历史成本　　B. 会计准则　　C. 货币计量　　D. 可比性原则

12. 企业不得任意改变会计处理方法是（　　）会计信息质量的要求。

A. 相关性　　B. 可靠性　　C. 可比性　　D. 重要性

13. 会计核算应当以实际发生的交易或事项为依据，如实反映企业财务状况，是符合会计信息质量（　　）的要求。

A. 实质重于形式　　B. 可理解性

C. 可靠性　　D. 谨慎性

14. 计提坏账准备的做法体现了（　　）的原则。

A. 及时性　　B. 谨慎性　　C. 重要性　　D. 相关性

15. 我国第一部会计大法《中华人民共和国会计法》颁布于（　　）。

A. 1950 年　　B. 1985 年　　C. 1992 年　　D. 1999 年

16. 我国现行新会计准则体系分为基本准则、一般业务准则、（　　）和报告准则。

A. 特殊业务准则　　B. 资产减值准则

C. 金融资产转移准则　　D. 关联方披露准则

17. 2006 年 2 月，我国财政部发布新修订的《企业会计准则》，自 2007 年 1 月 1 日起首先在（　　）施行。

A. 国有大中型企业　　B. 民营小规模企业

C. 外资企业　　D. 股份制企业

18. 1973 年，美国、英国、澳大利亚、加拿大、法国、联邦德国、日本、墨西哥、荷兰等9国的16个会计职业团体在伦敦发起成立了（　　）；2001年，其改组为国际会计准则理事会。

A. 欧洲会计准则委员　　B. 世界会计准则委员
C. 国际财务报告委员会　　D. 国际会计准则委员会

二、多项选择

1. 工业制造企业的资金循环形态有（　　）。
A. 货币资金　B. 生产资金　C. 产成品资金　D. 储备资金
2. 会计方法包括（　　）。
A. 会计核算　B. 会计决策　C. 会计检查　D. 会计分析
3. 下列各种方法中，属于会计核算专门方法的有（　　）。
A. 设置会计科目和账户　　B. 成本计算
C. 复式记账　　D. 财产清查
4. 下列项目中，可以作为一个会计主体进行核算的有（　　）。
A. 母公司　　B. 分公司
C. 母公司和子公司组成的企业集团　　D. 销售部门
5. 会计期间可以分为（　　）。
A. 月度　B. 季度　C. 年度　D. 半年度
6. 下列属于会计中期的有（　　）。
A. 年度　B. 月度　C. 半年度　D. 季度
7. 下列说法正确的是（　　）。
A. 会计核算过程中采用货币为主要计量单位
B. 我国企业的会计核算只能以人民币为记账本位币
C. 业务收支以外币为主的单位可以选择某种外币为记账本位币
D. 在境外设立的中国企业向国内报送的财务报告，应当折算为人民币
8. 为了正确确定收入和费用的归属期间，会计上形成的核算基础包括（　　）。
A. 权责发生制　　B. 收付实现制
C. 实地盘存制　　D. 永续盘存制
9. 权责发生制会计核算基础的要求是（　　）。
A. 已经实现的收入无论款项是否收到，都作为本期收入处理
B. 凡是本期发生的费用，只要没有实际付出款项，都不作为本期费用处理
C. 已经发生的费用无论款项是否支付，都作为本期费用处理
D. 凡是本期实现的收入，只要没有实际收到款项，都不作为本期收入处理

10. 根据企业会计准则的规定，企业对会计要素进行计量时，可选用的会计计量属性有（　　）。
A. 历史成本　　B. 重置成本
C. 可变现净值　　D. 现值和公允价值

三、判断题

1. 会计是一种管理活动，以货币作为唯一计量单位进行核算。 ( )

2. 会计的职能只有两个，即会计核算与会计监督。 ( )

3. 会计主体是指企业法人。 ( )

4. 会计主体一般都是法律主体，但法律主体不一定是会计主体。 ( )

5. 持续经营假设是指假定会计主体在可以预见的未来，将根据既定目标持续、正常经营下去，而不会发生破产、清算的情况。 ( )

6. 我国企业会计准则规定：企业应当以权责发生制为基础进行会计确认、计量和报告。 ( )

7. 企业会计核算以权责发生制为基础，凡是当期应当负担的费用，不论款项是否付出，都应作为当期的费用处理。 ( )

8. 企业在对会计要素进行计量时，一般应当采用历史成本的计量属性。 ( )

9. 企业在对会计要素进行计量时，只有符合企业会计准则规定的条件，才能选择运用公允价值计量属性。 ( )

10. 在中华人民共和国境内的外商投资企业、外国企业和其他外国组织的会计记录可以使用外国文字。 ( )

第2章 会计要素、会计科目与会计账户

本章所述的正确设置会计科目和账户以及第3章（复式记账原理）借贷记账法，是七种会计专用方法中最重要的两种方法。本书认为，特定的会计科目、会计账户反映特定的会计现象。会计科目是会计记录和提供会计信息的基础，是设置账户的依据，是复式记账和编制记账凭证的基础，为成本核算、财产清查及编制报表提供方便，在会计核算中起着至关重要的作用。

本章要解决的问题

- 什么是会计要素？会计要素的内涵、内容及其相互之间有何关系？
- 会计报表和会计要素之间有何关系？
- 什么是会计科目与账户，二者之间有何关系？
- 什么是会计基本等式？如何理解会计基本等式的恒等原理？

本章重点

- 六大会计要素
- 会计科目与账户
- 会计基本等式及恒等原理

本章难点

- 会计要素分为六类，账户分为五类，二者的归属关系
- 账户按经济用途和结构的分类方法
- 会计基本等式及恒等原理

2.1 会计报表中的会计要素 （Accounting Elements）

会计报表（Accounting Statement）是根据会计账簿记录和有关资料，总括反映一定期间的经济活动和财务收支情况及结果的一种报告文件。会计报表具有规定的格式，至少应当包括反映企业财务状况的资产负债表和反映经营成果的利润表。资产、负债及所有者权益构成资产负债表的基本框架；收入、费用及利润构成利润表的基本框架。这六个组成部分是会计报表及会计核算对象的基本构成要件，被称为会计要素。也就

是说，会计要素是会计对象组成部分的具体化，是对会计核算对象进行的基本分类。

六个会计要素中，资产、负债、所有者权益称为反映财务状况的会计要素，也称资产负债表要素。收入、费用、利润称为反映经营成果的会计要素，也称利润表要素。

2.1.1　资产负债表中的三个会计要素

资产负债表是反映企业某一特定日期财务状况的会计报表。表 2－1 列示的是长胜公司 2010 年 12 月 31 日的资产负债表，该表描述了长胜公司在 2010 年 12 月 31 日这个时点的财务状况，反映了该公司在 2010 年 12 月 31 日所拥有或控制的经济资源、承担的现有义务和所有者对净资产的要求权。注意，这个日期是会计报表的截止日期，而不是会计报表的具体编制日期。在资产负债表里反映了资产、负债和所有者权益三个要素。

表 2－1　　资产负债表

编制单位：长胜公司　　2010 年 12 月 31 日　　单位：元

资产	年末	年初	负债和所有者权益	年末	年初
流动资产：			流动负债：		
货币资金	2 812 600		短期借款	600 000	
交易性金融资产	30 000		交易性金融负债	0	
应收票据	492 000		应付票据	400 000	
应收账款	598 200		应付账款	1 907 600	
预付款项	200 000		预收款项	0	
应收利息	0		应付职工薪酬	220 000	
应收股利	0		应交税费	73 200	
其他应收款	10 000		应付利息	2 000	
存货	5 160 000		应付股利	0	
一年内到期的非流动资产	0		其他应付款	100 000	
其他流动资产	200 000		一年内到期的非流动负债	2 000 000	
流动资产合计	9 502 800		其他流动负债	0	
非流动资产：			流动负债合计	5 302 800	
可供出售金融资产	0		非流动负债：		
持有至到期投资	0		长期借款	1 200 000	
长期应收款	0		应付债券	0	
长期股权投资	500 000		长期应付款	0	
投资性房地产	0		专项应付款	0	
固定资产	2 200 000		预计负债	0	
在建工程	3 000 000		递延所得税负债	0	
工程物资	0		其他非流动负债	0	
固定资产清理	0		非流动负债合计	1 200 000	
生产性生物资产	0		负债合计	6 502 800	
油气资产	0		股东权益：		
无形资产	1 200 000		实收资本	10 000 000	
开发支出	0		资本公积	0	
商誉	0		减：库存股	0	
长期待摊费用	0		盈余公积	200 000	
递延所得税资产	0		未分配利润	100 000	
其他非流动资产	400 000		所有者或股东权益合计	10 300 000	
非流动资产合计	7 300 000				
资产合计	16 802 800		负债和所有者权益合计	16 802 800	

2.1.1.1　资产（Asset）

企业从事生产经营活动必须具有一定的经济资源，这些经济资源表现为货币资金、厂房场地、机器设备、原材料等，是企业从事生产经营活动的物质基础，称为资产。除上述货币资金、厂房场地、机器设备、原材料外，资产还包括不具有物质形态、但有助于生产经营活动进行的专利权、商标权等无形资产，此外，还包括对其他单位的投资。

但是并非所有的经济资源都能成为资产。具体来说，资产一般应同时具有以下几个基本特征：

（1）资产由企业过去的交易或事项形成。

一个企业的资产，都是由已发生的经济业务引起的，是现实的资产。尚未发生的经济业务，或者计划中的经济业务即使可能形成资源，也不能确认其为企业的资产。例如，企业已经购入的某项设备是已经发生的购买交易的结果，应该将其确认为企业的资产，而计划中购买的设备则不能将其确认为企业的资产。

知识链接：

由于资产是由企业过去的交易或事项形成的，所以在会计中资产的计价原则（Asset - measurement Concept）是历史成本原则，其具体内容是货币性资产（交易性金融资产等）以公允性价值（市场交易价）列报，其他资产（固定资产、存货等）以其取得的成本或基于取得成本的金额列报。

（2）资产是企业拥有或者控制的资源。

资产为企业拥有或者控制。拥有是指企业享有某项资源的所有权，表明企业拥有从资产中获取预期经济利益的权利。控制是指在有些情况下，虽然企业不享有一些资源的所有权，但能实际控制这些资源，同样也能够从这些资源中获取经济利益，根据实质重于形式的原则，这部分经济资源也应作为企业的资产。如融资租入的固定资产，虽然企业还未拥有其所有权，但该项资产的租赁期限较长（有时接近该项资产的使用寿命），租赁期满一般由承租企业优先购买，企业能够控制它，所以应将其作为企业的资产。所有权与控制权的存在，对于判断某项目是否属于企业的资产是至关重要的。

资产权属的特征对资产的确认、计量、记录有很大影响，它直接影响到收入能否被确认，权责发生制原则、收入实现原则的运用和遵循。

（3）资产预期会给企业带来经济利益。

资产的本质特征就在于其预期能够给企业带来经济利益。如果某项资源预期不能给企业带来经济利益，那么该资源不能作为企业的资产，如出了故障已不能使用的设备。

综上所述，资产可以定义为：企业过去的交易或事项形成的，由企业拥有或者控制的，预期能给企业带来经济利益的资源。

资产按照流动性分为流动资产和非流动资产。

流动资产是指可以在一年或者超过一年的一个营业周期内变现或者耗用的资产，主要包括货币资金、交易性金融资产、应收票据、应收账款、预付账款、应收股利、其他应收款、存货等。非流动资产是指流动资产以外的资产，主要包括长期股权投资、固定资产、在建工程、工程物资、无形资产等。

知识链接：

资产费用化过程（Asset Expenselize）

当企业发生支出时，如购进存货、固定资产或其他资产，他们以取得时的成本进行记录。但这些资产会在企业生产经营过程当中被消耗，在会计期间内被耗用掉的资产的成本称之为费用，资产此时被"费用化"，由于被耗用掉的资产的成本不复存在，也将费用称作"到期成本"；而在会计期末未耗用仍以资产形式列于资产负债表的是资产，将未耗用的仍为资产的称作"未到期成本"。

在生产经营过程中，非流动资产的耗用具体表现为：固定资产的耗用称为"折旧（Depreciation）"，无形资产的耗用称为"摊销（Amorlization）"，可耗竭的资源性资产（石油、矿产品等）的耗用称为"耗损（Wasting）"。

2.1.1.2　负债（Liability）

如表 2－1 所示，长胜公司资产负债表右方列示了该公司的负债和所有者权益，这是公司取得资产的两种资金来源。其中一种来源于向外界的借入，资金提供者称为债权人。债权人对资产的要求权称为负债。

如果把资产理解为企业的权利，那么，负债就可以理解为企业所承担的义务，企业必然要用其拥有的资产偿付负债。企业履行义务，会导致经济利益流出企业。

请注意：

资产和负债在一定条件下可以相互发生转换，这种转换一般存在于"应收账款"、"预收账款"、"应付账款"、"预付账款"等反映往来款项的科目。如："应收账款"属于资产，但如果应收账款收回时，多收了账款，多收部分则转化为负债。再比如："应付账款"属于负债，但如果应付账款归还时，多付了账款，多付部分则转化为资产。

作为负债，一般应同时具有以下基本特征：

（1）负债是由过去的交易或事项形成的现时义务。

负债作为企业的一种现时义务，是由企业过去的交易或事项形成的、现已承担的义务。只有过去发生的交易或事项才能形成企业的负债，而不能根据计划中的交易或事项来确认负债。例如，长胜公司从红河公司购入了一批材料而尚未支付款项，则长胜公司承担了负债，如果该采购还尚未发生，长胜公司就不会承担该项负债。

（2）负债的偿还预期会导致经济利益流出企业。

企业履行偿债义务预期会导致经济利益流出企业。如用企业银行存款偿还之前的银行借款，会导致企业的银行存款减少。经济利益的流出可以有多种形式，可以用资产偿还，也可以提供劳务偿还、以新债换旧债等。

综上所述，负债可以定义为：由企业过去的交易或事项形成的现时义务，履行该义务预期会导致经济利益流出企业。

负债按照流动性分为流动负债和非流动负债。

流动负债，是指将在一年（含一年）或者超过一年的一个营业周期中偿还的债务，包括短期借款、应付票据、应付账款、预收账款、应付职工薪酬、应付利息、应付股利、应交税费、其他应付款等。非流动负债是指流动负债以外的负债，主要包括长期借款、应付债券等。

小提示：

流动负债中包括"短期借款"，也包括由商业信用形成的应付、预收项目（如"应付票据"、"应付账款"、"预收账款"），同时也包括应计费用（新会计准则亦称为应付费用、应计负债，如"应付职工薪酬"、"应付股利"、"应交税费"、"应付利息"、"其他应付款"），虽称为"费用"，但在会计要素划分中属于"负债"。对应计费用的理解要注意以下几点：①应计费用与短期借款是不一样的流动负债；②应计费用是指企业本期已经耗用或受益，但尚未支付，却应由本期负担的成本或费用，例如：2010年5月企业计提职工的工资为50 000元，这笔工资应该是由5月份负担的成本或费用，但这笔工资是在6月份才会支付给职工，在支付之前，实际上形成了一笔企业对职工的负债，在会计上将这笔工资确认为5月的成本或费用，同时确认一笔企业对职工的负债，计入"应付职工薪酬"；再比如：先接受服务（先受益），后支付服务费的项目（如水电费），也会形成应计费用；③应计费用是会计学中一项重要知识，现行的会计准则主要包括"应付职工薪酬"、"应付股利"、"应交税费"等应计费用项目，这些知识将在第6章负债中进行详述。

2.1.1.3　所有者权益（Owner's Equity）

企业资产的另一种资金来源就是所有者权益，即权益资本。

所有者权益与债权人权益比较，一般具有以下四个基本特征：

（1）所有者权益在企业经营期内可供企业长期、持续地使用，企业不必向投资人返还资本金。

（2）企业所有者凭其对企业投入的资本，享受分配税后利润的权利。

（3）企业所有者有权行使企业的经营管理权，或者授权管理人员行使经营管理权。

（4）企业所有者对企业的债务和亏损负有无限责任或有限责任。

如果企业解散，所有者只能得到负债被偿还后剩下的那一部分财产，因此负债对企业资产的要求权优先于所有者权益。

综上所述，所有者权益可以定义为：企业资产扣除负债后，由所有者享有的剩余权益，包括实收资本、资本公积、盈余公积和未分配利润等。

2.1.2　利润表中的三个会计要素

利润表是反映企业在一定会计期间经营成果的报表。利润表列示在某一会计期间内的全部收入、费用和利润的基本情况，通过这些项目的结构及前后的变化反映企业在某一期间的经营成果。表 2－2 是长胜公司 2010 年 12 月的利润表，该表描述了长胜公司在 2010 年 1～12 月期间的经营成果，也就是该公司从 2010 年 1 月 1 日至 12 月 31 日的累计收入、费用和利润。在利润表中反映了收入、费用和利润三个会计要素。

表 2－2　　**利润表**

编制单位：长胜公司　　2010 年 12 月　　单位：元

项目	本期金额	上期金额（略）
一、营业收入	3 750 000	
减：营业成本	2 250 000	
营业税金及附加	6 000	
销售费用	210 000	
管理费用	220 000	
财务费用	124 500	
资产减值损失	104 000	
加：公允价值变动收益（损失以“－”号填列）	0	
投资收益（损失以“－”号填列）	154 500	
其中：对联营企业和合营企业的投资收益	0	
二、营业利润（亏损以“－”号填列）	990 000	
加：营业外收入	150 000	
减：营业外支出	59 100	
其中：非流动资产处置损失	0	
三、利润总额（亏损总额以“－”号填列）	1 080 900	
减：所得税费用	307 197	
四、净利润（净亏损以“－”号填列）	773 703	
五、每股收益	（略）	
（一）基本每股收益		
（二）稀释每股收益		

2.1.2.1　收入（Revenue/Income）

所有者权益增加的一个渠道是企业的盈利性经营活动。如长胜公司销售产品收到现金 3 000元，这 3 000 元我们称作企业的收入。换言之，收入是企业经济利益的总流入。但要注意的是，并非企业所有经济利益的流入均来自收入。作为可被确认的收入，一般具有以下基本特征：

（1）收入是从企业的日常活动中产生，而不是从偶发的交易或事项中产生。

所谓日常活动，是指企业为完成其经营目标而从事的经常性活动以及与之相关的其他活动。例如工业企业生产和销售产品、商业企业销售商品等。企业所进行的有些活动并不是经常发生的，如工业企业出售多余的原材料等。这些活动虽然不是经常发生的，但因与日常活动有关，其产生的经济利益的总流入也属于收入。有些交易或事项虽然也能为企业带来经济利益，如企业处置固定资产、收取违约金等，但由于不属于企业的日常活动，属于偶然发生的经济活动，由此产生的经济利益总流入就不属于收入，其本质是利得。

（2）收入与所有者投入资本无关。

经济利益的流入有时是所有者投入资本的增加导致的，所有者投入资本的增加不应当确认为收入，应当将其直接确认为所有者权益。

（3）收入能引起所有者权益增加。

因收入所引起的经济利益流入，使得企业资产增加或者负债减少，或者资产增加和负债减少同时发生，最终会导致所有者权益增加。

综上所述，收入可以定义为：企业在日常活动中形成的、会导致所有者权益增加的、与所有者投入资本无关的经济利益的总流入。

按照企业所从事日常活动的性质，收入分为销售商品取得的收入、提供劳务取得的收入和让渡资产使用权取得的收入。其中，销售商品取得的收入，主要指取得货币资产方式的商品销售；提供劳务取得的收入，主要指提供旅游、运输、培训、广告、产品安装、代理等服务所取得的收入；让渡资产使用权取得的收入，主要指企业将资产让渡给他人使用所取得的收入，如出租固定资产收取的租金收入。

按照日常活动在企业所处的地位，收入可分为主营业务收入和其他业务收入。其中，主营业务收入，是企业为完成其经营目标而从事日常活动中主要项目取得的经济利益总流入，如工业企业销售产品取得的收入等；其他业务收入是主营业务以外的其他日常活动，如工业企业销售材料、提供非工业性劳务等形成的收入。

2.1.2.2 费用（Expense）

长胜公司销售商品收到现金 3 000 元，假定销售该批商品的成本为 2 000 元，这 2 000元我们称为企业的费用。换言之，费用导致企业经济利益流出。同样，并非企业所有经济利益的流出都形成费用。作为可被确认的费用，一般具有以下基本特征：

（1）费用是企业在日常活动中发生的经济利益的流出，而不是偶发的交易或事项导致的经济利益的流出。

（2）费用最终将减少企业的所有者权益。

因费用所引起的经济利益流出，使得企业资产减少或者负债增加，或者资产减少和负债增加同时发生，最终会导致所有者权益减少。

（3）费用与向所有者分配的利润无关。

企业向所有者分配利润也会导致经济利益的流出，而该经济利益的流出显然属于所有者权益的抵减项目，不应确认为费用，应当将其排除在费用之外。

综上所述，费用可以定义为：企业在日常活动中发生的、会导致所有者权益减少的、与向所有者分配的利润无关的经济利益的总流出。

费用可以分为营业成本和期间费用。营业成本是指所销售商品或提供劳务的成本。营业成本按照其所销售商品或提供劳务在企业日常活动中所处地位的主次，可以分为主营业务成本和其他业务成本。期间费用包括销售费用、管理费用、财务费用等。销售费用是企业在销售过程中为达到销售目的而发生的费用；管理费用是企业为组织和管理生产经营活动所发生的相关费用；财务费用是企业为筹集生产经营所需资金等而发生的费用。

根据资产中的论述可知，资产是“未到期成本”，费用是“到期成本”。

2.1.2.3　利润（Profit）

长胜公司以 3 000 元的价格销售商品，成本为 2 000 元。在这项交易中，取得收入 3 000 元，同时发生费用 2 000 元，收入与费用之间的差异 1 000 元即为利润。

综上所述，利润可以定义为：企业在一定会计期间的经营成果，包括收入减去费用后的净额、直接计入当期利润的利得和损失等。

收入减去费用后的净额，反映了企业日常经营活动的业绩；直接计入当期利润的利得和损失，是指应当计入当期损益、会导致所有者权益发生增减变动的、与所有者投入资本或者向所有者分配利润无关的利得或者损失。

利润通常包括以下项目：

（1）营业利润（Operating Profit）

营业利润 = 营业收入 - 营业成本 - 营业税金及附加 - 销售费用 - 管理费用 - 财务费用 - 资产减值损失 ± 公允价值变动收益（公允价值变动损失）± 投资收益（投资损失）

（2）利润总额（Total Profit /Income Before Tax）

利润总额 = 营业利润 + 营业外收入 - 营业外支出

（3）净利润（Net Income）

净利润 = 利润总额 - 所得税费用

2.2　会计科目与会计账户（Accounting and Ledger）

本书认为，特定的会计科目、会计账户反映的是特定的会计现象。

会计核算的主要对象是企业发生的各项经济业务。虽然通过会计要素的设置，可以使这些经济业务按资产、负债、所有者权益、收入、费用和利润进行分类归纳与整理，但由于会计要素本身所涉及的内容较为复杂，因此，所提供的分类信息仍不能满足企业日常管理的需要。为了能提供更为详细的分类信息，需要进一步设置会计科目与会计账户。

对会计信息的最基本分类就是会计要素。将会计要素再按归属进一步详细分类核算的项目就是会计科目。会计账户是用于分类反映会计要素增减变动及其结果的一种工具。设置会计科目和会计账户是会计核算方法之一。

2.2.1 会计科目（Account）

2.2.1.1 会计科目的概念和设置原则

会计科目，简称科目，是对会计要素的具体内容进行分类核算的项目，是会计账户的名称。设置会计科目，就是根据会计对象的具体内容和管理要求，事先规定分类核算的项目和标志的一种专门方法。通过设置会计科目，可以对纷繁复杂、性质不同的经济业务进行科学的分类。

会计科目必须根据企业会计准则，并按照会计制度的规定设置和使用。在不影响会计核算的要求、财务会计报告指标的汇总和对外提供统一的财务会计报告的前提下，企业可以根据实际情况自行增设、减少或合并某些会计科目。会计科目的设置是否合理，对于系统提供会计信息、提高会计工作效率以及合理地组织会计核算工作都有很大影响。因此，在设置会计科目时，必须充分考虑有关各方面对会计信息的需求，符合会计工作的客观规律。

设置会计科目具体应遵循以下原则：

（1）设置会计科目，要结合企业生产经营的特点，满足会计核算的要求。不同性质的企业，其生产经营各具特色。企业在设置会计科目时，要充分结合本单位具体经济活动的特点。例如，制造企业的主要经营活动分为供、产、销三个阶段，因此相对应的会计科目就应设置“在途物资”、“生产成本”、“主营业务收入”等。企业设置的会计科目，一方面要有其明确的、独特的核算内容；另一方面，企业的会计科目体系，应该涵盖所有会计要素的内容，反映会计对象的全貌。

（2）设置会计科目，要结合会计核算对象的特点，满足经济管理的要求。设置会计科目的目的是用来分类处理与传输有关的会计信息，因此会计科目的设置必须结合各单位会计核算对象的特点。例如，在选择以权责发生制为会计基础的企业，就应相应地设置“应收账款”、“预收账款”、“应付账款”、“预付账款”等会计科目。会计科目的设置，还应充分考虑到会计核算信息的输出，满足宏观经济的管理、企业投资者和债权人等外部信息使用者，以及企业内部经济管理的需要。

（3）设置会计科目，要结合记账方法的特点，满足会计工作内部分工的要求。不同的记账方法对会计科目设置的要求不完全相同，因此，会计科目的设置必须考虑所运用的记账方法。同时，会计科目的设置还要充分考虑企业内部的岗位责任制的实施，满足会计核算工作内部分工的需求。

2.2.1.2 会计科目的分类

会计科目根据经济内容不同和所提供信息的详细程度不同，有两种分类方法。

1. 根据经济内容分类

会计科目的本质是对会计要素进行分类核算的项目。会计要素分为六大类：资产、负债、所有者权益、收入、费用和利润。在对会计科目按其所反映的经济内容进行分类时，在会计要素分类的基础上作了一定调整，分为五大类，即资产类科目、负债类

很重要哦！

科目、所有者权益类科目、成本类科目和损益类科目。

会计要素分类与会计科目按经济内容分类之间的内在联系，如图 2－1 所示。由图 2－1 可以看出，相应的会计科目归属于相应的会计要素。

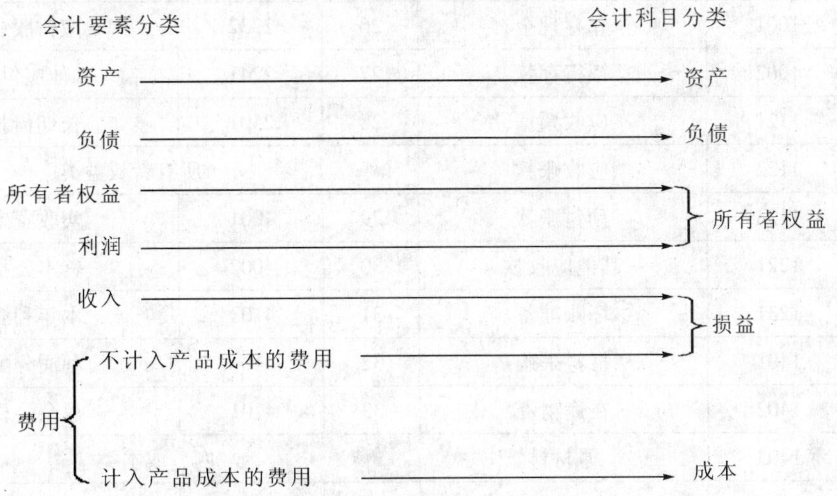

图 2－1　会计要素与会计科目根据经济内容分类

2. 根据提供信息的详细程度分类

会计科目根据提供的信息详细程度，可分为总账科目和明细科目。

（1）总账科目，也称“总分类科目”或“一级科目”，是对会计要素资产、负债、所有者权益、收入、费用和利润进行总括分类的类别名称。

（2）明细科目，也称“明细分类科目”，是对总账科目所属经济内容作详细分类的类别名称。为了适应核算工作的需要，可在总账科目下设置多级明细科目。会计科目按所提供的信息详细程度分类如表 2－3 所示。

表 2－3　　会计科目按根据提供信息的详细程度分类

<table>
<tr><th rowspan="2">总分类科目
（一级科目）</th><th colspan="2">明细分类科目</th></tr>
<tr><th>二级科目</th><th>三级科目</th></tr>
<tr><td rowspan="4">原材料</td><td rowspan="2">主要材料</td><td>A 材料</td></tr>
<tr><td>B 材料</td></tr>
<tr><td rowspan="2">辅助材料</td><td>C 材料</td></tr>
<tr><td>D 材料</td></tr>
</table>

我国企业会计制度规定，总账科目由财政部统一制定，明细科目除会计制度规定设置的以外，企业可根据实际需要自行设置，并不是所有的总账科目都设置明细科目。

为了便于初学者学习，本书根据按经济内容分类的原理，既覆盖所有的会计现象，又简化地总结了在学习“基础会计”阶段常用的 47 个会计科目，如表 2－4 所示。

表 2-4　《基础会计》常用会计科目表

序号	编号	会计科目名称	序号	编号	会计科目名称
一、资产类			25	2231	应付利息
1	1001	库存现金	26	2232	应付股利
2	1002	银行存款	27	2241	其他应付款
3	1121	应收票据	28	2501	长期借款
4	1122	应收账款	三、所有者权益类		
5	1123	预付账款	29	4001	实收资本
6	1221	其他应收款	30	4002	资本公积
7	1231	坏账准备	31	4103	本年利润
8	1401	材料采购	32	4104	利润分配
9	1402	在途物资	33	4101	盈余公积
10	1403	原材料	四、成本类		
11	1405	库存商品	34	5001	生产成本
12	1601	固定资产	35	5101	制造费用
13	1602	累计折旧	五、损益类		
14	1604	在建工程	36	6001	主营业务收入
15	1605	工程物资	37	6051	其他业务收入
16	1606	固定资产清理	38	6301	营业外收入
17	1701	无形资产	39	6401	主营业务成本
18	1901	待处理财产损溢	40	6402	其他业务成本
二、负债类			41	6403	营业税金及附加
19	2001	短期借款	42	6601	销售费用
20	2201	应付票据	43	6602	管理费用
21	2202	应付账款	44	6603	财务费用
22	2203	预收账款	45	6701	资产减值损失
23	2211	应付职工薪酬	46	6711	营业外支出
24	2221	应交税费	47	6801	所得税费用

2.2.2　会计账户（Ledger）

会计科目只是规定了会计对象具体内容的类别名称，还不能进行具体的会计核算。为了连续地、系统地、全面地记录由于经济业务发生而引起的会计要素的增减变动，提供各种会计信息，必须根据规定的会计科目在账簿中开设会计账户。

会计账户是根据会计科目开设的，具有一定结构和格式，用于分类反映会计要素增减变动及其结果，对会计科目所规定的内容进行核算和监督的一种工具。设置会计账户是会计的一种专门方法。会计账户所提供的会计资料是编制会计报表的重要依据。

会计科目是账户的名称，账户是有一定结构的会计科目。会计实践中，常将会计科目与会计账户不加区分地使用。

2.2.2.1　会计账户的基本结构

为了正确记录各项经济业务的发生和完成情况，就必须为会计账户确定一定的格式，我们把这种格式称为会计账户的基本结构。在实际工作中，会计账户的具体结构根据会计核算的要求，一般表现为表格形式，应包括以下内容：

（1）账户的名称（会计科目）——规定账户所要记录的经济业务事项内容；

（2）日期——记录经济业务事项日期；

（3）凭证号数——标明账户记录所依据的会计凭证编号；

（4）摘要——简要说明经济业务事项的内容；

（5）金额——增加金额、减少金额和余额。

借贷记账法下，会计账户的基本结构如表 2－5 所示。其中，“借”和“贷”登记账户的增加额或减少额，“借或贷”表示余额方向。

表 2－5　　　　账户名称（会计科目）

年		凭证号数	摘要	借	贷	借或贷	余额
月	日						

一定时期内会计账户登记的增加额或减少额，称为会计账户的本期发生额，表示这一时期价值运动的动态变化；增减相抵后的差额，称为会计账户的余额，表示该期期末某项价值增加、减少变化后的结果。余额按照表示的时间不同，分为期初余额和期末余额。显然，本期期初余额是上期期末余额。

> 简言之：
> 账户=会计科目+结构

一般情况下，会计账户余额的方向同账户增加额的方向是一致的。此时，会计账户余额和发生额之间的关系是：

期末余额＝期初余额＋本期增加发生额－本期减少发生额

2.2.2.2　“T”型账户

会计账户所记录和反映的经济业务引起的会计要素增减变动情况，虽然复杂繁多，但从数量变化来看，不外乎“增加”和“减少”两种情况，因而会计账户在结构上也相应地分为反映会计要素有关项目的增加额和减少额两个部分；同时，为了反映增加、减少变动后的结果，会计账户还要有反映余额的部分。增加额、减少额和余额构成了会计账户的基本结构。为便于教学，本书将这三部分结构形象化地用“T”型账户表示。其结构如图2－2、图2－3所示。

××账户

期初余额×××	
本期增加发生额×××	本期减少发生额×××
期末余额×××	

图2－2　账户的基本结构

××账户

	期初余额×××
本期减少发生额×××	本期增加发生额×××
	期末余额×××

图2－3　账户的基本结构

“T”型账户只是账户的一种抽象化和简化的图形表示。至于账户左右两方的称谓，以及用哪方登记增加额，哪方登记减少额，则取决于该账户所反映的经济内容和性质以及记账规则（详见第3章“借贷记账法”）。可以肯定的是，“T”型账户一方登记增加额，另一方必定登记减少额。

2.2.2.3　会计账户的分类

由于账户是根据会计科目开设的，因此账户的基本分类与会计科目的分类也是相对应的。

1. 按归属的会计要素分类，分为资产类账户、负债类账户、所有者权益类账户、成本类账户和损益类账户。详见表2－4。

2. 按提供会计信息的详略程度分类，分为总分类账户和明细类账户（以便登记账簿时进行平行登记）。总分类账户，也称总账、总账账户，只采用货币计量单位提供总括的会计信息；明细分类账（明细账），不仅将总分类账信息再进一步细分，而且反映实物资产的明细分类账户还采用实物单位计量，以提供明细的会计信息指标。

> 注意，这是会计账户分类的重点和难点，也是本书的特点，学习时要注意！

3. 按经济用途和结构分类

本书认为，一种会计科目、会计账户所反映的是一种特有的会计现象，反映的是一种对经济交易事项特有的会计处理方法。

账户按会计要素的归属进行分类，明确了完整的账户体系，但是它不能说明设置各类账户的目的以及能够提供什么核算指标，即账户的用途是什么。对于初学者来说，当遇到一笔经济交易事项时，按会计要素的分类往往不知道应如何正确选择账户；同时，也没有明确各类账户怎样使用以及如何记录经济业务，即账户的结构是怎样的：如左右两方分别记录什么内容，有无期末余额，如果有期末余额，在哪一方，表示什么含义。所以，有必要在按照会计要素归属分类的基础上，进一步学习账户按经济用途和结构的分类，以明确各类账户的使用方法，达到熟练和正确的运用账户的目的。

会计账户按经济用途及结构划分，分为三大类、11种分类，如图2-4所示。

- 账户
  - （1）盘存账户
    - “库存现金”账户
    - “银行存款”账户
    - “库存商品”账户
    - “原材料”账户
    - “固定资产”账户
  - （2）结算账户
    - 债权结算账户
      - “应收账款”账户
      - “应收票据”账户
      - “其他应收款”账户
    - 债务结算账户
      - “应付账款”账户
      - “应付票据”账户
      - “其他应付款”账户
      - “应付职工薪酬”账户等
    - 债权债务结算账户
      - “预收账款”账户
      - “预付账款”账户
  - （3）资本账户
    - “实收资本”账户
    - “资本公积”账户
    - “盈余公积”账户
  - （4）跨期摊提账户
    - “待摊费用”账户
    - “预提费用”账户
  - （5）集合分配账户——“制造费用”账户
  - （6）成本计算账户
    - “生产成本”账户
    - “在途物资”账户
  - （7）收益类账户
    - “主营业务收入”账户
    - “其他业务收入”账户
    - “营业外收入”账户等
  - （8）费用类账户
    - “主营业务成本”账户
    - “其他业务成本”账户
    - “销售费用”账户
    - “管理费用”账户
    - “财务费用”账户
    - “营业外支出”账户等
  - （9）财务成果账户——“本年利润”账户
  - （10）计价对比账户
    - “材料采购”账户
    - “固定资产清理”账户
  - （11）调整账户
    - 备抵账户
      - 资产备抵账户
        - “坏账准备”账户
        - “累计折旧”账户
      - 权益备抵账户——“本年利润”账户
    - 附加账户——“应付债权——债权溢价”账户
    - 备抵附加账户——“材料成本差异”账户

图2-4　会计账户按经济用途及结构划分

(1) 盘存账户：该账户是通过财产清查来核算和监督其结存及增减变动的资产类账户。盘存类账户统驭的主要会计账户有库存现金、银行存款、库存商品、原材料、固定资产等。基本结构如图2-5所示。

借方	盘存（资产类）账户基本结构　　　贷方
期初余额：期初各项财产物资和货币资金的结存额 发生额：本期各项盘存资产（各项财产物资和货币资金）的资金增加额	发生额：本期各项盘存资产（各项财产物资和货币资金）的资金减少额
期末余额：期末各项盘存资产的资金结存额	

图2-5　盘存类账户基本结构

(2) 结算账户：该类账户是用来核算和监督两个或两个以上经济主体之间债权、债务往来结算情况的账户。这类账户的运用对初学者有些难度，因为它因经济业务结算性质的不同，分为债权（资产要素类）结算账户、债务（负债要素类）以及债权债务（资产要素、负债要素混合类）结算账户三类。

● 债权结算账户。这类账户主要有应收账款、应收票据、预付账款、其他应收款等。

债权结算账户归属于资产类统驭的账户，账户结构格式及运用与盘存类账户相同，即期初、期末余额均在左方，本期发生额记录表现为"借（左）增贷（右）减"，如图2-6所示。

借方	债权类结算账户基本结构　　　贷方
期初余额：期初各种债权（尚未收回的应收款项）实有额 发生额：本期各种债权（各种应收款项）的增加额	发生额：本期各种债权（各种应收款项）的减少额
期末余额：期末各种债权（尚未收回的应收款项）实有额	

图2-6　债权类结算账户基本结构

● 债务结算账户。这类账户主要有应付账款、应付票据、预收账款、其他应付款、应交税费、应付职工薪酬、长期与短期借款等。

债务结算类账户归属于负债类统驭的账户。根据借贷记账法原理，负债是会计恒等式右方的会计要素，期初、期末余额均在右方，本期发生额记录表现为"贷（右）增借（左）减"，如图2-7所示。

债务类结算账户基本结构

借方	贷方
发生额：本期应付债务（各种尚未支付的应付未付债务）的减少额	发生额：本期应付债务（各种尚未支付的应付未付债务）的减少额 发生额：本期应付债务（各种尚未支付的应付未付债务）的减少额
	期末余额：期末各种债务（各种尚未支付的应付未付债务）的实有额

图 2－7　债务类结算账户基本结构

● 债权债务结算账户，也称往来结算账户。它主要解决两个经济主体之间同时具有债权、债务结算的情况，且需要在同一账户核算、监督而运用的账户。最现实的例子是，一个经济主体相对于另一个经济主体，在既有债权又有债务的情况下，可将“应收账款”（归属于资产要素）账户与“应付账款”（归属于负债要素）两个账户合并为“应收应付”账户，以减少账户的数量（两个变一个），避免分类账户核算可能产生的混乱。何以在同一账户核算两个账户性质截然相反的记账基本结构的账户情况？原理是债权、债务可以相互转化：债权大于债务的差额，就可视为债权；债务、负债大于债权的差额就可视为负债。会计核算处理时，债权债务结算账户的期初余额，可能在借方（表示债权大于债务的差额），也可能在贷方（表示负债、债务大于债权的差额）；本期借方发生额表示债权的增加或债务的减少，本期贷方发生额表示负债的增加或债权的减少；当出现借方期末余额时表示债权大于债务的差额，出现贷方期末余额时表示负债、债务大于债权的差额。债权债务结算账户的基本结构如图 2－8 所示。

债权债务结算账户基本结构

借方	贷方
期初余额：债权大于债务的差额 发生额：本期债权增加额或债务减少额	期初余额：债权小于债务的差额 发生额：本期债务、负债增加额或债权减少额
期末余额：债权大于负债、债务的差额（表示债权）	期末余额：负债、债务大于债权的差额（表示负债）

图 2－8　债权债务结算账户基本结构

（3）资本账户：核算和监督企业所有者投入资金和企业内部积累形成的资本金增减变动及实有数额的账户，主要有实收资本（股本）、资本公积、盈余公积等账户。该账户属所有者权益类账户。按借贷记账法原理，所有者权益属会计等式等号右方的会计要素，所统驭会计账户的基本结构是：期初、期末余额在账户右方，本期发生额记录表现为“贷（右）增借减（左）减”。资本账户基本结构如图 2－9 所示。

借方	资本账户基本结构　　　　贷方
发生额：本期投入和积累的资本金的减少额	期初余额：期初资本金的实有额 发生额：本期投入和积累的资本金的增加额
	期末余额：期末资本金的实有额

图 2-9　资本账户基本结构

（4）跨期（待）摊（预）提账户：该类账户核算和监督应由若干会计期间共同负担、但又在某个会计期间一次支付了费用的账户。该类账户包括了账户基本结构截然相反的两类账户，如待摊费用、预提费用等。设置这类账户的目的是为了按“权责发生制”的要求，严格划分费用的受益期限，便于正确核算在特定会计期间内的成本、费用的数量和盈亏情况。

> 注意哦！这也是一个学习难点，难在时空的转换，带来资产类与负债类账户结构截然相反。

●待摊费用账户：该类账户核算和监督按规定在当期一次支付，但需在未来一定期间分期摊销费用。该账户虽然号称“费用”，但实为资产类账户的属性，所以其基本格式和记账方法类似盘存账户。典型的例子是，年初预付全年杂志费 12 000 元，每月应受益（每月应分期摊销的费用）为 1 000 元。待摊费用账户基本格式如图 2-10 所示。

借方　　　　待摊费用账户基本结构	贷方
期初余额：以前各期发生或支付但截至本期期初尚未分摊出去的费用 发生额：本期发生，应由本期和以后各期成本或损益对象共同负担的费用	发生额：按照一定标准实际分摊出去的由本期成本或损益对象负担的费用
期末余额：已经实际发生或支付但截至本期期末尚未分摊出去的费用	

图 2-10　待摊费用账户基本结构

●预提费用账户：该账户核算和监督按规定预先提取计入当期，应付未付、需要在未来一定时点才能一次支付费用。该账户虽然号称“费用”，但实属负债类账户属性，所以其基本格式和记账方法类似债务结算账户。典型的例子是“应付职工薪酬”账户。预提费用账户基本格式如图 2-11 所示。

借方　　预提费用账户基本结构	贷方
发生额：本期实际支付或发生出去的费用	期初余额：预先提取计入以前各期成本或损益对象的费用 发生额：按计划提取应计入本期成本或损益对象的费用
	期末余额：按计划已经提取而待以后支付或发生出去的费用

图 2－11　预提费用账户基本结构

（5）集合分配账户：用来归集和分配企业生产经营的某个会计期间内所发生的制造费用的账户。“成本计算”是会计核算七种专门方法之一，其重要任务之一就是将“费用”要素中能归属到某成本对象中的“成本”，与不能归属到特定成本对象中的“期间费用”划分清楚，以便于经济效益核算和经济责任制的落实。此时，就要借助“集合分配”账户的会计处理方法来核算和监督“生产车间管理费用”。因为该账户核算和监督“费用”，所以集合分配账户基本结构同于费用要素，即本期发生额记录表现为“借（左）增贷（右）减”；该账户核算和监督的对象有“期间费用”的性质，属于当期开支，故应在当期分配完毕。因此，这类账户有虚账户（临时账户）的特征，一般没有期末余额。集合分配账户基本结构如图 2－12 所示。

借方　　集合分配账户基本结构	贷方
发生额：汇集本会计期间生产经营过程中发生的某种费用额（视同增加）	发生额：分配到各受益对象上的费用额
期末余额：无	

图 2－12　集合分配账户基本结构

（6）成本计算账户：用来归集和分配生产经营过程中能归属到特定成本对象（生产产品或服务）的费用。该账户属费用要素所统驭的会计账户，账户的基本结构类似于集合分配账户，但与集合分配账户的基本结构有一差别，即有“期末余额”，原因在于它核算和监督的对象是可以归属到特定成本对象上的费用（产成品成本）。会计期末时，在成本计算账户的“期末余额”，是会计期末尚未结束生产经营过程某一阶段的成本计算对象的实际成本。成本计算账户的基本结构如图 2－13 所示。

借方	成本计算账户基本结构　　　　贷方
期初余额：期初时尚未结束生产经营过程某一阶段的成本计算对象的实际成本	
发生额：归集生产经营过程中，某一阶段发生的全部费用（视同增加）	发生额：结转已结束生产经营过程的某一阶段成本计算对象的实际成本
期末余额：期末尚未结束生产经营过程某一阶段的成本计算对象的实际成本	

图 2-13　成本计算账户基本结构

（7）收益类账户：主要有主营业务收入、其他业务收入、营业外收入、投资收益等账户。收益类账户的基本结构和会计处理方法同于收入会计要素所统驭的账户，按借贷记账法原理，其本期发生额记录表现为“贷（右）增借（右）减”。但是由于收益、收入核算的属性是虚账户（临时性账户），属于当期结转的经济业务，所以期末没有余额，即也无期初余额。收益类账户基本结构如图 2-14 所示。

借方	收益类账户基本结构　　　　贷方
发生额：本期收益减少额和期末转入“本年利润”账户的收益额	发生额：本期形成或确认的收益额（视同收入增加）
	期末余额：无

图 2-14　收益类账户基本结构

（8）费用类账户：主要有主营业务成本、其他业务成本、营业外支出、销售费用、管理费用、财务费用、所得税费用等账户。费用类账户的基本结构和会计处理方法同于费用会计要素所统驭的账户。按借贷记账法原理，其本期发生额记录表现为“借（左）增贷（右）减”。但是由于费用核算的属性也是虚账户（临时性账户），属于当期结转的经济业务，所以期末没有余额，也无期初余额。费用类账户的基本格式如图 2-15 所示。

借方	费用类账户基本结构　　　　贷方
发生额：本期形成或确认的成本、费用额（视同费用增加）	发生额：本期各项成本、费用减少额和期末转入到“本年利润”账户的费用额
期末余额：无	

图 2-15　费用类账户基本结构

（9）财务成果账户：是配比账户中收益类账户与费用类账户进行配合比较后表示结果的账户。最典型的“本年利润”账户，即是按照借贷记账法原理“有借必有贷、借贷必相等”的记账规则，将收益类账户借方（本期减少额和期末转入的收益额），转入到本账户贷方；将费用类账户贷方（本期各项成本、费用减少额和期末转入的费用额），转入到本账户借方。将分属于“收益”和“费用”两个账户上核算的结果，在本账户上进行比较（收益－费用），得出该会计期内，生产经营活动盈（利润）亏（亏损）的结论。本账户右方余额表示“期末累计实现的净利润”；左方的余额表示“期末累计发生的净亏损”。

（10）计价对比账户：是用来核算和监督企业采用不同计价方法进行对比，确认差异的账户。按照计价方法的不同，计价对比账户分为“材料采购”账户和“固定资产清理”账户两种。

“材料采购”账户：是用来核算和监督企业外购材料计划成本与实际成本以及材料成本差异业务的账户，如图 2－16 所示。

借方　　材料采购账户	贷方
期初余额：企业外购在途物资的实际采购成本 发生额：本期增加外购材料实际采购成本及结转计划成本大于实际成本差异	发生额：验收入库外购材料的计划成本及结转外购材料计划成本小于实际成本的差异

注意此账户与“在途物资”账户的区别与联系。

借方　　材料采购账户	贷方
期末余额：尚未验收入库的在途物资的实际采购成本	

图 2－16　材料采购账户基本结构

“固定资产清理”账户：是用来核算和监督待清理固定资产净值、清理费用及收益和损失业务的账户，如图 2－17 所示。

借方　　固定资产清理账户	贷方
发生额：转入待处理固定资产净值 发生清理费用及结转收益	发生额：发生的收益及结转的损失

注：该账户清理完毕，结转损益后无余额。

图 2－17　固定资产清理基本结构

（11）调整账户：会计是一种支持管理决策的会计信息系统，因此当经济管理需要从两个不同的会计信息角度来描述和记录同即一个会计要素时，一个是原始的会计数额，另一个是对原始会计数额按管理的需求进行调整的会计数额时，就需要调整账户。将原始会计数额相加或相

注意哦！这里又是一个学习难点！

减，可以得到经调整后的实际会计数额，所使用的会计账户就是调整账户。调整账户可分为备抵账户、附加账户和备抵附加账户三类。

●备抵账户，也称减项账户，是用来抵减被调整账户的余额，以取得被调整账户实际余额的账户。备抵账户既可用来抵减资产类被调整账户的余额，也可用来抵减权益类被调整账户的余额。无论是哪种，当被调整账户的余额在借方时，其备抵账户余额在贷方。反之，当被调整账户的余额在贷方时，其备抵账户余额就在借方。总之，用借贷记账法的"借"、"贷"相反的表示不同账户的增减的原理，来表示对增加一方的抵减。

备抵账户中资产备抵账户有"固定资产"（被调整账户）的资产备抵账户"累计折旧"账户。下面，说明"累计折旧"账户与其被调整账户"固定资产"账户的基本结构和会计处理。如图 2－18 所示。

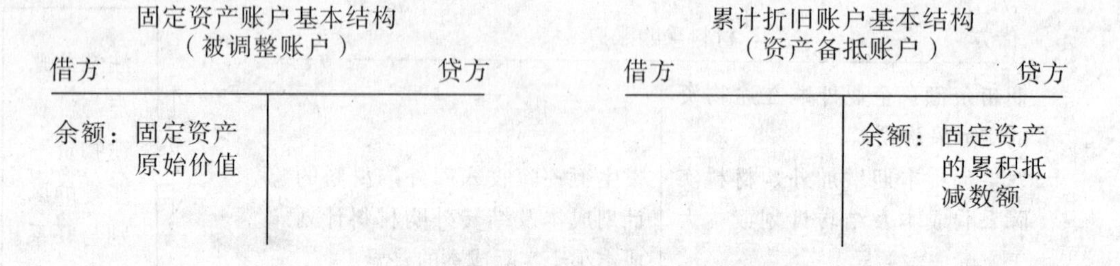

图 2－18　"固定资产"、"累计折旧"账户基本结构

注：固定资产原始价值 - 固定资产累积递减数额 = 固定资产实际价值（净值）

●附加账户，指用来增加被调整账户的余额，以求得被调整账户实际余额的账户。

被调整账户的余额 + 附加账户余额 = 被调整账户实际数额。附加账户余额必定与被调整账户余额方向一致。如："应付债券—债券溢价"账户是"应付债券—债券面值"账户的一个附加。

●备抵附加账户，指既具有备抵调整又具有附加调整功能的账户，典型的如"材料成本差异"账户。

值得初学者注意的是，账户按用途及结构分类不是绝对的，有些账户具有双重性质。如"在建工程"账户，既属于盘存账户，也属于成本计算账户；又如"待处理财产损溢"账户，是财产清查中盘盈、盘亏会计处理前的暂记账户（过渡性账户），应在期末结账前处理完毕、结清余额；等等。

学好会计账户分类的最好办法是，当学到后边章节，选择合适的会计账户以应对特定会计交易事项，会计处理遇到困难时，就返回到本章有关节来复习一下这些内容。

2.2.3　会计科目与会计账户的关系

会计账户与会计科目既相互联系，又有所区别。会计账户是对会计事项进行分类核算的工具，会计账户与会计科目所反映的经济内容是相同的，账户的名称就是会计科目。然而从理论上分析，账户与科目也有一定的区别。会计科目只表明某项经济内容，仅仅是账户的名称，不存在结构问题。而账户不仅有名称，还必须具备一定的结构格式，用以反映经济业务事项所引起的数量增减变化及其结果。尽管会计科目和会计账户是两个不同的概念，但在实际工作中，往往只强调它们的联系，而忽视它们的区别。因此，实务中，会计科目和会计账户经常不加以区分，而相互通用。

2. 2. 4　会计科目按会计要素分类的理论与实务的差异

会计科目按会计要素分类的理论与实务的差异如图 2 - 19 所示。

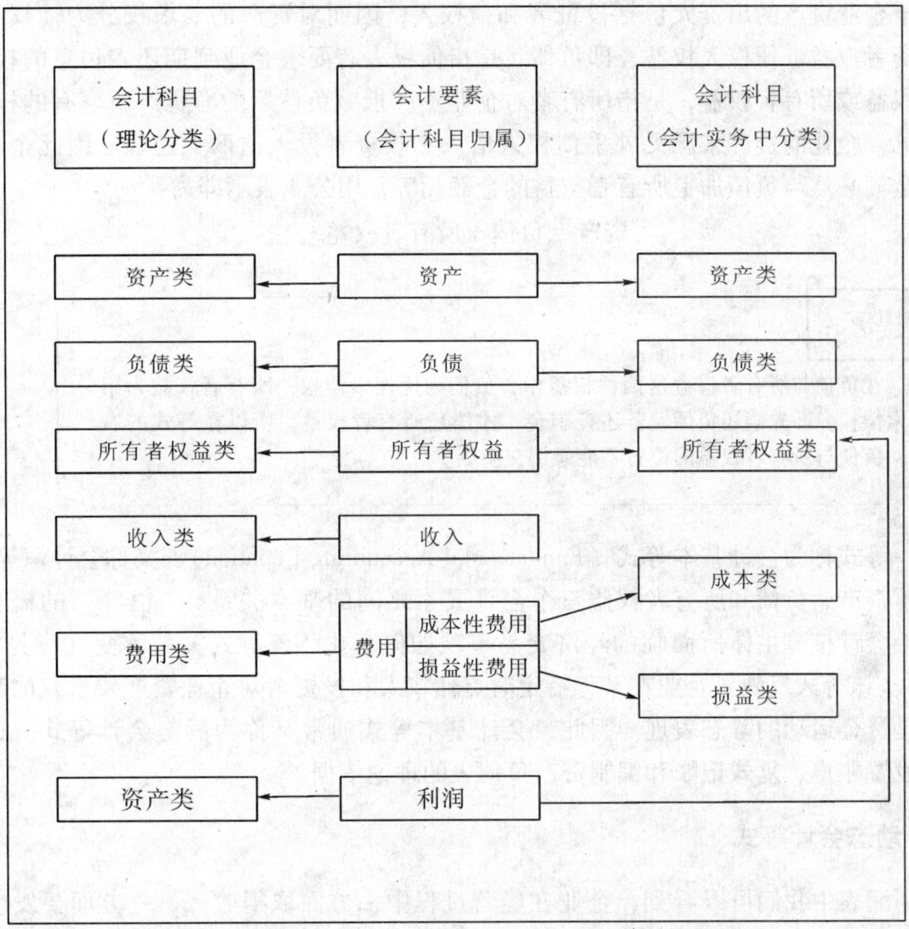

图 2 - 19　会计科目按会计要素分类的理论与实务的差异状况

2. 3　会计等式（Accounting Equition）

2. 3. 1　静态会计等式

每一项资产，都有其特定的来源。为企业提供资产的人对企业的资产拥有索偿权，即企业中任何资产都有其相应的权益要求，谁提供了资产谁就对资产拥有索偿权。这种索偿权在会计上称为权益。资产表明企业经济资源存在的形式及分布情况，而权益则表明企业经济资源所产生的利益归属。因此资产与权益在数量上总是相等的，有多少资产就应有多少权益，用公式表示即为：

资产 = 权益

会计恒等原则（Dual-aspect Concept）表明，企业的资产总额总是等于权益总额，即企业的资产总额总是等于负债加所有者权益的总额。

由于企业资产的出资人包括投资者和债权人，因而对资产的要求权分为债权人权益和投资者权益。债权人权益，即负债，是指债权人有要求企业到期还本付息的权利。投资者权益或所有者权益，是指所有者对企业资产抵减负债后的净资产所享有的权利。显而易见，企业的资产来源无外乎债权人借入和投资者投入这两大途径。因此企业的资产的金额必然与负债加上所有者权益的金额相等，用公式表示即为：

资产 = 负债 + 所有者权益

小提示：

在负债与所有者权益这两种权益中，负债为优先索偿权，所有者权益为第二索偿权，即先偿还负债，若还有剩余，才偿还所有者权益。所以在等式的右边，负债与所有者权益的位置不能颠倒交换。

这一等式称为会计基本等式（Fundamental Accounting Equation），又称会计恒等式。它表明了资产、负债和所有者权益三个会计要素之间的基本关系。“恒等”的概念是指，无论会计核算主体所面临的经济交易事项如何变化，该等式关系不变（详见第3章内容）。该等式反映了企业在某一特定时点债权人和投资者对企业资产要求权的基本状况，是资金运动的静态表现。因此，会计基本等式通常又称为静态会计等式。这一等式是设置账户、复式记账和编制资产负债表的理论依据。

2.3.2 动态会计等式

从利润表中我们可以看到，企业在经营过程中一方面取得收入，一方面要发生相应的费用，企业一定期间的收入减去同一期间与之相联系的费用，得到的结果就是企业的利润。用等式表现出来，就是：

收入 - 费用 = 利润

这一会计等式可称为动态会计等式，是资金运动的动态表现，表明收入、费用和利润之间的基本关系，是编制利润表的依据。

2.3.3 会计综合等式

如前所述，收入会引起资产的增加或负债的减少，或者资产的增加和负债的减少同时发生，进而使所有者权益增加；费用会引起资产的减少或负债的增加，或者资产的减少和负债的增加同时发生，进而使所有者权益减少。因此在会计期间中，会计恒等式将动态会计等式与静态会计等式合并，又有如下的转化形式：

资产 = 负债 + 所有者权益 + （收入 − 费用）

注意：会计综合等式可是非常重要哦！

将费用从等式的右边移至左边，会计综合等式又转化为如下形式：

资产 + 费用 = 负债 + 所有者权益 + 收入

这一会计等式，实际上是利润分配前的会计等式。

在这个会计等式中，资产与负债可以确定地进行计量，而所有者权益则会随着生产经营的进行，即随着利润的实现而变化。这是因为，企业所获得的利润属于企业的所有者，所发生的亏损也最终要由所有者承担。因此，从本质上讲，利润导致所有者权益的增加，亏损则导致所有者权益的减少，而利润又是收入与费用相抵后的差额，因此上述会计等式又可表示为：

资产 = 负债 + 所有者权益 + 利润

收入与费用两大会计要素记载的经济业务事项，依据配比原则并通过结账形成利润，最终转化为所有者权益。因此，在会计期末，会计恒等关系又恢复至其基本形式，即为：

资产 = 负债 + 所有者权益

会计综合等式体现了六项会计要素之间的内在联系，体现了利润分配前任一时刻的财务状况及其经营成果，对于分析企业资金运动状况及结果具有重要意义。

2.3.4　经济业务对会计基本等式的影响

"资产 = 负债 + 所有者权益"这一等式被称为会计基本等式，体现了会计核算最基本的平衡关系。企业在经营活动过程中所发生的经济业务是纷繁复杂、多种多样的，但是，根据数学恒等式的知识我们知道："等式任何一边内部此增彼减相等金额，等式的恒等关系不变；等号两边同增同减相等金额，等式的恒等关系也不变。"由此可以得出结论：无论发生什么样的经济业务，都不会影响基本会计等式的平衡关系，会计等式两端的金额永远保持相等。

复习思考题

1. 简述会计六要素。
2. 简述会计科目和账户的联系与区别。

实务练习题

一、单项选择题

1. 下列引起资产和负债同时减少的经济业务是　(　　)。

　A. 从银行提取现金　　　　B. 赊购材料一批

C. 用银行存款偿还银行借款　　D. 用资本公积转增实收资本

2. 下列引起所有者权益项目有增有减的经济业务是（　　）。

A. 以短期借款直接偿还应付账款　　B. 以银行存款支付投资者的利润

C. 接受捐赠的固定资产　　D. 经批准将盈余公积转增资本

3. 下列各项中，不属于收入要素内容的是（　　）。

A. 销售商品取得的收入　　B. 提供劳务取得的收入

C. 出租固定资产取得的收入　　D. 赊购原材料

4. 下列各项中，不属于费用要素内容的是（　　）。

A. 销售费用　　B. 管理费用　　C. 财务费用　　D. 预付账款

5. 根据明细科目设置，用来对会计要素具体内容进行明细分类核算的账户称为（　　）。

A. 总账账户　　B. 明细账户　　C. 备查账户　　D. 综合账户

6. 账户是根据（　　）设置的，具有一定格式和结构，用于分类反映会计要素增减变动情况及其结果的载体。

A. 会计要素　　B. 会计对象　　C. 会计科目　　D. 会计信息

7. 会计科目与账户之间的联系是（　　）。

A. 结构相同　　B. 格式相同　　C. 内容相同　　D. 互不相关

8. 下列账户中，属于所有者权益账户的是（　　）。

A. 本年利润　　B. 生产成本　　C. 制造费用　　D. 应付账款

9. 甲公司月末编制的试算平衡表中，全部账户的本月贷方发生额合计为 116 万元，除银行存款外的本月借方发生额合计为 100 万元，则银行存款账户（　　）。

A. 本月借方余额为 16 万元　　B. 本月贷方余额为 16 万元

C. 本月贷方发生额为 16 万元　　D. 本月借方发生额为 16 万元

10. 总分类账户与其明细分类账户的主要区别在于（　　）。

A. 记录经济业务的详细程度不同　　B. 记账的依据不同

C. 记账的方向不同　　D. 记账的期间不同

11. 某企业所有者权益总额为 300 万元，负债总额为 700 万元。那么该企业的资产总额为（　　）万元。

A. 400　　B. 1 000

C. 600　　D. 以上答案都不对

12. 账户按与会计报表的关系可以分为（　　）两大类。

A. 实账户与虚账户　　B. 资产负债表账户与利润表账户

C. 总账账户与明细账户　　D. 表内账户与表外账户

13. 某公司 2007 年 3 月初资产总额为 160 万元，负债总额为 60 万元。3 月 1 日购入设备一台，价值 10 万元，款项未付，上述经济业务发生后（　　）。

A. 资产与所有者权益总额分别为 170 万元与 70 万元

B. 资产与负债总额分别为 170 万元与 70 万元

C. 资产与负债总额分别为 150 万元与 50 万元

D. 负债与所有者权益总额分别为70万元与110万元

14. 由企业非日常活动所发生的、会导致所有者权益减少的、与向所有者分配利润无关的经济利益的流出称为（　　）。

A. 费用　　B. 损失　　C. 负债　　D. 所有者权益

15. 某企业月初权益总额为100万元，假定本月仅发生一笔以银行存款10万元偿还银行借款的经济业务，则该企业月末资产总额为（　　）万元。

A. 80　　B. 70　　C. 110　　D. 90

16.（　　）不是设置会计科目的原则。

A. 重要性原则　　B. 合法性原则

C. 相关性原则　　D. 实用性原则

17. 下列账户中，期末一般无余额的是（　　）账户。

A. 管理费用　　B. 生产成本　　C. 制造费用　　D. 应交税费

18. 在借贷记账法下，账户的贷方用于登记（　　）。

A. 收入的增加或费用（成本）的增加

B. 收入的增加或费用（成本）的减少

C. 收入的减少或费用（成本）的增加

D. 收入的减少或费用（成本）的减少

19. M公司月初资产总额为1 000万元，本月发生下列业务：（1）以银行存款购买原材料100万元；（2）向银行借款600万元，款项已存入银行；（3）以银行存款归还前欠货款300万元；（4）收回应收账款200万元，款项已存入银行。则月末该公司资产总额为（　　）万元。

A. 1 300　　B. 1 600　　C. 1 700　　D. 2 000

20. A公司与B公司签订销售合同，销货金额为200 000元，增值税税额为34 000元。B公司先预付全部款项的40%，余款交货后付清。A公司收到B公司补付欠款时，应借记“银行存款”科目，贷记（　　）科目。

A. 预付账款　　B. 预收账款

C. 主营业务收入　　D. 其他应收款

21. 下列经济业务中，不需要进行会计核算的是（　　）。

A. 从银行提取现金　　B. 签订销售合同

C. 收取销售定金　　D. 结算销售货款

22. 会计科目是（　　）的名称。

A. 会计等式　　B. 会计账户　　C. 会计要素　　D. 会计对象

23. 下列属于所有者权益类科目的是（　　）。

A. 预付账款　　B. 应付利息　　C. 应付股利　　D. 利润分配

24. 下列属于损益类科目的是（　　）。

A. 主营业务收入　　B. 生产成本　　C. 应收账款　　D. 其他应付款

25. 对会计对象的具体内容进行分类核算的项目，称为（　　）。

A. 会计单位　　B. 会计要素　　C. 会计科目　　D. 会计账户

26. 投资者投入企业的资本金属于（　　）会计要素。

A. 资产　　B. 负债　　C. 利润　　D. 所有者权益

27. 所有者权益在数量上等于（　　）。

A. 全部资产扣除流动负债　　B. 全部资产扣除非流动负债

C. 全部资产扣除全部负债　　D. 全部资产加上全部负债

28. 会计账户的基本结构分为左右两方，其基本依据是（　　）。

A. 便于登账　　B. 借贷原理

C. 收付原理　　D. 经济业务发生不外乎增加和减少

29. 预付账款属于会计要素中的（　　）。

A. 资产　　B. 负债　　C. 所有者权益　　D. 费用

30. 假定某账户本期增加额为 1 200 元，减少额为 1 500 元，期末余额为 1 300 元，则该企业本期期初余额为（　　）元。

A. 4 000　　B. 1 600　　C. 1 200　　D. 1 000

31. 月末一般无余额的账户是（　　）。

A. 银行存款　　B. 原材料　　C. 主营业务收入　　D. 应收账款

32. 某负债类账户的期初贷方余额为 13 000 元，本期借方发生额为 18 000 元，期末贷方余额为 5 000 元，则该账户本期贷方发生额为（　　）元。

A. 26 000　　B. 10 000　　C. 7 000　　D. 0

33. 下列属于会计科目的是（　　）。

A. 流动资产　　B. 固定资产　　C. 流动负债　　D. 所有者权益

34. 购进原材料一批、贷款未付的经济业务，表现为（　　）。

A. 一项资产增加，另一项资产减少　　B. 负债减少，同时资产减少

C. 负债增加，同时资产增加　　D. 一项负债增加，另一项负债减少

35. 所有者权益类账户的期末余额一般在（　　）。

A. 借方　　B. 贷方　　C. 借方和贷方　　D. 借方或贷方

36. 下列经济业务不会引起会计等式两边发生增减变动的是（　　）。

A. 购进材料未付款　　B. 向银行借款存银行

C. 从银行提取现金　　D. 以存款支付应付账款

二、多项选择

1. 下列经济业务中，会使企业资产总额和权益总额同时发生增加变化的有（　　）。

A. 向银行借入半年期的借款，已存入本企业银行存款账户

B. 赊购设备一台，设备已经交付使用

C. 收到某投资者投资，款项已存入银行

D. 用资本公积转增实收资本

2. 下列等式中，错误的有（　　）。

A. 期初余额 = 本期增加发生额 + 期末余额 − 本期减少发生额

B. 期末余额 = 本期增加发生额 + 期初余额 - 本期减少发生额

C. 期初余额 = 本期减少发生额 + 期末余额 - 本期增加发生额

D. 期初余额 = 本期增加发生额 - 期末余额 - 本期减少发生额

3. 损益类账户一般具有（　　）的特点。

A. 费用类账户的增加额记借方

B. 收入类账户的减少额记借方

C. 期末一般无余额

D. 年末一定要结转到“利润分配”账户

4. 下列属于资产要素的项目有（　　）。

A. 无形资产　　B. 材料采购　　C. 预收账款　　D. 预付账款

5. 企业向银行借款20万元，存入银行，这项业务引起（　　）要素同时增加的变化。

A. 资产　　B. 负债　　C. 所有者权益　　D. 收入

6. 企业的收入可能会导致（　　）。

A. 现金的增加　　B. 预收账款增加　　C. 预付账款增加　　D. 预收账款减少

7. 下列项目中，属于会计科目设置原则的有（　　）。

A. 相关性原则　　B. 真实性原则　　C. 合法性原则　　D. 实用性原则

8. 下列业务中，没有使所有者权益总额发生变化的是（　　）。

A. 宣告向股东分配现金股利　　B. 以资本公积转增资本金

C. 收到投资者投入资金　　D. 按净利润的10%提取盈余公积

9. 下列各项经济业务中，能引起资产和所有者权益同时增加的有（　　）。

A. 收到国家投资存入银行　　B. 提取盈余公积金

C. 收到外单位投入设备一台　　D. 将资本公积金转增资本

10. 下列经济业务中，涉及两个资产账户，其中一个记增加，另一个记减少的有（　　）。

A. 以银行存款购买原材料　　B. 以银行存款归还前欠货款

C. 收到其他单位还来前欠货款　　D. 向银行提取现金

12. 下列账户中，属于损益类账户的有（　　）。

A. 主营业务收入　B. 应交税费　　C. 管理费用　　D. 所得税费用

13. 企业所有者权益会计要素包括的内容主要有（　　）。

A. 实收资本（股本）　　B. 资本公积

C. 盈余公积　　D. 未分配利润

14. 下列项目中属于流动负债的有（　　）。

A. 预付账款　　B. 预收账款　　C. 应付账款　　D. 应收账款

15. 下列表述中，正确的是（　　）。

A. 留存收益包括盈余公积和未分配利润

B. 所有者权益是企业所有者对企业资产享有的权益

C. 在数量上，所有者权益等于企业全部资产减去全部负债后的余额

D. 总分类账户与明细分类账户所提供的核算资料详细程度不同

三、判断题

1. 会计要素中既有反映财务状况的要素，又有反映经营成果的要素。 (　　)
2. 对会计要素的具体内容进行分类核算的项目称为会计科目。 (　　)
3. 账户分为左右两方，左方登记增加，右方登记减少。 (　　)
4. 会计科目是对会计对象的具体内容进行分类核算的项目。 (　　)
5. 账户与会计科目的主要区别在于是否有结构。 (　　)
6. 资产和权益在数量上始终是相等的。 (　　)

四、实务计算题

（一）某企业2004年3月31日资产、负债、所有者权益的有关项目如下：

1. 由出纳员保管的现金8 000元。
2. 存放在银行的款项20 000元。
3. 应收某企业的销售款7 000元。
4. 库存生产用原材料55 000元。
5. 库存的完工产品20 000元。
6. 厂房、机器设备共计150 000元。
7. 从银行取得的短期贷款12 000元。
8. 应付给某供货单位的材料款8 000元。
9. 从银行取得的长期贷款89 000元。
10. 投资者投入的资本140 000元。
11. 盈余形成的公积金11 000元。

要求：如例分析各项目应归属的会计要素类别，即资产、负债或所有者权益类，指出其相应的会计科目，列表检验会计等式是否成立。

项目	属于会计要素类别及金额			应归属会计科目
	资产	负债	所有者权益	
1. 由出纳员保管的现金	8 000			库存现金
合计				

（二）如例逐项完成下表填列，说明经济业务的发生对企业资产与权益总额的影响。

经济业务内容	金额类型			对会计等式的影响
	资产	负债	所有者权益	
例：收回应收账款50 000元，存入银行	+50 000 −50 000			资产一增一减，总额不变。
1. 购入存货20 000元，货款暂欠				
2. 投资者以固定资产200 000元对企业投资				
3. 以银行存款100 000元归还借款				
4. 法定减资，以银行存款600 000元发还				
5. 从银行提取现金70 000元				
6. 向银行借款300 000元偿还前欠货款				
7. 用资本公积90 000元转增资本				
8. 分配利润40 000元，款项尚未支付				
9. 将欠某单位债务80 000元转为投资				

（三）某公司2009年2月份各账户的有关资料如下表所示：

单位：元

账户名称	期初余额		本期发生额		期末余额	
	借	贷	借	贷	借	贷
库存现金	500		（　　）	2 000	（　　）	
银行存款	220 000		（　　）	228 000	340 500	
原材料	127 000		15 000	（　　）	129 000	
固定资产	650 000		50 000	（　　）	683 000	
累计折旧		（　　）	500	5 000		45 000
短期借款		（　　）	50 000	180 000		190 000
应付账款		47 000	21 000	12 000		（　　）
实收资本		（　　）	（　　）	30 000		880 000
合计	（　　）	（　　）	（　　）	（　　）	（　　）	（　　）

要求：根据上述资料，将正确的数字填入适当的空格内。

第 3 章　借贷记账法

本章所述的复式记账原理及借贷记账法，与第 2 章正确设置会计科目与账户相关，是七种会计专用方法中最重要的方法。借贷记账法体现了账户对应关系，依其可以了解经济业务资金运动的来龙去脉，可以检查会计核算账务处理是否正确、合理，同时也是理解会计账户的基础。

本章要解决的问题

●什么是复式记账法？复式记账法有何优越性？

●什么是借贷记账法？其记账规则、账户的结构是什么？

●什么是会计分录？如何编制会计分录？

●什么是试算平衡？如何编制试算平衡表？

●工业企业会计核算的流程是什么？

本章重点

●借贷记账法以及账户的结构

●会计分录的编制

●工业企业会计核算流程

本章难点

●会计分录的编制

●试算平衡表的编制

●工业企业会计核算流程

3.1　复式记账原理（Double-entry Accounting）

为了对会计主体的经济活动进行核算和监督，在按一定原则设置了会计科目及会计账户之后，需要采用一定的记账方法，在账户上记录经济业务发生所引起的会计要素的增减变化过程及结果。在会计账户上登记经济业务的方法就是记账方法。在会计的发展过程中，曾采用过单式记账法和复式记账法。

3.1.1 单式记账法（Single-entry System）

在远古时期，我们的祖先对发生的事情会通过结绳记事等手段，单方面进行记录。例如，用一头牛换来了两只羊，祖先们只会记录两只羊的增加，而不会记录一头牛的减少。这种记账方法被称为单式记账法，是指对发生的经济业务只在一个账户中进行登记的记账方法。单式记账法是一种比较简单、不完整的记账方法。这种记账方法既不能反映羊增加的原因，又不能反映牛的减少，牛和羊之间的记录没有直接的联系，不能形成相互对应的关系。所以，单式记账法不能全面、系统地反映经济业务的来龙去脉，不能提供完整、客观的会计信息，也不便于检查会计账户记录的正确性，是一种简单但不科学的记账方法。目前，单式记账法已被复式记账法所取代。

3.1.2 复式记账法（Double-entry System）

复式记账法是单式记账法的对称，是指一项经济业务发生后，要在两个或两个以上相互联系的账户中，以相等的金额进行全面、连续、系统登记的一种记账方法。这种记账方法可以系统地反映经济活动的过程和结果。如：以银行存款购买材料，价值50 000元，材料已验收入库（暂不考虑增值税），采用复式记账法时，应以相等的金额50 000元在“银行存款”账户中登记减少，同时在“原材料”账户中登记增加，这就说明银行存款减少的原因是由于购买了材料。由此可见，复式记账法能够全面、系统地反映经济业务的发生过程及结果，满足会计信息输出的需要。因此，复式记账法是一种科学的记账方法，它已成为现代企业会计普遍采用的记账方法。

3.1.2.1 复式记账法的特点

与单式记账法相比，复式记账法更具合理性、科学性和操作性。它具有以下两个特点：

1. 每一项经济业务的发生都要在两个或两个以上相关的账户中记录，以反映资金活动的来龙去脉，全面、连续、系统地反映经济活动的过程和结果。

2. 每一项经济业务的发生都以相等的金额，同时记入两个或两个以上相对应的账户，记录的结果仍使会计恒等式成立。因此，通过试算平衡可以检查账簿记录的正确性。

3.1.2.2 复式记账法的分类

复式记账法按其采用的记账符号、记账规则等不同，具体分为借贷记账法、收付记账法和增减记账法等。其中，借贷记账法是目前世界上最通用的记账方法。

3.2 借贷记账法（Debit-credit Bookkeeping）

3.2.1 借贷记账法的概念

借贷记账法是按复式记账原理，以“资产 = 负债 + 所有者权益”的会计恒等式为理论基础，以“借”、“贷”二字为记账符号，以“有借必有贷，借贷必相等”为记账规则的一种记账方法。

借贷记账法起源于13世纪的意大利，大约到15世纪得到完善，在清朝末期光绪年间从日本传入中国，目前在世界各国通用。我国的企业、行政事业单位的会计记账都采用借贷记账法。

3.2.2 借贷记账法的记账符号

借贷记账法以“借”、“贷”二字作为记账符号。

在借贷记账法发展的初期阶段，“借”、“贷”二字用来表示借贷资本家放出资本和收进存款的债权债务的变动。随着商品经济的进一步发展，经济业务内容的拓宽，借贷记账法不仅应用于金融行业，而且应用于工业、商业及行政事业单位，不仅记录借贷资金业务，而且记录财产物资、成本费用、经营损益等业务，此时，“借”、“贷”二字已经失去了最初的经济含义，成为纯粹的、专门的记账符号，分别用来作为账户的左方和右方。

3.2.3 借贷记账法下的账户结构

在借贷记账法下，账户的基本结构是：每个账户都分为左右两方，左方为借方，右方为贷方。对于每一个账户来说，如果借方用来登记增加额，则贷方就用来登记减少额；如果借方用来登记减少额，则贷方就用来登记增加额。究竟是由“借”方还是由“贷”方来登记增加额或是减少额，则取决于账户所反映的经济内容和账户的性质。

根据“资产=权益”这一会计恒等式可知，资产与权益存在于等号的左右两边，其账户会表现截然相反的结构。在借贷记账法下，账户结构的设置如下：

1. 资产类账户的结构

用“T”型账户表示资产类账户结构，如图3-1所示。

借方　　　　资产类账户　　　　贷方

借方	贷方
期初余额：期初资产实有额 发生额：本期资产增加额	发生额：本期资产减少额
期末余额：期末资产结存额	

图3-1　资产类账户结构

资产类账户借方记录企业各项资产的增加额，贷方记录减少额，余额一般出现在记录增加额的借方，表示期末某一时点企业实际拥有的资产数额。期末余额的计算公式为：

资产类账户期末余额=期初余额+本期借方发生额-本期贷方发生额

成本类账户与资产类账户结构基本相同：借方记录成本的增加额，贷方记录成本的减少额。所不同的是：成本类账户一般无余额。

2. 权益类账户的结构

用"T"型账户表示权益类账户结构，如图3－2所示。

借方	权益类账户 贷方
发生额：本期权益减少额	期初余额：期初权益实有额 发生额：本期权益增加额
	期末余额：期末权益实有额

图3－2 权益类账户结构

权益类账户（包括负债类、所有者权益类）的贷方记录权益的增加额，借方记录减少额，余额一般出现在记录增加额的贷方，反映企业在期末某一时点所承担债务的实际数额或者所拥有的企业净资产的实际数额。期末余额的计算公式为：

权益类账户期末余额＝期初余额＋本期贷方发生额－本期借方发生额

3. 损益类账户的结构

损益类账户可再划分为收益类账户与费用类账户。

（1）收益类账户的结构

用"T"型账户表示收益类账户的结构，如图3－3所示。

借方	收益类账户 贷方
发生额：本期收入结转额	发生额：本期收入增加额

图3－3 收益类账户结构

收益类账户是利润及利润分配的直接来源，其结构和所有者权益类账户的结构基本相同。贷方记录收益的增加，借方记录收益的转销额，结转后期末无余额。

（2）费用类账户的结构

用"T"型账户表示费用类账户的结构，如图3－4所示。

借方	费用类账户 贷方
发生额：本期费用增加额	发生额：本期费用结转额

图3－4 费用类账户结构

费用类账户与资产类账户结构基本相同：借方记录费用的增加额，贷方记录费用的转销额。所不同的是：费用类账户一般无余额。

综上所述，借贷记账法下各类账户的结构及借贷表示的含义，如表3-1所示。

表3-1　借贷记账法下各类账户结构

借方	贷方	余额
资产增加	资产减少	借方
负债减少	负债增加	贷方
所有者权益减少	所有者权益增加	贷方
成本增加	成本减少	一般无
收益结转	收益增加	无
费用增加	费用结转	无

一般情况下，对于一个有余额的账户来说，记入该账户增加方向的数额一般大于或等于记入其减少方向的数额，所以账户的正常余额应记录在增加额的一方。即资产类余额在借方，负债和所有者权益类余额在贷方。但亦有例外，如“应收账款”是资产类账户，期末余额一般在借方，反映期末尚未收回的账款；但若期末余额出现在贷方，则说明本期多收了账款，多收部分转化为预收账款，变成了负债性质的账户。我们把这种根据余额方向来判断账户性质的账户称为双重性质的账户。双重性质的账户为数不多，一般为“应收账款”、“预收账款”、“应付账款”、“预付账款”等反映往来款项的账户。

3.2.4　借贷记账法的记账规则

1. 记账规则的概念及内容

借贷记账法的记账规则是指运用借贷记账法，在账户上记录经济业务所引起的会计要素增减变化的规律。具体的记账规则可概括为“有借必有贷，借贷必相等”。

2. 记账规则的表现形式

利用“有借必有贷，借贷必相等”这一记账规则在对经济业务进行记录时有两个方面的要求：

（1）对于任何一项经济业务必须同时在两个或两个以上相互联系的账户中以相反的方向进行登记。

（2）以相等的金额同时记入借方账户与贷方账户。由于借贷记账法的理论基础是“资产=负债+所有者权益”，因此，当经济业务发生而引起账户金额变动时，只有以相等的金额登记，才能保持会计恒等式两端要素之间的平衡。

经济业务的种类是多种多样的，根据经济业务的发生与“资产=权益”会计等式的变动关系，归纳起来，有如下四种类型：

①引起等式两边会计要素同时增加的经济业务（资产与权益同时增加）；

②引起等式两边会计要素同时减少的经济业务（资产与权益同时减少）；

③引起等式左边会计要素发生增减的经济业务（资产内部有增有减）；

④引起等式右边会计要素发生增减的经济业务（权益内部有增有减）。

运用借贷记账法的记账规则，根据经济业务的发生与“资产 = 负债 + 所有者权益”会计恒等式的变动关系，归纳起来，有九种情况，如表3 - 2所示。

表3 - 2　　借贷记账法的记账规则

经济业务类型			各类账户的借贷方向			记入金额
			资产	负债	所有者权益	
第一类型	等式两边要素同时增加	①资产、负债同时增加	借	贷		同时增加
		②资产、所有者权益同时增加	借		贷	同时增加
第二类型	等式两边要素同时减少	③资产、负债同时减少	贷	借		同时减少
		④资产、所有者权益同时减少	贷		借	同时减少
第三类型	等式左边要素一增一减	⑤资产内部一增一减	借、贷			一增一减
第四类型	等式右边要素一增一减	⑥负债内部一增一减		借、贷		一增一减
		⑦所有者权益内部一增一减			借、贷	一增一减
		⑧负债增加，所有者权益减少		贷	借	一增一减
		⑨所有者权益增加，负债减少		借	贷	一增一减

为便于初学者理解掌握经济业务的四种类型、九种情况，本书给出一个简便的判断和记录的方法。

列出综合会计恒等式，并列示“等号左边的要素”、“等号右边的要素”：

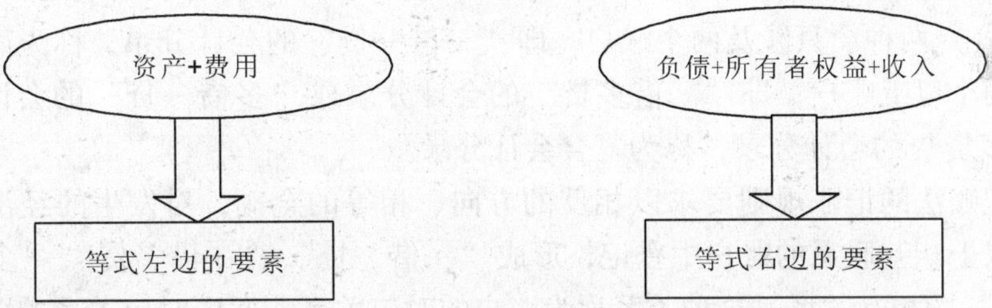

根据表3 - 2总结的规律，等号左边的要素（资产、费用）是“借增贷减”——即资产、费用的增加记在借方，称“借记”，资产、费用的减少记在贷方，称“贷记”；等号右边的要素（负债、所有者权益、收入）是“借减贷增”——即负债、所有者权益、收入的减少记在借方，称“借记”；负债、所有者权益、收入的增加记在贷方，称“贷记”。

3.3　借贷记账法的实际应用

3.3.1　会计分录的概念

为了连续、系统地记录企业日常发生的经济业务，清晰地反映各个账户之间的对应关系，保证账户记录的正确性和便于事后的检查，在实务工作中，在将经济业务记入账户之前，首先应根据经济业务的有关凭据（原始凭证），编制会计分录，填制记账凭证。

记账凭证中最主要的内容是会计分录，简称分录，它是按借贷记账法记账规则的要求，分别列出记录经济业务应借、应贷账户名称及其金额的一种形式。一笔会计分录主要包括三个要素：账户的名称（会计科目）、记账符号（借方和贷方）、记录的金额。

3.3.2 会计分录的书写格式

（1）先借后贷，即借方在前，贷方在后；

（2）借、贷方内容要分行书写，贷方要比借方往后错两格书写；

（3）每行先写借或贷，再写冒号、账户名称，最后写金额，每个借贷账户及金额占一行；

（4）金额后不要带单位；

（5）若有二级、三级账户，应在一级账户后划杠说明。

例如，从工商银行提取现金 1 000 元，会计分录书写如下：

借：库存现金　　　　1 000

　贷：银行存款——工商银行　　　　1 000

3.3.3 会计分录的分类

会计分录有简单会计分录（Simple Journal Entry）和复合会计分录（Compound Journal Entry）两种。只涉及两个账户，即“一借一贷”的会计分录，称为简单会计分录；涉及两个以上账户，即“一借多贷”的会计分录或“多借一贷”的会计分录，以及“多借多贷”的会计分录，称为复合会计分录。

借贷记账法的记账规则要求以相反的方向、相等的金额，对发生的经济业务在两个或两个以上相互联系的账户中登记，形成“一借一贷”、“一借多贷”、“多借一贷”、“多借多贷”的相互关系，这种关系称为账户的对应关系。发生对应关系的账户，就叫做对应账户。通过账户的对应关系，可以了解经济业务的内容。

3.3.4 会计分录的编制

会计分录的编制步骤，一般分以下四步：

第一步：确定经济业务涉及的会计科目及应归属到哪种会计要素；

第二步：确定账户会计科目及所归属的会计要素金额变化是增加还是减少；

第三步：根据“资产 + 费用 = 收入 + 负债 + 所有者权益”的综合恒等式确定增加（减少）的会计科目（所归属的会计要素）记录的借方、贷方方向；

第四步：确定记录金额。

在实务工作中，简化的记账程序，如图 3 -5 所示。

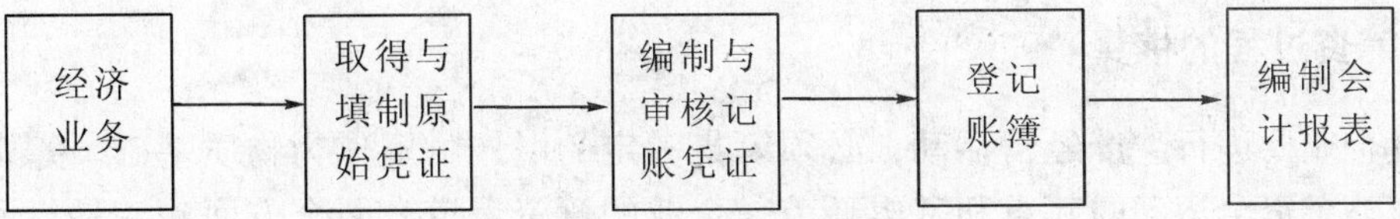

图3-5　简化的记账程序

在会计教学过程中，为了简化账务处理的举例，通常对记账程序的各步骤进行适当处理：

（1）用文字介绍经济业务代替原始凭证；

（2）用会计分录代替记账凭证；

（3）用简化的"T"型账户代替真实的账簿；

（4）用简化的报表代替真实的报表。

下面一节举例说明会计分录的编制及借贷记账法的记账规则的运用。

3.4　借贷记账法举例

工业制造业的会计核算流程是最完整也是最复杂的，其主要经济活动是生产和销售产品，经营资金的运动表现为资金筹集、资金周转和资金退出三种形式。本部分以工业企业为例介绍主要经济业务的核算，说明账户选择及借贷记账法的应用，包括筹资过程、生产准备过程、采购过程、产品生产过程、产品销售过程以及财务成果的核算。

工业企业的资金运动过程如图3-6所示。

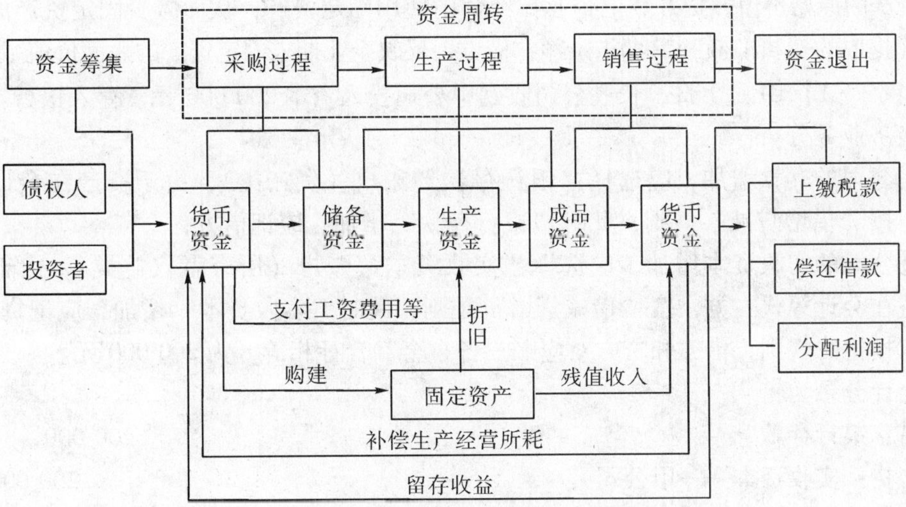

图3-6　工业企业资金运动过程

3.4.1 筹资过程的核算

工业企业要进行生产经营活动，必须筹集一定的财产物资作为物质基础。筹资是工业企业整个资金运动的起点和基本环节。企业的筹资渠道有两个方面：一是投资者投入，形成企业的资本，构成企业所有者权益；二是向债权人借入资金，形成企业的负债。投入的资本和借入的资金可以供企业运作，利益应该与投资者共享，负债则必须按期偿还。

1. 投入资本的核算

投资者投入的资本包括货币资本和实物资本。在企业经营期内，除法律、法规另有规定的以外，投资者一般不能要求收回。投资者的投入通常通过“实收资本”账户进行核算，根据投入的形式不同，涉及“库存现金”、“银行存款”、“固定资产”等账户。

（1）实收资本：为了核算投资者投入企业资本增减变动及结存情况，企业应设置“实收资本”账户。该账户属于所有者权益类账户，贷方反映投入资本的增加，借方反映投入资本的减少，期末余额在贷方，反映投入资本的实际数额。

（2）库存现金：为了核算现金的收入、支出和结存情况，企业应设置“库存现金”账户。该账户属于资产类账户，借方登记库存现金的增加额，贷方登记库存现金的减少额，期末余额在借方，反映的是企业库存现金的金额。

（3）银行存款：为了核算企业存入银行或其他金融机构的款项及款项增减与实存情况，企业应设置“银行存款”账户。该账户属于资产类账户，借方登记银行存款的增加额，贷方登记银行存款的减少额，期末余额在借方，反映的是企业在银行的存款。

（4）固定资产：为了核算企业使用期限超过一年的房屋、建筑物、机器、机械、运输工具以及其他与生产经营有关的设备、器具、工具等，企业应设置“固定资产”账户。该账户属于资产类账户，反映固定资产原价的增减变动及结存情况，借方登记企业增加固定资产的原始价值，贷方登记企业在经营中使用固定资产，从而减少固定资产的原始价值（提取的“折旧额”），期末余额在借方，反映企业期末固定资产的账面价值。

【例3-1】10月1日，长胜公司收到甲公司投入资本200 000元，存入银行。

经济业务分析：

①公司的存款增加，应选择“银行存款”账户（资产类），由于资产在会计等式左方，按“借增贷减”规则，此时“银行存款”增加，应记借方；

②公司的实收资本增加，应选择“实收资本”账户（所有者权益类），由于所有者权益在会计等式右方，按“借减贷增”规则，此时“实收资本”增加，应记贷方；

③按记账规则，借方和贷方对应账户各自金额合计相等，为200 000元。

会计分录为：

借：银行存款　　　　200 000

　贷：实收资本——甲公司　　　　200 000

【例3-2】10月3日，长胜公司收到投资者张兴投入的设备，价值10 000元。

经济业务分析：

①公司的固定资产（设备）增加，应选择“固定资产”账户（资产类），由于资

产在会计等式左方，按“借增贷减”规则，此时“固定资产”增加，应记借方；

②公司的实收资本也增加，应选择“实收资本”账户（所有者权益类），由于所有者权益在会计等式右方，按“借减贷增”规则，此时“实收资本”增加，应记贷方；

③按记账规则，借方和贷方对应账户各自金额合计相等，为10 000元。

会计分录为：

借：固定资产	10 000	
贷：实收资本——张兴		10 000

2. 借入资金的核算

企业借入的资金按照偿还期的长短分为短期借款和长期借款。偿还期在一年以内（含一年）的借款称为“短期借款”；偿还期在一年以上的借款称为“长期借款”。借款利息将在第6章负债第2节中进行讲解。

(1) 短期借款：为了核算企业向银行或其他金融机构等借入（期限在一年以内，含一年）款项的取得和归还情况，企业应设置“短期借款”账户。该账户属于负债类账户，借方登记短期借款的偿还，贷方登记借入的短期借款，期末余额在贷方，反映企业尚未偿还的短期借款的本金结余额。

(2) 长期借款：为了核算长期借款的取得、计息和归还情况，企业应设置“长期借款”账户。该账户属于负债类账户，贷方登记取得的长期借款本金和定期计提的长期借款利息，借方登记归还的本金和利息，期末余额在贷方，反映尚未归还的本金和利息。

【例3-3】10月5日，长胜公司向银行借入为期三个月的款项300 000元，存入银行。

经济业务分析：

①公司的银行存款增加，应选择“银行存款”账户（资产类），由于资产在会计等式左方，按“借增贷减”规则，此时“银行存款”增加，应记借方；

②公司的短期借款增加，应选择“短期借款”账户（负债类），由于负债在会计等式右方，按“借减贷增”规则，此时“短期借款”增加，应记贷方；

③按记账规则，借方和贷方对应账户各自金额合计相等，为300 000元。

会计分录为：

借：银行存款	300 000	
贷：短期借款		300 000

3.4.2 生产准备过程的核算

生产准备过程也称为采购过程，是企业为了保证生产需要，从购建固定资产、采购材料、支付采购成本、同供应单位结算货款，直到材料验收入库的整个过程。因此，材料货款的结算、采购费用的支付、采购成本的计算、材料验收入库等是生产准备过程的主要经济业务。通过这一过程，企业的货币资金转化为储备资金。

1. 采购材料的核算

企业向供货单位采购材料时，应向对方支付货款、税款及采购费用。采购费用包括运杂费、包装费、装卸费、保险费、仓储费、运输途中的合理损耗、入库前挑选整理费等。采购材料通常通过“原材料”、“应交税费”等账户进行核算。

注意：

材料采购的实际成本包括买价及采购费用！

（1）原材料：为了核算企业已入库材料实际成本的增减变动及结存情况，企业应设置“原材料”账户。该账户属于资产类账户，借方登记入库材料的实际成本，贷方登记出库材料的成本，期末余额在借方，反映库存材料的实际成本。

（2）应交税费：为了核算企业应缴纳的各种税费，如增值税、消费税、营业税、所得税、城市维护建设税、教育费附加等，企业应设置“应交税费”账户。该账户属于负债类账户，借方登记已缴纳的税费，贷方登记应缴纳的税费，应开设“应交增值税”、“应交所得税”、“应交营业税”等明细分类账户。本部分涉及“应交税费——应交增值税（进项税额）”账户。

（3）应交税费——应交增值税：为了核算企业的增值税（增值税为价外税），企业应设置该账户。借方登记企业采购材料和购置设备时支付的进项税额，贷方登记销售货物和提供应税劳务时应缴纳的增值税，期末一般为贷方余额，反映企业尚未缴纳的增值税税额。

【例3－4】10月6日，从兴达公司购入A材料40 000千克，单价为5.00元，计价款200 000元，增值税进项税税额为34 000元。以银行存款支付，材料已经验收入库。

经济业务分析：

①公司的原材料增加，应选择“原材料”账户（资产类），由于资产在会计等式左方，按“借增贷减”规则，此时“原材料”增加，应记借方；

②应选择“应交税费——应交增值税（进项税税额）”账户（负债类），由于负债在会计等式右方，按“借减贷增”规则，此时“应交税费——应交增值税（进项税税额）”减少，应记借方；

③公司的银行存款减少，应选择“银行存款”账户（资产类），由于资产在会计等式左方，按“借增贷减”规则，此时“银行存款”减少，应记贷方；

④按记账规则，借方和贷方对应账户各自金额合计相等，为234 000元。

会计分录为：

借：原材料——A材料	200 000	
应交税费——应交增值税（进项税税额）	34 000	
贷：银行存款		234 000

2. 购置设备的核算

企业向供货单位购置设备时，应向对方支付货款、税款及采购费用，采购费用包括运杂费、包装费、装卸费、保险费、仓储费等。购置设备通常通过“固定资产”、“应交税费”等账户进行核算。

注意：

购置设备的实际成本包括买价及采购费用！

【例3－5】10月9日，长胜公司购入一台生产用设备，增值税专用发票上注明价款为80 000元，增值税税额为13 600元。设备无须安装即可使用，货款以银行存款支付。

经济业务分析：

①公司的固定资产（设备）增加，应选择“固定资产”账户（资产类），由于资产在会计等式左方，按“借增贷减”规则，此时“固定资产”增加，应记借方；

②应选择“应交税费——应交增值税（进项税税额）”账户（负债类），由于负债在会计等式右方，按“借减贷增”规则，此时“应交税费——应交增值税（进项税税额）”减少，应记借方；

③公司的银行存款减少，应选择“银行存款”账户（资产类），由于资产在会计恒式左方，按“借增贷减”规则，此时“银行存款”减少，应记贷方；

④按记账规则，借方和贷方对应账户各自金额合计相等，为93 600元。

会计分录为：

借：固定资产	80 000	
应交税费——应交增值税（进项税税额）	13 600	
贷：银行存款		93 600

3.4.3　产品生产过程的核算

生产过程是将材料投入生产环节进行加工制造、生产出产成品并验收入库的过程。在这一过程中，发生了原材料的耗用、工资的支付、固定资产的磨损、水电动力费用等各项生产费用。凡是发生时能确定其产品归属的，可以直接计入到各种产品成本之中的耗费，称之为直接费用；凡是发生时属于车间共同性的耗费，不能直接归属到某一种产品成本中的，称为间接费用；公司行政管理部门为组织生产和管理生产经营活动发生的各种耗费，称为管理费用。通过生产过程，企业的储备资金的一部分转化为生产资金；随着产品生产完工，产成品验收入库又转化为成品资金。

1. 领用材料的核算

生产就是将材料加工成产品的过程，因此，材料的领用较为频繁。领用材料涉及“原材料”账户，根据领用部门的不同，还将涉及“生产成本”、“制造费用”、“管理费用”等账户。

（1）生产成本：为了核算生产过程中能直接计入某种产品成本中的直接费用，以及分配计入的间接费用，并据以计算已完工产品的成本，企业应设置“生产成本”账户。该账户属于成本类账户，借方登记产品生产的全部费用（包括直接费用和分配计入的间接费用），贷方登记结转至“库存商品”账户的已验收入库的完工产品的实际生产成本，一般期末没有余额。如有余额，必然在借方，反映期末在产品的实际生产成本。

总结：

生产成本包括直接材料、直接人工、其他直接费用以及分配计入的制造费用！

（2）制造费用：为了核算生产过程中车间发生的各项间接费用，企业应设置“制造费用”账户。该账户属于成本类账户，借方登记车间范围内发生的各项共同性耗费，贷方登记分配结转到“生产成本”账户中的费用，除季节性生产企业外，期末一般无余额。

提示：

制造费用核算内容包括车间管理人员工资及福利费、车间固定资产折旧费、办公费、水电费、机物料消耗等！

【例3－6】10月11日，领用A材料。其中生产甲产品耗用价值150 000元，乙产品耗用价值45 000元，车间耗用价值5 000元。

经济业务分析：

①生产产品耗用材料，应选择“生产成本”账户（费用类），由于费用在会计等式左方，按“借增贷减”规则，此时“生产成本”增加，应记借方；

②车间耗用材料，应选择“制造费用”账户（费用类），由于费用在会计等式左方，按“借增贷减”规则，此时“制造费用”增加，应记借方；

③公司的原材料减少，应选择“原材料”账户（资产类），由于资产在会计等式左方，按“借增贷减”规则，此时“原材料”减少，应记贷方；

④按记账规则，借方和贷方对应账户各自金额合计相等，为200 000元。

会计分录为：

借：生产成本——甲产品	150 000	
——乙产品	45 000	
制造费用	5 000	
贷：原材料——A材料		200 000

2. 人工费用的核算

企业在生产中应支付职工各种薪酬，包括工资、福利费、奖金、津贴、社会保险费、住房公积金、工会经费和职工教育经费、非货币性福利等。（本部分只介绍工资的核算）

企业在提现备发工资时，涉及“库存现金”、“银行存款”账户；企业在支付工资时，涉及“应付职工薪酬”、“库存现金”或“银行存款”等账户；企业在分配工资时，涉及“生产成本”、“制造费用”、“管理费用”、“应付职工薪酬”等账户。

（1）应付职工薪酬：为了核算企业应付给职工的各种薪酬总额与实际发放情况，并反映和监督企业职工薪酬的结算情况，企业应设置“应付职工薪酬”账户。借方登记实际支付给职工的各种薪酬，贷方登记应付给职工的各种薪酬，期末余额一般在贷方，反映企业应付未付的职工薪酬。

（2）管理费用：为了核算企业组织和管理生产经营活动所发生的各项行政管理费用，企业应设置“管理费用”账户。该账户属于费用类账户，借方登记行政管理部门发生的费用，贷方登记期末结转入“本年利润”账户的费用，期末结转后无余额。

提示：

管理费用核算内容包括行政管理人员工资及福利费、固定资产折旧费、办公费、修理费、水电费、业务招待费、咨询费、差旅费、物料消耗等！

【例 3 -7】10 月 12 日，从银行提取现金 100 000 元，以备发放工资。

经济业务分析：

①公司的现金增加，应选择“库存现金”账户（资产类），由于资产在会计等式左方，按“借增贷减”规则，此时“库存现金”增加，应记借方；

②公司的存款减少，应选择“银行存款”账户（资产类），由于资产在会计等式左方，按“借增贷减”规则，此时“银行存款”减少，应记贷方；

③按记账规则，借方和贷方对应账户各自金额合计相等，为 100 000 元。

会计分录为：

借：库存现金　　100 000

　贷：银行存款　　100 000

【例 3 -8】10 月 15 日，用现金发放本月职工工资 100 000 元。

经济业务分析：

①公司发放工资，应选择“应付职工薪酬”账户（负债类），由于负债在会计等式右方，按“借减贷增”规则，此时“应付职工薪酬”减少，应记借方；

②公司的现金减少，应选择“库存现金”账户（资产类），由于资产在会计等式左方，按“借增贷减”规则，此时“库存现金”减少，应记贷方；

③按记账规则，借方和贷方对应账户各自金额合计相等，为 100 000 元。

会计分录为：

借：应付职工薪酬——工资　　100 000

　贷：库存现金　　100 000

【例 3 -9】10 月 31 日，分配本月应付职工工资 100 000 元。其中，生产甲产品工人工资 20 000 元，乙产品工人工资 20 000 元，车间管理人员工资 30 000 元，公司行政管理部门人员工资 30 000 元。

经济业务分析：

①分配生产工人工资，应选择“生产成本”账户（费用类），由于费用在会计等式左方，按“借增贷减”规则，此时“生产成本”增加，应记借方；

②分配车间工人工资，应选择“制造费用”账户（费用类），由于费用在会计等式左方，按“借增贷减”规则，此时“制造费用”增加，应记借方；

③分配管理人员工资，应选择“管理费用”账户（费用类），由于费用在会计等式左方，按“借增贷减”规则，此时“管理费用”增加，应记借方；

④分配工资时，应选择“应付职工薪酬”账户（负债类），由于负债在会计等式右方，按“借减贷增”规则，此时“应付职工薪酬”增加，应记贷方；

⑤按记账规则，借方和贷方对应账户各自金额合计相等，为 100 000 元。

会计分录为：

借：生产成本——甲产品　　20 000

　　　　　——乙产品　　20 000

　　制造费用　　30 000

　　管理费用　　30 000

　贷：应付职工薪酬——工资　　100 000

3. 固定资产折旧的核算

在生产过程中固定资产在使用寿命内会发生磨损，因磨损而减少的价值应通过折旧的计提体现。计提折旧时，涉及“累计折旧”账户；按照所使用部门的不同，又涉及“制造费用”、“管理费用”等账户。

累计折旧：为了核算固定资产因磨损而减少的价值，企业应设置“累计折旧”账户。该账户是固定资产的备抵调整账户，借方登记随固定资产销售、毁损或报废而减少的累计折旧额，贷方登记按期计提的固定资产累计折旧额，期末余额在贷方，反映现有固定资产已提累计折旧额。如遇理解困难，请回顾第2章。

很重要哦!

【例3－10】10月19日，长胜公司计提固定资产折旧，其中，生产车间计提固定资产折旧1 000元，行政管理部门计提固定资产折旧500元。

经济业务分析：

①车间计提折旧，应选择“制造费用”账户（费用类），由于费用在会计等式左方，按“借增贷减”规则，此时“制造费用”增加，应记借方；

②管理部门计提折旧，应选择“管理费用”账户（费用类），由于费用在会计等式左方，按“借增贷减”规则，此时“管理费用”增加，应记借方；

③折旧的计提应选择“累计折旧”账户（资产类），由于资产在会计等式左方，该账户是固定资产的备抵账户，按“借减贷增”规则，此时“累计折旧”增加，应记贷方；

④按记账规则，借方和贷方对应账户各自金额合计相等，为1 500元。

会计分录为：

借：制造费用　　1 000

　　管理费用　　500

　贷：累计折旧　　1 500

4. 制造费用的归集和分配

制造费用是生产过程中车间发生的各项间接费用，但它们也是产品成本的组成部分，最终应由产品的生产成本来承担。

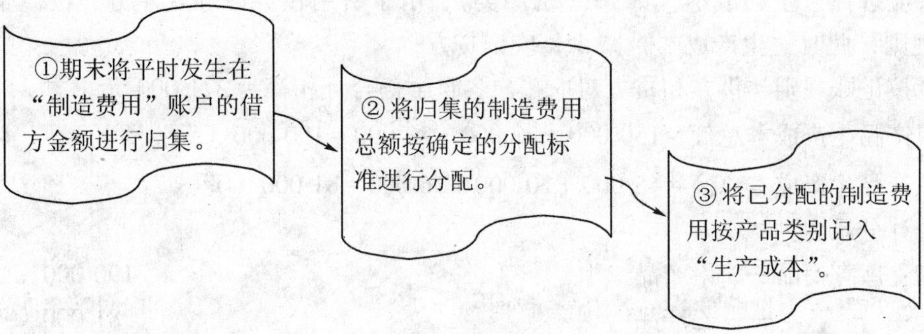

【例3－11】10月23日，将本月发生的制造费用按工时比例转入产品生产成本。其中，甲产品耗用200个工时，乙产品耗用160个工时。

经济业务分析：

①应选择“生产成本”账户（费用类），由于费用在会计等式左方，按“借增贷减”规则，此时“生产成本”增加，应记借方；

②应选择“制造费用”账户（费用类），由于费用在会计等式左方，按“借增贷减”规则，此时“制造费用”减少，应记贷方；

③按记账规则，借方和贷方对应账户各自金额合计相等为36 000元。

制造费用总额＝5 000＋30 000＋1 000＝36 000（元）

分配率＝36 000÷（200＋160）＝100（元/工时）

甲产品分配＝100×200＝20 000（元）

乙产品分配＝100×160＝16 000（元）

会计分录为：

借：生产成本——甲产品　　20 000

　　　　　　——乙产品　　16 000

　贷：制造费用　　36 000

5. 完工产品成本的结转

通过上述费用的归集与分配，已将生产产品的全部费用（包括直接费用和间接费用）归集到“生产成本”账户。当产品完工后，将其从车间送存仓库，此时，应将完工产品的“生产成本”按产品类别进行归集后结转至“库存商品”账户。

库存商品：为了核算已完工并验收入库产品的收发及结存情况，企业应设置“库存商品”账户。借方登记生产完工并已验收入库的完工产品的成本，贷方登记因销售等发出产成品的实际成本，期末余额在借方，反映库存产成品的成本。

【例3－12】10月23日，本月甲、乙产品全部制造完工，并验收入库，按其实际生产成本转账。

经济业务分析：

①产品完工入库，应选择“库存商品”账户（资产类），由于资产在会计等式左方，按“借增贷减”规则，此时“库存商品”增加，应记借方；

②应选择“生产成本”账户（费用类），由于费用在会计等式左方，按“借增贷减”规则，此时“生产成本”减少，应记贷方；

③按记账规则，借方和贷方对应账户各自金额合计相等为 271 000 元。

甲产品生产成本总额 = 150 000 + 20 000 + 20 000 = 190 000（元）

乙产品生产成本总额 = 45 000 + 20 000 + 16 000 = 81 000（元）

会计分录为：

借：库存商品——甲产品　　　　190 000

　　　　　　——乙产品　　　　81 000

　贷：生产成本——甲产品　　　　190 000

　　　　　　　——乙产品　　　　81 000

3.4.4 产品销售过程的核算

销售过程是将完工产成品投入市场，实现产品销售并取得收入的过程。计算并结转已销产品成本，支付广告费、业务招待费、运输费等，最终取得利润的过程。因此，产品销售收入的确认、销售货款的结算、已销产品成本的计算及结转、支付销售费用等是销售过程的主要经济业务。通过这一过程，成品资金又转化为货币资金。企业经营资金通过这一系列变化，周而复始地循环周转，即资金周转。工业企业资金周转过程，也是企业获取和实现利润的过程。

对于工业企业而言，销售产品属于企业的主营业务方向，因此，销售产品的收入涉及“主营业务收入”账户；与此同时，在销售过程中，涉及产品的增值税，因此，要运用“应交税费——应交增值税（销项税额）”账户将增值税转移到下一个买方手中（成为下一个买方的增值税——进项税额）。根据收入与费用的配比原则，在确认销售收入后应结转产品销售成本，因此涉及“主营业务成本”、“库存商品”账户。

（1）主营业务收入：为了核算企业销售产品取得的收入，企业应设置“主营业务收入”账户。该账户属于收益类账户，借方登记销售退回数额以及期末结转至“本年利润”账户的数额，贷方登记销售产品所取得的收入，期末结转后无余额。

（2）主营业务成本：为了核算企业已销售产品的实际生产成本，企业应设置“主营业务成本”账户。该账户属于费用类账户，借方登记已销售产品的实际成本，贷方登记应冲减的销售成本以及期末结转至“本年利润”账户的数额，期末结转后无余额。

【例 3 - 13】10 月 25 日，向乙公司销售甲产品 500 件，单价为 1 000 元，货款共计 500 000 元，增值税销项税额为 85 000 元，款项收到且已存入银行。

经济业务分析：

①公司的存款增加，应选择“银行存款”账户（资产类），由于资产在会计等式左方，按“借增贷减”规则，此时“银行存款”增加，应记借方；

②公司销售商品，应选择“主营业务收入”账户（收入类），由于收入在会计等式右方，按“借减贷增”规则，此时“主营业务收入”增加，应记贷方；

③应选择“应交税费——应交增值税（销项税额）”账户（负债类），由于负债在

会计等式右方，按“借减贷增”规则，此时“应交税费——应交增值税（销项税额）”增加，应记贷方；

④按记账规则，借方和贷方对应账户各自金额合计相等，为 585 000 元。

会计分录为：

借：银行存款　　585 000

　贷：主营业务收入——甲产品　　500 000

　　　应交税费——应交增值税（销项税税额）　　85 000

【例 3－14】10 月 27 日，结转甲产品销售成本，共销售 500 件甲产品，每件产品成本为 300 元。

经济业务分析：

①结转销售成本，应选择“主营业务成本”账户（费用类），由于费用在会计等式左方，按“借增贷减”规则，此时“主营业务成本”增加，应记借方；

②应选择“库存商品”账户（资产类），由于资产在会计等式左方，按“借增贷减”规则，此时“库存商品”减少，应记贷方；

③按记账规则，借方和贷方对应账户各自金额合计相等，为 150 000 元。

甲产品销售成本 = 300 × 500 = 150 000（元）

会计分录为：

借：主营业务成本——甲产品　　150 000

　贷：库存商品——甲产品　　150 000

3.4.5　财务成果的核算

财务成果是指企业在一定会计期间，通过生产经营活动与其他活动取得的最终经营成果，即利润或亏损。企业利润包括营业利润、利润总额和净利润。

前述收益类和费用类账户期末均无余额〔第 8 章中将说明，利润表中收益类和费用类账户为“虚账户”（临时性账户），资产负债表中账户为“实账户”（永久性账户）〕，是因为期末应结清损益类账户，即将本期实现的收益和发生的费用转入“本年利润”账户，并据以计算本期损益。

本年利润：为了核算企业在年度内实现的净利润和发生的亏损总额，企业应设置“本年利润”账户。该账户属于所有者权益类账户，借方登记费用类账户的转入数额及实现利润的转出数额，贷方登记收益类账户的转入数额及亏损总额的转出，期末余额若在贷方则反映企业年初至本期实现的净利润，期末余额若在借方则反映企业年初至本期发生的亏损总额。

【例 3－15】10 月 31 日，将本月主营业务收入转入本年利润账户。

经济业务分析：

①期末结转，将收入等临时性账户结转至“本年利润”账户，应选择“主营业务收入”账户（收入类），由于收入在会计等式右方，按“借减贷增”规则，此时“主营业务收入”减少，应记借方；

②应选择“本年利润”账户（所有者权益类），由于所有者权益在会计等式右方，按“借减贷增”规则，此时“本年利润”增加，应记贷方；

③按记账规则，借方和贷方对应账户各自金额合计相等，为500 000元。

会计分录为：

借：主营业务收入　　　　500 000

　贷：本年利润　　　　　　500 000

体现配比原则

【例3-16】10月31日，将本月主营业务成本，管理费用转入本年利润账户。

经济业务分析：

①应选择“本年利润”账户（所有者权益类），由于所有者权益在会计等式右方，按“借减贷增”规则，此时“本年利润”减少，应记借方；

②期末结转，将费用等临时性账户结转至“本年利润”账户，应选择“主营业务成本”账户（费用类），由于费用在会计等式左方，按“借增贷减”规则，此时“主营业务成本”减少，应记贷方；应选择“管理费用”账户（费用类），由于费用在会计等式左方，按“借增贷减”规则，此时“管理费用”减少，应记贷方；

③按记账规则，借方和贷方对应账户各自金额合计相等，为180 500元。

会计分录为：

借：本年利润　　　　180 500

　贷：主营业务成本　　　　150 000

　　　管理费用　　　　　　30 500

3.5　借贷记账法的试算平衡（Trial Balancing）

试算平衡是指根据资产与权益的恒等关系以及借贷记账法的记账规则，检查账户记录是否正确的过程。试算平衡包括发生额试算平衡（动态平衡）和余额试算平衡（静态平衡）两个方面。

1. 本期发生额试算平衡法

在借贷记账法下，根据“有借必有贷，借贷必相等”的记账规则，对于每一项经济业务都是在借、贷双方以相等的金额记录，因此全部账户本期的借方发生额合计和全部账户本期的贷方发生额合计必然相等，用公式表示为：

全部账户本期借方发生额合计=全部账户本期贷方发生额合计

2. 余额试算平衡法

（1）在借贷记账法下，根据“有借必有贷，借贷必相等”的记账规则，全部账户的借方余额合计数必定等于全部账户的贷方余额合计数，用公式表示为：

全部账户借方余额合计=全部账户贷方余额合计

（2）根据余额时间不同分为期初余额平衡与期末余额平衡两类，其平衡公式为：

①全部账户借方期初余额合计＝全部账户贷方期初余额合计

②全部账户借方期末余额合计＝全部账户贷方期末余额合计

试算平衡流程如图3－7所示。

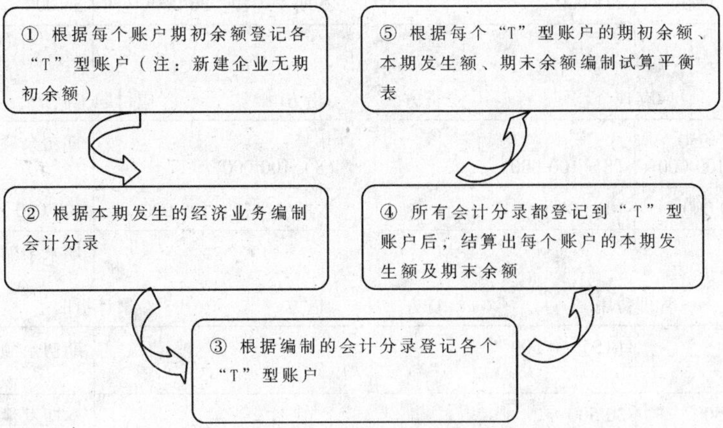

图3－7　试算平衡流程

将前述长胜公司的会计分录登记有关“T”型账户，如图3－8所示。

借方　　银行存款	贷方
期初余额：1 067 160.25	
（1）200 000	（4）234 000
（3）300 000	（5）93 600
（13）585 000	（7）100 000
本期发生额：1 085 000	427 600
期末余额：1 724 560.25	

借方　　实收资本	贷方
	期初余额：2 600 600
	（1）200 000
	（2）10 000
	本期发生额：210 000
	期末余额：2 810 600

借方　　固定资产	贷方
期初余额：2 226 560	
（2）10 000	
（5）80 000	
本期发生额：90 000	
期末余额：2 316 560	

借方　　短期借款	贷方
	期初余额：70 510
	（3）300 000
	本期发生额：300 000
	期末余额：370 510

借方　　原材料	贷方
期初余额：76 650	
（1）200 000	（6）200 000
本期发生额：200 000	200 000
期末余额：76 650	

借方　　应交税费	贷方
	期初余额：99 750
（1）34 000	（13）85 000
（5）13 600	
本期发生额：47 600	85 000
	期末余额：137 150

生产成本

借方	贷方
期初余额：23 990	
（6）195 000	（12）271 000
（10）40 000	
（11）36 000	
本期发生额：271 000	271 000
期末余额：23 990	

制造费用

借方	贷方
（6）5 000	（11）36 000
（9）1 000	
（10）30 000	
本期发生额：36 000	36 000

库存现金

借方	贷方
期初余额：950	
（7）100 000	（8）100 000
本期发生额：100 000	100 000
期末余额：950	

应付职工薪酬

借方	贷方
	期初余额：70 000
（8）100 000	（10）100 000
本期发生额：100 000	100 000
	期末余额：70 000

管理费用

借方	贷方
（9）500	（15）30 500
（10）30 000	
本期发生额：30 500	30 500

累计折旧

借方	贷方
	期初余额：700 000
	（9）1 500
	本期发生额：1 500
	期末余额：701 500

库存商品

借方	贷方
期初余额：383 900	
（12）271 000	（14）150 000
本期发生额：271 000	150 000
期末余额：504 900	

主营业务收入

借方	贷方
（15）500 000	（13）500 000
本期发生额：500 000	500 000

主营业务成本

借方	贷方
（14）150 000	（15）150 000
本期发生额：150 000	150 000

本年利润

借方	贷方
	期初余额：684 218.25
（15）180 500	（15）500 000
本期发生额：180 500	500 000
	期末余额：1 003 718.25

图 3-8 “T”型账户组图

下面将前述长胜公司的“T”型账户编制为试算平衡表。如表 3-3 所示。

表 3-3 本期发生额及余额试算平衡表

2010 年 10 月 31 日 单位：元

账户	期初余额		本期发生额		期末余额	
	借方	贷方	借方	贷方	借方	贷方
库存现金	950		100 000	100 000	950	
银行存款	1 067 160.25		1 085 000	427 600	1 724 560.25	
应收账款	1 120 930				1 120 930	
原材料	76 650		200 000	200 000	76 650	
库存商品	383 900		271 000	150 000	504 900	
固定资产	2 226 560		90 000		2 316 560	

表3-3(续)

账户	期初余额		本期发生额		期末余额	
	借方	贷方	借方	贷方	借方	贷方
累计折旧		700 000		1 500		701 500
短期借款		70 510		300 000		370 510
应付账款		94 000				94 000
应付职工薪酬		70 000	100 000	100 000		70 000
应交税费		99 750	47 600	85 000		137 150
长期借款		381 062				381 062
生产成本	23 990		271 000	271 000	23 990	
实收资本		2 600 600		210 000		2 810 600
盈余公积		100 000				100 000
本年利润		684 218.25	180 500	500 000		1 003 718.25
利润分配		100 000				100 000
制造费用			36 000	36 000		
主营业务收入			500 000	500 000		
主营业务成本			150 000	150 000		
管理费用			30 500	30 500		
合计	4 900 140.25	4 900 140.25	3 061 600	3 061 600	5 768 540.25	5 768 540.25

应当指出，试算平衡只是通过借贷金额是否相等来检查账户记录的正确性。若借、贷双方合计数相等，则说明账务处理结果基本正确；如果不相等，则账务处理肯定有错。但试算平衡表不能检查出记账过程中的所有错误，如借贷方向颠倒、会计科目用错、重记某项经济业务、漏记某项经济业务、某笔业务多记金额与某笔业务少记金额相等且相互抵消的情况，其结果并不影响账户的平衡关系。为了纠正账户记录中的其他错误，还必须定期进行其他会计检查。

复习思考题

1. 简述借贷记账法的内容。

实务练习题

一、单项选择题

1. 账户发生额试算平衡方法是根据（　　）来确定的。

A. 借贷记账法的记账规则　　B. 资产＝负债＋所有者权益

C. 收入－费用＝利润　　D. 平行登记原则

2. 下列关于“本年利润”账户的表述中，正确的是（　　）。

A. 贷方登记转出的营业收入、营业外收入等金额

B. 借方登记转入的营业成本、营业外收入等金额

C. 年度终了结账后，该账户无余额

D. 全年的任何一个月末都不应有余额

3. 在借贷记账法下，资产类账户的期末余额等于（　　）。

A. 期初余额＋借方发生额－贷方发生额

B. 期初余额－借方发生额＋贷方发生额

C. 期初余额＋借方发生额＋贷方发生额

D. 期初余额－借方发生额－贷方发生额

4. 复式记账法的基本理论依据是（　　）的平衡原理。

A. 收入－费用＝利润

B. 资产＝负债＋所有者权益

C. 期初余额＋本期增加数－本期减少数＝期末余额

D. 借方发生额＝贷方发生额

5. 对于每一笔经济业务，都要在两个或两个以上相互联系的账户中以相等的金额进行登记的一种记账方法称为（　　）。

A. 复式记账　　B. 设置会计科目

C. 财产清查　　D. 填制和审核会计凭证

6. 债权债务双重性质的账户，若期末余额在借方，则反映的是（　　）。

A. 收入　　B. 费用　　C. 债权　　D. 债务

7. 会计分录的载体是（　　）。

A. 会计账簿　　B. 财务报表　　C. 记账凭证　　D. 原始凭证

8. 国际上通用的记账方法是（　　）。

A. 收付记账法　　B. 增减记账法　　C. 单式记账法　　D. 借贷记账法

9. 简单会计分录是指（　　）的会计分录。

A. 一贷多借　　B. 一借多贷　　C. 一借一贷　　D. 多借多贷

10. 借贷记账法下的发生额平衡关系是由（　　）决定的。

A. 记账规则　　B. 账户结构　　C. 会计等式　　D. 平行登记

11. 借贷记账法的理论依据是（　　）。

A. 基本会计等式　　B. 有借必有贷

C. 借贷必相等　　D. 账户对应关系

12. 运用复式记账法登记账户后，有关账户之间就存在着（　　）。

A. 从属关系　　B. 对应关系　　C. 统驭关系　　D. 一致关系

13. 账户的期末余额一般登记在（　　）。

A. 增加方　　B. 减少方　　C. 借方　　D. 贷方

14. 下列记账错误中，可以通过编制试算平衡表判断记账差错的是（　　）。

A. 漏记了某笔经济业务

B. 错误地使用了借记的会计科目

C. 只登记了会计分录的一方，漏记了另一方

D. 颠倒了记账方向

二、多项选择

1. 在借贷记账法下，账户的借方应登记（　　）。

A. 资产、费用的增加数　　B. 权益、收入的减少数

C. 资产、费用的减少数　　D. 权益、收入的增加数

2. 借贷记账法的基本内容包括（　　）。

A. "借"、"贷"记账符号　　B. 记账规则

C. 账户结构　　D. 试算平衡

3. 下列属于工业企业资金周转过程环节的是（　　）。

A. 资金筹集　　B. 生产准备　　C. 生产过程　　D. 销售过程

4. 在借贷记账法下，每笔会计分录必须具备的要素有（　　）。

A. 记账方法　　B. 所涉及的账记名称

C. 借贷方向　　D. 记账金额

5. 复式记账法主要有（　　）几种。

A. 借贷记账法　　B. 收付记账法　　C. 增减记账法　　D. 单式记账法

6. 会计分录的形式可以有（　　）。

A. 一借一贷　　B. 一借多贷　　C. 多借一贷　　D. 多借多贷

三、判断题

1. 借贷记账法下，损益类账户的借方登记增加数，贷方登记减少数，期末一般无余额。（　　）

2. 借贷记账法下，费用类账户与资产类账户的结构截然相反。（　　）

3. 简单会计分录只有一借一贷，复合会计分录则是多借多贷。（　　）

4. 在借贷记账法下，借方表示资产、费用的增加，以及负债、所有者权益和收益的减少。（　　）

四、实务计算题

假定大华公司2009年5月有关账户的期初余额如下表所示：

会计科目	期初余额	
	借方	贷方
银行存款	200 000	
原材料	60 000	
固定资产	400 000	
应付账款		80 000
应付股利		
短期借款		50 000
应付债券		30 000
实收资本		300 000
盈余公积		200 000
合计	660 000	660 000

大华公司2009年5月份发生以下经济业务（增值税略）：

1. 5月5日大华公司获得凯文公司追加的投资100 000元，存入开户银行。

2. 5月10日大华公司从供货单位购入原材料一批，价值50 000元，货款暂欠，材料已验收入库。

3. 5月20日大华公司以银行存款支付所欠购原材料款50 000元。

4. 按法定程序减少注册资本100 000元，用银行存款向所有者支付。

5. 5月25日大华公司用银行存款90 000元购入生产用设备一台。

6. 5月27日以前购货所欠的应付账款60 000元到期，但公司暂无款支付，向银行借入短期借款60 000元用于归还前欠货款。

7. 以盈余公积80 000元向所有者分配利润。

8. 经批准将企业原发行的20 000元应付债券转为实收资本。

9. 经批准企业将盈余公积70 000元转增资本。

要求：

1. 根据资料设立“T”型账户，并登记期初余额。

2. 根据上述发生的经济业务编制会计分录并根据会计分录登记账户，月末结算出各账户的本期发生额和期末余额。

3. 编制本期发生额和余额试算平衡表。

第 4 章　会计凭证与账簿

本章要解决的问题

- 什么是会计凭证？什么是会计账簿？
- 会计凭证的分类？会计账簿的分类？
- 如何填制和审核会计凭证？
- 如何登记账簿？
- 怎样进行错账更正？
- 怎样结账？

本章重点

- 会计凭证的填制和审核
- 账簿的登记方法
- 错账更正的方法
- 结账的方法

本章难点

- 账簿的登记方法
- 错账更正的方法
- 结账的方法

4.1　会计凭证（Accounting Document）

日常生活中我们经常见到很多的书面证明，比如：买东西时，商场会给我们发票；缴纳水费电费时取得的收据；手机充值都有相应的证明；等等。作为会计人员，会计主体发生经济业务时，所取得的这些书面证明，称为会计凭证。会计凭证在会计循环中起着极其重要的作用，直接决定了会计信息是否真实。

4.1.1　会计凭证的概念

会计凭证（Accounting Document）是指用以记录经济业务发生或完成情况，明确经济责任的书面证明，也是登记账簿的依据。会计核算工作是从会计凭证的取得和填制开始的。会计凭证取得和填制的真实性与可靠性，对会计核算和会计信息具有至关重要的影响和作用。会计凭证在单位合理的传递和妥善的保管，对提高会计工作质量也有重要意义。因此，认真填制和严格审核会计凭证，对于完成会计工作的任务、实现会计职能，具有重要的意义。具体来说，其作用表现在以下三个方面：

1. 会计凭证是反映经济业务的原始资料，是会计信息真实性的重要体现。认真填制和严格审核会计凭证，可以保证经济业务如实地反映在会计凭证上。会计凭证是登记会计账簿的依据。只有会计凭证真实、可靠，才能保证会计账簿、报表等资料的真实性和正确性。

2. 会计凭证是会计控制与监督的重要依据。监督是会计的一项重要职能，会计凭证是会计执行监督职能的一个重要工具。认真填制和严格审核会计凭证，可以及时地监督、检查经济活动的发生、发展和完成的实际情况，及时地对经济活动进行真实性、合理性和合法性检查。

3. 明确经济责任的书面证明。由于会计凭证记录了每笔经济业务的内容，并由有关部门和人员签章，这就要求这些部门和人员承担相应的责任。这样，就能促使有关部门和人员遵守、执行国家的法律、法规和财经制度。认真填制和严格审核会计凭证，可以明确有关经办人员和有关部门在办理经济业务中的责任，加强岗位责任监督。

4.1.2 会计凭证的种类

会计凭证按照填制程序和用途不同，可以分为原始凭证和记账凭证。

4.1.2.1 原始凭证（Source Document）

原始凭证是指在经济业务发生或完成时填制或取得的、用来证明经济业务的具体内容、明确经济责任的一种书面证明。原始凭证记载着大量经济信息，是证明经济业务发生的原始文件，是明确经济责任的重要法律资料，也是进行会计核算的重要依据。常见的原始凭证有售货发票、银行支票、汇票、购货订单、收款收据、材料验收入库单、材料领用单、产品发运单、销售成本计算表、工资表等。

1. 原始凭证按照来源的不同，可以分为外来原始凭证和自制原始凭证两种。

（1）外来原始凭证

外来原始凭证，是指同外单位或个人发生经济业务往来时，从对方处取得的原始凭证。如供应单位开出的增值税专用发票、银行结算凭证、收款单位或个人开具的收据，出差人员取得的车船票、住宿费发票以及铁路托运单、运杂费收据等。

外来原始凭证必须盖有出具单位的公章和财税机关的统一监制章，方为有效。如图4-1所示。

西京市增值税专用发票　　No. 00563873

全国统一发票专用章　模拟　国家税务局监制

发票联　　开票日期：　年　月　日

<table>
<tr><td>购货单位</td><td colspan="5">名称：
纳税人识别号：
地址、电话：
开户行及账号：</td><td>密码区</td><td colspan="2"></td></tr>
<tr><td colspan="2">货物或应税劳务名称</td><td>规格型号</td><td>单位</td><td>数量</td><td>单价</td><td>金额</td><td>税率</td><td>税额</td></tr>
<tr><td colspan="2"></td><td></td><td></td><td></td><td></td><td></td><td></td><td></td></tr>
<tr><td colspan="2">价税合计（大写）</td><td colspan="7">（小写）</td></tr>
<tr><td>销货单位</td><td colspan="5">名称：
纳税人识别号：
地址、电话：
开户行及账号：</td><td>备注</td><td colspan="2"></td></tr>
</table>

第二联　发票联　购买方记账凭证

收款人：　　复核：　　开票人：　　销货单位：（公章）

图 4－1　增值税专用发票

（2）自制原始凭证

自制原始凭证，是指本单位内部经办业务的相关人员，在经济业务发生或完成时根据经济业务的内容，自行填制的原始凭证。如材料入库单、领料单、工资结算单、制造费用分配表、固定资产折旧表等。自制原始凭证如表 4－1 所示。自制原始凭证需在提供给外单位的一联加盖本单位的公章。

表 4－1　　**领料单**

仓库：　　年　月　日　　编号：00435

<table>
<tr><td rowspan="2">编号</td><td rowspan="2">类别</td><td rowspan="2">材料名称</td><td rowspan="2">规格</td><td rowspan="2">单位</td><td colspan="2">数量</td><td rowspan="2">单价</td><td colspan="2" rowspan="2">金额</td></tr>
<tr><td>请领</td><td>实发</td></tr>
<tr><td></td><td></td><td></td><td></td><td></td><td></td><td></td><td></td><td colspan="2"></td></tr>
<tr><td></td><td></td><td></td><td></td><td></td><td></td><td></td><td></td><td colspan="2"></td></tr>
<tr><td></td><td></td><td></td><td></td><td></td><td></td><td></td><td></td><td colspan="2"></td></tr>
<tr><td rowspan="3">用途</td><td colspan="4" rowspan="3"></td><td colspan="2">领料部门</td><td colspan="3">发料部门</td></tr>
<tr><td>负责人</td><td>领料人</td><td colspan="2">负责人</td><td>发料人</td></tr>
<tr><td></td><td></td><td colspan="2"></td><td></td></tr>
</table>

2. 按照原始凭证填制的手续和方法不同，可分为一次凭证、累计凭证和汇总凭证。

（1）一次凭证是指经过一次填制手续而完成，反映一项或同时反映若干项性质相同的经济业务的凭证。例如，企业购进原材料，验收入库时，由保管人员填制的“收料单”；生产部门领用原材料时，填制的“材料领用单”；出差人员填制的差旅费报销单；等等。大部分的外来原始凭证是一次凭证。

（2）累计凭证是指在一定时期内，连续记载若干项同类经济业务的自制原始凭证。在一些单位内，有的业务在一定时期内不断重复发生且分次进行，对于这些业务，可以在一张凭证中，连续累计填制该业务的具体情况，这种凭证就是累计凭证。限额领料单如表4－2所示。

表4－2　　限额领料单

领料部门：　　　　　　　　　　　　　　　　领料编号：

领料用途：　　　　　　年　月　日　　　　　发料仓库：

材料类别	材料编号	材料名称及规格	计量单位	领用限额	实际领用	单价	金额	备注
日期	领用				退料			限额结余
	请领数量	实发数量	发料人签章	领料人签章	退料数量	退料人签章	收料人签章	

供应部门负责人：　　　　　　　　　　　　生产计划部门负责人：

（3）汇总凭证是指根据一定时期内同类经济业务的原始凭证加以汇总编制而成的一种原始凭证。汇总凭证合并了同类型的经济任务，并简化了记账凭证的编制工作。如工资汇总表、发出材料汇总表等。发出材料汇总表如表4－3所示。

表4－3　　发出材料汇总表

年　月　日

会计科目	领料部门	领用材料			
		原材料	包装物	低值易耗品	合计
生产成本	一车间 二车间				
	小计				
	供电车间 供水车间				
	小计				
制造费用	一车间 二车间				
	小计				
管理费用	行政部门				

4.1.2.2　记账凭证（Posting Document）

记账凭证，是指介于原始凭证与账簿之间的中间环节，由会计人员根据审核无误的原始凭证，按照经济业务事项的内容加以归纳整理，确定会计分录后所填制的会计凭证。记账凭证是登记账簿的依据。

1. 记账凭证按其反映经济业务内容的不同，分为专用记账凭证和通用记账凭证。其中，专用记账凭证分为收款凭证、付款凭证和转账凭证。

（1）收款凭证是用来记录和反映现金和银行存款收款业务的凭证。它是根据现金和银行存款业务的收款原始凭证填制的。其格式与内容如表 4－4 所示。

表 4－4　　收 款 凭 证

借方科目：库存现金或银行存款　　年　月　日　　收字第　号

摘　要	贷方科目		金　额									记账签章
	总账科目	明细科目	百	十	万	千	百	十	元	角	分	
合计												

附件　张

会计主管：　　记账：　　审核：　　出纳：　　制单：

（2）付款凭证是用来记录和反映现金和银行存款付款业务的凭证。它是根据现金和银行存款付款业务的付款原始凭证填制的。其格式与内容如表 4－5 所示。

表 4－5　　付 款 凭 证

贷方科目：库存现金或银行存款　　年　月　日　　付字第　号

摘　要	借方科目		金　额									记账签章
	总账科目	明细科目	百	十	万	千	百	十	元	角	分	
合计												

附件　张

会计主管：　　记账：　　审核：　　出纳：　　制单：

收款凭证和付款凭证是出纳人员办理收、付款项的依据，也是登记总账、现金日记账和银行存款日记账的依据。出纳人员不能只根据收、付款业务的原始凭证收、付款项，还必须根据会计主管人员或相关人员审核批准后方能办理收、付款项。这样可以加强资金的管理，有效地监督货币资金的使用。

（3）转账凭证是用来记录和反映与现金、银行存款收付款无关的转账业务凭证，是根据有关转账业务的转账原始凭证填制的。转账凭证是登记总分类账户及有关明细分类账户的依据。其格式与内容如表 4－6 所示。

表 4－6

转　账　凭　证

年　月　日　　　　　　转字第　号

摘要	会计科目		借方金额							贷方金额							记账签章
	总账科目	明细科目	万	千	百	十	元	角	分	万	千	百	十	元	角	分	
合计																	

附件　张

会计主管：　　记账：　　审核：　　出纳：　　制单：

为了简化核算，可以使用通用记账凭证来记录所发生的各种经济业务。通用记账凭证是以一种格式记录全部经济业务的记账凭证，而不再分为收款凭证、付款凭证和转账凭证。其格式如表 4－7 所示。

表 4－7

记　账　凭　证

年　月　日　　　　　　第　号

摘要	会计科目		借方金额							贷方金额							记账签章
	总账科目	明细科目	万	千	百	十	元	角	分	万	千	百	十	元	角	分	
合计																	

附件　张

会计主管：　　记账：　　审核：　　出纳：　　制单：

2. 记账凭证按照其填制方式不同，可分为单式记账凭证和复式记账凭证。

（1）单式记账凭证是将某项经济业务所涉及的会计科目，分别登记在两张或两张以上的记账凭证上，每张凭证只登记一个会计科目，在凭证上也可标明其对方科目，但只供参考。这种凭证的业务处理比较简单，便于分工记账，但是编制记账凭证较多，而且出现差错不易查找，对账和查账的工作量也较大。

（2）复式记账凭证是将某项经济业务所涉及的全部会计科目，集中登记在一张凭证上。它有利于了解一项经济业务的全貌，便于核对账目和查账，也可以减少编制记账凭证的工作量。但缺点是不便于分工记账和汇总。上述专用凭证、通用凭证都是复式记账凭证的格式。

会计凭证分类图 4－2 所示。

> 注意：这里会计凭证的分类很直观的哦！

- 会计凭证
  - 原始凭证
    - 来源不同
      - 外来原始凭证
      - 自制原始凭证
    - 填制手续和方法不同
      - 一次凭证
      - 累计凭证
      - 汇总凭证
  - 记账凭证
    - 内容不同
      - 专用记账凭证
        - 收款凭证
        - 付款凭证
        - 转账凭证
      - 通用记账凭证
    - 填制方式不同
      - 单式记账凭证
      - 复式记账凭证

图 4－2　会计凭证分类

4.1.3　原始凭证与记账凭证的联系与区别

原始凭证的种类繁杂，数量庞大，格式又不统一，而且没有清楚地表明应计入会计科目的名称和方向。为了便于登记账簿，必须填制记账凭证。这样不仅可以简化记账工作、减少差错，而且可以减少对账和查账的工作量，提高记账的质量。原始凭证和记账凭证之间存在着密切的联系。审核无误的原始凭证是编制记账凭证的依据，是记账凭证的附件；记账凭证是对原始凭证的内容进行整理、概括和说明并据此编制会计分录，当某些账户所辖的明细账户较多时，原始凭证是登记明细账的依据，二者关系密切，不能分割。

记账凭证和原始凭证同属于会计凭证，但二者存在如下区别：

1. 作用不同。原始凭证是编制记账凭证的依据，记账凭证是登记会计账簿的依据。

2. 来源不同。原始凭证由经办人员填制，经办人员既可以是本单位的，也可以是外单位的；记账凭证则一律由本单位会计人员编制。

3. 依据不同。原始凭证是根据已经发生或完成的经济业务事项填制的；记账凭证则是根据审核无误的原始凭证填制的。

4. 内容不同。原始凭证只是记录证明经济业务的发生或完成情况；记账凭证则对已经发生或完成的经济业务进行归类、整理，清楚地表明会计科目的名称、方向以及金额。

4.1.4　原始凭证的填制和审核

4.1.4.1　原始凭证的基本内容

原始凭证是在经济业务发生和完成时候取得或填制的原始记录，是记账的原始依据。由于原始凭证记录的日常经济活动内容多种多样，取得渠道多方面，因此原始凭证的格式和内容也就不尽相同。但是原始凭证作为反映经济业务发生或完成情况、并明确有关单位或个人经济责任的具备法律效力的书面文件，不管其形式如何，都必须具备以下七项基本内容，这些基本内容称为原始凭证要素：

（1）原始凭证的名称；

（2）原始凭证填制的日期和编号；

（3）填制凭证的单位或个人的名称；

（4）接收凭证的单位或个人的名称；

（5）经济业务的基本内容、摘要；

（6）经济业务中实物的名称、数量、单位和金额；

（7）经办人员签字或盖章。

原始凭证除必须具备上述基本内容外，还应符合一定的其他相关条件。如从外单位取得的原始凭证，必须盖有填制单位的公章。“公章”是指具有法律效力和特定用途，能够证明单位身份和性质的印鉴，包括业务专用章、财务专用章、发票专用章、结算专用章等。而向个人取得的原始凭证，必须有填制人员的签名或者盖章。有些需要上级有关部门批准的业务，则应将相关的审批文件作为原始凭证附件。

4.1.4.2　原始凭证的填制

原始凭证必须真实、准确、完整地记录和反映每一项经济业务。填制原始凭证必须严格遵循以下要求：

1. 遵纪守法。经济业务的内容必须符合国家有关政策、法令、规章、制度的要求，凡不符合以上要求的，不得列入原始凭证。

注意：这五句话、20个字很重要的哦！

2. 记录真实。原始凭证上记录的日期、经济业务内容和数字金额必须与经济业务发生的实际情况完全相符，不得歪曲经济业务真相、弄虚作假。

3. 内容完整。原始凭证中规定的各项目，必须填写齐全，不能遗漏和简略，业务经办人员必须在原始凭证上签名或盖章，对凭证的真实性和正确性负责。

4. 书写清楚。原始凭证填写要认真，文字和数字要清楚，字迹必须工整、清晰，易于辨认。

5. 编制及时。原始凭证应在经济业务发生或完成时及时填制，并按规定的程序和手续传递给有关业务部门和会计部门，以便及时办理后续业务，进行会计审核和记账。

此外，填制原始凭证时，还应遵循以下基本要求：

原始凭证上的数字和文字应认真书写，字迹要清晰、工整，不得潦草。原始凭证有错误时，应当由出具单位重开或更正，更正处应加盖出具单位公章。如果填写过程中出现文字或数字错误，不得任意涂改、刮擦或挖补，应按规定的方法予以更正。对某些重要凭证如支票填写错误，则不能更正，更不能撕毁，应办理作废手续并重新填制，作废的凭证要加盖“作废”戳记，按原编号顺序与其他存根联一起保存。使用印有编号的原始凭证，应按编号连续使用。原始凭证的填制，除需要复写的以外，必须用钢笔或碳素笔书写。属于套写的凭证应一次套写清楚，做到不串格、不串行。

以支票为例，支票是银行的存款人签发给收款人办理结算或委托开户银行将款项直接支付给收款人的一种票据。企业在填写支票时，应认真填写支票的有关内容，如签发日期、开户银行名称、签发单位账号、收款人名称、取款金额、取款用途，并加盖印章。必须做到要素齐全、内容真实、数字正确、字迹清晰，做到标准、规范，防止涂改。支票大小写金额和收款人不得更改，其他内容如有更改，必须由签发人加盖预留银行印鉴之一证明。

阿拉伯数字应当逐一书写，做到准确、清晰，不得连笔书写。阿拉伯数字金额的最高数位前应当书写货币币种符号或者货币名称简写，如人民币币种符号为“￥”，美元币种符号为“$”等。币种符号与阿拉伯数字之间不得留有空白。以元为单位的金额要填写到角分；无角分的，以“0”填写。

汉字大写金额数字须用正楷字规范填写，如壹、贰、叁、肆、伍、陆、柒、捌、玖、拾、佰、仟、万、亿、元、角、分、零、整等。大写金额数字前应当书写有“人民币”字样，与大写金额数字之间不得留有空格。

阿拉伯金额数字中间有“0”时，汉字大写金额要写“零”字；阿拉伯金额数字中间连续有几个“0”时，汉字大写金额中只用一个“零”表示；如金额 710 234. 50，汉字大写金额应写为：人民币柒拾壹万零贰佰叁拾肆元伍角整。

银行结算制度规定的结算凭证、预算的缴款凭证、拨款凭证，企业的发票、收据、提货单、运单、合同、契约，以及其他规定需要填列大写金额的各种凭证，不得只填小写金额而不填大写金额。

4. 1. 4. 3　原始凭证的审核

任何原始凭证必须经过严格的审核之后，才能作为记账的依据，这是保证会计核算资料真实可靠的基础。原始凭证的审核由指定的会计主管人员负责，审核标准是国家统一会计制度的规定。主要包括以下几个方面：

1. 审核原始凭证的真实性。这里的真实性，既包括原始凭证本身的真实性，也包括原始凭证所反映的经济业务的真实性。审查原始凭证是否虚假，是否存在涂改或伪造的情况；审查原始凭证所反映的经济业务是否发生或已完成，是否如实地反映了经济业务的真实情况等。

2. 审核原始凭证的合法性。即审核原始凭证所记录的经济业务是否符合国家的有关法律、法规、政策和国家统一会计制度的规定，是否符合单位的有关规章制度，是否符合审批权限和手续的规定。一旦发现有违法乱纪、弄虚作假等现象，必须及时揭露，上报有关部门进行处理。

3. 审核原始凭证的准确性。审核原始凭证的填制是否准确、规范，如摘要是否清楚明了，日期、金额、数量、单价等是否正确，有无涂改、刮擦或挖补及伪造等。

4. 审核原始凭证的完整性。主要审查原始凭证的基本内容是否完整，手续是否完备，特别要注意明确责任，即必须有经办人员签字。

审核原始凭证是一项十分严肃而细致的工作，会计人员必须熟悉相关法律法规和本单位的具体规定，在实际工作中必须坚持原则，全面了解和掌握单位的具体经营情况，认真履行职责。在审核过程中对于记载不准确、不完整以及填写不清楚的原始凭证应予以退回，并要求相关人员及时补办手续或进行更正；对于不真实、违法的原始凭证，会计人员有权不予受理，并向单位负责人报告；如发现严重违法、损害国家和社会公众利益的原始凭证，会计人员应予以扣留，并及时向上级部门或财政、税务、审计机关报告。

4.1.5 记账凭证的填制和审核

4.1.5.1 记账凭证的基本内容

记账凭证的主要作用是根据审核无误的原始凭证对经济业务进行分类、整理，按照复式记账原理编制会计分录，并以此进行款项收付和登记账簿。因此，记账凭证必须具备以下六项基本内容：

（1）记账凭证的名称（如收款凭证、付款凭证、转账凭证等）；

（2）记账凭证的编制日期和编号；

（3）经济业务应借、应贷的会计科目（包含明细科目）及金额；

（4）经济业务的摘要；

（5）所附原始凭证的张数；

（6）制单、审核、记账及会计主管人员的签名或盖章。收、付款凭证还应由出纳人员签名或盖章。

4.1.5.2 记账凭证的填制要求

记账凭证是登记会计账簿的依据。因此记账凭证填制时要求内容完整、科目运用正确、对应关系清晰。除严格遵循上述填制原始凭证的要求外，还应当遵守下列十项基本要求：

（1）必须根据审核无误的原始凭证填制；

（2）准确填写日期；

（3）正确填写编号；

记账凭证的编号要根据不同情况采纳不同的方法。如果企业采用通用记账凭证，记账凭证的编号可以采取顺序编号法，即每一会计期间，都必须按月编制序号，不得采用按年或按季连续编号的方法。如果采用专用记账凭证，则记账凭证应该按照字号编号法，即把不同类型的记账凭证用“字”加以区别，再把同类的记账凭证按照顺序加以连续编号。如“收字第××号”、“付字第××号”、“转字第××号”等。如果一项经济业务需要填制一张以上的记账凭证，记账凭证的编号则可以采取分数编号法。例如，一笔转账业务需要填制两张凭证，凭证的连续编号为8，则可编号“转字8 1/2号”、“转字8 2/2号”。前面的整数表示业务顺序，分子表示两张中的第一张和第二张。每月月末最后一张记账凭证的编号旁应加注“全”字。

（4）摘要应清晰明了；

（5）会计科目准确运用，先填借方科目，再填贷方科目；

（6）金额栏数字清楚、准确，与所附原始凭证金额相等；

（7）合计金额前需加人民币符号“￥”；

（8）金额栏空行（末笔金额至合计栏中间的金额空栏）需要注销；

（9）附件张数必须以大写数字注明，以方便查核、防范改动；

（10）填写完毕后应认真检查，根据借贷记账规则进行试算平衡，并按照相关签核流程签名或盖章。

4.1.5.3　记账凭证的填制方法

1. 专用记账凭证的填制方法

(1) 收款凭证的编制方法

收款凭证左上角的借方科目按收款的性质应填写“库存现金”或“银行存款”；日期填写的应是编制本凭证的日期；右上角填写编制收款凭证的顺序号；“摘要”填写所记录经济业务的简要说明；贷方科目填写与现金或银行存款相对应的会计科目；“记账签章”是指该凭证已登记账簿的标记，防止经济业务事项重记或漏记；“金额”是指该项经济业务事项的发生额；凭证右边“附件　张”是指本记账凭证所附原始凭证的张数；最下边分别由有关人员签章，以明确经济责任。

收款凭证的复合会计分录只能是“一借多贷”。

(2) 付款凭证的编制方法

付款凭证的编制方法与收款凭证基本相同，只是左上角由借方科目换为贷方科目，凭证中间的贷方科目换为借方科目。

付款凭证的复合会计分录只能是“多借一贷”。

对于涉及“库存现金”和“银行存款”之间的经济业务，一般只编制付款凭证，不编制收款凭证。

(3) 转账凭证的编制方法

转账凭证将经济业务事项中所涉及的全部会计科目按照先借后贷的顺序记入“会计科目”栏中的“一级科目”和“二级及明细科目”，并按应借、应贷方向分别记入“借方金额”或“贷方金额”栏。其他项目的填列与收、付款凭证相同。

转账凭证的会计分录可以是“一借一贷”、“一借多贷”，也可以是“一贷多借”、“多借多贷”。

2. 通用记账凭证的填制方法

通用记账凭证的格式和填制方法与转账凭证相同。

4.1.5.4　记账凭证的审核

记账凭证的审核是保证会计资料正确性的一个重要环节，只有经过审核的会计凭证才能作为登记会计账簿的依据。因此，会计人员审核记账凭证时除了注意其合法性、真实性、完整性外，还应重点审核以下内容：

1. 记账凭证是否附有原始凭证；附件中原始凭证的张数是否相符；原始凭证与记账凭证反映的内容是否一致；金额是否相等。

2. 记账凭证中所应用的会计科目是否正确；明细科目是否完整；科目对应关系是否正确。

3. 记账凭证中的借、贷方金额合计是否相等。

4. 记账凭证中的摘要填写是否清楚，是否简明扼要地反映了实际业务的全部内容。

5. 记账凭证中有关项目是否填列齐全，相关手续是否完备，签核是否完整。

在记账凭证审核中如发现错误，应要求有关人员重新填制记账凭证。

4.1.6 会计凭证的传递和保管

4.1.6.1 会计凭证的传递

会计凭证的传递，是指会计凭证从取得或填制时起至归档保管时止，在企业内部各有关部门和人员之间的传递过程。通过会计凭证的传递，一是能够把反映在会计凭证上有关经济业务完成情况的资料及时地传送到本企业内部各有关部门；二是能够正确地组织经济活动，实行会计监督。

在实际工作中，为了提高会计工作质量，必须对每种会计凭证的流转过程和方法作相应的规定。确定每种会计凭证的传递程序，一方面有利于提高会计业务处理效率，另一方面有利于加强责任监督。具体来说，要进行如下三方面的工作：

1. 确定会计凭证的传递环节。各单位应根据本单位经济业务的特点、机构设置和人员配置情况，确定会计凭证的传递环节。既要保证会计凭证经过必要的传递，又要减少不必要的停留。

2. 规定各环节的手续。会计凭证传递的先后顺序隐含着每个不同环节的责任，在传递过程中每经过一个环节都需要有关人员对其所负责的内容进行审核，并签字盖章，以明确其责任。

3. 规定会计凭证停滞时间。为提高会计工作效率、加快会计信息的传递，必须根据实际工作的需要，合理规定会计凭证在各环节停滞的时间，既要防止时间过紧影响业务手续的完成，又要避免时间过长影响工作效率。

4.1.6.2 会计凭证的保管

会计凭证的保管是指对登记账簿后的会计凭证进行整理、装订和归档保存。会计凭证是记账的依据，是重要的经济档案和法律资料，必须妥善整理、保管，不得丢失、损害或任意销毁。

会计凭证的保管是一项繁杂而细致的工作，不仅要安全、完整，还要便于查阅。会计凭证保管的主要方法和要求是：

1. 及时整理成册。对于会计凭证，应根据实际业务量，及时按照顺序整理成册。装订成册后，应加封面，并注明单位名称、所属年度和月份、凭证的种类、起止日期、总册号数、单册号数、凭证张数、有关人员签章等。为防止随意拆装，应在装订处贴上封签，并由装订人员在封签处加盖骑缝章。

在装订成册的会计凭证中，应包括所附原始凭证或原始凭证汇总表。但是，对一些性质相同、数量较多或需要随时查阅的原始凭证，可以单独装订，在封面上写明记账凭证的种类、日期和编号，同时，在记账凭证上要注明“原始凭证单独装订”字样。

2. 集中保管。对于装订成册的会计凭证应集中保管，由专人负责其安全性和完整性。

3. 规范调阅手续。会计凭证是重要的资料，无论是本单位还是外单位人员查阅，都需要履行一定的审批和登记手续进行专门登记，不得随意查阅或复印。

4. 严禁随意销毁。根据我国《会计档案管理办法》的规定，不同的会计资料，保管期限不一样。会计凭证的保管期限一般为 15 年，且有的会计凭证需要永久保存。保管期限从会计年度终了后第一天算起。

会计凭证保管期满，需要销毁时，必须按照规定手续进行，任何人不得擅自销毁。

4.2　会计账簿（Accounting Book）

会计账簿的设置和登记是会计核算的一个重要环节，是继填制、审核会计凭证之后的另一个会计专门方法。账簿登记能够将分散的内容、庞大复杂的经济业务归纳到账簿中。会计账簿记录的信息是编制会计报表的依据，是对会计信息的第二次处理。

4.2.1　会计账簿的概述

4.2.1.1　会计账簿的概念

会计账簿（Accounting Book）亦称账册，是指由一定格式的账页组成的，用以连续、系统、全面地记录各项经济业务的簿籍。登记账簿是会计核算的一种专门方法。

在会计核算中，通过会计凭证的填制和审核，可以反映和监督每项经济业务的完成情况。但会计凭证的数量繁多，对经济业务的反映往往比较零星、分散，且每一张凭证只能就个别的经济业务进行详细的记录和反映，不能把某一时期的全部经济业务活动情况完整地反映出来。设置账簿就可以把会计凭证提供的大量分散的核算资料，加以归类整理，以便全面、连续和系统地反映企业、单位的经济活动。所以，填制和审核会计凭证是处理会计信息的第一个环节，设置和登记会计账簿是第二个环节。

4.2.1.2　会计账簿的意义

利用账簿记录，既可以提供总括的核算资料，又可以提供明细的核算资料，从而可以全面、系统地反映各项资产、负债、所有者权益的增减变动，收入、费用的发生以及利润的实现和分配情况。根据账簿记录还可以考核成本、费用和利润计划的执行情况，所以科学地设置和准确地登记账簿，对保证会计报表的准确性和编报工作的及时性、加强经济核算并提高经济效益有着十分重要的意义。

1. 通过账簿记录，可以把所有经济业务按其不同性质进行分类汇总，全面、系统地反映一定期间发生的经济业务的全部情况，为企业经营管理及时提供系统、完善的会计资料。

2. 账簿记录是编制会计报表的重要依据。会计报表是通过账簿提供的资料来编制的，是一定时期内经济活动的总结。因此，会计报表中所反映的数字是否真实、正确，编制报表是否及时，都与账簿记录有着密切的关系。

3. 通过账簿记录，能够提供各项总括和明细的核算资料，可以了解单位各项财产物资、资金的增减变动，有利于监督、合理使用和妥善保管各项财产物资，从而保护其安全和完整。

4. 账簿资料还是进行会计分析、会计检查的必要依据，以此来检查分析企业经营管理中的薄弱环节，总结经验，有针对性地提出改善意见，提高管理水平。

5. 账簿是一种重要的会计档案，账簿的保存有利于以后的查阅使用。

4.2.1.3 会计账簿的分类

在整个会计核算体系中，账簿处于中间环节，对于会计凭证和会计报表具有承前启后的作用。会计核算中使用的账簿很多，不同的账簿其用途、形式、内容和登记方法都不相同，账簿按不同的标准可作如下分类：

1. 账簿按照用途可分为序时账簿、分类账簿和备查账簿。

（1）序时账簿。序时账簿也称为日记账（Journal），是按照经济业务发生的时间先后顺序，逐日逐笔登记经济业务的簿籍。序时账簿按其经济业务所记录的内容不同，分为普通日记账和特种日记账。

普通日记账是用来集中、序时地登记全部经济业务的账簿。由于普通日记账不利于记账分工，不利于登账且工作量较大，难以比较清楚地反映各类经济业务的情况，所以我国各单位一般都不设置普通日记账。

特种日记账是专门登记某一类经济业务的日记账，如现金日记账、银行存款日记账。在会计实务中，一般只对现金和银行存款设置日记账进行核算来加强货币资金的管理。

知识链接：

西方的日记账与中国的日记账

目前，日记账在英国、美国、澳大利亚等国家广为应用，是介于原始凭证和分类账之间的桥梁，是企业账簿组织体系的关键环节。从西方国家情况看，日记账是企业账簿组织的主要形式，在会计核算中发挥着主要账簿的作用，和分类账一起构成了企业的账簿组织。其账务处理程序为：原始凭证→日记账→分类账→会计报表。即企业发生的所有经济业务按照时间的先后顺序首先记入日记账（包括普通日记账和特种日记账），然后再根据日记账登记总分类账和明细分类账。在这种核算模式下，无论是普通日记账还是特种日记账，都是用来明确经济业务记入的账户名称、记账方向和记账金额的一种序时记录，是企业过账的依据，是企业会计核算必不可少的重要环节。

我国企业总体仍然沿用传统体制下的账簿组织形式和账务处理程序，在日记账的应用乃至账簿组织和账务处理程序方面，与国际惯例有明显区别，我国企业用记账凭证而不是日记账作为过账的主要依据。企业一般不设普通日记账，虽然设有特种日记账（如现金日记账和银行存款日记账），但它是用来定期与总分类账进行核对的一种内部会计控制手段。企业的账务处理程序一般为：原始凭证→记账凭证→会计账簿（包括总分类账和特种日记账）→会计报表。即所有经济业务按照时间发生的先后顺序记入记账凭证，然后再根据记账凭证登记现金或银行存款等特种日记账、总分类账和明细分类账。在以手工记账为主的时期，这种程序使得账目便于审核登记。

（2）分类账簿。分类账簿也称为分类账（Ledger），是对各项经济业务按照总分类账户和明细分类账户进行分类登记的账簿。按其反映内容的详细程度不同，分为总分类账（简称总账）和明细分类账（简称明细账）。

总分类账簿是根据一级会计科目开设的账户，用来分类登记全部经济业务，提供各种资产、负债、所有者权益、收入、费用、利润等总括核算资料的分类账簿。

明细分类账簿通常是根据二级科目或明细科目开设账户，用来分类登记某一类经济业务，提供明细核算资料的分类账簿。

（3）备查账簿。备查账簿也称备查簿、辅助登记账簿，是对某些在日记账和分类账等主要账簿中未能记载的事项进行补充登记的账簿，如租入固定资产登记簿、受托加工材料登记簿、代销商品登记簿、经济合同执行情况等。设置和登记备查簿，可以对某些经济业务的内容提供必要的参考资料，每个单位可根据实际需要确定是否设置备查账簿。

2. 账簿按照外表形式可分为订本式账簿、活页式账簿和卡片式账簿。

（1）订本式账簿。订本式账簿简称订本账，是在启用前将编有顺序页码的若干账页装订成册的账簿。其优点是可以避免账页散失，防止账页被人为抽换。其缺点是同一本账簿在同一时间内只能由一人登记，不能分工记账；同时，订本账账页固定，不能根据需要增减，因而必须预先估计每一个账户需要的页数，以保留空白账页。如保留的空白账页不够，就要影响账户登记的连续性；如保留空白账页太多，又会造成不必要的浪费。在实际工作中，总账、现金日记账和银行存款日记账一般都采用订本式账簿。

（2）活页式账簿。活页式账簿简称活页账，是将一定数量的分散账页置于活页夹内，根据记账内容的变化随时增页和减页的账簿。其优点是便于分工记账，可以根据记账的需要随时增减账页，方便灵活。其缺点是账页容易散失和被抽换。明细分类账一般都采用活页账簿。

（3）卡片式账簿。卡片式账簿又称卡片账，是将具有账户格式的卡片，存放在卡片箱中的账簿。使用时按类别排列、按顺序编号，并加盖有关人员的印章。卡片账簿应由专人保管，以保证其安全。其优缺点与活页式账簿大体相同，而且还可以跨年度使用，不需要每年更换，通常用于固定资产、低值易耗品等明细分类账。

3. 账簿按账页格式可分为三栏式账簿、数量金额式账簿、多栏式账簿和平行式账簿。

（1）三栏式账簿是指账页格式采用借方、贷方、余额三个主要栏目的账簿。如表 4－8 所示。

表 4－8　　　　**总分类账**

账户名称：

年		凭证		摘要	借方	贷方	借或贷	余额
月	日	种类	编号					

（2）数量金额式账簿是指在借、贷、余三栏式下设数量、单价和金额栏，以便全面记录反映经济业务的数量和金额的账簿。如表 4－9 所示。

表 4－9　　原材料明细账

材料类别：

材料名称：　　数量单位：

年		凭证号码	摘要	收入			发出			结存		
月	日			数量	单价	金额	数量	单价	金额	数量	单价	金额

（3）多栏式账簿是指账页格式设若干专栏，集中反映某一总账账户或明细账户核算内容的账簿，一般开设多个借方栏或多个贷方栏。如表 4－10、表 4－11 所示。

表 4－10　　管理费用明细账

明细账户名称：

年		凭证		摘要	借方	贷方	余额	借方明细科目					
月	日	种类	编号					办公费	招待费	工资	折旧	…	其他

表 4－11　　主营业务收入明细账

明细账户名称：

年		凭证		摘要	借方	贷方	余额	贷方明细科目					
月	日	种类	编号					A 产品	B 产品	C 产品	D 产品	…	…

（4）平行式账簿又称横线登记式账簿，是指将前后密切相关的经济业务在同一横行内进行详细登记，以检查每笔经济业务完成及变动情况的账簿。如表 4－12 所示。

表 4-12　　　　　　　　　　　　在途物资明细账

材料名称：

年		凭证号码	摘要	借方金额			贷方金额				结余金额
月	日			买价	采购费用	合计	月	日	凭证号码	金额	

会计账簿分类如图 4-3 所示。

- 会计账簿
  - 按用途分
    - 序时账簿
      - 普通日记账
      - 特种日记账
        - 现金日记账
        - 银行存款日记账
    - 分类账簿
      - 总分类账
      - 明细分类账
    - 备查账簿
  - 按外表形式分
    - 订本式账簿
    - 活页式账簿
    - 卡片式账簿
  - 按账页格式分
    - 三栏式账簿
    - 数量金额账簿
    - 多栏式账簿
    - 平行登记式账簿（横线登记式账簿）

注意：这里账簿的分类很直观哦！

图 4-3　会计账簿分类

4.2.2　账簿登记的基本内容与规则

4.2.2.1　账簿登记的基本内容

尽管会计账簿的格式有各种各样，但是一般账簿登记都应该具备以下内容：

1. 封面

封面应标明账簿名称，如总分类账、明细分类账等。

2. 扉页

扉页上一般都列明“账簿启用及经管人员一览表”和“目录”。

3. 账页

账页是会计账簿的主要内容，账页一般包括以下五项内容：

（1）账户名称，总账科目和明细科目；

（2）日期栏，记录经济业务发生的日期；

（3）凭证号栏，登记记账凭证的类别与号数；

（4）摘要栏，简明扼要地说明发生的经济业务；

（5）金额栏，反映经济业务借方和贷方发生额以及结存的金额。

4.2.2.2 账簿登记的规则

1. 账簿的启用规则

（1）账簿启用时，应在账簿封面上写明账簿名称，按要求在账簿扉页的“账簿启用及经管人员一览表”上填明启用日期、账簿页数、记账人员和会计主管人员姓名和签章、单位公章，并按规定贴上足额印花税票。与此同时，按照“会计科目表”中所提供的会计科目，根据企业实际情况，选择填写“目录”。“账簿启用及经管人员一览表”如下表4－13所示。

表4－13　　账簿启用及经管人员一览表

<table>
<tr><td colspan="4">机构名称</td><td colspan="10"></td><td colspan="2">印鉴</td></tr>
<tr><td colspan="4">账簿名称</td><td colspan="10">（第　册）</td><td colspan="2" rowspan="4"></td></tr>
<tr><td colspan="4">账簿编号</td><td colspan="10"></td></tr>
<tr><td colspan="4">账簿页数</td><td colspan="10">本账簿共计　页（本账簿页数检点人盖章）</td></tr>
<tr><td colspan="4">启用日期</td><td colspan="10">公元　年　月　日</td></tr>
<tr><td rowspan="3">经管人员</td><td colspan="3">负责人</td><td colspan="5">主办会计</td><td colspan="5">复核</td><td colspan="2">记账</td></tr>
<tr><td>姓名</td><td colspan="2">盖章</td><td colspan="2">姓名</td><td colspan="3">盖章</td><td colspan="2">姓名</td><td colspan="3">盖章</td><td>姓名</td><td>盖章</td></tr>
<tr><td></td><td colspan="2"></td><td colspan="2"></td><td colspan="3"></td><td colspan="2"></td><td colspan="3"></td><td></td><td></td></tr>
<tr><td rowspan="7">交接记录</td><td colspan="4">经管人员</td><td colspan="5">接管</td><td colspan="6">交出</td></tr>
<tr><td colspan="2">职别</td><td colspan="2">姓名</td><td colspan="2">年</td><td>月</td><td>日</td><td>盖章</td><td colspan="2">年</td><td>月</td><td>日</td><td colspan="2">盖章</td></tr>
<tr><td colspan="2"></td><td colspan="2"></td><td colspan="2"></td><td></td><td></td><td></td><td colspan="2"></td><td></td><td></td><td colspan="2"></td></tr>
<tr><td colspan="2"></td><td colspan="2"></td><td colspan="2"></td><td></td><td></td><td></td><td colspan="2"></td><td></td><td></td><td colspan="2"></td></tr>
<tr><td colspan="2"></td><td colspan="2"></td><td colspan="2"></td><td></td><td></td><td></td><td colspan="2"></td><td></td><td></td><td colspan="2"></td></tr>
<tr><td colspan="2"></td><td colspan="2"></td><td colspan="2"></td><td></td><td></td><td></td><td colspan="2"></td><td></td><td></td><td colspan="2"></td></tr>
<tr><td colspan="2"></td><td colspan="2"></td><td colspan="2"></td><td></td><td></td><td></td><td colspan="2"></td><td></td><td></td><td colspan="2"></td></tr>
<tr><td>备注</td><td colspan="15"></td></tr>
</table>

（2）记账人员或会计主管人员调动时，应按规定办理交接及监交手续，在交接记录内填写相关的项目，由交接双方和负责监交的人员签字或盖章。

2. 账簿的登记规则

（1）过账

过账（Posting Account），是指以记账凭证为依据，将记账凭证所确定的会计分录登记在相关账簿上的过程，也叫账簿登记。账簿必须是根据审核无误的记账凭证来进行登记的，在已登记入账的记账凭证的“记账签章”栏划上过账符号“√”，表示已经过账，以防止漏记、重记。

【例4-1】长胜公司2010年8月6日从新达公司购入A材料100千克，单价为100元，材料已验收入库（暂不考虑增值税），货款尚未支付。这笔经济业务的会计分录为：

借：原材料——A材料　　10 000

　贷：应付账款——新达公司　　10 000

该笔经济业务填制的记账凭证如表4-14所示，账簿登记如表4-15、表4-16所示。

表4-14　　记　账　凭　证

2010年8月6日　　凭证编号005[#]

摘要	总账科目	明细科目	借方金额	贷方金额	记账签章
购入原材料	原材料	A材料	10 000		√
	应付账款	新达公司		10 000	√
合并金额			10 000	10 000	

注意：“√”的作用很大哦！

会计主管：王源　　稽核：张胜　　出纳：李红　　制单：杨梅

表4-15　　原材料明细账

会计科目：A材料　　第23页

类别：　　品种规格：　　计量单位：千克　　存放地点：1号仓库

2010年		凭证号码	摘要	收入			发出			结存		
月	日			数量	单价	金额	数量	单价	金额	数量	单价	金额
			期初结存							50	80	4 000
8	6	005#	购入原材料	100	100	10 000				150		14 000

表 4－16　　　　**应付账款明细账**　　总第 127 页　分第 35 页

一级账户编号及名称应付账款

二级账户编号及名称新达公司

2010 年		凭证		摘要	借方	贷方	或	余额
月	日	种类	编号	期初余额			贷	32 000
8	6		005#	本期赊购		10 000	贷	42 000

（2）书写要求

读者牢记！

登记账簿要用蓝黑墨水钢笔书写，不得使用圆珠笔或铅笔书写。红墨水在会计工作中只限在下列情况中使用：

①冲销错账记录；

②进行划线结账；

③在多栏式明细中不设借方栏或贷方栏的情况下，登记减少发生额；

④在没有注明余额方向的三栏式明细账中，在余额栏内登记负数余额；

⑤会计制度规定的应使用红字登记的其他情况。

（3）账页基本栏目的书写

①日期栏，登记记账凭证的填制日期。

②凭证号栏，登记记账凭证的凭证号。如果采用的是专用记账凭证，就是“收字××号”、“付字××号”、“转字××号”；如果采用的是通用记账凭证，就是“第××号”。

③摘要栏

摘要内容可以根据不同的账簿要求简明扼要地填写清楚，不必一律照抄记账凭证中的摘要，摘要文字一般靠左压住底线书写。涉及“期初余额”、“本月合计”、“本年累计”、“承前页”、“过次页”以及“上年结转”和“结转下年”等的，应在摘要栏正中央位置书写，也可以用红字印章。

④金额栏

金额栏内的数字填写约占行高的 1/2，根据记账凭证提供的金额，在借方栏登记借方发生额，在贷方栏登记贷方发生额，在“借或贷”栏标明余额方向，并在余额栏结出余额。

（4）连续登记

账簿必须是根据审核无误的会计凭证，按账页项目要求和账页行次顺序连续登记，不得跳行、隔页。如发生跳行、隔页，应将空行、空页划对角红线注销，或注明“此行空白”或“此页空白”。

当每一账页登记完毕时，应办理转页手续并留出最后一行，结出本账页内的发生额合计和余额，在摘要栏内注明“过次页”字样，并将发生额合计和余额记入新账页的第一行有关栏内，并在新账页摘要栏注明“承前页”字样。月终结账时，应在账页上结出本月发生额和月末余额。新年度开始时，应将上年度日记账、总账、明细账（不包括按规定可以继续使用的明细账）各个账户的年度余额转记到本年度新账簿各有关账户。

（5）以正确的方法更正错账

发现了错账，不得随意更改，不得挖补、刮擦、涂改，要用正确的方法更正错账，具体的方法将在接下来的内容中介绍。

4.2.3　会计账簿的设置与登记

4.2.3.1　日记账的设置与登记

日记账也称序时账，是按照经济业务发生时间的先后顺序，逐日逐笔登记经济业务的簿籍。在实际工作中，现一般采用特种日记账。目前应用比较广泛的特种日记账是现金日记账和银行存款日记账。

现金日记账和银行存款日记账通常由出纳人员根据审核无误的、与现金和银行存款有关的记账凭证逐日逐笔登记。这两种日记账，一般都采用订本式账簿，有三栏式和多栏式两种格式。

1. 三栏式日记账

三栏式现金日记账根据审核无误的、与现金有关的记账凭证登记，其格式如表 4－17 所示。

表 4－17　　现金日记账（三栏式）　　单位：元

2010 年		凭证		摘要	对应科目	收入	支出	结存
月	日	种类	号数					
8	1			期初余额				1 300
8	4		002#	提取现金备发工资	银行存款	25 000		26 300
8	5		010#	购买办公用品	管理费用		300	26 000
8	7		011#	收到员工上交罚款	营业外收入	1 200		27 200
8	31			本月合计		26 200	300	27 200

在登记三栏式现金日记账过程中，登记现金收入（支出）时，不仅要将收入（支出）的金额记入收入（支出）栏内，还要将对应的会计科目记入对应的账户栏内。每天现金收、付款业务登记完毕后，应在余额栏内结出现金余额，做到日清月结。

三栏式银行存款日记账根据审核无误的、与银行存款有关的记账凭证登记，其格式如表4－18所示。

表4－18　　银行存款日记账（三栏式）　　单位：元

2010年		凭证		摘要	对应科目	收入	付出	结存
月	日	种类	号数					
8	1			期初余额				78 000
8	4		002#	提取现金备发工资	库存现金		25 000	53 000
8	9		013#	现金存入银行	库存现金	12 000		65 000
8	18		020#	支付前欠货款	应付账款		50 000	15 000
8	31			本月合计		12 000	75 000	15 000

三栏式银行存款日记账的登记方法和三栏式现金日记账大致相同，但是银行存款日记账除了要及时结出余额之外还要定期和银行开出的对账单进行核对，如果余额不一致，则需要编制银行存款余额调节表进行检查。

2. 多栏式日记账

以多栏式现金日记账为例，它是按照与现金收入相对应的贷方账户和与现金支出相对应的借方账户分别设置专栏，用以序时、分类地反映与现金收支有关的经济业务。其格式如表4－19所示。

表4－19　　现金日记账（多栏式）　　单位：元

2010年		凭证		摘要	对应科目（贷方）		收入合计	对应科目（借方）		支出合计	余额
月	日	种类	号数		银行存款	主营业务收入		其他应收款	应付职工薪酬		
8	1			期初余额							1 800
8	4		001#	提取现金	1 000		1 000				2 800
8	5		003#	预借旅费				2 000		2 000	800
8	7		005#	提取现金	14 800		14 800				15 600
8	9		012#	发放工资					14 800	14 800	800
8	31			本月合计	15 800		15 800	2 000	14 800	16 800	800

在登记多栏式现金日记账时，现金收入要按对应科目，将金额记入对应科目（贷方）栏内，同时记入“现金收入合计”栏内；现金支出要按对应科目，将金额记入对应科目（借方）栏内，同时记入“现金支出合计”栏内。每天现金收、付款业务登记完毕后，应在余额栏内结出现金余额。

多栏式银行存款日记账格式与多栏式现金日记账格式基本相同。

多栏式日记账能够清晰、详细地反映经济业务的来龙去脉。但其缺点是专栏过多、账页过长，不便于记账。

4.2.3.2 分类账的设置与登记

分类账是分类登记经济业务的账簿，设立分类账的目的就是要从各个账户中取得总括或详细的核算资料。根据提供资料的详细程度不同，分类账可分为总分类账和明细分类账。

1. 总分类账简称总账，是按照一级科目分类，连续地记录和反映全部经济业务的账簿。总分类账能够全面、总括地反映企业经济活动，并为编制会计报表提供资料。

总分类账一般采用三栏式账簿，分为借方、贷方和余额三栏。三栏式总账的登记可以根据记账凭证直接逐笔登记，也可以根据汇总记账凭证或科目汇总表进行登记，其格式如表 4－20 所示。

表 4－20　　总分类账

账户名称：原材料　　单位：元

2010 年		凭证		摘要	借方	贷方	借或贷	余额
月	日	种类	号数					
8	1			上年结转			借	15 000
8	5		003#	购入甲材料	12 000		借	27 000
8	8		010#	赊购乙材料	25 000		借	52 000
8	8		011#	支付乙材料运费	1 000		借	53 000
8	20		065#	本月生产领用		42 000	借	11 000
8	31			合计	38 000	42 000	借	11 000

2. 明细分类账简称明细账，是企业在设置总分类账的基础上按照二级科目或明细科目开设的账簿。明细分类账能够满足企业经营、管理的需要，能提供经济业务的详细资料。明细分类账一般多采用活页式账簿。其种类多种多样，有三栏式、多栏式和数量金额式等。

三栏式明细账适用于只需进行金额核算而不需进行数量核算的债权、债务结算账户，如“应收账款”、“应付账款”等。

数量金额式明细账适用于既需登记金额又需登记数量的各种材料物资类账户，如“原材料”、“库存商品”等。

多栏式明细账适用于既要登记金额，又需了解其构成内容详细资料的费用类账户、收益类账户、成本类账户等。如“管理费用”、“主营业务收入”、“制造费用”等。

3. 总分类账和明细分类账的平行登记

平行登记，就是将同一经济业务，既要在总分类账中登记，也要在其所属的明细分类账中登记。总分类账户是其所属明细分类账户资料的综合，对所属明细账起着统驭、控制的作用；明细分类账户是有关总分类账户的具体化体现，起着补充说明的作用。两者登记的原始依据相同，核算内容也相同，提供的资料相互补充，既总括又详细地反映相同的经济业务。总分类账户与明细分类账户平行登记的要点如下：

（1）同期登记。同一个会计期间登记并不是指一定要在同一时间登记。在实际工作中，可以每日及时登记明细分类账，在同一个会计期间内定期登记总分类账。

（2）方向一致。每一笔经济业务记入总分类账户和其所属的明细分类账户时，记账方向必须一致。如果总分类账记入借方，明细分类账也必须记入借方；如果总分类账记入贷方，明细分类账也必须记入贷方。

（3）金额相等。一笔经济业务既要记入总账，又要记入其所属的明细分类账户，记入各个明细分类账户的金额之和应该与记入总分类账户的金额相等。

利用平行登记是会计核算内部牵制制度的一个组成部分，通过平行登记可以检查总分类账、明细分类账记录的完整性和正确性。下面以“应收账款”账户为例，说明总分类账户与明细分类账户的平行登记。

【例 4－2】长胜公司 2010 年 8 月初应收账款的余额为 69 900 元，其中甲公司 21 500元，乙公司 48 400 元，8 月份发生下列经济业务：

（1）8 月 3 日，向甲公司销售 M 产品 100 件，价款 10 000 元，N 产品 500 件，价款 12 500 元，增值税 3 825 元，货款尚未收到。

根据该笔经济业务，编制如下会计分录：

借：应收账款——甲公司　　26 325

　贷：主营业务收入——M 产品　　10 000

　　　　　　　　　——N 产品　　12 500

　　应交税费——应交增值税（销项税税额）　　3 825

（2）8 月 8 日，向乙公司销售甲产品 500 件，价款 50 000 元，增值税 8 500 元，货款尚未收到。

根据该笔经济业务，编制如下会计分录：

借：应收账款——乙公司　　58 500

　贷：主营业务收入——甲产品　　50 000

　　应交税费——应交增值税（销项税税额）　　8 500

（3）8 月 10 日，收到甲公司前欠货款 11 500 元，存入银行。

根据该笔经济业务，编制如下会计分录：

借：银行存款　　11 500

　贷：应收账款——甲公司　　11 500

根据上述情况，在“应收账款”总分类账户及其明细分类账户中进行平行登记，如表 4－21、表 4－22、表 4－23 所示。

表 4－21　　总分类账

账户名称：应收账款　　单位：元

2010 年		凭证		摘要	借方	贷方	借或贷	余额
月	日	种类	号数					
8	1			期初余额			借	69 900

表4－21(续)

2010 年		凭证		摘要	借方	贷方	借或贷	余额
月	日	种类	号数					
	3		009#	本期赊销甲公司	26 325		借	96 225
	8		018#	本期赊销乙公司	58 500		借	154 725
	10		027#	收到甲公司货款		11 500	贷	143 225
	31			本月合计	84 825	11 500	借	143 225

表 4－22　　**应收账款明细账**　　总第 138 页　分第 46 页

一级账户编号及名称应收账款

二级账户编号及名称甲公司

2010 年		凭证		摘要	借方	贷方	借或贷	余额
月	日	种类	号数					
8	1			期初余额			借	21 500
8	3		009#	本期赊销甲公司	26 325		借	47 825
8	10		027#	收到甲公司货款		11 500	贷	36 325
8	31			本月合计	26 325	11 500	借	36 325

表 4－23　　**应收账款明细账**　　总第 138 页　分第 47 页

一级账户编号及名称应收账款

二级账户编号及名称乙公司

2010 年		凭证		摘要	借方	贷方	借或贷	余额
月	日	种类	号数					
8	1			期初余额			借	48 400
8	8		018#	本期赊销乙公司	58 500		借	106 900
8	31			本月合计	58 500		借	106 900

尽管总账与明细账是按照平行登记原则进行登记的，但由于两者记账程序的不同或记账时间的不尽一致，所以必须定期核对总分类账与明细分类账的有关记录，及时发现可能存在的记账错误。

4.2.4　对账与结账（Checking and Closing Entry）

4.2.4.1　对账（Checking）

对账是指核对账目，做到账证相符、账账相符、账实相符。在会计实务中，对账的主要内容包括：

1. 账证核对。账证核对是指账簿记录与记账凭证及其所附原始凭证的核对。主要核对时间、凭证字号、记账内容、记账金额和记账方向是否相符。

2. 账账核对。账账核对是指不同账簿记录之间的核对。主要包括：

（1）核对总账记录。核对所有总账账户借方发生额合计与贷方发生额合计是否相符；所有总账借方余额合计与贷方余额合计是否相符。

（2）核对总账与其所属明细账。核对总账账户余额与其所属明细账账户余额合计是否相符。

（3）核对总账与日记账。核对总账余额与现金日记账和银行存款日记账的余额是否相符。

（4）核对明细账与明细账。定期核对会计部门各种财产物资明细账期末余额与财产物资保管或使用部门的有关财产物资明细账，以检查其余额是否相符。

3. 账实核对。账实核对是指各项财产物资以及债权债务账面余额与实有数额之间的核对。主要包括：

（1）核对现金日记账账面余额与库存现金数额是否相符。

（2）核对银行存款日记账账面余额与开户银行对账单的余额是否相符。

（3）核对各项财产物资明细账余额与财产物资的实有数额是否相符。

（4）有关债权债务明细账账面余额与对方单位或个人核对是否相符。

4.2.4.2 错账更正方法

发现错账时，不能用刮擦、挖补和涂抹等方法进行更正，而应根据错账的原因和具体情况按照规定的方法进行更正。错账的更正方法一般有：划线更正法、红字更正法和补充登记法。

1. 划线更正法

在结账以前，如果发现账簿记录中数字或文字错误，但是据以记账的记账凭证却没有错误时，可用划线更正法更正。

一般做法是：先在错误的记录上划一条红线以示注销，数字错误的必须要将整个数字全部注销，文字错误则可以只注销记错的文字，然后在其上方空白处用蓝、黑碳素笔写上正确的数字或文字，并由记账人员在更正处盖章，同时要保证所注销的记录仍然清晰可认。如表4－24、表4－25所示。

> 注意：数字与文字错误更正方法不一样哦！

表 4-24　　**记账凭证**

2010 年 8 月 6 日　　凭证编号 005#

摘要	总账科目	明细科目	借方金额	贷方金额	记账签章
赊购材料	原材料		10 000		√
应付账款	前进公司		10 000	√	
合并金额	10 000	10 000			

注意：此笔业务暂时不考虑增值税！

会计主管：王源　稽核：张胜　出纳：李红　制单：杨梅

会计凭证没有错误，而我们在登记明细账的时候却把"10 000"写成了"1 000"，"赊购材料"写成了"销售材料"。

表 4-25　　**应付账款明细账**　　总第 127 页　分第 35 页

一级账户编号及名称 应付账款

二级账户编号及名称 新达公司

2010 年		凭证		摘要	借方	贷方	借或贷	余额
月	日	种类	编号	期初余额			贷	32 000
8	6		005#	赊购材料 [杨梅] 本期 ~~销售材料~~		10 000 [杨梅] ~~1 000~~	贷	42 000

注：表中方框为会计人员方章

2. 红字更正法

(1) 全部冲销

在登记账簿后，发现据以登记的记账凭证中应借应贷方向或者使用科目错误的，可采用红字更正法更正。

一般做法是：应填写一张与错误凭证科目、记账方向和金额完全相同的记账凭证（其中金额用红字填写），以示注销；再用蓝、黑字重新填制一张正确的记账凭证，并根据注销的凭证和重填的正确凭证登记入账。

【例 4-3】企业制造车间购入一批办公用品 700 元，以现金支付。

编制记账凭证时，错误地编制如下会计分录并已经登记入账：

借：管理费用　　700

　贷：库存现金　　700

更正方法如下：

①填制一张与原错误记账凭证完全相同的凭证（其中金额用红字填写），以示注销

原凭证，并在摘要栏注明“注销×月×日第×号凭证”，会计分录编制如下：

借：管理费用　　700

　贷：库存现金　　700

注：方框为红字。

②用蓝、黑字填制一张正确的记账凭证，并在凭证摘要栏注明“更正×月×日第×号凭证”，会计分录编制如下：

借：制造费用　　700

　贷：库存现金　　700

③根据上述冲销凭证和更正凭证登记入账。

（2）部分冲销

在登记账簿后，发现记账凭证中记账方向和会计科目正确，但所记金额大于应记金额的，可采用红字更正法更正。

一般做法是：填写一张与原凭证记账方向、科目相同的记账凭证，多记的金额用红字填写，并据以登记入账。

【例4－4】企业用银行存款预付下一季度的报纸杂志费1 200元。

编制记账凭证时，错误地编制了如下会计分录并已经登记入账：

借：预付账款　　12 000

　贷：银行存款　　12 000

更正方法如下：

①填写一张与原凭证记账方向、科目相同的记账凭证，多记的金额用红字填写，以示冲销多记金额，并在摘要栏注明“冲销×月×日第×号凭证”，会计分录编制如下：

借：预付账款　　10 800

　贷：银行存款　　10 800

注：方框为红字。

②根据上述冲销凭证登记入账。

3. 补充登记法

在登记账簿后，发现记账凭证中记账方向和会计科目正确，但所记金额小于应记金额的，可采用补充登记法更正。

一般做法是：将少记金额用蓝字填制一张与原记账凭证记账方向、科目相同的记账凭证，补充少记金额，并据以登记入账。

【例4－5】企业用银行存款归还前欠供应商的货款11 700元。

编制记账凭证时，错误地编制了如下会计分录并已经登记入账：

借：应付账款　　1 170

　贷：银行存款　　1 170

更正方法如下：

①将少记金额用蓝字填制一张与原记账凭证记账方向、科目相同的记账凭证，以示补记少记金额，在摘要栏注明“补记×月×日第×号凭证”，会计分录编制如下：

借：应付账款　　　　　　　　　　　　　　10 530

　贷：银行存款　　　　　　　　　　　　　　　10 530

②根据上述补记凭证登记入账。

4.2.5　结账（Closing Entry）

4.2.5.1　结账前的试算平衡

试算平衡的概念和作用在第 3 章中已作介绍，此处重点说明期末结账前试算平衡工作的重要性。

就一个完整的会计循环来看，至少要进行两次试算平衡：第一次是在对本期（日常）所发生的全部经济业务编制分录，并据以入账后进行，称为调整前试算；第二次是在（期末）编制调整分录并过入有关账户后进行，称为调整后试算。根据“有借必有贷，借贷必相等”的平衡原理，利用发生额试算平衡和余额试算平衡编制试算平衡表，验证记账、过账工作是否正确，同时试算平衡表也汇集了各账户的资料，为编制会计报表提供方便。

4.2.5.2　结账概念及内容

> 注意：
> 虚账户、实账户的概念很重要

结账是一项将账簿记录定期结算清楚的账务工作。在一定时期终了时，将本期发生的经济业务全部登记入账后，计算各账户的本期发生额和余额，并结转期末余额到下一期，作为下一期的期初余额。企业的经济活动和会计记录是连续不断的，为了总结某一个会计时期（如一个月、一个季度、一个年度等）的经济活动情况，考核经营成果，并为编制会计报表做好准备，就要进行结账。结账的主要内容有：

1. 虚账户的结清

虚账户是指收益类和费用类账户，即列示在利润表中的账户。会计期末，将这类账户的余额结平，一方面是为了正确计算当期盈亏，另一方面也是为了下一会计期间的使用方便。结账后，各账户余额为零。结账程序如下：

（1）计算出各虚账户的余额。

（2）编制结账分录。为了结清虚账户，应先设置“本年利润”账户，以归集当期收益类、费用类账户的余额。将两类账户余额分别转入“本年利润”账户，计算出净利润；年终，再将净利润转入“利润分配——未分配利润”账户中。

2. 实账户的结转

实账户是指资产类、负债类和所有者权益类账户，即列示在资产负债表中的账户。这类账户期末一般有余额，并随着企业经营活动的持续而递延到下一个会计期间。因此其结账是指计算出各账户的本期发生额及期末余额，并划线结束，然后将期末余额结转至下期。

4.2.5.3　结账方法

1. 月结。办理月结，就是结出各账户本月的发生额和月末余额。具体做法是：在当月的最后一笔业务下面划一条通栏红线；在下一行的摘要栏注明“本月合计”或者“×月发生额及余额”；同时将本月发生的经济业务的借方发生额和贷方发生额合计数以及余额分别记入“借方”、“贷方”和“余额”栏相对应的位置，并且在“借或贷”对应栏内注明余额的借贷方向。如果月末余额为0，应在“借或贷”对应栏内写“平”，在“余额”栏内的“元”相对应的位置写“0”，然后再在这一栏下面划一条通栏红线，以便与下月发生额划分清楚。

2. 季结。办理季结，就是结出各账户本季度的发生额和季末余额。具体做法是：在每季度最后一个月月结的下一行摘要栏内注明“本季度合计”或者“本季度发生额及余额”；并将本季度借、贷方发生额和余额分别记入“借方”、“贷方”和“余额”栏内；然后在这一行下面再划一条通栏红线与月结分开，完成季结工作。

3. 年结。办理年结，就是结出各账户本年度的发生额和年末余额，并且进行封账。具体做法是：在每年最后一个月或第四季度季结后下一行的摘要栏注明“本年合计”或者“本年发生额及余额”；并将本年度借、贷方发生额合计数以及余额分别记入“借方”、“贷方”和“余额”栏内；然后在这一行下面划上通栏双红线，进行“封账”，表示本年度记账工作已经全部结束。

年终结账时，如果账户有余额，需要在划双红线下一行的摘要栏里注明“结转下年”的字样，表示把余额结转到下一年的年初；在下一个新的会计年度新设该账户时在账簿的第一行摘要栏里注明“上年结转”的字样，表示年初余额是从上个会计年度结转而来的。结账的具体方法如表4－26所示。

表4－26　××××明细账

年		凭证		摘要	借方	贷方	借或贷	余额
月	日	字	号					
1	1			上年结转 …	 …	 …	贷 …	100 000 …
	31			本月合计	80 000	50 000	贷	70 000
2	1			…	…	…	…	…
3	1			…	…	…	…	…
	31			本月合计	30 000	35 000	贷	120 000
				季度合计	180 000	230 000	贷	120 000
				…	…	…	…	…
12	1			…	…	…	…	…
	31			本月合计	13 000	42 000	贷	255 000
				本季合计	125 000	260 000	贷	255 000

表4-26(续)

年		凭证		摘要	借方	贷方	借或贷	余额
月	日	字	号					
				本年合计	550 000	780 000	贷	255 000
				结转下年				

4.2.6　会计账簿的更换与保管

4.2.6.1　会计账簿的更换

一般情况下，总账、日记账和大部分明细账每年都要更换一次，备查账簿可以连续使用。

各种账簿在年终结账时，如有余额，需把余额结转到下一年年初。新的会计年度开始启用新账簿时，在有关账户第一行“摘要栏”里注明“上年结转”的字样，在“余额”栏内直接登记上年结转的余额，并标明借贷方向。

4.2.6.2　会计账簿的保管

会计账簿同会计凭证和会计报表一样是重要的会计档案和历史资料。在年度终了封账后，由会计部门保管一年后交由本单位的档案管理部门进行保管，并按照《会计档案管理办法》的规定履行保管、借阅和销毁手续。

复习思考题

1. 简述记账凭证的审核内容。
2. 账簿的分类有哪几种？各有什么优缺点？其适用范围分别是什么？

实务练习题

一、单项选择题

1. 企业出售产品一批，售价 5 000 元，收到一张转账支票，送存银行。这笔业务应编制的记账凭证为（　　）。

A. 收款凭证　　B. 付款凭证　　C. 转账凭证　　D. 以上均可

2. 差旅费报销单按填制的手续及内容分类，属于原始凭证中的（　　）。

A. 一次凭证　　B. 累计凭证　　C. 汇总凭证　　D. 专用凭证

3. 职工张某出差归来，报销差旅费 200 元，交回多余现金 100 元，应编制的记账凭证是（　　）。

A. 付款凭证　　B. 转账凭证
C. 收款凭证和转账凭证　　D. 收款凭证和付款凭证

4. 用转账支票支付前欠货款，应填制（　　）。
A. 转账凭证　　B. 收款凭证　　C. 付款凭证　　D. 原始凭证

5. 汇总原始凭证和累计原始凭证的主要区别点是（　　）。
A. 登记的经济业务内容不同　　B. 填制时期不同
C. 会计核算工作繁简不同　　D. 填制手续和方法不同

6. 对于现金和银行存款之间的相互划转业务，正确的处理方法是（　　）。
A. 只填制付款凭证
B. 只填制收款凭证
C. 既可填制收款凭证，也可填制付款凭证
D. 同时填制收款凭证和付款凭证

7. 无须在“账簿启用和经管人员一览表”上盖章的是（　　）。
A. 企业负责人　　B. 现金出纳
C. 财务主管　　D. 复核和记账人员

8. 企业出售产品一批，售价5 000元，收到一张转账支票，送存银行。这笔业务应编制的记账凭证为（　　）。
A. 收款凭证　　B. 付款凭证　　C. 转账凭证　　D. 以上均可

9. 会计机构和会计人员对真实、合法、合理但内容不准确、不完整的原始凭证，应当（　　）。
A. 不予受理　　B. 予以受理
C. 予以纠正　　D. 予以退回，要求更正、补充

10. 记账凭证的编制依据是（　　）。
A. 会计分录　　B. 经济业务
C. 原始凭证或汇总原始凭证　　D. 账簿记录

11. （　　）是会计核算的中心环节。
A. 填制和审核会计凭证　　B. 进行成本计算
C. 设置和登记账簿　　D. 编制财务会计报告

12. 填制记账凭证无误，根据记账凭证登记账簿时将10 000元误记成1 000元，已登记入账，更正时应采用（　　）。
A. 划线更正法　　B. 红字更正法
C. 补充登记法　　D. 更换账页法

13. 下列明细账中，既要进行金额核算，又要进行数量核算的是（　　）。
A. 库存商品明细账　　B. 应收账款明细账
C. 在途物资明细账　　D. 制造费用明细账

14. 下列项目中，属于账证核对内容的是（　　）。
A. 会计账簿与记账凭证核对
B. 总分类账簿与所属明细分类账簿核对

C. 原始凭证与记账凭证核对

D. 银行存款日记账与银行对账单核对

15. 某企业根据一张发料凭证汇总表编制记账凭证，由于涉及项目较多，需填制两张记账凭证，则记账凭证编号为（　）。

A. 转字第××号　　B. 收字第××号

C. 转字第×1/2 号和转字第×2/2 号　　D. 收字第××号和转字第××号

16. 记账后，发现记账凭证中的应借、应贷会计科目错误，引起记账错误，正确的更正方法是（　）。

A. 划线更正法　　B. 红字更正法

C. 补充登记法　　D. 重新填制法

17. 限额领料单是一种（　）。

A. 记账凭证　　B. 汇总凭证　　C. 转账凭证　　D. 累计凭证

18. “发出材料汇总表”是一种（　）。

A. 汇总原始凭证　　B. 汇总记账凭证

C. 累计凭证　　D. 记账凭证

19. 下列原始凭证中属于外来原始凭证的有（　）。

A. 入库单　　B. 出库单

C. 银行收款通知单　　D. 发出材料汇总表

20. 下列不能作为原始凭证的是（　）。

A. 发货票　　B. 收料单　　C. 经济合同　　D. 领料单

21. 下列各项，不属于原始凭证审核的内容是（　）。

A. 凭证反映的内容是否真实

B. 凭证各项基本要素是否齐全

C. 会计科目的使用是否正确

D. 凭证是否有填制单位的公章和填制人员的签章

22. 填制记账凭证时发现了错误，应当（　）。

A. 重新填制记账凭证　　B. 更正并加盖公章

C. 更正并加盖更正人员的印章　　D. 更正并加盖更正人员的印章和公章

23. 差旅费报销单属于（　）。

A. 记账凭证　　B. 自制原始凭证

C. 外来原始凭证　　D. 累计凭证

24. 卡片式账簿一般适用于下列（　）类明细分类账。

A. 现金　　B. 固定资产　　C. 银行存款　　D. 预提费用

25. 会计凭证按照用途和填制程序可分为（　）。

A. 总分类科目和明细分类科目　　B. 原始凭证和记账凭证

C. 自制凭证和外来凭证　　C. 累计凭证和一次凭证

26. 会计账簿按照用途可以分为（　）。

A. 多栏式、三栏式、数量金额式　　B. 现金账、存款账、负债账

C. 序时账簿、分类账簿、备查账簿　　D. 总分类、明细分类、日记账

27. 账账核对不包括（　　）。

A. 总账各账户余额核对　　B. 总账与明细账之间的核对

C. 总账与备查账之间的核对　　D. 总账与日记账的核对

28. 对于从银行提取现金的业务，应（　　）。

A. 根据现金收款凭证登记银行存款日记账

B. 根据现金收款凭证现金日记账

C. 根据银行存款付款凭证和现金收款凭证登记现金日记账和银行存款日记款

D. 根据银行存款付款凭证登记现金日记账和银行存款日记账

二、多项选择

1. 制造费用分配表属于（　　）。

A. 累计凭证　　B. 自制原始凭证

C. 一次凭证　　D. 外来原始凭证

2. 能清晰反映账户对应关系的会计分录有（　　）。

A. 一借一贷　　B. 一借多贷　　C. 一贷多借　　D. 多借多贷

3. 收款凭证左上方的“借方科目”中可以填写的会计科目有（　　）。

A. 库存现金　　B. 主营业务收入

C. 原材料　　D. 银行存款

4. 会计凭证传递的组织工作主要包括（　　）。

A. 规定保管期限及销毁制度

B. 规定会计凭证的传递路线

C. 制定会计凭证传递过程中的交接签收制度

D. 规定会计凭证在各个环节的停留时间

5. 限额领料单属于（　　）。

A. 原始凭证　　B. 汇总凭证　　C. 一次凭证　　D. 累计凭证

6. 下列各项中，根据现行会计规定，应当建立备查账簿登记的有（　　）。

A. 银行存款　　B. 融资租入设备

C. 经营租入设备　　D. 已贴现应收票据

7. 下列各账户中，既要提供金额指标又要提供实物指标的明细分类账户有（　　）。

A. 库存商品　　B. 原材料　　C. 应付账款　　D. 应交税费

8. 可以作为记账凭证填制依据的有（　　）。

A. 自制原始凭证　　B. 外来原始凭证

C. 汇总原始凭证　　D. 付款凭证

9. 账簿按其外形特征可以分为（　　）。

A. 序时账　　B. 卡片账　　C. 订本账　　D. 活页账

10. 下列明细账，可以采用数量金额式账簿的有（　　）。

A. 原材料明细账　　B. 库存商品明细账

C. 制造费用明细账　　D. 应收账款明细账

11. 下列账簿登记中，可以使用红色墨水的有（　）。

A. 按照红字冲账的记账凭证，冲销错误记录

B. 在不设借贷栏的多栏式账页中，登记减少数

C. 在三栏式账户的余额栏前，如未印明余额方向的，在余额栏内登记负数余额

D. 登记期初余额

12. 可以作为登记银行存款日记账的依据是（　）。

A. 现金收款凭证　　B. 现金付款凭证

C. 银行收款凭证　　D. 银行付款凭证

13. 更正错账的方法有（　）。

A. 划线登记法　　B. 重新登记法

C. 补充登记法　　D. 红字更正法

14. 对账的内容一般包括（　）。

A. 账证核对　B. 账账核对　C. 账表核对　D. 账实核对

15. 错账查找，常用的方法有（　）。

A. 顺查法　　B. 逆查法

C. 差额除2法　　D. 差额除9法

16. 适合编制收款记账凭证的会计分录是（　）。

A. 一借一贷　B. 一借多贷　C. 一贷多借　D. 多借多贷

17. 适合编制付款记账凭证的会计分录是（　）。

A. 一借一贷　B. 一借多贷　C. 一贷多借　D. 多借多贷

18. 适用红字更正法更正错账的情况有（　）。

A. 记账凭证没有错，只是过账错误或计算错误

B. 登账后发现，记账凭证中方向错或会计科目错造成的账簿记录错误

C. 登账后发现，记账凭证中金额错误，且错记金额大于应记金额造成的账簿记录错误

D. 登账后发现，记账凭证中金额错误，且错记金额小于应记金额造成的账簿记录错误

19. 下列属于账实核对的有（　）。

A. 银行存款日记账与银行对账单核对

B. 现金日记账与库存现金实有数核对

C. 有关存货明细账与仓库物资实有数核对

D. 有关债权债务明细账账面余额与对方单位的账面记录核对

三、判断题

1. 复式记账凭证是指将每一笔经济业务事项所涉及的全部会计科目及其发生额均在同一张记账凭证中反映的一种凭证，该凭证至少涉及三个会计科目。（　）

2. 设置和登记账簿是编制会计报表的基础，是连接会计凭证与会计报表的中心环节。（　　）

3. 汇总记账凭证既能反映账户的对应关系，也起到试算平衡的作用。（　　）

4. 数量过多的原始凭证，可以单独装订保管，但应在记账凭证上注明“附件另订”。（　　）

5. 发料凭证汇总表是一种汇总记账凭证。（　　）

6. 总分类账户本期借方发生额与其所属明细分类账户借方发生额相等。（　　）

7. 通过平行登记，可以使总分类账户与其所属明细分类账户保持统驭关系，便于核对与检查，纠正错误与遗漏。（　　）

8. 在编制记账凭证时，原始凭证就是记账凭证的附件。（　　）

9. 结账和更正错误的记账凭证可以不附原始凭证。（　　）

10. 按用途和结构分类“坏账准备”账户应属于附加调整账户。（　　）

四、实务计算题

（一）某企业200×年12月发生以下经济业务。

1. 1日接受某公司银行存款投资2 000 000元。
2. 1日从银行提取现金5 000元，备用。
3. 2日以现金500元支付厂部办公用品费。
4. 5日向银行借入期限为3个月的借款300 000元，存入银行。
5. 8日厂部办公室主任王某出差，预借差旅费2 000元，现金付讫。
6. 9日收到应收账款15 000元，存入银行。
7. 10日以银行存款47 000元偿还前欠某供应单位货款。
8. 11日王某出差归来，报销差旅费2 500元，补付现金500元。
9. 12日接受某投资者现金投资450 000元，存入银行。
10. 15日车间生产产品领用材料200 000元。
11. 16日购入材料540 000元，材料已验收入库，货款未付，按实际成本入账。
12. 17日企业开出商业承兑汇票30 000元，抵付应付账款。
13. 22日从银行提取现金960 000元，备发工资。
14. 22日以现金960 000元支付职工工资。
15. 23日以银行存款8 500元支付广告费。
16. 24日以现金支付车间主任预借差旅费1 000元。
17. 25日本月销售产品300 000元，收到银行汇票一张，存入银行。
18. 29日车间主任出差归来，报销差旅费900元，多余款现金退回。
19. 31日本月完工产品成本540 000元，已验收入库，按实际成本结转。
20. 31日结转本月已销产品实际成本240 000元。

要求：

按经济业务类型填制收款、付款、转账记账凭证，并据以登记库存现金、银行存款日记账（不考虑增值税，不要求写出明细科目）。

（二）某企业会计人员在结账前对账时，发现如下错账：

1. 分配车间管理人员工资 60 000 元。编制的会计分录为：

借：应付职工薪酬　　60 000
　贷：管理费用　　60 000

2. 销售商品，增值税专用发票注明售价为 1 000 000 元，增值税为 170 000 元，款项已收到并存入银行。编制的会计分录为：

借：银行存款　　1 017 000
　贷：主营业务收入　　1 000 000
　　　应交税费——应交增值税（销项税税额）　　17 000

3. 银行存款支付商品展览费 200 000 元。编制的会计分录为：

借：销售费用　　200 000
　贷：银行存款　　200 000

会计在登记账簿时，在“银行存款”账户登记的金额为 20 000 元。

4. 计提生产车间固定资产折旧 30 000 元。编制的会计分录为：

借：制造费用　　30 000
　贷：累计折旧　　30 000

要求：

（1）分别指出上述错账的错处及应采用的更正方法。

（2）分别对错账按正确方法进行更正。

（三）某企业“材料”总账账户月初余额 10 000 元，本月借方发生额 6 000 元，所属明细账户“甲材料”账户月末余额 3 000 元，“乙材料”账户月末余额 2 000 元。问“材料”总账账户本月贷方发生额为多少元？

第5章　资产

本教材认为，基础会计阶段，为给初学者建立“初步会计思维”，常用的会计科目、会计账户实为47个，每一种会计科目、会计账户代表一种会计现象，解读经济交易事项的方方面面构成科学体系。资产类会计科目、会计账户18个，其中有6个已在第3章第2节（借贷记账法举例）中讲过，所余12个会计科目、会计账户在本章介绍。

本章要解决的问题

- 货币资金的管理要求有哪些？
- 应收款项如何核算？
- 存货包括哪些？如何核算？
- 固定资产如何核算？
- 无形资产包括哪些？

本章重点

- 应收款项的核算
- 存货的核算
- 固定资产折旧的核算

本章难点

- 坏账损失的核算
- 存货的核算
- 固定资产折旧的核算

5.1　资产（Assets）概述

5.1.1　资产的概念

资产（Assets）是指企业在过去交易或事项形成的、由企业拥有或控制的、预期会给企业带来经济利益的资源。（第2章已对资产的概念进行了较为详细的介绍，此处不再赘述）

5.1.2 资产的分类

> 公允价值（Fair Value）亦称公允市价、公允价格。熟悉市场情况的买卖双方在公平交易和自愿的情况下所确定的价格。

1. 按照资产计价方式的不同，可分为实物性资产（包括无形资产）及金融性资产。前者按照取得时所支付的成本入账，后者则按照公允价值（市价）对其进行计量。

2. 按是否具有实物形态，可分为有形资产（Tangible Assets）和无形资产（Intangible Assets）。

3. 按来源不同，可分为自有资产和租入资产。

4. 按流动性不同，可分为流动资产（Current Asset）和非流动资产（Non-current Asset）。

> 在资产负债表中，资产按流动性从强到弱的顺序依次排列。

（1）流动资产可分为：货币资金（Money Funds）、应收票据（Notes Receivable）、应收账款（Accounts Receivable）、预付账款（Prepayment）、其他应收款（Other Accounts Receivable）、存货（Inventory）等。

（2）非流动资产可分为：长期股权投资（Long-term Stock Investment）、固定资产（Fixed Assets）、无形资产（Intangible Assets）、可耗竭的自然资源（Natural Resources）（如煤炭、矿产、石油……）等。资产的分类如图5－1所示。

- 资产
  - 流动资产
    - 货币资金
    - 交易性金融资产
    - 应收及预付款项
    - 存货
  - 非流动资产
    - 持有及到期投资
    - 长期股权投资
    - 固定资产：房屋及建筑物、机器设备、运输设备、工具器具等
    - 无形资产：专利权、非专利技术、商标权、著作权、土地使用权等

图5－1 资产的分类

5.1.3 资产费用化（Asset Expenselize）

在企业经营过程中，取得资产时的费用支出（Expenses）首先形成资产（Asset），而后随着成本到期而费用化（Expenselize），即资产是企业的未到期成本（Not-yet-due Cost），随着成本的到期，资产（Asset）转化为相应的费用（Expense）。例如，行政管理部门购买固定资产和购买办公用纸，固定资产会随着使用时间的推移及价值的逐渐损耗，逐渐从一项资产通过累计折旧转化为管理费用；而办公用纸则由于使用时期非常短暂，故直接将其确认为管理费用。

5.2　货币性资产　(Monetary Funds)

5.2.1　货币性资产的内容及计价

5.2.1.1　货币性资产的内容

货币性资产，指在生产经营过程中处于货币形态的资产。具体包括现金（Cash）、应收账款（Accounts Receivable）、应收票据（Notes Receivable）、准备持有至到期的债券投资（Bonds）等。货币性资产通常以合理确定能够收回的金额，列示于资产负债表上。

5.2.1.2　货币性资产的计价

货币性资产应当以公允价值和应支付的税费，作为投入资产的成本。公允价值与换出资产账面价值的差额，计入当期损益。

5.2.2　货币资金（Monetary Asset）

货币资金是指企业在生产经营过程中，处于货币形态的那部分资产。货币资金是流动性最强的资产。在企业的各项经济活动中，加强货币资金的管理和控制是至关重要的。货币资金按其存放地点和用途不同，分为库存现金、银行存款和其他货币资金。

5.2.2.1　库存现金的管理

现金有狭义和广义之分。狭义现金仅指企业库存的现金；广义现金除了库存现金以外，还包括银行存款、其他货币资金及现金等价物。本章所说的现金是指狭义现金，即库存现金，包括库存的人民币现金和外币现金。

5.2.2.2　库存现金的日常管理

库存现金指库存的人民币及外币。企业收支各种款项必须按照我国《现金管理暂行条例》的规定办理，在规定的范围内使用现金。

允许企业使用现金的范围有：

（1）职工工资、津贴；

（2）个人劳务报酬；

（3）国家颁发给个人的科技、文艺、体育等各种奖金；

（4）个人的劳保、福利费用；

（5）向个人收购农副产品、废旧物资的价款；

（6）出差人员的差旅费；

（7）结算起点以下的零星支出。

5.2.2.3　库存现金限额的管理

库存现金限额是指企业内部持有现金的最高数额。一般是由基本存款户开户银行根据企业 3 ~5 天日常零星开支所需现金量进行设定，边远地区和交通不便地区时间可以适当放宽，但最多不得超过 15 天。企业在日常经营活动中，超过限额的部分应及时送存开户银行，低于限额的部分可提现补足。

5.2.2.4　库存现金日常收支的管理

现金具有普遍可接受性和流动频繁的特点，极易发生差错或被挪用、侵吞。因此，必须加强现金的管理和内部控制。具体措施如下：

（1）收入的现金当天应送存银行，不能坐支现金；

“坐支”是指收入的现金不入账，而直接支出。

（2）不得私设“小金库”，不得账外设账；

（3）所有现金收入应给予收据，销售应给予发票；

（4）钱账分管；

（5）认真进行现金核算，做到日清月结，账款相符；

（6）实施经常性的检查、稽核。

5.2.2.5　库存现金的序时管理

为了进行库存现金的序时管理，企业必须设置“现金日记账”。现金日记账是现金账户的明细账。现金日记账由出纳收一笔记一笔、付一笔记一笔，每日结出余额，并与库存现金进行核对；月度终了，现金日记账的余额应当与现金总账的余额核对，做到账账相符。

5.2.3　银行存款（Deposit）的管理

银行存款是企业存入银行或其他金融机构的各种款项。凡是独立核算的企业都必须在当地银行开设账户，以办理存款、取款和支付等结算。企业除了按核定限额留存的库存现金外，其余的货币资金都必须存入银行；企业与其他单位之间的一切货币收付业务，除了在规定范围内可用库存现金支付外，都必须通过银行办理支付结算。

5.2.3.1　银行账户分类

根据我国《银行账户管理办法》的规定，企业银行存款存款户应分基本存款账户、一般存款账户、临时存款账户、专用存款账户。

5.2.3.2　银行结算方式

结算方式是指用一定的形式和条件，来实现企业间或企业与其他单位和个人之间货币收付的程序和方法，分为现金结算和支付结算两种。企业除按规定的范围使用现金结算外，大部分货币收付业务应通过银行办理支付结算。支付结算是指单位、个人在社会经济活动中使用票据、信用卡和汇兑、托收承付、委托收款等结算方式进行货币给付及其资金清算的行为。中国人民银行发布的《支付结算办法》规定的国内人民币支付结算方式，包括支票、银行本票、银行汇票、商业汇票、信用卡、托收承付、委托收款、汇兑八种，另外还有国内信用证结算方式等。

5.2.4　其他货币资金

其他货币资金是指除库存现金、银行存款以外的其他货币资金，包括外埠存款、银行汇票存款、银行本票存款、信用卡（证）存款和存出投资款等。

5.3　应收及预付款项（Accounts Receivable and Prepayment）

应收及预付款项是指企业在日常生产经营过程中发生的各项债权，包括应收款项和预付款项。应收款项包括应收票据、应收账款和其他应收款等；预付款项是指企业按照合同规定预付的款项，如预付账款。

5.3.1　应收票据（Notes Receivable）的核算

应收票据是指企业用来核算和监督以商业汇票结算方式销售产品而取得的商业汇票。商业汇票按承兑人不同，分为商业承兑汇票和银行承兑汇票；按是否带息，分为带息商业汇票和不带息商业汇票。

为了核算企业持有的、尚未到期兑现的商业汇票，企业应设置“应收票据”账户。该账户属于资产类账户，借方登记企业已收到的商业汇票，贷方登记商业汇票到期收回的票面金额，期末余额在借方，反映尚未到期的应收票据。

【例5－1】10月25日，长胜公司销售给甲公司丙产品100件，单价为200元，总价为20 000元，增值税税额为3 400元，收到甲公司开出的不带息商业承兑汇票一张。

经济业务分析：

①公司收到对方开具的不带息商业承兑汇票，应选择“应收票据”账户（资产类），由于资产在会计等式左方，按“借增贷减”规则，此时“应收票据”增加，应记借方；

②公司销售产品取得的收入，应选择“主营业务收入”账户（收入类），由于收入在会计等式右方，按“借减贷增”规则，此时“主营业务收入”增加，应记贷方；

③应选择“应交税费——应交增值税（销项税税额）”账户（负债类），由于负债在会计等式右方，按“借减贷增”规则，此时“应交税费——应交增值税（销项税税额）”增加，应记贷方；

④按记账规则，借方和贷方对应账户各自金额合计相等，为23 400元。

会计分录为：

借：应收票据——甲公司	23 400	
贷：主营业务收入——丙产品		20 000
应交税费——应交增值税（销项税税额）		3 400

5.3.2　应收账款（Accounts Receivable）的核算

应收账款是指企业因销售商品、提供劳务等经营活动，应向购货单位或接受劳务单位收取的款项。主要包括企业销售商品或提供劳务等应向有关债务人收取的价款及代购货单位垫付的包装费、运杂费等。

为了核算应收未收款项的增减变动及其结存情况，企业应设置“应收账款”账户。该账户属于资产类账户，借方登记企业应向债务人收取的价款及代购货单位垫付的包装费、运杂费等，贷方登记实际收回的应收账款及确认的坏账损失，期末余额一般在借方，反映企业尚未收回的应收账款。

【例5-2】10月26日，长胜公司向乙公司销售丙商品一批，货款30 000元，增值税税额为5 100元，货款和税额尚未收到。

> 提示：这是权责发生制原则的具体体现和特定会计处理

经济业务分析：

①公司尚未收到款项，应选择“应收账款”（资产类）账户，由于资产在会计等式左方，按“借增贷减”规则，此时“应收账款”增加，应记借方；

②公司销售产品取得的收入，应选择“主营业务收入”账户（收入类），由于收入在会计等式右方，按“借减贷增”规则，此时“主营业务收入”增加，应记贷方；

③应选择“应交税费——应交增值税（销项税税额）”账户（负债类），由于负债在会计等式右方，按“借减贷增”规则，此时“应交税费——应交增值税（销项税税额）”增加，应记贷方；

④按记账规则，借方和贷方对应账户各自金额合计相等，为35 100元。

会计分录为：

借：应收账款——乙公司	35 100	
贷：主营业务收入——丙产品		30 000
应交税费——应交增值税（销项税税额）		5 100

【例5-3】10月28日，长胜公司收到乙公司前欠款项35 100元，存入银行。

经济业务分析：

①公司收存银行的款项，应选择“银行存款”（资产类）账户，由于资产在会计等式左方，按“借增贷减”规则，此时“银行存款”增加，应记借方；

②公司收回前欠款项，应选择“应收账款”（资产类）账户，由于资产在会计等式左方，按“借增贷减”规则，此时“应收账款”减少，应记贷方；

③按记账规则，借方和贷方对应账户各自金额合计相等，为35 100元。

会计分录为：

借：银行存款	35 100	
贷：应收账款——乙公司		35 100

5.3.3 坏账损失（Bad Account Reserve）的核算

根据谨慎性原则要求，企业应当在资产负债表日对应收款项的账面价值进行检查，有客观证据表明该应收款项发生减值的，应当将该应收款项的账面价值减记至预计未来现金流量的现值，减记的金额应确认为减值损失，并计提坏账准备。

谨慎性：企业对交易或者事项进行会计确认、计量和报告时应当保持应有的谨慎，不应高估资产或者收益、不应低估负债或者费用。

提示：此处是初学者的学习难点，应与后边会计处理结合起来理解。

为了核算应收款项的坏账准备计提、转销等情况，企业应当设置“坏账准备”科目。坏账准备是一个备抵账户，借方登记实际发生的坏账损失金额和冲减的坏账准备金额，贷方登记当期计提的坏账准备金额，期末余额一般在贷方，反映企业已计提但尚未转销的坏账准备。企业当期计提的坏账准备应当计入资产减值损失。

知识链接：

当企业真正由于某种风险出现资产坏账时，已进入损益计提的坏账准备，就会自动地抵减这些资产坏账损失，以达到防范风险的目的。

坏账准备可按以下公式计算：

当期应计提的坏账准备 = 当期按应收款项计算应提坏账准备金 ∓ “坏账准备”科目的贷方（借方）余额

企业计提坏账准备时，按应减记的金额，借记“资产减值损失——计提的坏账准备”，贷记“坏账准备”。冲减多计提的坏账准备时，应借记“坏账准备”，贷记“资产减值损失——计提的坏账准备”。

【例 5－4】2008 年 12 月 31 日，长胜公司对应收丙公司的账款进行减值测试。应收账款余额合计为 100 000 元，甲公司根据丙公司的资信情况，确定按 10% 计提坏账准备。

经济业务分析：

①公司计提坏账准备，应选择“资产减值损失”（费用类）账户，由于费用在会计等式左方，按“借增贷减”规则，此时“资产减值损失”增加，应记借方；

②公司计提坏账准备，应选择“坏账准备”（资产类）账户，资产备抵账户，由于资产在会计等式左方，但因是“资产备抵账户”，按“借减贷增”规则，此时“坏账准备”增加，应记贷方；

注意：“坏账准备”账户归属资产类，但属资产类备抵项目，与资产类要素“借增贷减”正相反

③按记账规则，借方和贷方对应账户各自金额合计相等，为 10 000 元。

2008 年年末计提坏账准备的会计分录为：

借：资产减值损失——计提的坏账准备　　10 000

　贷：坏账准备　　10 000

企业确实无法收回的应收款项按管理权限报经批准后作为坏账转销时，应当冲减已计提的坏账准备。已确认并转销的应收款项以后又收回的，应当按照实际收到的金额增加坏账准备的账面余额。企业发生坏账损失（Bad Debt）时，应借记“坏账准备”，贷记“应收账款”、“其他应收款”等。

【例5-5】长胜公司2010年对丙公司的应收账款实际发生坏账损失3 000元。确认坏账损失时，甲公司应作如下会计处理：

经济业务分析：

①公司确认应收账款坏账损失时，应选择“坏账准备”（资产类）账户，资产备抵账户，由于资产在会计等式左方，按“借减贷增”规则，此时“坏账准备”减少，应记借方；

②公司确认应收账款坏账损失时，应选择“应收账款”（资产类）账户，由于资产在会计等式左方，按“借增贷减”规则，此时“应收账款”减少，应记贷方；

③按记账规则，借方和贷方对应账户各自金额合计相等，为3 000元。

会计分录为：

借：坏账准备　　3 000
　贷：应收账款　　3 000

5.3.4 预付账款（Prepayment）的核算

预付账款是指企业按照购货合同规定，预先支付给供货单位的购货定金或部分货款。

为了核算预付给对方单位的购货定金或部分货款，企业应设置“预付账款”账户。该账户属于资产类账户，借方登记预付款项或补付款项的增加，贷方登记所购材料、商品或接受劳务的金额及退回多付的款项。期末余额在借方，反映实际预付的款项；期末余额在贷方，反映尚未补付的款项。

预付款项不多的企业，可以不用设置“预付账款”账户，即可以直接通过“应付账款”账户核算。由此可见，资产类账户在一定条件下可以转化为负债类账户。

【例5-6】10月2日，长胜公司向A公司采购H材料5 000吨，单价为10元，总价为50 000元。所需支付的款项总额为50 000元。按照合同规定，应向A公司预付全部材料款，从银行转账。

经济业务分析：

①公司预付材料款，应选择“预付账款”（资产类）账户，由于资产在会计等式左方，按“借增贷减”规则，此时“预付账款”增加，应记借方；

②公司从银行转账支付，应选择“银行存款”（资产类）账户，由于资产在会计等式左方，按“借增贷减”规则，此时“银行存款”减少，应记贷方；

③按记账规则，借方和贷方对应账户各自金额合计相等，为50 000元。

会计分录为：

借：预付账款——A公司　　50 000
　贷：银行存款　　50 000

【例5-7】10月8日，长胜公司收到A公司发来的H材料5 000吨，单价为10元，增值税税额为8 500元，材料已验收入库。

经济业务分析：

①材料验收入库，应选择“原材料”账户（资产类），由于资产在会计等式左方，按“借增贷减”规则，此时“原材料”增加，应记借方；

②应选择“应交税费——应交增值税（进项税额）”账户（负债类），由于负债在会计等式右方，按“借减贷增”规则，此时“应交税费——应交增值税（进项税额）”减少，应记借方；

③公司收到材料，应冲减前预付的账款，应选择“预付账款”（资产类）账户，由于资产在会计等式左方，按“借增贷减”规则，此时“预付账款”减少，应记贷方；

④按记账规则，借方和贷方对应账户各自金额合计相等，为58 500元。

会计分录为：

借：原材料——H材料	50 000	
应交税费——应交增值税（进项税额）	8 500	
贷：预付账款——A公司		58 500

【例5-8】以存款支付上题尾款。

经济业务分析：

①公司支付尾款，应选择“预付账款”（资产类）账户，由于资产在会计等式左方，按“借增贷减”规则，此时“预付账款”增加，应记借方；

②公司以存款支付，应选择“银行存款”（资产类）账户，由于资产在会计等式左方，按“借增贷减”规则，此时“银行存款”减少，应记贷方；

③按记账规则，借方和贷方对应账户各自金额合计相等，为8 500元。

会计分录为：

借：预付账款——A公司	8 500	
贷：银行存款		8 500

5.3.5 其他应收款（Other Accounts Receivable）的核算

其他应收款是指企业除应收票据、应收账款、预付账款等之外的其他各种应收或暂付的款项，包括定额备用金和非定额备用金。主要内容有：

（1）应收的各种赔款、罚款，如因企业财产等遭受意外损失而应向有关保险公司收取的赔款等；

（2）应向职工收取的各种垫付款项，如为职工垫付的水电费、房租等；

（3）存出保证金，如租入包装物支付的押金；

（4）其他各种应收、暂付款项，如暂付的职工差旅费。

为了核算其他应收款项的增减变动及其结存情况，企业应当设置“其他应收款”账户。该账户属于资产类账户，借方登记其他应收款债权的增加，贷方登记其他应收款的收回。期末余额一般在借方，反映企业尚未收回的其他应收款。

5.4 存货 （Inventory）

5.4.1 存货概述

存货是指企业在日常活动中持有、以备出售的产成品或商品、处在生产过程中的在产品、在生产或提供劳务过程中耗用的材料或物料等，包括各类材料、在产品、半成品、产成品、商品以及包装物、低值易耗品、委托代销商品等。具体涉及“材料采购”、“在途物资”、“原材料”、“库存商品”等账户。

5.4.2 权责发生制和收付实现制

在企业的采购活动中，由于现代商业信用的产生致使付款与收货时间点产生了分离，即交易的实现原则出现了预付、现付、赊销三种形式。因此在不同的会计处理原则指导下，企业的会计处理也会相应的有所不同。

5.4.2.1 收付实现制

收付实现制（Cash-basis Accounts）又称现金制或实收实付制，它以现金收到或付出为标准，记录收入的实现和费用的发生。按照收付实现制，收入和费用的归属期间将与现金收支行为的发生与否紧密地联系在一起。换言之，现金收支行为在其发生的期间全部记作收入和费用，而不考虑与现金收支行为相连的经济业务实质上是否发生。

5.4.2.2 权责发生制

权责发生制（Accrual-basis Accounts）指凡是应属本期的收入和费用，不论其款项是否收到或付出，都作为本期的收入和费用处理；反之，凡不属于本期的收入和费用，即使款项在本期收到或付出，也不应作为本期的收入和费用处理。

> 权责发生制会计比只关注现金收付的收付实现制会计更复杂，但是更为有用。

5.4.3 材料采购的核算

材料采购是指企业在计划成本法下购置材料或商品，但尚未验收入库的物资采购成本。

为了核算企业已购置但尚未入库材料成本的增减变动及结存情况，企业应设置“材料采购”账户。该账户属于资产类账户，借方登记购入材料的买价和采购费用，贷方登记验收入库材料物资的实际采购成本。期末余额在借方，反映尚未入库材料的在途材料实际采购成本。

5.4.4 在途物资的核算

在途物资是指企业在实际成本法下购置材料或商品，但尚未验收入库的物资采购成本。

注意：
在途物资的实际成本包括买价及采购费用！

为了核算企业已购置但尚未入库材料实际成本的增减变动及结存情况，企业应设置“在途物资”账户。该账户属于资产类账户，借方登记购入材料的实际成本，贷方登记验收入库材料的实际成本。期末余额在借方，反映尚未入库材料的实际成本。

【例5－9】10月3日，长胜公司在实际成本法下，向B公司采购W材料3 000吨，单价为20元，所需支付的款项总额为60 000元，增值税税额为10 200元。所有款项以银行存款支付，材料尚未验收入库。

经济业务分析：

①公司采购材料尚未验收入库，应选择“在途物资”账户（资产类），由于资产在会计等式左方，按“借增贷减”规则，此时“在途物资”增加，应记借方；

②应选择“应交税费——应交增值税（进项税税额）”账户（负债类），由于负债在会计等式右方，按“借减贷增”规则，此时“应交税费——应交增值税（进项税税额）”减少，应记借方；

③公司的银行存款减少，应选择“银行存款”账户（资产类），由于资产在会计等式左方，按“借增贷减”规则，此时“银行存款”减少，应记贷方；

④按记账规则，借方和贷方对应账户各自金额合计相等，为70 200元。

会计分录为：

借：在途物资——W材料	60 000	
应交税费——应交增值税（进项税税额）	10 200	
贷：银行存款		70 200

【例5－10】10月6日，长胜公司采购的W材料验收入库。

经济业务分析：

①公司采购材料验收入库，应选择“原材料”账户（资产类），由于资产在会计等式左方，按“借增贷减”规则，此时“原材料”增加，应记借方；

②未入库材料现验收入库，应选择“在途物资”账户（资产类），由于资产在会计等式左方，按“借增贷减”规则，此时“在途物资”减少，应记贷方；

③按记账规则，借方和贷方对应账户各自金额合计相等，为60 000元。

会计分录为：

借：原材料——W材料	60 000	
贷：在途物资——W材料		60 000

提示：“原材料”、“库存商品”账户的核算在第3章已进行了较为详细的介绍，此处不再赘述。

5.4.5 存货发出的核算

企业应当根据各类存货的实物流转方式、企业管理要求、存货的性质等实际情况，合理地确定发出存货成本的计算方法，正确地计算当期发出存货的实际成本。对于性质和用途相同的存货，应当采用相同的成本计算方法确定发出存货的成本。在实际成本核算方式下，企业可以采用的存货发出计价方法包括个别计价法、先进先出法、月末一次加权平均法和移动加权平均法等。

企业可根据实际情况选择存货发出计价方法。我国企业会计准则规定，会计期间内一旦选用某种方法，不得轻易更改，如有更改，须在会计报表附注中说明，并需说明核算方法的改变对当期损益的影响程度。这是一贯性原则和可比性信息质量的要求。

5.4.5.1 个别计价法

个别计价法也称个别认定法，采用这一方法是假设存货具体项目的实物流转与成本流转相一致，按照各种存货逐一辨认各批发出存货和期末存货所属的购进批别或生产批别，分别按其购入或生产时所确定的单位成本计算各批发出存货和期末存货成本。在这种方法下，把每一种存货的实际成本作为计算发出存货成本和期末存货成本的基础。

个别计价法的成本计算准确，符合实际情况，但在存货收发频繁情况下，其发出成本分辨的工作量较大。因此，这种方法适用于一般不能替代使用的存货、为特定项目专门购入或制造的存货以及提供的劳务，如珠宝、名画等贵重物品。

5.4.5.2 先进先出法

先进先出法是指以先购入的存货应先发出（销售或耗用）的实物流动假设为前提，对发出存货进行计价的一种方法。采用这种方法，先购入的存货成本在后购入存货成本之前转出，据此确定发出存货和期末存货的成本。具体方法是：收入存货时，逐笔登记收入存货的数量、单价和金额；发出存货时，按照先进先出的原则逐笔登记存货的发出成本和结存金额。

先进先出法可以随时结转存货发出的成本，但存货收发业务较多且存货单价不稳定时，其工作量较大。物价持续上升时，期末存货成本接近于市价，而发出成本偏低，会高估企业当期利润和库存存货价值；反之，会低估企业当期利润和存货价值。

【例5-11】长胜公司2010年5月1日结存A材料300千克，每千克实际成本为10元；5月5日和5月20日分别购入该材料800千克和500千克，每千克实际成本分别为8元和10元；5月10日和5月25日分别发出该材料1 000千克和300千克。采用先进先出法计算发出材料和结存材料的成本。

分析：材料的购入与发出如表5-1所示。

表 5-1　　　　长胜公司 A 材料的购入与发出　　　　金额单位：元

2010 年		凭证号	摘要	收入			发出			结存		
月	日			数量	单价	金额	数量	单价	金额	数量	单价	金额
5	1		期初结存							300	10	3 000
5	5		购入	800	8	6 400				300	10	3 000
										800	8	9 400
5	10		发出				300	10	3 000			
							700	8	5 600	100	8	800
5	20		购入	500	10	5 000				100	8	800
										500	10	5 800
5	25		发出				100	8	800			
							200	10	2 000	300	10	3 000
5	31		合计	1 300		11 400	1 300		11 400	300	10	3 000

由表 5-1 可知：

发出材料成本 =（300×10+700×8）+（100×8+200×10）=8 600+2 800 = 11 400（元）

结存材料成本 =300×10=3 000（元）

5.4.5.3　*月末一次加权平均法*

月末一次加权平均法是指以本月月初存货成本与本月全部进货成本之和除以本月月初存货数量与本月全部进货数量之和，计算出存货的加权平均单位成本，以此为基础计算本月发出存货的成本和期末存货成本的一种方法。

计算公式如下：

$$存货单位成本=\frac{月初结存存货的实际成本+本月收入存货实际成本}{月初结存存货数量+本月各批进货数量之和}$$

本月发出存货成本 = 本月发出存货数量 × 存货单位成本

本月月末库存存货成本 = 月末库存存货数量 × 存货单位成本

或　本月月末库存存货成本 = 月初库存存货成本 + 本月收入存货成本 - 本月发出存货成本

采用加权平均法只在月末一次计算加权平均单位成本，有利于简化成本计算工作，但由于平时无法从账面获知发出和结存存货的单价及金额，因此不利于存货成本的日常管理与控制。

在【例 5-11】的条件下，采用月末一次加权平均法计算发出材料和结存材料的成本：

$$存货单位成本=\frac{300\times10+800\times8+500\times10}{300+800+500}=9（元/千克）$$

发出材料成本 = 1 300 × 9 = 11 700（元）

结存材料成本 = 300 × 9 = 2 700（元）

5.5 固定资产 （Fixed Assets）

5.5.1 固定资产概述

5.5.1.1 概念

固定资产是指为生产产品、提供劳务、出售或经营管理而持有的，且使用寿命超过一个会计年度的有形资产。固定资产可供企业长期使用，在使用过程中基本上能保持其原有的实物形态不变。如厂房、机器设备、运输设备、办公桌椅、电子设备等。

5.5.1.2 特征

1. 固定资产为生产商品、提供劳务、出租或经营管理而持有。这一特征是固定资产区别于存货及商品的重要标志。

2. 固定资产使用寿命超过一个会计年度。这意味着固定资产属于非流动资产，使用过程中发生的磨损通过计提折旧体现，并逐渐减少其账面价值。

3. 固定资产为有形资产，具有实物特征，这是区别固定资产与无形资产的重要标志。比如，企业为生产商品、提供劳务而持有的某项专利，使用寿命超过一个会计年度，但是，由于它没有实物形态，所以不属于固定资产。

5.5.1.3 固定资产的确认

1. 与固定资产有关的经济利益很可能流入企业

资产最基本的特征是预期能给企业带来经济利益，对于固定资产也一样。如果某一固定资产不能预期给企业带来经济利益，即使符合固定资产的特征，也不能确认为企业的固定资产。凡是所有权已属于企业，不论企业是否收到或持有该固定资产，均可作为企业固定资产；反之，如果没有所有权，即使存放在企业，也不能作为企业的固定资产（融资租入的固定资产例外）。

2. 固定资产的成本能够可靠地计量

确认资产的另一个重要标志就是成本是否能够可靠地计量。固定资产作为企业重要资产，其取得时发生的支出必须能够可靠地计量。

在某些情况下，尽管取得的资产符合固定资产的特征，但因其取得的成本不能可靠计量，因此不能确认为固定资产。

5.5.2 固定资产的分类

1. 固定资产按经济用途分类

（1）生产经营用固定资产

生产经营用固定资产是指直接服务于企业生产经营过程的固定资产，如生产经营用的房屋、建筑物、机器、设备、运输工具等。

（2）非生产经营用固定资产

非生产经营用固定资产是指不直接服务于生产经营过程的固定资产，如职工宿舍使用的房屋、设备和其他固定资产等。

2. 固定资产按使用情况分类

（1）使用中的固定资产

使用中的固定资产是指因企业正在使用的经营性和非经营性固定资产。由于季节性经营或大修理等原因暂时停用的固定资产仍属于企业使用中的固定资产。企业出租给其他企业使用的固定资产和内部替换使用的固定资产也属于使用中的固定资产。

（2）未使用的固定资产

未使用的固定资产是指已经完工或已经购建的尚未交付使用的新增固定资产以及因进行改建、扩建等原因暂停使用的固定资产。如企业购建的尚待安装的固定资产等。

（3）不需用的固定资产

不需用的固定资产是指企业多余或技术及性能落后等，需要调配、待处理的固定资产。

3. 固定资产按经济及使用情况综合分类（共七类）

（1）生产经营用固定资产；

（2）非生产经营用固定资产；

（3）租出固定资产（经营租赁方式下出租给外单位使用的固定资产）；

（4）不需用固定资产；

（5）未使用固定资产；

（6）土地，即过去已评估并单独入账的土地；

> 知识链接：
>
> 因征地而支付的补偿费，应计入与土地有关的房屋、建筑物的价值内，不单独作为土地价值入账。企业取得的土地使用权，应作为无形资产管理，不作为固定资产管理。

（7）融资租入固定资产，即企业以融资租赁的方式租入的固定资产，在租赁期内，应视同自有固定资产进行管理。

> 知识链接：
>
> 租赁固定资产分两种情况，一种是经营租赁，另一种是融资租赁。融资租赁由于其使用期限接近于其经济寿命，与其相关的收益、风险都主要在承租方（租入方）。因此，在会计处理中，将融资租入的固定资产视作租入方所拥有的固定资产核算。

5.5.3 固定资产核算的账户设置

5.5.3.1 在建工程

为了核算建造、安装、更新改造等工程所发生的各项支出，企业应设置“在建工程”账户。该账户属于资产类账户，借方登记各项在建工程的实际支出，贷方登记完工工程转出的实际成本。期末余额在借方，反映企业尚未完工工程发生的实际成本。

5.5.3.2 工程物资

为了核算企业为建筑工程等购入各种物资的实际成本，企业应设置“工程物资”账户。该账户属于资产类账户，借方登记企业购入工程物资的实际成本，贷方登记领用工程物资的实际成本。期末余额在借方，反映为在建工程准备的各种物资的实际成本。

5.5.3.3 固定资产清理

为了核算企业因出售、报废、毁损等原因转入清理的固定资产价值及在清理过程中所发生的清理费用和清理收入等，企业应设置“固定资产清理”账户。该账户属于资产类账户，是过渡性质的账户，借方登记转出的固定资产价值及清理过程中应支付的相关税费及清理费用，贷方登记收回出售固定资产的价款、残料价值变价收入及应由保险公司或过失人承担的损失等。期末余额在借方，反映固定资产清理净损失；期末余额在贷方，反映固定资产清理净收益。此时，需将贷方余额转入“营业外收入”科目的贷方；或将借方余额转入“营业外支出”科目的借方。固定资产清理账户应无余额（借贷平）。

5.5.3.4 营业外收入

为了核算与所有者投入资本或向所有者分配利润无关的利得，包括非流动资产处置利得、政府补助、盘盈利得、捐赠利得、罚没收入等，企业应设置“营业外收入”账户。该账户属于收益类账户，借方登记期末转入“本年利润”账户的营业外收入数额，贷方登记发生的营业外收入增加数额，期末结转后无余额。

5.5.3.5 营业外支出

为了核算与所有者投入资本或向所有者分配利润无关的损失，包括非流动资产处置损失、盘亏损失、公益性捐赠支出、非常损失等，企业应设置“营业外支出”账户。该账户属于费用类账户，借方登记营业外支出的发生数额，贷方登记期末转入“本年利润”账户的营业外支出数额，期末结转后无余额。

5.5.4 外购固定资产的核算

企业外购固定资产，其初始入账成本包括购买价款、相关税费以及使固定资产达到预定可使用状态前所发生的可归属于该项固定资产的其他支出，如运输费、装卸费、安装费、调试费和专业人员服务费等。

1. 外购不需安装的固定资产核算

此内容在第3章已进行了较为详细的介绍，此处不再赘述。

2. 外购需要安装的固定资产核算

购入需要安装的固定资产时，在固定资产取得成本的基础上再加安装调试成本作为购入固定资产的成本。

【例5－12】长胜公司2010年5月购入一台需要安装的设备，买价为20 000元，增值税税额为3 400元，发生安装调试费1 000元，均以银行存款支付。

经济业务分析（购入设备时）：

①公司购入需要安装的设备，应选择“在建工程”账户（资产类），由于资产在会计等式左方，按“借增贷减”规则，此时“在建工程”增加，应记借方；

②应选择“应交税费——应交增值税（进项税税额）”账户（负债类），由于负债在会计等式右方，按“借减贷增”规则，此时“应交税费——应交增值税（进项税税额）”减少，应记借方；

③公司以存款支付，应选择“银行存款”账户（资产类），由于资产在会计恒式左方，按“借增贷减”规则，此时“银行存款”减少，应记贷方；

④按记账规则，借方和贷方对应账户各自金额合计相等，为23 400元。

会计分录为：

借：在建工程	20 000	
应交税费——应交增值税（进项税税额）	3 400	
贷：银行存款		23 400

经济业务分析（支付安装调试费时）：

①公司支付安装调试费，应选择“在建工程”账户（资产类），由于资产在会计等式左方，按“借增贷减”规则，此时“在建工程”增加，应记借方；

②公司以存款支付，应选择“银行存款”账户（资产类），由于资产在会计恒式左方，按“借增贷减”规则，此时“银行存款”减少，应记贷方；

③按记账规则，借方和贷方对应账户各自金额合计相等，为21 000元。

会计分录为：

借：在建工程	1 000	
贷：银行存款		1 000

【例5－13】上题中设备安装完毕，达到预定可使用状态。

经济业务分析：

①设备安装完毕，达到预定可使用状态，应选择“固定资产”账户（资产类），由于资产在会计等式左方，按“借增贷减”规则，此时“固定资产”增加，应记借方；

②设备安装完毕，达到预定可使用状态，应选择“在建工程”账户（资产类），由于资产在会计等式左方，按“借增贷减”规则，此时“在建工程”减少，应记贷方；

③按记账规则，借方和贷方对应账户各自金额合计相等，为21 000元。

会计分录为：

借：固定资产	21 000

贷：在建工程　　21 000

5.5.5　固定资产折旧（Depreciation）的计算

1. 固定资产折旧的方法

固定资产折旧基本方法有四种，主要包括年限平均法、工作量法、双倍余额递减法及年数总和法。会计核算可根据本企业的实际情况选择固定资产折旧方法，但按我国企业会计准则规定，会计期间内一旦选用某种方法，便不得轻易改变；如有改变，须在会计报表附注中说明，并且要说明核算方法的改变对当期损益的影响程度。

> 提示：这体现的是会计的一贯性原则和可比性信息质量要求。

对于初学者而言，重点应掌握年限平均法和工作量法，其余的两种方法了解即可。

2. 固定资产的折旧范围

除以下情况外，企业应当对所有的固定资产计提折旧：

（1）已提足折旧仍继续使用的固定资产。

（2）单独计价入账的土地。

在确定计提折旧范围时，还应当注意以下两点：

（1）固定资产应当按月计提折旧。当月增加的固定资产，当月不计提折旧，下月起计提折旧；当月减少的固定资产，当月仍计提折旧，从下月起不计提折旧。

（2）已达到预定可使用状态但尚未办理竣工决算的固定资产，应当按照估计的价值确定其成本，并计提折旧；待办理竣工决算后，再按实际成本调整原来的暂估价值，不需要调整原已计提的折旧额。

3. 年限平均法

年限平均法也称直线法，是根据固定资产应计折旧总额和规定的折旧年限来平均计算折旧的一种方法。其特点是将固定资产的应计折旧额均衡地分摊到固定资产预计使用寿命内，采用这种方法计算出平均额都是相等的。如：

某企业固定资产成本是 50 万元，预计使用年限为 5 年，其折旧额的计算是（假设无残值）：

$$\text{年折旧额}=\frac{50-0}{5}=10\ (\text{万元})$$

具体如图 5 - 2 所示。

计算公式为：

$$\text{年折旧额}=\frac{\text{固定资产原价}-(\text{预计残值}-\text{预计清理费用})}{\text{预计使用年限}}$$

$$\text{或}\quad \text{年折旧额}=\frac{\text{固定资产原价}-\text{预计净残值}}{\text{预计使用年限}}$$

$$\text{月折旧额}=\text{年折旧额}\div 12$$

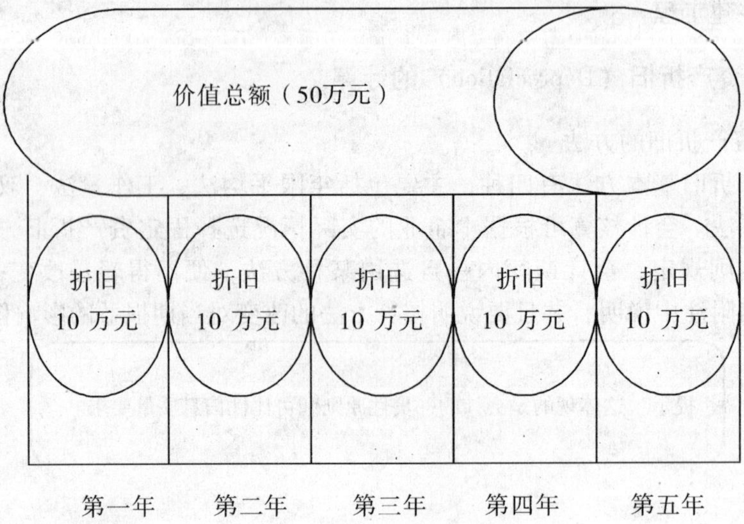

图 5-2 年折旧额

还可表示为：

$$年折旧率=\frac{固定资产年折旧额}{固定资产原价}\times 100\%$$

或 $$年折旧率=\frac{1-净残值率}{预计使用年限}\times 100\%$$

$$月折旧率=年折旧率\div 12$$

$$月折旧额=固定资产原价\times 月折旧率$$

【例 5-14】长胜公司 8 月 20 日购入一幢厂房，价值总额是 3 000 000 元，款项通过银行存款支付；预计可使用的年限是 20 年，预计净残值率为 4%。按照年限平均法计算厂房的月折旧额。

$$年折旧额=\frac{3\ 000\ 000\times(1-4\%)}{20}=144\ 000（元）$$

$$月折旧额=144\ 000\div 12=12\ 000（元）$$

4. 工作量法

工作量法是根据固定资产的应计折旧额和预计在使用寿命内的工作量来计算折旧的方法，如行驶里程、工作小时等。其特点是先计算出单位工作量的成本，再用单位工作量成本乘以固定资产工作量来计提折旧。

工作量法基本公式为：

$$单位工作量折旧额=\frac{固定资产原价-预计净残值}{预计总工作量}$$

$$月折旧额=固定资产月工作量\times 单位工作量折旧额$$

【例 5-15】长胜公司在 7 月 1 日以 300 000 元价款购入一辆大型货车，供采购部门使用。预计该车将可以提供 50 万千米的服务，预计净残值率为 5%。已知 8 月已行驶5 000千米。按照工作量法计算该辆车8月的月折旧额。

$$单位折旧额=\frac{300\ 000\times(1-5\%)}{500\ 000}=0.57（元/千米）$$

$$8月折旧额=5\ 000\times 0.57=2\ 850（元）$$

知识链接：以上我们所学的两种固定资产折旧方法是最为基础的方法，在实务中，还会用到其他的折旧方法，如加速折旧法。加速折旧法又可分为双倍余额递减法和年数总和法。

- 双倍余额递减法是根据每期期初固定资产原价减去累计折旧后的金额和双倍的直线法折旧率计算固定资产折旧的方法。同时，在固定资产使用寿命到期前两年内，将固定资产账面净值扣除预计净残值的净值平均摊销。折旧率固定不变，但折旧额却逐年递减。
- 年数总和法是指将固定资产的原价减去预计净残值后的余额，乘以一个逐年递减的分数来计算每年折旧额的一种方法。此方法的折旧率是逐年递减的，而计提折旧的基数不变（与双倍余额递减法区别）。

5.5.6 固定资产处置的核算

固定资产处置是指企业在生产经营中，可能将不适用或不需用的固定资产对外出售或转让，或因磨损、技术进步等原因对固定资产进行报废，或因遭受自然灾害而对毁损的固定资产进行处理。

固定资产处置包括：固定资产出售、报废、毁损、对外投资、非货币资产交换、债务重组等。对于初学者而言，掌握固定资产的出售、报废和毁损即可。

下面举例说明固定资产清理业务的会计核算。

【例5-16】长胜公司2010年11月出售一台已使用过的设备，账面价值为400 000元，已计提折旧150 000元，双方协商作价160 000元，款项已收到并存入银行，以银行存款支付清理费用3 000元。

固定资产清理会计核算分四个步骤：

（1）注销售出设备原值和已提折旧额

经济业务分析：

①公司处置固定资产，应选择“固定资产清理”账户（资产类），由于资产在会计等式左方，按“借增贷减”规则，此时“固定资产清理”增加，应记借方；

②公司注销已提折旧额，应选择“累计折旧”账户（资产类），由于资产在会计

等式左方，该账户是固定资产的备抵账户，按“借减贷增”规则，此时“累计折旧”减少，应记借方；

③公司注销售出设备原值，应选择“固定资产”账户（资产类），由于资产在会计等式左方，按“借增贷减”规则，此时“固定资产”减少，应记贷方；

④按记账规则，借方和贷方对应账户各自金额合计相等，为400 000元。

会计分录为：

借：固定资产清理　　250 000
　　累计折旧　　150 000
　贷：固定资产　　400 000

（2）收取出售设备价款

经济业务分析：

①公司收取出售设备价款并存入银行，应选择“银行存款”账户（资产类），由于资产在会计等式左方，按“借增贷减”规则，此时“银行存款”增加，应记借方；

②公司收取出售设备价款，应选择“固定资产清理”账户（资产类），由于资产在会计等式左方，按“借增贷减”规则，此时“固定资产清理”减少，应记贷方；

③按记账规则，借方和贷方对应账户各自金额合计相等，为160 000元。

会计分录为：

借：银行存款　　160 000
　贷：固定资产清理　　160 000

（3）支付清理费用

经济业务分析：

①公司支付清理费用，应选择“固定资产清理”账户（资产类），由于资产在会计等式左方，按“借增贷减”规则，此时“固定资产清理”增加，应记借方；

②公司以银行存款支付清理费用，应选择“银行存款”账户（资产类），由于资产在会计等式左方，按“借增贷减”规则，此时“银行存款”减少，应记贷方；

③按记账规则，借方和贷方对应账户各自金额合计相等，为3 000元。

会计分录为：

借：固定资产清理　　3 000
　贷：银行存款　　3 000

（4）结转出售设备取得的净收益

经济业务分析：

①公司结转出售设备取得的净收益，应选择“固定资产清理”账户（资产类），由于资产在会计等式左方，按“借增贷减”规则，此时“固定资产清理”增加，应记借方；

②公司出售设备取得的净收益，应选择“营业外收入”账户（收入类），由于收入在会计等式右方，按“借减贷增”规则，此时“营业外收入”增加，应记贷方；

③按记账规则，借方和贷方对应账户各自金额合计相等，为13 000元。

会计分录为：

借：固定资产清理　　13 000
　贷：营业外收入——处置非流动资产利得　　13 000

5.6 无形资产 （Intangible Assets）

5.6.1 无形资产的概述

5.6.1.1 概念

无形资产是指企业拥有或控制的、没有实物形态可辨认的非货币性资产。

5.6.2.2 特征

1. 没有实物形态，无磨损，无残值（除特殊情况外），其价值转移是通过摊销方式进行的。

2. 具有可辨认性。判断标准是：能够从企业中分离或者划分出来，并能单独或与相关合同、资产或负债一起用于出售、转让、授予许可、租赁或者交换；产生于合同性权利或其他法定权利，无论这些权利是否可以从企业或其他权利和义务中转移或者分离。

3. 属于非货币性长期资产。

4. 在创造经济利益方面存在较大不确定性。无形资产必须与企业的其他资产相结合，才能为企业创造经济利益，且较多地受外界因素的影响。

> 提示：商誉的存在无法与企业自身分离，不具有可辨性，所以不属于所指的无形资产范围。

5.6.2 无形资产的确认

无形资产的确认，除符合无形资产的定义和特征外，同时还需满足如下两个条件：

1. 与该无形资产有关的经济利益很可能流入企业；

2. 该无形资产的成本能够可靠地计量。

5.6.3 无形资产的内容

1. 专利权

专利权是经国家专利主管机关依法授予发明创造专利申请人对其发明创造在法定期限内所享有的专有权利，包括发明专利权、实用新型专利权和外观设计专利权等。专利权具有排他性和独占性，在有效期内受法律保护。

2. 非专利技术

非专利技术是指先进的、未公开的、没有申请专利的、可以带来经济利益的保密技术及诀窍。具体包括：①工业专有技术，即在生产上已经采用，仅限于少数人知道，不享有专利权或发明权的生产、装配、修理、工艺或加工方法的技术知识；②商业贸易专有技术，即具有保密性质的市场情报、原材料价格情报、用户和竞争对象的情况及有关知识；③管理专有技术，即生产组织的经营方式、管理方式、培训职工方法等保密知识。非专有技术不受法律保护，要依靠企业本身内部管理保密措施来对其技术进行保密。

3. 商标权

商标权是用来辨认特定商品或劳务的标记，通常以文字、图形或文字图形兼用体现。商标权经专门机构认证，并依据法定程序进行注册登记，经注册登记后取得法律上的专用权。商标权具有独占性，在有效期内受法律保护。

4. 土地使用权

土地使用权是指国家准许某一企业或单位在一定期间内对国有土地依法取得开发、利用经营的权利。依法取得的土地使用权权益受国家保护。

注意：与已作价入账的土地在确认和计量时要区别。

5. 著作权

著作权是指作者对其创作的文学、科学和艺术作品依法享有的某些特殊权利。著作权包括精神权利（人身权利）和经济权利（财产权利）。前者包括署名、发表作品、确认作者身份、保护作品完整性、修改已发表的作品等权利。后者包括出版、表演、广播、展览、录制等方式使用作品以及授权他人使用作品而获得经济利益的权利。

6. 特许权

特许权是指企业在某一地区经营或销售某种特定商品的权利，或是一家企业接受另一家企业使用其商标、商号、技术秘密等的权利。

复习思考题

1. 简要回答现金的使用范围。
2. 简要回答现金收支日常管理的主要内容。
3. 简要回答工业企业外购材料采购成本的构成。
4. 什么是固定资产折旧？简要回答企业计提固定资产折旧的范围。
5. 什么是无形资产？简述无形资产的核算内容。

实务练习题

一、单项选择题

1. 我国会计上所说的狭义现金是指企业的（　　）。

A. 库存现金

B. 库存现金和银行存款

C. 库存现金、银行存款和有价证券

D. 库存现金、银行存款和其他货币资金

2. 下列支出中属于现金支出范围的是（　　）。

A. 赞助和捐赠支出

B. 对外投资支出

C. 支付的各种罚款、滞纳金、赔偿金等

D. 支付职工工资及工资性津贴、各种奖金

3. 出纳办理收款或付款后，应在（　　）上加盖“收讫”或“付讫”的戳记，以避免重收重付。

A. 记账凭　　B. 原始凭证　　C. 收款凭　　D. 付款凭证

4. 下列表述中不正确的是（　　）。

A. 开户单位收入的现金一般应于当日送存开户银行

B. 开户单位支付现金，一般情况下不可以坐支

C. 到外地采购大额货物时，可以直接支付现金

D. 不得“白条抵库”

5. 对发出存货的计价，在（　　）下，物价上涨会使存货价值和企业收益达到较高水平；物价下跌时，结果则相反。

A. 个别计价法　　B. 先进先出法　　C. 加权平均法　　D. 移动平均法

6. 存货的归属以（　　）为划分标准。

A. 所有权　　B. 存放地点　　C. 经济用途　　D. 储存状况

7. 商业汇票按（　　）不同，分为商业承兑汇票和银行承兑汇票。

A. 收款人　　B. 付款人　　C. 承兑人　　D. 被背书人

8. 企业取得的交易性金融资产，应按照取得时的（　　）作为初始确认价值。

A. 历史成本　　B. 可变现净值　　C. 现值　　D. 公允价值

9. 企业生产车间使用的固定资产，应（　　）。

A. 不计提折旧　　B. 计提折旧，计入管理费用

C. 计提折旧，计入制造费用　　D. 计提折旧，计入销售费用

10. 下列各项目中不属于无形资产的是（　　）。

A. 非专利技术　　B. 商标权　　C. 土地使用权　　D. 商誉

二、多项选择

1. 按照规定，企业可以收取现金的款项有（　　）。

A. 职工交回剩余差旅费500元　　B. 总务处归还备用金2 000元

C. 收到销售给个人的货款10 000元　　D. 收到包装物押金900元

2. 下列项目中，属于债权的有（　　）。

A. 应收款项　　B. 应付款项　　C. 预付款项　　D. 销售费用

3. 下列项目中，应计入外购材料成本的有（　　）。

A. 买价　　B. 外地运杂费

C. 运输途中的合理损耗　　D. 入库存前的挑选整理费

4. 企业固定资产的价值包括（　　）。

A. 价款　　B. 运输费　　C. 装卸费　　D. 包装费等

5. 固定资产按使用情况分类，可分为（　　）。

A. 经营用固定资产　　B. 使用中固定资产

C. 未使用固定资产　　D. 不需用固定资产

6. 计算固定资产折旧应考虑的因素有（　　）。

A. 固定资产原值　　B. 预计使用年限

C. 固定资产残值　　D. 固定资产减值准备

7. 下列应计提折旧的固定资产是（　　）。

A. 房屋建筑物　　B. 土地

C. 季节性停用的设备　　D. 融资租入的固定资产

8. 下列属于无形资产核算内容的是（　　）。

A. 专利权　　B. 非专利技术　　C. 名誉权　　D. 特许权

9. 为全面核算固定资产，企业必须设置“（　　）”会计科目进行总分类核算。

A. 固定资产　　B. 在建工程　　C. 累计折旧　　D. 工程物资

10. 企业会计准则规定，企业领用或发出的存货按实际成本核算，可采用的方法有（　　）。

A. 先进先出法　　B. 移动平均法

C. 加权平均法　　D. 个别计价法

11. 下列记账凭证中，能够据以登记银行存款日记账的有（　　）。

A. 现金收款凭证　　B. 银行存款收款凭证

C. 银行存款付款凭证　　D. 现金付款凭证

12. 对于计提固定资产折旧，下列说法正确的有（　　）。

A. 当月增加的固定资产，当月不计提折旧

B. 当月增加的固定资产，从下月起计提折旧

C. 当月减少的固定资产，当月计提折旧

D. 当月减少的固定资产，从下月起不计提折旧

13. “应收票据”账户借方登记的内容有（　　）。

A. 收到应收票据的票面价值　　B. 持有应收票据期间的应计利息

C. 到期收回的票据金额　　D. 办理贴现应收票据的金额

14. “坏账准备”账户借方核算的内容有（　　）。

A. 实际发生坏账损失的金额　　B. 收回已经核销的坏账金额

C. 冲销坏账准备多提金额　　D. 提取坏账准备金额

三、判断题

1. 存货是企业的一项流动资产。　　（　　）

2. 企业存货范围的确定，应以存货是否放在企业的仓库为准。（　　）

3. 外购材料时，“收料在前，付款在后”，不论发票账单是否到达，收料后立即按合同价暂估入账，记入“应付账款——暂估应付款”账户的借方，到付款时再用红字冲销。（　　）

4. 外购材料，按合同预付款时，应将已付的购料款，记入“应收账款”科目的贷方。（　　）

5. 企业按规定预付的货款其实是企业的一项资产。（　　）

6. 企业对个人或不能转账的单位的销售收入可收取现金。（　　）

7. 当月增加的固定资产，当月不提折旧；当月减少的固定资产，当月计提折旧。（　　）

8. 融资租入的固定资产，在租赁期内，应视同自有固定资产进行管理。（　　）

9. 企业自行建造的厂房，只有办理竣工决算后，方可转为固定资产。（　　）

10. 对于月末发票账单未到的采购业务，不必入账，待发票账单到达后才入账。（　　）

四、实务计算题

（一）某企业购入乙材料1 000千克，每千克单价为20元，增值税进项税税额为3 400元，对方代垫运输费500元，运费中允许抵扣的增值税进项税税额为35元，材料尚在运输途中，全部款项用银行转账支票付讫。上述乙材料到达企业并验收入库，按实际成本转账。

（二）某企业采购甲材料一批，取得增值税专用发票，价款为100 000元，增值税税率为17%，运费为3 000元，取得运费发票，其中可抵扣的增值税税率为7%，材料尚未入库；原预付50 000元，余款以银行存款支付，作材料采购、支付余款的会计分录。

（三）某企业甲材料明细账的有关资料如下表所示。

实物量单位：千克

日期			收入			发出			结存		
月	日	摘要	数量	单价	金额	数量	单价	金额	数量	单价	金额
6	1	结存							200	100	20 000
	5	发出				100					
	10	购入	200	110	22 000						
	20	购入	300	105	31 500						
	25	发出				500					
	30	合计	500		53 500	600					

要求：根据上述资料，分别采用先进先出法、全月一次加权平均法计算本月发出

材料成本和期末结存材料成本。

（四）某企业新建营业大楼一幢，原值为310 000元，预计残值为10 000元，预计可使用10年。试采用年限平均法计算该营业大楼的年折旧额和月折旧额。

（五）企业生产用电子设备一台，原值为200 000元，预计使用年限为5年，净残值率为4%。试采用年限平均法计算该设备的年折旧额和月折旧额，并编制按月计提折旧的会计分录。

（六）某企业有汽车一辆，原价155 000元，预计净残值为5 000元，预计总行驶里程为100万千米，本月已行驶3 000千米。采用工作量法计算本月应计提的折旧额。

（七）某企业2009年年初“坏账准备”账户的贷方余额为5 000元，该年7月发生坏账损失2 000元，2009年年末应收账款的余额为6 000 000元，提取坏账准备的比例为5‰。试问，该企业2009年年末应计提的“坏账准备”金额为多少元？

第 6 章　负债

本教材在基础会计阶段，给出了 47 个会计科目和会计账户，以给初学者建立“初步会计思维”，但它已能基本覆盖解释、表述经济交易事项的方方面面，能形成科学体系。负债类会计科目的会计账户有 10 个，且已在第 3 章第 2 节讲过了 3 个，所余 7 个会计科目、会计账户将在本章中讲述。

本章要解决的问题

- 短期借款利息怎样核算？
- 应付款项包括哪些？如何核算？

本章重点

- 短期借款利息的核算
- 应付款项的核算

本章难点

- 短期借款利息的核算
- 预收账款的核算

6.1　负债（Liability）概述

6.1.1　负债概念

负债是由企业过去的交易或事项形成的现时义务，履行该义务预期会导致经济利益流出企业。（第 2 章已对负债的概念进行了较为详细的介绍，此处不再赘述）

6.1.2　负债的分类

负债通常是按照其偿还期限进行分类的。这样分类的目的在于了解企业流动资产和流动负债的相对比例，大致反映出企业的短期偿债能力，从而向债权人揭示其债权的相对安全程度。除此之外，负债按照其流动性不同，可以分为流动负债和非流动负债。

6.1.2.1 流动负债（Current Liability）

流动负债是指将在一年（含一年）或者超过一年的一个营业周期内偿还的债务，或者自资产负债表日起一年内应予以清偿的债务，以及企业无权自主地将清偿推迟至资产负债表日后一年以上的债务。从定义中可以看出，形成流动负债须满足下列条件之一：

1. 预计在一个正常营业周期中清偿；
2. 主要为交易目的而持有；
3. 自资产负债表日起一年内到期应予以清偿；
4. 企业无权自主将清偿推迟至资产负债表日后一年以上。

流动负债除具有负债的基本特征外，还具有以下特点：

1. 偿还期短；
2. 举借目的是为了满足经营周转资金的需要；
3. 负债的数额相对较小；
4. 到期偿还时，一般以企业的流动资产、提供劳务或举借新的债务来偿还。

流动负债可以分为以下两类：

1. 应付金额可以确定的流动负债，是指负债一般在确认一项业务的同时，根据合同、协议或法律的规定具有确切的金额、债权人和付款日，并且到期必须归还的负债。如短期借款、应付账款、应付票据、预收账款、其他应付款等。

2. 应付金额需视经营情况而定的流动负债，是指负债需在企业到一定的会计期末才能确定金额的负债。如应交税费、应付职工薪酬、应付股利、应付利息等。

6.1.2.2 非流动负债（Non-current Liability）

非流动负债是指流动负债以外的负债，主要包括长期借款（Long-term Liability）、应付债券（Bonds Payable）、长期应付款（Account Payable）等。

6.1.2.3 负债的一般分类

负债的一般分类如图 6-1 所示。

- 负债
  - 流动负债
    - 短期借款
    - 应付票据
    - 应付账款
    - 预收账款
    - 应付职工薪酬
    - 应付利息
    - 应付股利
    - 应交税费
    - 其他应付款等
  - 非流动负债
    - 长期借款
    - 应付债券
    - 长期应付款

图 6-1 负债的一般分类

6.2 短期借款（Short-term Borrowing）的核算

短期借款是企业向银行或其他金融机构等借入的、期限在一年以内（含一年）的各种借款。(第3章已对短期借款的核算进行了较为详细的介绍，此处不再赘述)

借款在一定时期内占用了债权人的货币资金，债权人由于借出资金而要取得一定的报酬，所以在短期借款核算中除了要考虑借款的本金外，还要考虑由于借款而产生的利息。短期借款的利息结算方式分为按月支付、按季支付、按半年支付和到期一次还本付息。如果企业的短期借款利息按月支付，或者利息是在借款到期归还本金时一并支付、且数额不大的，可以在实际支付或收到银行的计息通知时，直接计入当期损益。如果短期借款的利息按期支付（如按季），或者利息是在借款到期归还本金时一并支付、且数额较大的，为了正确计算各期的盈亏情况，应采用预提的办法，先按月预提，计入当期损益，到期再进行支付。

> 注意：这里包含一个利息资本化的问题。

短期借款利息 = 借款本金 × 利率 × 时间

按照权责发生制核算基础的要求，应于每月月末确认当月的利息费用，因此这里的“时间”是一个月，而利率往往都是年利率，所以应将其转化为月利率，方可计算出一个月的利息额。年利率除以12即为月利率。如果是在月内的某一天取得的借款，则该日作为计息的起点时间，对于借款当月和还款月则应按实际经历天数计算，此时应将月利率转化为日利率。在将月利率转化为日利率时，为简化起见，一个月一般按30天计算，一年按360天计算。

> 注意：这是财务费用核算不同于同为期间费用的管理费用、销售费用核算的特点。

（1）应付利息：为了核算企业按照合同约定应付未付的利息，企业应设置“应付利息”账户。该账户属于负债类账户，借方登记企业实际支付的利息，贷方登记应付未付的利息。期末余额在贷方，反映企业期末应付未付的利息。

（2）财务费用：为了核算企业为筹集生产经营所需资金等而发生的各种筹资费用，包括利息支出（利息收入）、佣金、汇兑损失（汇兑收益）以及相关的手续费等，企业应设置“财务费用”账户。该账户属于费用类账户，借方登记发生的利息支出、汇兑损失等，贷方登记发生的应冲减财务费用的利息收入、汇兑收益以及期末转入“本年利润”账户的财务费用净额（财务费用支出大于收入的差额，如果收入大于支出则进行反向的结转），期末结转后无余额。

【例6-1】长胜公司于2010年7月1日从银行取得期限为6个月的借款100 000元存入银行，年利率为6%，借款期满一次还本付息，利息采用每月预提的方式。

1. 借入款项时

经济业务分析：

①公司借款存入银行，应选择“银行存款”账户（资产类），由于资产在会计等式左方，按“借增贷减”规则，此时“银行存款”增加，应记借方；

②公司借入6个月借款，应选择“短期借款”账户（负债类），由于负债在会计等式右方，按“借减贷增”规则，此时“短期借款”增加，应记贷方；

③按记账规则，借方和贷方对应账户各自金额合计相等，为100 000元。

会计分录为：

借：银行存款　　100 000

　贷：短期借款　　100 000

2. 7月预提利息时

经济业务分析：

①公司的利息支出增加，应选择“财务费用”账户（费用类），由于费用在会计等式左方，按“借增贷减”规则，此时“财务费用”增加，应记借方；

②公司计提利息，并未偿还给银行，形成一项负债，应选择“应付利息”账户（负债类），由于负债在会计等式右方，按“借减贷增”规则，此时“应付利息”增加，应记贷方；

③按记账规则，借方和贷方对应账户各自金额合计相等，为500元。

每月预提利息费用 = 100 000 × 6% ÷ 12 = 500（元）

会计分录为：

借：财务费用　　500

　贷：应付利息　　500

8月～11月每月预提利息均需作上述相同的会计分录。

3. 归还借款本息时

经济业务分析：

①公司归还借款本金，应选择“短期借款”（负债类）账户，由于负债在会计等式右方，按“借减贷增”规则，此时“短期借款”减少，应记借方；

②公司偿还7月～11月借款利息，应选择“应付利息”（负债类）账户，由于负债在会计等式右方，按“借减贷增”规则，此时“应付利息”减少，应记借方；

③公司偿还12月借款利息，应选择“财务费用”账户（费用类），由于费用在会计等式左方，按“借增贷减”规则，此时“财务费用”增加，应记借方；

④公司归还借款本金和利息，应选择“银行存款”账户（资产类），由于资产在恒等式左方，按“借增贷减”规则，此时“银行存款”减少，应记贷方；

⑤按记账规则，借方和贷方对应账户各自金额合计相等，为103 000元。

会计分录为：

借：短期借款　　100 000

　　应付利息　　2 500

　　财务费用　　500

　贷：银行存款　　103 000

6.3 应付款项 (Account Payable) 的核算

6.3.1 应付票据的核算

应付票据是由出票人出票，委托付款人在指定日期无条件支付特定金额给收款人或者持票人的票据。从理论上讲，应付票据包括的内容很多，如支票、本票和汇票。但在我国会计实务中，应付票据仅指应付商业汇票。商业汇票按承兑人的不同，分为商业承兑汇票和银行承兑汇票。

为了核算企业采用商业汇票结算方式购买材料物资等而开出、承兑商业汇票的增减变动及其结余情况，企业应设置“应付票据”账户。该账户属于负债类，借方登记到期商业汇票的承兑金额。贷方登记企业开出的商业汇票金额，期末余额在贷方，反映尚未到期的商业汇票的期末结余额。

> 小提示：
> 我国有关法规规定，商业汇票的最长付款期限为6个月，将其作为流动负债进行管理和核算是可行的。

【例6-2】长胜公司于6月5日赊购一批材料，价款为90 000元，增值税税额为15 300元，企业开出一张等值的、为期5个月的不带息商业承兑汇票，材料到达企业并已验收入库。

经济业务分析：

①公司购入材料已入库，应选择“原材料”账户（资产类），由于资产在会计等式左方，按“借增贷减”规则，此时“原材料”增加，应记借方；

②应选择“应交税费——应交增值税（进项税税额）”账户（负债类），由于负债在会计等式右方，按“借减贷增”规则，此时“应交税费——应交增值税（进项税税额）”减少，应记借方；

③公司款未付，开出一张商业承兑汇票，应选择“应付票据”账户（负债类），由于负债在会计等式右方，按“借减贷增”规则，此时“应付票据”增加，应记贷方；

④按记账规则，借方和贷方对应账户各自金额合计相等，为105 300元。

会计分录为：

借：原材料	90 000	
应交税费——应交增值税（进项税额）	15 300	
贷：应付票据		105 300

【例6-3】长胜公司于6月20日以银行存款承兑【例6-2】中的商业汇票。

经济业务分析：

①公司承兑商业汇票，应选择“应付票据”账户（负债类），由于负债在会计等式右方，按“借减贷增”规则，此时“应付票据”减少，应记借方；

②公司以银行存款承兑商业汇票，应选择“银行存款”账户（资产类），由于资产在会计等式左方，按“借增贷减”规则，此时“银行存款”减少，应记贷方；

③按记账规则，借方和贷方对应账户各自金额合计相等，为105 300元。

会计分录为：

借：应付票据　　105 300

　贷：银行存款　　105 300

6.3.2 应付账款的核算

应付账款是企业在生产经营过程中，因赊购货物或接受劳务等形成的债务。这是由于买卖双方在购销活动中由于取得物资与支付贷款在时间上不一致而产生的负债。凡不是购买货物或接受劳务而发生的其他应付款项，不属于应付账款的核算范围，应另设账户记录。

应付账款的产生是由于时间差，所以应付账款取得时间的确定就显得很关键。从理论上说，应付账款应以所购货物的所有权转移或接受劳务已经发生的时间为入账时间。但在实务中，应区别情况处理：在物资和发票、账单同时到达的情况下，应付账款一般待物资验收入库后，才按发票账单登记入账，主要是为了确认所购入的物资是否在质量、数量和品种上与合同订明的条件相符，以免因先入账而在验收入库时发现购入物资错、漏、破损等问题再进行调账；在货物已到、发票账单需间隔一段时间才能到达的情况下，由于应付账款根据发票账单登记入账，此时这笔负债已经成立，有必要客观反映企业目前所拥有的资产或承担的债务。

> 注意：这是会计实务与会计理论的一个差异，会计核算以会计实务为主。

为了核算企业因交易而产生的各种应付未付的款项，企业应设置“应付账款”账户。该账户属于负债类账户，借方登记已偿付或开出商业汇票抵付的应付账款，贷方登记应付未付的账款。期末余额若在贷方，反映企业已发生尚未支付的应付账款；期末余额若在借方，反映企业多付的账款。

【例6-4】长胜公司于7月15日向红星公司购进一批材料，增值税专用发票注明价款为20 000元，税款为3 400元，材料已验收入库，款项尚未支付。

经济业务分析：

①公司购进材料已入库，应选择“原材料”账户（资产类），由于资产在会计等式左方，按“借增贷减”规则，此时“原材料”增加，应记借方；

②应选择“应交税费——应交增值税（进项税税额）”账户（负债类），由于负债在会计等式右方，按“借减贷增”规则，此时“应交税费——应交增值税（进项税税额）”减少，应记借方；

③公司未付此笔材料款项，应选择“应付账款”账户（负债类），由于负债在会计等式右方，按“借减贷增”规则，此时“应付账款”增加，应记贷方；

④按记账规则，借方和贷方对应账户各自金额合计相等，为23 400元。

会计分录为：

借：原材料　　20 000

应交税费——应交增值税（进项税税额） 3 400

贷：应付账款——红星公司 23 400

【例6-5】长胜公司于7月22日以银行存款偿还前欠红星公司材料款。

经济业务分析：

①公司未付款已付，应选择“应付账款”账户（负债类），由于负债在会计等式右方，按“借减贷增”规则，此时“应付账款”减少，应记借方；

②公司以银行存款偿还欠款，应选择“银行存款”账户（资产类），由于资产在会计等式左方，按“借增贷减”规则，此时“银行存款”减少，应记贷方；

③按记账规则，借方和贷方对应账户各自金额合计相等，为23 400元。

会计分录为：

借：应付账款——红星公司 23 400

贷：银行存款 23 400

6.3.3 预收账款（Prepayment）的核算

企业间的交易是有风险的，特别是在首次对不熟悉的客户进行交易或认为客户的信用状况不佳、存在拒付风险的交易时，企业往往采取先收款后发货的交易方式，即预收账款。预收账款是指企业在销售商品或提供劳务前，根据购销合同的规定，向购货方预先收取部分或全部货款。预收账款具有定金的性质，企业在收到款项后，应在合同规定的期限内给购货单位发出货物或提供劳务。

企业在核算预收账款时，常用的方法有两种：一是单独设置“预收账款”账户，收到预收货款时记入该账户，待企业以商品或劳务偿还后，再进行结算。这种核算方法能完整地反映这项流动负债的发生及偿付情况。二是将预收的款项直接作为应收账款的减项，反映在“应收账款”账户的贷方，收到预收账款时，记入“应收账款”账户的贷方，偿付债务时，再在“应收账款”账户的借方进行结算。这种方法能完整地反映购货方预付货款的发生和结算情况。

注意：“应收账款”属资产要素。说明在一定条件下，资产可转化为负债。

为了核算企业按合同规定向购货单位预收的货款，企业应设置“预收账款”账户。该账户属于负债类账户，借方登记产品发出和提供劳务后的预收账款结算数以及退回多收货款的数额，贷方登记企业预收及补收货款的数额。期末余额在贷方，反映已预收但尚未向购货方发货的预收账款数额。

【例6-6】长胜公司于7月18日向红星公司销售产品一批，按合同规定，红星公司预先支付货款50 000元。长胜公司将货款收存银行。

经济业务分析：

①公司将货款收存银行，应选择“银行存款”账户（资产类），由于资产在会计等式左方，按“借增贷减”规则，此时“银行存款”增加，应记借方；

②公司预收货款，形成一项负债，应选择“预收账款”账户（负债类），由于负债在会计等式右方，按“借减贷增”规则，此时“预收账款”增加，应记贷方；

③按记账规则，借方和贷方对应账户各自金额合计相等，为50 000元。

会计分录为：

借：银行存款　　50 000

　贷：预收账款——红星公司　　50 000

【例6-7】长胜公司于7月28日发出产品，发票上注明价款为50 000元，增值税税额为8 500元，原预付货款不足部分由红星公司以银行存款补付。

1. 发出商品，确认收入时

经济业务分析：

①公司发出产品，冲减已预收的账款，应选择“预收账款”账户（负债类），由于负债在会计等式右方，按“借减贷增”规则，此时“预收账款”减少，应记借方；

②公司销售商品确认收入，应选择“主营业务收入”账户（收入类），由于收入在会计等式右方，按“借减贷增”规则，此时“主营业务收入”增加，应记贷方；

③应选择“应交税费——应交增值税（销项税税额）”账户（负债类），由于负债在会计等式右方，按“借减贷增”规则，此时“应交税费——应交增值税（销项税税额）”增加，应记贷方；

④按记账规则，借方和贷方对应账户各自金额合计相等，为58 500元。

会计分录为：

借：预收账款——红星公司　　58 500

　贷：主营业务收入　　50 000

　　　应交税费——应交增值税（销项税税额）　　8 500

2. 收到红星公司补付的款项时

经济业务分析：

①公司的存款增加，应选择“银行存款”账户（资产类），由于资产在会计等式左方，按“借增贷减”规则，此时“银行存款”增加，应记借方；

②公司补收货款，应选择“预收账款”账户（负债类），由于负债在会计等式右方，按“借减贷增”规则，此时“预收账款”增加，应记贷方；

③按记账规则，借方和贷方对应账户各自金额合计相等，为8 500元。

会计分录为：

借：银行存款　　8 500

　贷：预收账款——红星公司　　8 500

6.3.4 其他应付款（Other Account Payable）的核算

企业除了应付票据、应付账款、应付职工薪酬等以外，还会发生一些应付、暂收其他单位或个人的款项，如收取的包装物押金、职工未按期领取的工资等，构成了企业的一项流动负债——其他应付款。

为了核算企业在商品交易业务以外发生的应付和暂收款项，企业应设置“其他应付款”账户。该账户属于负债类账户，借方登记偿还或转销的各种应付、暂收款项，贷方登记发生的各种应付、暂收款项。期末余额在贷方，反映应付未付的其他应付款项。

企业发生各种应付、暂收或退回有关款项时，借记“银行存款”、“管理费用”等账户，贷记“其他应付款”账户；支付有关款项时，借记“其他应付款”账户，贷记“银行存款”等账户。

【例6-8】长胜公司于9月27日向购货单位收取包装物押金3 500元，存入银行。

经济业务分析：

①公司的存款增加，应选择“银行存款”账户（资产类），由于资产在会计等式左方，按“借增贷减”规则，此时“银行存款”增加，应记借方；

②公司收取包装物押金，应选择“其他应付款”账户（负债类），由于负债在会计等式右方，按“借减贷增”规则，此时“其他应付款”增加，应记贷方；

③按记账规则，借方和贷方对应账户各自金额合计相等，为3 500元。

会计分录为：

借：银行存款　　3 500

　贷：其他应付款——包装物押金　　3 500

知识链接：

流动负债中包括“短期借款”，也包括由商业信用形成的应付、预收项目，如“应付票据”、“应付账款”、“预收账款”等，同时也包括应计费用（新会计准则亦称为应付费用、应计负债，如“应付职工薪酬”、“应付股利”、“应交税费”、“应付利息”等），虽称为“费用”，但在会计要素划分中属于“负债”。对应计费用的理解要注意以下几点：①应计费用与短期借款是不一样的流动负债；②应计费用是指企业本期已经耗用或受益，但尚未支付，却应由本期负担的成本或费用，例如，2010年5月企业计提职工的工资为50 000元，这笔工资应该是由5月份负担的成本或费用，但这笔工资是在6月份才会支付给职工，在支付之前，实际上形成了一笔企业对职工的负债，在会计上将这笔工资确认为5月的成本或费用，同时确认一笔企业对职工的负债，计入“应付职工薪酬”；再比如，先接受服务（先受益），后支付服务费的项目（如水电费），也会形成应计费用；③应计费用是会计学中一项重要知识，现行的会计准则主要包括“应付职工薪酬”、“应付股利”、“应交税费”、“应付利息”等应计费用项目。

复习思考题

1. 简述企业应付职工薪酬核算的内容。
2. 企业根据国家税法有关规定应交纳的税费包括哪些？

实务练习题

一、单项选择题

1. 预付货款情况不多的企业向销货单位预付货款时，可以将预付货款直接计入（　　）账户。

A. 预付账款　　B. 预收账款　　C. 应收账款　　D. 应付账款

2. 企业医务人员工资借方应计入（　　）。

A. 生产成本　　B. 管理费用　　C. 营业外支出　　D. 应付职工薪酬

3. 企业一些应付、暂收其他单位或个人的款项应计入（　　）账户。

A. 应付账款　　B. 应付票据　　C. 预收账款　　D. 其他应付款

4. 负债按其（　　）不同，分为流动负债和长期负债。

A. 性质　　B. 内容　　C. 偿还期长短　　D. 目的

5. 某企业8月末负债总额为1 200万元，9月份收回欠款150万元，用银行存款归还借款100万元，用银行存款预付购货款125万元，则9月末的负债总额为（　　）。

A. 1 100万元　　B. 1 050万元　　C. 1 125万元　　D. 1 350万元

6. 企业计提短期借款的利息支出时，应借记的账户是（　　）。

A. “财务费用”账户　　B. “预提费用”账户

C. “应付利息”账户　　D. “在建工程”账户

7. 企业向银行借入半年期借款90 000元，已存入银行。该业务的正确会计分录为（　　）。

A. 借：银行存款　90 000
　　贷：短期借款　90 000

B. 借：短期借款　90 000
　　贷：银行存款　90 000

C. 借：银行存款　90 000
　　贷：长期借款　90 000

D. 借：银行存款　90 000
　　贷：应付账款　90 000

8. 预提本月应负担的短期借款利息3 000元的经济业务，正确的账务处理是（　　）。

A. 借：财务费用　3 000
　　贷：短期借款　3 000

B. 借：财务费用　3 000
　　贷：应付利息　3 000

C. 借：财务费用　3 000
　　贷：银行存款　3 000

D. 借：短期借款　3 000
　　贷：应付利息　3 000

9. “应交税费”账户的借方登记（　　）。

A. 企业欠交的税费金额　　B. 企业计算出的应交税费金额

C. 企业已缴纳的税费金额　　D. 企业累计应交税费金额

10. 按福利部门人员工资比例计提的福利费，借方应计入（　　）账户。

A. 应付福利费　　B. 管理费用　　C. 营业外支出　　D. 应付职工薪酬

二、多项选择

1. 企业的流动负债包括（　　）。
A. 短期借款　B. 应付票据　C. 应付职工薪酬　D. 应交税费
2. 根据规定，下列可以计入工资总额的项目是（　　）。
A. 计时工资和计件工资　B. 津贴和补贴
C. 奖金　D. 加班加点工资
3. 下列属于流动负债的项目是（　　）。
A. 管理费用　B. 其他应付款　C. 预收账款　D. 预付账款
4. 下列关于“所得税费用”账户的表述中正确的有（　　）。
A. 它是损益类账户
B. 该账户的余额期末应转入“本年利润”账户
C. 该账户属负债类账户
D. 该账户的余额一般在贷方
5. 下列票据中，通过“应付票据”账户核算的有（　　）。
A. 商业承兑汇票　B. 银行承兑汇票　C. 银行汇票　D. 转账支票
6. 应计入“应付职工薪酬”的奖金包括（　　）。
A. 科技进步奖　B. 超产奖　C. 创造发明奖　D. 节约奖
7. 企业筹集资金的渠道主要有（　　）。
A. 投资者投入　B. 销售商品取得　C. 负债借入　D. 少交税金获得
8. 到期的应付票据，因企业无力支付时，账务处理涉及的账户是（　　）。
A. 银行存款　B. 应付票据　C. 应付账款　D. 短期借款
9. 企业的“应付职工薪酬”科目应按（　　）项目设置明细科目。
A. 工资　B. 社会保险　C. 工会经费　D. 教育经费
10. 下列应计入“财务费用”账户的项目有（　　）。
A. 短期借款利息支出　B. 银行存款利息收入
C. 金融机构手续费　D. 财务部门办公费

三、判断题

1. 短期借款利息支出较大时，应按月预提，借记“财务费用”，贷记“短期借款”。（　　）
2. 企业的负债需要在未来某一特定时日用资产或劳务来偿付。（　　）
3. 短期借款是为生产经营借入的，借款利息支出应计入“管理费用”账户。（　　）
4. 企业支付职工的物价补贴不计入“应付职工薪酬”账户核算。（　　）
5. 企业职工应缴纳的工资薪金个人所得税不属于企业会计扣缴核算范围。（　　）
6. 小规模纳税企业“应交增值税”账户不设“进项税税额”明细科目核算。（　　）

7. 企业用支票支付购货款时，应通过“应付票据”账户进项核算。 （ ）

8. 企业外购材料发生的未付供货商代垫运杂费应计入“其他应付款”账户。

（ ）

9. 已确认无法支付的应付账款，企业转销时，贷记“营业外收入”。 （ ）

10. 企业发生的长期借款利息应计入在建工程或固定资产。 （ ）

四、实务计算题

（一）某企业于2009年3月1日向银行借入6个月期限的借款40 000元，用于补充流动资金，年利率为6%，利息分月预提，按季支付，本金到期一次归还。要求作收到借款、预提、支付利息及一次还本等会计分录。

（二）甲企业于6月1日销售商品给乙企业，价款为60 000元，增值税为10 200元，收到乙企业开出期限为3个月的不带息商业承兑汇票一张，当年9月1日乙企业如期付款。分别就甲、乙企业相关业务编制会计分录。

（三）某公司于2009年8月应付工资总额为3 800 000元，其中：生产工人工资1 800 000元，车间管理人员工资300 000元，行政管理人员工资340 000元，专设销售机构人员工资260 000元，在建工程人员工资1 100 000元。该公司分别按工资总额的14%提取职工福利费，15%提取社会保险费，10%提取住房公积金，2%和1.5%分别提取工会经费和职工教育经费。根据所给资料分别作发放、计提分配的会计分录。

（四）某公司为增值税一般纳税人企业，增值税税率为17%。本月销售产品，开出增值税专用发票10张，价款为300 000元，增值税为51 000元。开出普通发票2张，含税销售收入23 400元。本月购进原材料，共收到增值税专用发票8张，价款为100 000元，增值税为17 000元。收到普通发票3张，货款共计5 000元。本月电费专用发票上注明价款为10 000元，增值税为1 700元。水费专用发票上注明价款为5 000元，增值税为650元。本月运输发票上注明的运输费共5 000元，计进项税税额350元。本月“应交税费——应交增值税”明细账户期初借方余额5 000元。本月已预交增值税20 000元。

要求：分别计算本月销项税额、进项税额及抵扣税额。

第7章　所有者权益

本教材认定基础会计阶段，常用的会计科目为47个。所有者权益类会计科目5个，其中已有2个已在第3章的第3节（借贷记账法举例）中讲过，所余3个科目的会计核算有2个将在本章有关章节中讲述，有1个（利润分配）将在第9章利润与利润分配中讲述。

本章要解决的问题

- 资本公积是什么，如何核算？
- 留存收益是什么，如何理解？

本章重点

- 资本公积的核算
- 留存收益的理解

本章难点

- 资本公积的核算

7.1　所有者权益（Owner's Equity）概述

7.1.1　概念

所有者权益是指企业资产扣除负债后由所有者享有的剩余权利，是对企业剩余资产的第二求偿权（第一求偿权是负债）。在公司制的企业中，所有者权益又称为股东权益。所有者权益，在数量上等于企业全部资产减去全部负债后的余额。（第2章已对所有者权益的概念进行了较为详细的介绍，此处不再赘述）

7.1.2　构成

企业资产的另一种资金来源就是所有者权益，即权益资本。一般而言，获得权益资本有两种渠道：（1）直接由投资者投入的金额，称为实收资本（Capital Stock）；（2）从收益中留存的数额，即没有以股利的形式分配给投资者的净利润，称为留存收益（Retained Earning）。企业留存收益通常又包括盈余公积（Surplus Reserve）和未分配利润（Undistributed Profit）两部分。盈余公积是指按照国家有关规定，从净利润中提取的企业积累资金。公司制企业的盈余公积包括法定盈余公积和任意盈余公积。未分配利润是企业留待以后年度分配的利润或本年度待分配利润。

导致企业所有者权益增加的另一个项目是资本公积。资本公积包括资本溢价（股本溢价）以及直接计入所有者权益的利得和损失等。资本溢价（股本溢价）是指所有者投入的资本中超过注册资本或股本部分的金额。利得是指由企业非日常活动所形成的、会导致所有者权益增加的、与所有者投入资本无关的经济利益的流入。损失是指由企业非日常活动所发生的、会导致所有者权益减少的、与向所有者分配利润无关的经济利益的流出。

所有者权益的构成如图 7－1 所示。

- 所有者权益
  - 实收资本
  - 资本公积
  - 留存收益
    - 盈余公积
    - 未分配利润

图 7－1　所有者权益的构成

7.2　投入资本 （Capital Stock） 的核算

7.2.1　实收资本的核算

实收资本指投资者按照企业章程或合同、协议的约定，实际投入企业的资本，也就是企业的注册资本。所谓注册资本，是指企业在设立时向工商行政管理部门登记的资本总额，是全部出资者设定的出资额之和。（第 3 章已对实收资本的核算进行了较为详细的介绍，此处不再赘述）

知识链接：

相关规定：

（一）我国《企业法人登记管理条例》规定，企业申请开业，必须具备符合国家规定并与其生产经营和服务规模相适应的资金数额；

（二）我国《公司法》规定，在有限责任公司中，注册资本不得小于 3 万元，而股份有限公司注册资本的最低限额为 500 万元。

7.2.2　资本公积的核算

资本公积是企业外部对企业投入的注册资本之外的资本，资本公积的形成来源是投资者出资额超出其在注册资本或股本中所占份额及直接计入所有者权益的利得和损失的两部分。

为了核算企业收到投资者出资额超出其在注册资本或股本中所占份额的部分，企业应设置“资本公积”账户。该账户属于所有者权益类账户，借方登记经批准转增资本的资本公积，贷方登记各种来源渠道形成的资本公积。期末余额在贷方，反映企业资本公积的结存数额。

【例7-1】长胜股份有限公司首次公开发行了普通股30万股，每股面值1元，每股发行价格为4元。假定发行收入已全部存入银行，不考虑其他因素。

经济业务分析：

①公司发行股票收入收存银行，应选择“银行存款”账户（资产类），由于资产在会计等式左方，按“借增贷减”规则，此时“银行存款”增加，应记借方；

②公司发行股票的面值，应选择“实收资本（股本）”账户（所有者权益类），由于所有者权益在会计等式右方，按“借减贷增”规则，此时“实收资本（股本）”增加，应记贷方；

③公司发行股票的收入超过面值的部分，应选择“资本公积”账户（所有者权益类），由于所有者权益在会计等式右方，按“借减贷增”规则，此时“资本公积”增加，应记贷方；

④按记账规则，借方和贷方对应账户各自金额合计相等，为1 200 000元。

会计分录为：

借：银行存款	1 200 000	
贷：实收资本（股本）		300 000
资本公积——股本溢价		900 000

7.3 留存收益（Retined Earning）的核算

留存收益是公司在经营过程中所创造的，由于公司经营发展的需要或由于法定的原因等，没有分配给所有者而留存在公司的盈利。留存收益是企业从历年实现的利润中提取或留存于企业的内部积累，来源于企业在生产经营活动所实现的净利润。

留存收益的目的是保证企业实现的净利润的一部分留存在企业，不全部分配给投资者。这样做一方面是为了满足企业维持或扩大生产经营的需要，另一方面也是为了保证企业有足够的资金弥补以前年度或以后年度可能出现的亏损，并保证有足够的资金偿还债务。留存收益由盈余公积和未分配利润两部分构成。

1. 盈余公积

盈余公积是企业来源于生产经营活动的积累、按税后利润的一定比例提取的、属于特定用途的留存收益。一般包括法定盈余公积和任意盈余公积。

（1）法定盈余公积是企业按照规定比例从净利润中提取的盈余公积。根据我国《公司法》规定，有限责任公司和股份有限公司应按净利润的10%提取法定盈余公积，计提的法定盈余公积累计达到注册资本的50%时，可以不再提取。对于非公司制企业，可按超过10%的比例提取。

（2）任意盈余公积是指企业经股东大会或类似机构批准，按照规定的比例从净利润中提取的盈余公积。它与法定盈余公积的区别在于，其提取比例由企业自行决定。

2. 未分配利润

未分配利润是指企业实现的净利润经过弥补亏损、提取盈余公积和向投资者分配利润后留存在企业的、历年结存的利润。

为了核算企业从净利润中提取的盈余公积金，企业应设置“盈余公积”账户。该账户属于所有者权益类账户，借方登记盈余公积弥补亏损或转增资本金数额，贷方登记盈余公积金的提取数额。期末余额在贷方，反映盈余公积的实际结存数。

【例7-2】长胜股份有限公司本年实现税后利润239 625元，年初未分配利润为0。按《公司法》规定，按当年实现净利润的10%提取法定盈余公积，并经股东大会批准按8%提取任意盈余公积。

经济业务分析：

①公司提取盈余公积，应选择“盈余公积”账户（所有者权益类），由于所有者权益在会计等式右方，按“借减贷增”规则，此时“盈余公积”增加，应记贷方；

②公司从税后利润提取盈余公积，应选择“利润分配”账户（所有者权益类），由于所有者权益在会计等式右方，按“借减贷增”规则，此时“利润分配”减少，应记借方；

③按记账规则，借方和贷方对应账户各自金额合计相等，为43 132.50元。

会计分录为：

借：利润分配——提取法定盈余公积	23 962.50	
——提取任意盈余公积	19 170	
贷：盈余公积——法定盈余公积		23 962.50
——任意盈余公积		19 170

复习思考题

1. 公司制企业法定盈余公积的提取依据是什么？
2. 简述企业“利润分配”账户的结构与核算内容。

实务练习题

一、单项选择题

1. 企业收到其他单位投资转入的固定资产时，贷方应计入（　　）账户。

A. 资本公积　B. 长期投资　C. 长期应付款　D. 实收资本

2. 投资者投入企业的资本应贷记的科目是（　　）。

A. 盈余公积　B. 资本公积　C. 实收资本　D. 利润分配

3. 下列属于所有者权益科目的是（　　）。

A. 本年利润　B. 固定资产　C. 应收账款　D. 长期股权投资

4. 下列又称为企业准资本的会计科目是（　　）。

A. 实收资本　　B. 盈余公积　　C. 资本公积　　D. 未分配利润

5. 公司应当按当年税后利润的（　　）提取法定盈余公积金。

A. 5%　　B. 10%　　C. 15%　　D. 20%

6. 直接计入企业所有者权益的利得和损失，会计处理上主要通过（　　）科目核算。

A. 营业外收　　B. 营业外支出　　C. 实收资本　　D. 资本公积

7. “本年利润”账户期末借方余额表示（　　）。

A. 年初至本期累计亏损额　　B. 年初至本期累计净利润

C. 本月亏损额　　D. 本月净利润

8. 所有者权益是企业所有者在企业净资产中享有的经济利益，在数量上等于（　　）。

A. 全部资产减去全部所有者权益　　B. 全部资产减去全部负债

C. 企业的新增利润　　D. 全部资产减去流动负债

9. 下列业务能够导致资产和所有者权益同时增加的是（　　）。

A. 投资者投入固定资产　　B. 盈余公积弥补亏损

C. 盈余公积转增资本　　D. 以现金向投资者支付股利

10. 某企业9月初资产总额为50 000元，负债总额为20 000元。9月份发生如下业务：取得收入24 000元，发生费用共计15 000元。则9月末该企业的所有者权益总额为（　　）元。

A. 31 000　　B. 39 000　　C. 50 000　　D. 45 000

二、多项选择

1. 企业在接受材料投资时，可能与“原材料”账户产生对应的账户是（　　）。

A. 应交税费　　B. 实收资本　　C. 银行存款　　D. 资本公积

2. A公司原由甲、乙、丙三人投资组成，三人各投入100万元。两年后丁想加入，经协商，甲、乙、丙、丁四人各拥有100万元的资本，但丁必须投入120万元的银行存款方可拥有。随后丁以120万元投入A公司，并已办妥增资手续。则下列表述的项目中能组合在一起形成该项经济业务的会计分录的项目是（　　）。

A. 应借记“银行存款”账户120万元　　B. 应贷记“实收资本”账户100万元

C. 应贷记“资本公积”账户20万元　　D. 应贷记“银行存款”账户120万元

3. 接受投资者投入企业的资本，可以是（　　）。

A. 国家资本　　B. 法人资本　　C. 个人资本　　D. 外商资本

4. 企业“本年利润”账户借方核算内容包括（　　）。

A. 主营业务成本　　B. 所得税费用　　C. 主营业务收入　　D. 营业外收入

5. 企业提取的法定盈余公积金可用于（　　）。

A. 弥补亏损　　B. 转增资本　　C. 支付货款　　D. 发放现金股利

6. 企业的所有者权益包括（　　）。

A. 实收资本　　B. 资本公积　　C. 盈余公积　　D. 未分配利润

7. 所有者权益与负债的本质区别有（　　）。

A. 两者性质不同

B. 两者对企业资产有要求权的先后顺序不同

C. 两者享有的权利不同

D. 两者风险程度不同

8. 企业的留存收益包括（　　）。

A. 盈余公积　　B. 实收资本　　C. 未分配利润　　D. 资本公积

9. 一般企业增加资本金的主要途径有（　　）。

A. 向银行等金融机构借入资本　　B. 盈余公积转增资本

C. 资本公积转增资本　　D. 接受投资者追加投资

10. 企业资本公积核算内容有（　　）。

A. 资本溢价

B. 弥补亏损

C. 直接计入所有者权益的利得和损失

D. 分配股利

三、判断题

1. 股东可以货币出资，也可以实物、知识产权、土地使用权等非货币财产作价出资。（　　）

2. 企业的未分配利润是指未经过弥补亏损、提取法定盈余公积等之前的利润总额。（　　）

3. “应付股利”不属于所有者权益类账户。（　　）

4. 企业的净利润在年终分配结束后，“未分配利润”账户一般无余额。（　　）

5. 盈余公积是指企业按规定从净利润中提取的企业积累资金。（　　）

6. 非公司制企业法定盈余公积的提取比例可超过净利润的10%。（　　）

7. 企业的资本公积金可用于弥补公司的亏损。（　　）

8. 所有者权益是企业投资人对企业资产的所有权。（　　）

9. 年末计提法定盈余公积的基数，应包括企业年初未分配利润。（　　）

10. 企业的盈余公积金可用于发放现金股利。（　　）

四、实务计算题

（一）A公司和B公司共同创办某股份有限公司，注册资本5 000万元。其中A公司出资60%，B公司出资40%。A公司以厂房1 500万元、设备900万元及土地使用权600万元出资，B公司以1 500万元货币资金和专利权500万元出资。双方实际投资均已到位。编制接受投资的会计分录。

（二）某企业年初所有者权益1 600 000元，当年以资本公积转增资本500 000元；当年实现净利润3 000 000元，提取盈余公积300 000元，向投资者分配利润200 000元。试问，该企业在年末所有者权益是多少元？

第 8 章 收入与费用

收入和费用是损益表中两个要素，这两个会计要素所辖会计要素对应的会计账户分属于成本类会计账户和损益类会计账户。本书在第 3 章第 2 节中已讲述了 2 个成本类会计账户，也讲述了 12 个损益类账户中的 3 个，另外 9 个将在本章中讲述。这两个会计要素所辖的会计账户都是虚账户（临时性账户），期末都要结转。

本章要解决的问题

- 如何理解“成本是对象化的费用，费用是不能对象化的成本”？
- 收入和费用配比原则如何具体体现？
- 成本、费用如何归集与分配？

本章重点

- 收入和费用的配比原则
- 其他业务收支的核算
- 成本与费用的联系与区别

本章难点

- 收入和费用的配比原则
- 成本与费用的联系与区别

8.1 收入与费用（Revenue and Expense）概述

8.1.1 收入（Revenue）

收入是指企业在日常活动中形成的、会导致所有者权益增加的、与所有者投入资本无关的经济利益的总流入。按经营业务主次不同，可将收入分为主营业务收入和其他业务收入。（第 3 章已对收入的概念进行了较为详细的介绍，此处不再赘述）

主营业务收入是指企业为完成其经营目标所从事的经常性活动实现的收入。主营业务收入是企业总收入的主要来源，对企业的经济效益产生较大影响。不同行业的主营业务收入的内容有所不同，如工业企业制造并销售产品、商业企业销售商品、咨询公司提供咨询服务、安装公司提供安装服务等。

其他业务收入是指主营业务以外的其他日常活动形成的收入。不同行业的其他业务收入的内容也不同，如工业企业对外出售原材料、对外出租固定资产及包装物、对外转让无形资产使用权等。

对于不同的企业而言，主营业务收入与其他业务收入的划分并不是十分绝对的，一个企业的主营业务收入可能是另一个企业的其他业务收入。即便是在同一个企业里，不同期间的主营业务和其他业务的内容也并不是固定不变的。

8.1.1.1 主营业务收入的确认与计量

主营业务收入的确认是指收入应在何时入账，计量是指收入以多大的金额入账。企业通过生产经营活动所获得的收入应按权责发生制的要求，予以确认和计量。由于商品销售收入是工业企业收入的重要组成部分（即为主营业务收入），是企业经营业绩的重要表现形式，因此，对商品销售收入到底应该如何确认和计量，直接关系到企业经营成果和财务状况能否得到准确的报告。企业销售商品时，必须同时满足以下五个条件，方可确认为收入。

1. 企业已将商品所有权上的主要风险和报酬转移给购货方。大多数情况下，所有权上的风险和报酬伴随着所有权凭证的转移或实物的交付而转移。

2. 企业既没有保留通常与所有权相联系的继续管理权，也没有对已售出的商品实施有效控制。企业将商品所有权上的主要风险和报酬转移给买方后，若仍然保留通常与所有权相联系的继续管理权，或仍然对售出的商品实施有效控制，则此项销售不能成立，不能确认相应的销售收入。如企业对售出的商品保留了与所有权无关的管理权，则不受本条件的限制。

3. 与交易相关的经济利益很可能流入企业。企业在销售商品时，若估计价款收回的可能性不大，即使收入确认的其他条件均已满足，也不应当确认收入。这里说的“很可能”是指经济利益流入企业发生的概率超过50%。

4. 收入的金额能够可靠计量。这是确认收入的基本前提。企业在销售商品时，销售价格通常已经确定，但由于销售过程中可能存在某些不确定因素，或者是出现销售价格变动等情况，在新的销售价格未确定之前不应确认收入。

收入与费用配比原则的体现哦！

5. 相关的已发生或将发生的成本能够可靠地计量。按照配比原则的要求，企业实现的收入必须与为取得收入而发生的费用相互配比，所以就要求在收入能够可靠计量的同时，相关的成本也能可靠地计量，否则，即使收入确认的其他条件都符合，且收到了货款，也不能确认收入。对企业实现的主营业务收入通过“主营业务收入”账户核算，并通过“主营业务成本”账户核算为取得主营业务收入发生的相关成本。

8.1.1.2　其他业务收入的确认与计量

> 收入与费用配比原则的体现哦！

由于其他业务不是企业主要的经营范围，因此，应按照重要性原则的要求核算，其他业务收入的核算采取比较简单的方法。其他业务收入的确认原则和计量方法与主营业务收入基本相同。但相对而言，其他业务收入的确认与计量条件要求较低。在会计核算过程中，对企业实现的其他业务收入通过“其他业务收入”账户核算，按照配比原则的要求，企业实现的收入必须与为取得收入而发生的费用相互配比，应通过“其他业务成本”账户核算为取得其他业务收入发生的相关成本。

> 知识链接：
>
> 与所有者投入资本或向所有者分配利润无关的利得，包括非流动资产处置利得、政府补助、盘盈利得、捐赠利得、罚没收入等，应通过“营业外收入”账户核算。
>
> 与所有者投入资本或向所有者分配利润无关的损失，包括非流动资产处置损失、盘亏损失、公益性捐赠支出、非常损失等，应通过“营业外支出”账户核算。

收入的构成如图8－1所示。

- 收入
  - 主营业务收入
    - 产品的销售收入、提供劳务收入等
    - 商品销售收入等
  - 其他业务收入
    - 材料销售收入
    - 无形资产转让收入
    - 固定资产和包装物出租收入等

图8－1　收入的构成

8.1.2　费用（Expense）

8.1.2.1　费用概念

> 日常活动：既包括营利性企业，也包括非营利组织。本书特指营利性企业。

费用（Expense）是指企业在日常活动中发生的、会导致所有者权益减少、与向所有者分配利润无关的经济利益的总流出。（第2章已对费用的概念进行了较为详细的介绍，此处不再赘述）

8.1.2.2　成本概念

成本（Cost）是指企业为生产产品、提供劳务而发生的、可落实在特定成本对象上的各种耗费。成本应具备以下几个基本特征：

1. 生产经营活动中产生的费用。企业经营活动必须付出一定的代价，而且这个代价是在日常经营活动中发生的。

2. 可落实在特定成本对象上的费用。企业的产品是企业生产的对象，对其所付出的代价就是成本。

3. 企业的成本一般包括直接材料（Direct Materials）、直接人工（Direct Labor）、制造费用（Product Overhead Cost）等。

8.1.2.3　成本与费用的关系

费用与成本都是企业生产经营过程中的资源耗费，都意味着企业经济利益的流出。一定时期发生的费用是成本的基础和前提，无费用则无成本。

费用是企业在生产经营中为获得经济利益而发生的资金耗费；成本则是指归集到特定成本计算对象上的生产费用，其资金耗费已归集于特定受益对象。因此，成本是对象化了的费用，它是以费用为基础形成的。与成本相对应的费用，则是非对象化的期间支出。费用以当期实际支出作为计算标准，与一定的会计期间相联系，而成本与一定数量及种类的产品相联系。

费用按其同产品生产的关系可划分为生产费用和期间费用两类。

1. 生产费用（Product Costs）

生产费用是指产品生产过程中发生的物化劳动和活劳动的货币表现，如直接材料、直接人工和制造费用等耗费，同产品生产有直接关系。其中直接材料、直接人工等能够直接由相应的产品承担的，计入生产经营成本，称为直接费用。制造费用是企业为生产商品和提供劳务而发生的各项间接费用，如生产车间发生的水电费、车间管理人员的工资等。

2. 期间费用（Period Costs）

期间费用包括销售费用、管理费用、财务费用。期间费用同产品的生产没有直接关系，但与发生的期间配比，应作为当期收益进行扣减，直接计入当期损益，不计入产品成本。

费用与成本的关系如图 8－2 所示。

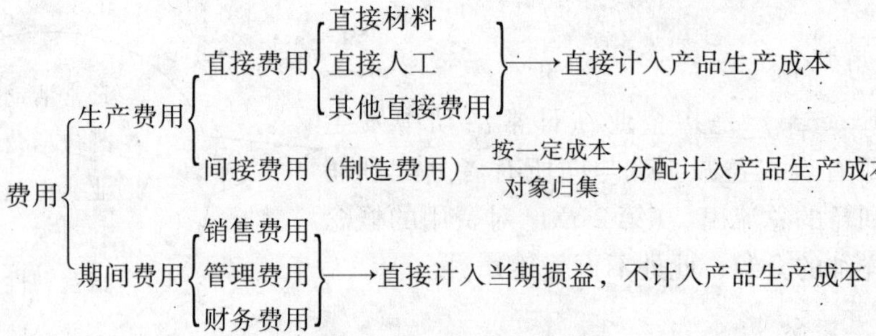

图 8－2　费用与成本的关系

8.2 收入与费用的核算

1. 其他业务收入：为了核算企业除主营业务收入以外的其他销售或其他业务取得的收入，企业应设置“其他业务收入”账户。该账户属于收益类账户，借方登记销售退回数额以及期末结转至“本年利润”账户的数额，贷方登记取得的收入，期末结转后无余额。

2. 其他业务成本：为了核算企业除主营业务成本以外的其他销售或其他业务成本，企业应设置“其他业务成本”账户。该账户属于费用类账户，借方登记发生的各项其他业务成本，贷方登记期末结转至“本年利润”账户的数额，期末结转后无余额。

3. 销售费用：为了核算企业为达到销售目的而发生的各项销售费用，企业应设置“销售费用”账户。该账户属于费用类账户，借方登记发生的各项销售费用，贷方登记期末结转至“本年利润”账户的数额，期末结转后无余额。

【例 8－1】长胜公司于 11 月 17 日向 F 公司销售原材料一批，价款为 240 000 元，增值税税额为 40 800 元，全部款项已通过银行收款入账。

经济业务分析：

①公司的存款增加，应选择“银行存款”账户（资产类），由于资产在会计等式左方，按“借增贷减”规则，此时“银行存款”增加，应记借方；

②公司销售原材料，应选择“其他业务收入”账户（收入类），由于收入在会计等式右方，按“借减贷增”规则，此时“其他业务收入”增加，应记贷方；

③应选择“应交税费——应交增值税（销项税税额）”账户（负债类），由于负债在会计等式右方，按“借减贷增”规则，此时“应交税费——应交增值税（销项税税额）”增加，应记贷方；

④按记账规则，借方和贷方对应账户各自金额合计相等为 280 800 元。

会计分录为：

借：银行存款	280 800	
贷：其他业务收入——材料销售		240 000
应交税费——应交增值税（销项税税额）		40 800

【例 8－2】长胜公司于 11 月 30 日结转原材料销售成本 99 000 元。

经济业务分析：

①结转原材料销售成本，应选择“其他业务成本”账户（费用类），由于费用在会计等式左方，按“借增贷减”规则，此时“其他业务成本”增加，应记借方；

②销售原材料，应选择“原材料”账户（资产类），由于资产在会计等式左方，按“借增贷减”规则，此时“原材料”减少，应记贷方；

③按记账规则，借方和贷方对应账户各自金额合计相等，为 99 000 元。

会计分录为：

借：其他业务成本——材料销售	99 000	

贷：原材料　　　　　　　　　　　　　　　　　　　　　　　　99 000

【例8－3】长胜公司于11月5日用银行存款支付广告费68 000元。

经济业务分析：

①公司支付广告费，应选择“销售费用”账户（费用类），由于费用在会计等式左方，按“借增贷减”规则，此时“销售费用”增加，应记借方；

②公司以银行存款支付，应选择“银行存款”账户（资产类），由于资产在会计等式左方，按“借增贷减”规则，此时“银行存款”减少，应记贷方；

③按记账规则，借方和贷方对应账户各自金额合计相等，为68 000元。

会计分录为：

借：销售费用——广告费　　　　　　　　　　　　　　　68 000

贷：银行存款　　　　　　　　　　　　　　　　　　　　　68 000

复习思考题

1. 什么是产品的制造成本？其构成项目有哪些？
2. 什么是企业的期间费用？包括哪些内容？

实务练习题

一、单项选择题

1. 企业短期借款发生的利息支出，应计入（　　）科目核算。

A. 其他业务成本　　　　B. 管理费用
C. 财务费用　　　　　　D. 营业外支出

2. 企业自用的无形资产，摊销的无形资产价值应借记（　　）账户。

A. 管理费用　　　　　　B. 销售费用
C. 其他业务成本　　　　D. 营业外支出

3. 车间管理部门使用的固定资产计提折旧，应借记“（　　）”科目，贷记“累计折旧”科目。

A. 管理费用　　B. 制造费用　　C. 销售费用　　D. 生产成本

4. 成本费用类账户期末（　　）。

A. 一般无余额　　　　　B. 有借方余额
C. 有贷方余额　　　　　D. 有借方或贷方余额

5. 采用借贷记账法，费用类账户的结构特点是（　　）。

A. 借记增加，贷记减少，余额在借方
B. 借记减少，贷记增加，余额在贷方
C. 借记增加，贷记减少，一般无余额
D. 借记减少，贷记增加，一般无余额

6. 下列不属于期间费用的是（　　）。

A. 制造费用　B. 管理费用　C. 财务费用　D. 销售费用

7. 以下项目中，不属于产品成本内容的有（　　）。

A. 制造费用　B. 直接材料　C. 直接人工　D. 管理费用

8. 按月计提固定资产折旧时，贷记（　　）科目。

A. 管理费用　B. 累计折旧　C. 制造费用　D. 固定资产

9. 工业企业外购材料发生的运杂费等采购费用，应计入（　　）。

A. 管理费用　B. 材料采购成本

C. 生产成本　D. 销售费用

10. 销售费用账户贷方登记期末结转至（　　）账户借方的金额。

A. 生产成本　B. 主营业务成本

C. 本年利润　D. 主营业务收入

11. 当期应负担的生产车间机器设备的保险费应借记（　　）科目。

A. 生产成本　B. 管理费用　C. 财务费用　D. 制造费用

12. “生产成本”账户的贷方登记（　　）。

A. 当集产品生产发生的各项费用　B. 结转完工入库产品的生产成本

C. 结转已销产品的生产成本　D. 结转入“本年利润”账户的成本

13. 企业生产的产品完工，应将其成本转入（　　）。

A. 库存商品　B. 主营业务成本

C. 本年利润　D. 存货

14. “制造费用”账户按结构、用途分类属于（　　）。

A. 盘存账户　B. 调整账户

C. 集合分配账户　D. 成本账户

15. 企业生产车间领用材料40 000元，填制记账凭证时，误将“生产成本”科目填为“管理费用”，并已登记入账，应采用的更正方法是（　　）。

A. 划线更正法　B. 红字更正法

C. 补充登记法　D. 红字补充登记法

16. 没有完成全部生产过程，不能作为商品对外销售的产品，属于企业的（　　）。

A. 半成品　B. 副产品　C. 废品　D. 在产品

二、多项选择

1. 下列会计科目中，属于损益类科目的有（　　）。

A. 主营业务收入　B. 主营业务成本

C. 管理费用　D. 财务费用

2. 下列收入中，应计入其他业务收入的是（　　）。

A. 销售材料　B. 出售固定资产

C. 出租无形资产　D. 销售商品

3. 企业于2008年12月1日销售商品一批，售价20 000元，增值税为3 400元，现金折扣的条件为：2/10，1/20，n/30。企业于12月8日收到了商品款，则该企业确认的收入及实际收到的款项分别为（　　）元。

A. 20 000　　B. 23 000　　C. 19 600　　D. 22 932

4. 产品的制造成本包括（　　）。

A. 为制造产品发生的材料费用

B. 为制造产品发生的人工费用

C. 为制造产品发生的固定资产折旧费用

D. 自然灾害造成的材料毁损

5. 结构基本相同的两类账户有（　　）。

A. 资产类与收入类　　B. 资产类与费用类

C. 负债类与所有者权益类　　D. 所有者权益类与收入类

6. 下列（　　）账户的结构与“财务费用”账户的结构相同。

A. 销售费用　　B. 预收账款

C. 主营业务成本　　D. 营业外支出

7. 下列费用应计入产品生产成本的有（　　）。

A. 直接材料　　B. 直接人工费

C. 制造费用　　D. 管理费用

8. “制造费用”账户核算的内容包括（　　）。

A. 车间管理人员的工资和福利费　　B. 车间厂房、机器设备的折旧费用

C. 流动资金贷款的利息支出　　D. 车间办公费、水电费

9. 下列费用中，能直接计入产品生产成本的是（　　）。

A. 生产产品领用的原材料　　B. 生产工人工资

C. 提取生产工人福利费　　D. 发生的制造费用

10. 下列各项利息中，可能计入“财务费用”的有（　　）。

A. 带息应收票据的应计利息

B. 带息应付票据的应计利息

C. 长期借款在经营期间的利息

D. 交易性金融资产持有期间收到的利息

11. 企业发生的下列费用，应计入管理费用的有（　　）。

A. 广告费　　B. 业务招待费

C. 矿产资源补偿费　　D. 研究与开发费

三、判断题

1. 销售费用、管理费用和制造费用都属于损益类科目。（　　）

2. 工业企业在确认商品销售收入时，不应考虑预计可能发生的现金折扣和商业折扣。（　　）

3. 企业售出商品发生销售退回时，应当分不同情况进行账务处理。（　　）

4. 采用支付手续费方式委托代销商品的，委托方在发出商品时就应该确认收入。（　）

5. 计提短期借款的利息，应贷记“预付账款”账户。（　）

6. 生产成本是企业为生产产品、提供劳务而发生的各种耗费，因而企业发生的费用就是产品的成本。（　）

7. 企业的期间费用应于期末采用一定的方法分配计入产品生产成本。（　）

8. 期末，“生产成本”总分类账户及其所属明细分类账户均无余额。（　）

9. 固定资产因耗损而减少的价值记入“固定资产”账户的贷方。（　）

10. 企业外购材料的采购成本由材料的买价加采购费用组成，主营业务成本由已销产品的生产成本加销售费用组成。（　）

11. “制造费用”属损益类账户，故期末无余额。（　）

四、实务计算题

（一）根据以下经济业务归集产品生产成本，编制会计分录：

1. 生产车间从仓库领用各种原材料进行产品生产。用于生产A产品的甲材料1 575元，乙材料1 650元；用于生产B产品的甲材料1 260元，乙材料1 320元。

2. 结算本月应付职工工资14 000元。其中：A产品生产工人5 000元，B产品生产工人4 000元，车间管理人员2 000元，行政管理部门职工3 000元。

3. 按职工工资总额的14%计提职工福利。

4. 计提本月固定资产折旧900元，其中：生产车间的固定资产折旧600元，管理部门的固定资产折旧300元。

5. 生产车间领用辅助材料200元。

6. 生产车间报销办公费400元，以现金支付。

7. 生产车间管理人员出差报销差旅费237元，原预支300元，余额用现金归还。

8. 将制造费用按生产工人工资的比例分配分别计入A、B两种产品成本。

9. 本月生产A产品100件，B产品80件，全部完工，验收入库，结转完工产品生产成本。

10. 本月销售A产品80件，成本8 792元；B产品50件，成本5 495元。按实际成本结转已销产品成本。

（二）某企业为一般纳税人，发生下列经济业务：

1. 销售产品一批，价款30 000元，销项税税额5 100元。其中，26 000元已收到现款，并存入银行；另有9 100元货款尚未收到。

2. 分配本月职工工资，其中生产工人工资80 000元，车间管理人员工资20 000元，厂部管理人员工资30 000元。

3. 开出现金支票向银行提取现金130 000元，备发工资。

4. 以现金130 000元，发放工资。

5. 以银行存款30 000元预付材料款。

6. 预收甲单位购货定金50 000元，存银行。

7. 企业购入不需要安装设备一台，买价234 000元，运杂费10 000元，款项均以银行存款支付，设备已交付使用。

8. 企业购入需要安装的机器设备一台，买价351 000元，运杂费12 000元。交付安装，发生安装费用15 000元。款项均以银行存款支付，设备安装完毕已交付使用。

9. 计提固定资产折旧，其中：车间的设备折旧14 000元，厂部的设备折旧6 000元。

10. 采购员李某预支差旅费8 000元，现金支付。

要求：编制以上经济业务的会计分录。

第9章 利润与利润分配

本章要解决的问题

●利润如何形成？如何核算？
●利润如何分配？
●“营业税金及附加”核算哪些内容？
●什么是所得税费用，如何核算？
●利润分配如何核算？

本章重点

●利润形成的核算
●所得税费用的核算
●利润分配的核算

本章难点

●利润形成的核算
●利润分配的核算

9.1 利润（Profit）的形成与核算

9.1.1 利润的形成

利润是企业在一定会计期间的经营成果，包括营业利润、利润总额和净利润。

其计算公式为：

营业利润＝营业收入－营业成本－营业税金及附加－销售费用－管理费用－财务费用－资产减值损失±公允价值变动损益（公允价值变动损失）±投资收益（投资损失）

其中：

（1）营业收入是指企业经营业务所确认的收入总额，包括主营业务收入和其他业务收入；

（2）营业成本是指企业经营业务所发生的实际成本总额，包括主营业务成本和其他业务成本；

（3）资产减值损失是指企业计提各项资产减值准备所形成的损失；

注意："资产减值损失"账户非常重要，"基础会计"中所讲的计提"坏账损失"以及"财务会计"中八项计提的资产减值准备形成的损失都与这个账户有关，是学习重点。

（4）公允价值变动损益（损失）是指企业交易性金融资产等公允价值变动所形成的、应计入当期损益的利得（Earnings/Net Profit）或损失（Loss）；

（5）投资收益（损失）是指企业以各种方式对外投资所取得的收益（发生的损失）。

利润公式为：

利润总额 = 营业利润 + 营业外收入 - 营业外支出

其中，营业外收入是指企业发生的与其日常活动无直接关系的各项利得；营业外支出是指企业发生的与其日常活动无直接关系的各项损失。

净利润公式为：

净利润 = 利润总额 - 所得税费用

利润的构成如图 9 - 1 所示。

企业形成的利润总额按税法规定，要依法缴纳所得税。所得税应作为企业所得的一种耗费，遵循收入与费用配比原则，应计入当期损益。

利润 { 营业利润
投资净收益
营业外收支减额

图 9 - 1　利润的构成

9.1.2　利润的核算

9.1.2.1　账户设置

除前面章节已介绍的收益类、费用类各账户外，利润的形成还与以下账户有关：

1. 营业税金及附加：为了核算企业从事经营活动应负担的消费税、营业税、城市维护建设税和教育费附加等税金及附加，企业应设置"营业税金及附加"账户。该账户属于费用类账户，借方登记企业按规定计算应缴纳的消费税、营业税、城市维护建设税和教育费附加等税金及附加数额，贷方登记期末结转至"本年利润"账户的数额，期末结转后无余额。

注意，资产权属的特征对资产的确认、计量、记录影响大，它直接影响到收入能否被确认以及权责发生制原则、收入实现原则的运用和遵循。

2. 所得税费用：为了核算企业应从当期利润总额中扣除的所得税费用，企业应设置"所得税费用"账户。该账户属于费用类账户，借方登记企业按规定计算应缴纳的所得税费用，贷方登记期末结转至"本年利润"账户的数额，期末结转后无余额。

【例 9 - 1】长胜公司 10 月计算出本月应缴纳的城市维护建设税为 700 元，教育费附加为 200 元。

经济业务分析：

①公司计提城建税和教育费附加，应选择“营业税金及附加”账户（费用类），由于费用在会计等式左方，按“借增贷减”规则，此时“营业税金及附加”增加，应记借方；

②公司计提城建税和教育费附加，应选择“应交税费”账户（负债类），由于负债在会计等式右方，按“借减贷增”规则，此时“应交税费”增加，应记贷方；

③按记账规则，借方和贷方对应账户各自金额合计相等，为 900 元。

会计分录为：

借：营业税金及附加	900	
贷：应交税费——应交城市维护建设税		700
——教育费附加		200

【例 9－2】长胜公司 12 月计算出应缴纳的所得税为 141 625 元。

经济业务分析：

①公司计提所得税费用，应选择“所得税费用”账户（费用类），由于费用在会计等式左方，按“借增贷减”规则，此时“所得税费用”增加，应记借方；

②公司计提所得税费用，应选择“应交税费”账户（负债类），由于负债在会计等式右方，按“借减贷增”规则，此时“应交税费”增加，应记贷方；

③按记账规则，借方和贷方对应账户各自金额合计相等，为 141 625 元。

会计分录为：

借：所得税费用	141 625	
贷：应交税费——应交所得税		141 625

9.1.2.2 核算方法

1. 账结法。账结法是指在每个会计期末（一般是指月末）将所有损益类账户记录的余额全部转入“本年利润”账户。在账结法下，需要每个月月末通过编制结账分录，结清各损益类账户。经结转后，损益类各账户月末均没有余额。“本年利润”账户的贷方余额表示期间内累计实现的利润总额，借方余额表示期间内累计发生的亏损总额。采用账结法，账面上能够直接反映各月月末累计实现的利润总额或累计发生的亏损总额，但每月结转本年利润的工作量较大。

2. 表结法。表结法是指在每个会计期末（一般指月末）只需结计出各损益类账户的本月发生额和月末累计余额，而不结转到“本年利润”账户，只有在年末才将所有损益类账户的余额转入“本年利润”账户。采用表结法，各月月末的累计税后利润总额或亏损总额不能在账面上直接得到反映，需要在损益表中进行结算；但由于表结法平时不必结转本年利润，因此能够简化核算工作。

由于在账结法下，可以更及时地了解企业生产经营状况及财务成果，所以企业一般采用账结法。

小提示：

利润表中的账户，相对于资产负债表中的实账户（永久性账户）来说，是虚账户（临时性账户），这些账户又称为损益类账户（收入、费用类账户）。这类收入、费用账户会计期末需要结转，结转后无余额，而资产负债表中的账户不需要结转。这是利润表中的有关账户不同于资产负债表中账户的一大特征。这个内容是提醒初学者，利润表中的收入和费用账户到期末一定要结转，这就是“结账（Closing）”概念。

为了核算企业一定时期内生产经营的具体形成情况，在会计上需设置“本年利润”账户，会计期末编制结账分录，将收益类、费用类各账户金额分别结转至“本年利润”账户。

【例9-3】12月31日，长胜公司将本月主营业务收入1 000 000元、其他业务收入50 000元、营业外收入3 000元转入“本年利润”账户。

经济业务分析：

①将收益类账户结转，由于收益类各账户在会计等式右方，按“借减贷增”规则，此时收益类各账户金额减少，应记借方；

②期末结转，应选择“本年利润”账户（所有者权益类），由于所有者权益在会计等式右方，按“借减贷增”规则，此时“本年利润”增加，应记贷方；

③按记账规则，借方和贷方对应账户各自金额合计相等，为1 053 000元。

会计分录为：

借：主营业务收入	1 000 000	
其他业务收入	50 000	
营业外收入	3 000	
贷：本年利润		1 053 000

【例9-4】12月31日，长胜公司将本月主营业务成本400 000元、其他业务成本20 000元、营业税金及附加1 500元、销售费用10 000元、管理费用50 000元、财务费用3 000元、营业外支出2 000元转入“本年利润”账户。

经济业务分析：

①期末结转，应选择“本年利润”账户（所有者权益类），由于所有者权益在会计等式右方，按“借减贷增”规则，此时“本年利润”减少，应记借方；

②将费用类账户结转，由于费用类各账户在会计等式左方，按“借增贷减”规则，此时费用类各账户金额减少，应记贷方；

③按记账规则，借方和贷方对应账户各自金额合计相等，为486 500元。

会计分录为：

借：本年利润	486 500	
贷：主营业务成本		400 000
其他业务成本		20 000
营业税金及附加		1 500

销售费用	10 000
管理费用	50 000
财务费用	3 000
营业外支出	2 000

【例 9－5】12 月 31 日，长胜公司将本月所得税费用 141 625 元转入“本年利润”账户。

经济业务分析：

①期末结转，应选择“本年利润”账户（所有者权益类），由于所有者权益在会计等式右方，按“借减贷增”规则，此时“本年利润”减少，应记借方；

②期末结转所得税费用，应选择“所得税费用”账户（费用类），由于费用在会计等式左方，按“借增贷减”规则，此时“所得税费用”减少，应记贷方；

③按记账规则，借方和贷方对应账户各自金额合计相等，为 141 625 元。

会计分录为：

借：本年利润　　141 625

　贷：所得税费用　　141 625

提示：应交所得税税额=应纳税所得额 × 所得税税率

应纳税所得额是按照税法的有关规定计算的，与按照会计制度确定的利润总额之间存在一定的差异，一般将这个差异称为纳税调整项目。由于纳税调整项目的内容较为复杂，为了简化核算，在本教材中，假设纳税调整项目为零。即视为应纳税所得额等于会计利润总额，企业的所得税基本税率为 25%。

在本例中，会计利润总额 =1 053 000 － 486 500 =566 500（元）

所得税费用 =566 500 ×25%= 141 625（元）

9.2　利润分配的核算

9.2.1　利润分配的顺序

利润分配指企业对净利润的分配。企业取得净利润，应当按照规定进行分配。利润分配的过程和结果不仅关系到所有者的权益是否得到保障，而且还关系到企业未来长期、稳定的发展。企业实现的净利润，应按照如下顺序进行分配：

1. 弥补以前年度亏损；
2. 提取法定盈余公积金；
3. 提取任意盈余公积金；
4. 向投资者分配利润或股利。

可供分配的利润 = 当年实现的净利润 ± 年初未分配的利润（年初未弥补的亏损） + 其他转入

9.2.2 账户设置

1. 利润分配：为了核算企业的利润分配情况，企业应设置“利润分配”账户。该账户属于所有者权益类账户，借方登记利润的分配数额，贷方平时一般无发生额，年末贷方登记从“本年利润”账户借方转入的全年实现的净利润数额。平时期末余额在借方，反映累计利润分配数；年末贷方余额反映未分配利润，借方余额反映未弥补亏损数。

> 注意，“股利”是从获利资金中分配给股东的部分，股利不是一种费用

2. 应付股利：为了核算企业决定分配的现金股利或利润，企业应设置“应付股利”（Dividend）账户。该账户属于负债类账户，借方登记企业实际支付的现金股利或利润，贷方登记应付股利的数额，期末余额在贷方，反映企业尚未支付的现金股利或利润。

【例9－6】12 月 31 日，结转全年实现的净利润。假设本年 1 ~ 11 月净利润为 2 000 000元。

全年实现的净利润 = 1 ~ 11 月净利润 + 12 月净利润
= 2 000 000 + （566 500 − 141 625）
= 2 424 875（元）

经济业务分析：

①结转全年实现的净利润，应选择“本年利润”账户（所有者权益类），由于所有者权益在会计等式右方，按“借减贷增”规则，此时“本年利润”减少，应记借方；

②结转全年实现的净利润，应选择“利润分配”账户（所有者权益类），由于所有者权益在会计等式右方，按“借减贷增”规则，此时“利润分配”增加，应记贷方；

③按记账规则，借方和贷方对应账户各自金额合计相等，为 2 424 875 元。

会计分录为：

借：本年利润	2 424 875	
贷：利润分配——未分配利润		2 424 875

> 注意，盈余公积金的计提在第 7 章已进行了较为详细的介绍，此处不再赘述。

【例9－7】12 月 31 日，长胜公司按规定计算出应付给投资者现金股利为 969 950元。

经济业务分析：

①分配现金股利，应选择“利润分配”账户（所有者权益类），由于所有者权益在会计等式右方，按“借减贷增”规则，此时“利润分配”减少，应记借方；

②计算应分配的股利，应选择“应付股利”账户（负债类），由于负债在会计等式右方，按“借减贷增”规则，此时“应付股利”增加，应记贷方；

③按记账规则，借方和贷方对应账户各自金额合计相等，为 969 950 元。

会计分录为：

借：利润分配——应付现金股利　　969 950

　贷：应付股利　　969 950

复习思考题

1. 简述企业营业税金及附加账户的核算内容。
2. 什么是企业的营业外收入和营业外支出？各自包括哪些内容？
3. 简述企业净利润的计算过程。

实务练习题

一、单项选择题

1. 对企业确认无法支付的应付账款，经主管部门批准后，作为（　　）处理。

　A. 主营业务收入　　B. 资本公积

　C. 营业外收入　　D. 其他业务收入

2. 利润是企业在一定期间的（　　）。

　A. 经营收入　　B. 经营毛利　　C. 经营成果　　D. 经济效益

3. “营业税费及附加”按其归属的会计要素应为（　　）。

　A. 成本类　　B. 负债类　　C. 资产类　　D. 损益类

4. 反映利润分配情况的账户是（　　）。

　A. 本年利润　　B. 利润分配　　C. 应付利润　　D. 应交税费

5. 计算利润总额的正确公式是（　　）。

　A. 营业收入－营业成本－销售费用－管理费用－财务费用

　B. 营业利润＋投资收益＋营业外收入－营业外支出

　C. 营业利润＋营业外收入－营业外支出

　D. 营业利润－销售费用－管理费用－财务费用

6. 下列说法中正确的是（　　）。

　A. 利得和损失一定会影响所有者权益

　B. 利得和损失一定影响当期损益

　C. 损失一定计入当期损益，利得一定计入所有者权益

　D. 损失一定计入当期所有者权益，利得一定计入当期损益

7. 非日常活动产生的、应计入当期损益的损失应列作（　　）。

　A. 销售费用　　B. 财务费用

　C. 其他业务成本　　D. 营业外支出

8. “本年利润”账户的期末借方余额表示（　　）。

A. 年初至本期累计净利润　　B. 年初至本期累计亏损额

C. 本月亏损额　　D. 本月净利润

9. “利润分配”账户期末贷方余额表示（　　）。

A. 本年累计亏损额　　B. 本年累计净利润

C. 历年来累计亏损额　　D. 历年来累计未分配利润

10. 下列属于营业外收入的有（　　）。

A. 罚款净收入　　B. 提供劳务收入

C. 产品销售收入　　D. 让渡资产使用权收入

二、多项选择

1. 工业企业中，通过“营业税金及附加”账户核算的税费包括（　　）。

A. 营业税　　B. 消费税

C. 城市维护建设税　　D. 教育费附加

2. 企业的费用主要包括（　　）。

A. 营业外支出　　B. 营业税金及附加

C. 主营业务成本　　D. 所得税费用

3. 下列属于营业外支出的有（　　）。

A. 职工教育费支出　　B. 捐赠支出

C. 罚款支出　　D. 处置非流动资产损失

4. 下列项目中，影响利润总额计量的有（　　）。

A. 资产　　B. 收入

C. 费用　　D. 直接计入当期损益的利得或损失

5. 下列会计科目中，可能成为“本年利润”账户的对应科目的有（　　）。

A. 管理费用　　B. 所得税费用

C. 利润分配　　D. 制造费用

6. 月末结转后无余额的账户是（　　）。

A. 主营业务收入　　B. 财务费用

C. 营业外支出　　D. 主营业务成本

7. 某企业本月营业收入为180 000元，营业成本为90 000元，营业税金及附加为20 000元，销售费用为14 000元，管理费用为27 000元。该企业本月营业利润计算不正确的是（　　）元。

A. 90 000　　B. 70 000　　C. 56 000　　D. 29 000

8. 下列账户中期末余额需要转入“本年利润”账户的有（　　）。

A. 主营业务收入　　B. 管理费用

C. 制造费用　　D. 财务费用

9. 企业的利润总额由（　　）构成。

A. 投资收益　　B. 营业利润

C. 营业外收入　　　　　　　　D. 营业外支出

三、判断题

1.“本年利润”账户的余额如果在借方，则表示自年初至本期末累计发生的亏损。（　　）

2. 财务成果的计算一般包括利润的计算、所得税的计算、利润分配或亏损弥补等。（　　）

3.“所得税费用”账户是损益类账户。（　　）

4. 企业期末按利润总额计算应交纳的所得税费用，应计入“利润分配”账户。（　　）

5. 非日常活动产生的利得都应计入营业外收入。（　　）

6. 工业企业的盈余公积是按销售收入的一定比例提取的。（　　）

四、实务计算题

（一）某公司 2009 年度损益类账户的累计发生额如下表所示：

单位：元

科目名称	借方发生额	贷方发生额
主营业务收入		15 000 000
主营业务成本	7 500 000	
营业税金及附加	150 000	
销售费用	600 000	
管理费用	2 250 000	
财务费用	150 000	
投资收益		450 000
营业外收入		450 000
营业外支出	700 000	
所得税费用	1 200 000	
合计	12 550 000	15 900 000

要求：根据所给资料分别计算：

1. 该公司 2009 年度营业收入。

2. 该公司 2009 年度营业利润。

3. 该公司 2009 年度净利润。

（二）甲公司 2009 年年初未分配利润为 1 000 000 元，净利润为 5 000 000 元。甲公司按照税后利润的 10% 提取法定盈余公积，按税后利润的 5% 提取任意盈余公积，按照可供投资者分配利润的 60% 向投资者分配股利。

要求：

(1) 计算该公司2009年可供分配利润、可供投资者分配利润、年末未分配利润。

(2) 编制提取盈余公积及向投资者分配利润的会计分录。

(三) A公司2009年度取得主营业务收入60 000 000元，其他业务收入15 000 000元，投资收益18 000 000元，营业外收入3 000 000元；发生主营业务成本40 000 000元，其他业务成本10 000 000元，营业税金及附加2 000 000元，销售费用7 500 000元，管理费用4 500 000元，财务费用1 000 000元，资产减值损失6 000 000元，公允价值变动净损失4 000 000元，营业外支出5 000 000元，所得税费用5 200 000元。A公司按净利润的10%提取法定盈余公积，且2009年度A公司向股东分配现金股利3 000 000元，分配每股面值1元的股票股利4 000 000股。

要求：作出A公司有关利润结转与分配的账务处理：

(1) 计算营业利润、利润总额、净利润；

(2) 结转2009年度的收入；

(3) 结转2009年度的成本、费用；

(4) 结转净利润；

(5) 提取法定盈余公积；

(6) 分配现金股利；

(7) 分配股票股利；

(8) 结转“利润分配”各明细账户金额。

第 10 章　财产清查

本章要解决的问题

- 为什么要进行财产清查？
- 财产清查的内容有哪些？
- 财产物资的盘存制度是什么？
- 对财产清查结果应怎样进行账务处理？

本章重点

- 财产清查的内容
- 财产物资的盘存制度
- 财产清查结果的账务处理

本章难点

- 财产清查的内容
- 财产清查结果的账务处理
- “待处理财产损溢”账户的应用

10.1　财产清查概述

10.1.1　概念

财产清查是指根据账簿记录，对企业的各项财产物资进行实地盘点和核对账目，查明各项财产物资的实存数，确定实存数与账存数是否相符，并据以调整会计账簿，保证账实相符的一种专门方法。

10.1.2　意义

对任何会计主体而言，都要通过账簿反映经济业务发生引起的各项财产增减变动及其结果。从理论上讲，账簿所记录的财产增减变动结果应该与各项财产的实有数量相一致。但在实际工作中，由于下列原因，可能使各项财产的账面数与结存数发生差异，造成账实不符：

1. 在账簿记录中发生重记、漏记或错记。

2. 财产物资在收发过程中由于计量或检验不准，发生品种或数量与原始记录不相一致。

3. 财产物资在保管过程中发生自然损耗。

4. 由于结算中未达账项和拒付等原因，造成结算双方账实不符。

5. 由于管理不善、制度不严而造成财产损坏、丢失、贪污和盗窃。

6. 因意外灾害造成的损失等。

因此，为了保证会计账簿记录的真实性和准确性，提高会计信息质量，必须采用行之有效的财产清查方法，对财产进行定期或不定期的清查，以便查明造成差异的原因和明确责任，做到账实相符。

财产清查工作，对于加强企业管理、充分发挥会计的监督职能具有如下重要意义：

1. 保证会计核算资料真实性、可靠性，保护各项财产安全完整。

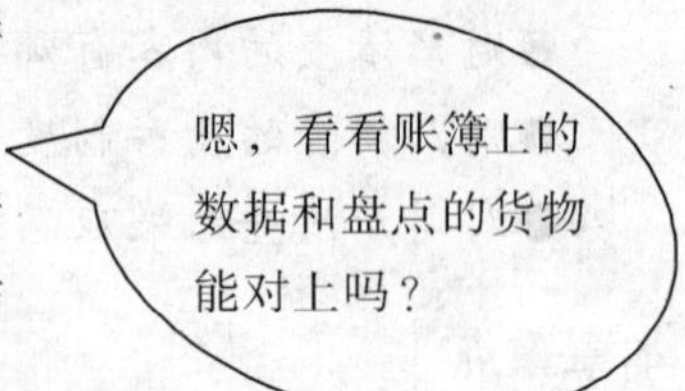

2. 可以查明财产物资盘亏、盘盈的原因，落实经济责任，从而完善企业管理制度，挖掘库存潜力、改善库存结构，提高资金使用效能。

3. 有助于健全财产物资保管制度，保护财产物资安全，提高企业管理水平。

10.1.3　分类

10.1.3.1　按财产清查的范围分类，可分为全面清查和局部清查

1. 全面清查

全面清查是指对所有的财产物资、货币资金和各种债权债务进行全面盘点和核对。全面清查的范围大、内容多、时间长、参与人员广。一般在下列情况下，才需要进行全面清查：

（1）年终决算之前；

（2）单位撤销、合并或改变隶属关系之前；

（3）开展全面的资产评估、清产核资前；

（4）中外合资、国内合资以及股份制改制前；

（5）单位主要领导调离工作前。

2. 局部清查

局部清查是指根据需要，对部分财产物资、货币资金和债权债务进行盘点和核对。其清查的对象主要是流动性较大的财产物资。局部清查具有范围小、内容少、时间短、参与人员少，但专业性强的特点。

值得注意的是，实施局部清查时，对于现金应每日清点、核对；银行存款每月至少应同银行核对一次；债权债务至少每年核对一次；贵重物品至少每月清查一次；各项存货应有计划、有重点地进行抽查。

10.1.3.2　按财产清查的时间分类，可分为定期清查和不定期清查

1. 定期清查

定期清查是指根据计划安排的时间对财产物资、债权债务进行清查。一般是在年

末、季末、月末结账时进行。定期清查可以是局部清查，也可以是全面清查。

2. 不定期清查

不定期清查是指事先并没有规定清查时间，而根据实际需要对财产物资进行的临时性清查。不定期清查可以是全面清查，也可以是局部清查。一般在下列情况下才需进行不定期清查：

（1）更换财产物资和现金保管员、出纳员时，应对有关保管人员所保管的财产物资和现金进行清查；

（2）发生非常灾害和意外损失时，应对受损的有关财产物资进行清查；

（3）企业撤销、合并或改变隶属关系时；

（4）有关部门按需要进行的临时性检查。

10.1.3.3　按清查的执行单位不同，可分为内部清查和外部清查

1. 内部清查

内部清查是指由本企业有关人员对本企业的财产进行清查，也称为“自查”。

2. 外部清查

外部清查是指由企业外部的有关部门或人员根据国家法律或制度的规定对企业的财产进行清查。

财产清查的分类如图10－1所示。

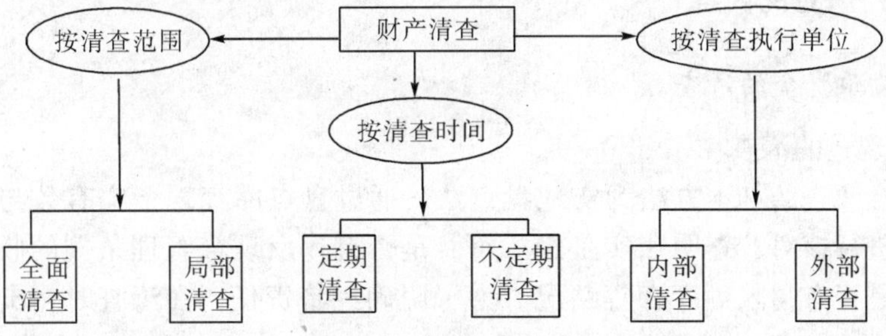

图10－1　财产清查的分类

10.1.4　一般程序

财产清查工作涉及面广、工作量大，为保证财产清查工作顺利、有效地进行，需要遵循一定的程序。一般地说，财产清查的程序包括：

1. 成立清查组织；

2. 组织清查人员学习有关政策规定，掌握有关法律、法规和相关业务知识，以提高财产清查工作的质量；

3. 确定清查对象、范围，明确清查任务；

4. 制定清查方案，具体安排清查内容、时间、步骤、方法，以及必要的清查前准备；

5. 实施财产清查，填制盘存清单；

6. 对财产清查结果进行处理。

10.1.5 准备工作

10.1.5.1 组织准备

组织准备是指成立由会计、业务、仓库等有关部门人员组成的财产清查领导小组，具体负责清查的组织和领导工作。主要工作有：

1. 清查前：制订财产清查的计划。
2. 清查时：具体组织清查工作。
3. 清查后：及时对清查结果进行处理。

10.1.5.2 业务准备

业务准备包括以下内容：

1. 会计部门和会计人员在财产清查前，进行对账结账，做到账证相符、账账相符。
2. 财产物资保管部门保管人员，应对所保管的各种库存品进行归类整理，排列清楚，挂上标签，标明品种、规格和结存数量。
3. 准备好各种必要的、精确的度衡量器具和有关的登记表册。
4. 银行存款和结算款项的清查，还应取得对账单。

10.1.6 财产清查的内容

10.1.6.1 货币资金的清查

1. 库存现金的清查

库存现金清查的基本方法为实地盘点法。通过盘点库存现金实有数与库存现金日记账的余额进行核对，查明账实是否相符、是否有违反现金管理条例的收支、有无白条抵库以及是否有超限额库存等情况。为了明确经济责任，在清查时，出纳人员必须在场。

现金盘点结束后，应根据盘点的结果，填制“库存现金盘点报告表”。该表是重要的原始凭证，既有实物财产清查“盘存单”的作用，又有“实存账存对比表”的作用。“库存现金盘点报告表”填制完毕，应由盘点人和出纳员共同签章方能生效。“库存现金盘点表”格式如表 10－1 所示。

表 10－1　　库存现金盘点报告表

单位名称：　　　　年　月　日

实存数额	账存数额	实存账存对比		备注
		盘盈	盘亏	
		实存 > 账存	实存 < 账存	

盘点人签章：　　　　出纳员签章：

2. 银行存款的清查

银行存款的清查，通常采用银行存款日记账与开户银行提供的“对账单”相核对的方法。清查时按照如下顺序进行：

（1）核对企业“银行存款日记账”与开户银行提供的“银行对账单”的余额，看其是否相符。

核对前，首先把截至清查日的所有银行存款的收、付业务登记入账，对发生的错账、漏账应及时查清更正，然后再与银行的“对账单”逐笔核对。若二者余额相符，一般说明无错误；若发现二者不相符，则可能存在着未达账项。

（2）查找企业与银行之间的未达账项。

未达账项是指在企业与银行之间由于结算凭证的传递时间不同，而导致的双方记账时间不一致。即一方已接到有关结算凭证并已经登记入账，而另一方由于尚未接到有关结算凭证而尚未入账的款项。未达账项分为以下四种情况：

①企业记增加，银行未记增加；

②企业记减少，银行未记减少；

③银行记增加，企业未记增加；

④银行记减少，企业未记减少。

上述任何一种未达账项的存在，都会使企业银行存款日记账余额与银行提供的“对账单”的余额不符，在这种情况下，可编制“银行存款余额调节表”予以证实。

（3）编制“银行存款余额调节表”，证实未达账项的存在。

编制“银行存款余额调节表”，应在企业银行存款日记账余额和银行对账单余额的基础上，分别加减未达账项，调整后的双方余额应该相符。此处的余额是企业当时实际可以动用的款项。其计算公式如下：

企业银行存款日记账余额 + 银行已收企业未收款项 − 银行已付企业未付款项 = 银行对账单余额 + 企业已收银行未收款项 − 企业已付银行未付款项

（4）如果通过“银行存款余额调节表”调节后仍不平衡，应查找企业或银行的账簿记录，找出原因，进行处理。

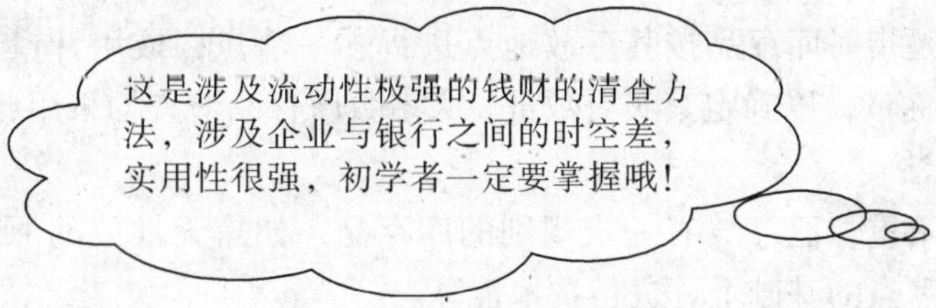

【例 10－1】长胜公司 2010 年 5 月 31 日银行存款日记账的余额为 112 000 元，银行对账单的余额为 148 000 元，经核对发现以下未达账项：

（1）企业将收到的销货款 4 000 元存入银行，企业已登记银行存款增加，而银行尚未登记增加。

（2）企业开出转账支票 36 000 元支付购料款，企业已登记银行存款减少，而银行尚未登记减少。

(3) 收到某单位汇来的购货款 20 000 元，银行已登记增加，企业尚未登记增加。

(4) 银行代企业支付水电费 16 000 元，银行已登记减少，企业尚未登记减少。

根据上述资料编制“银行存款余额调节表”，如表 10－2 所示。

银行存款余额调节表

表 10－2　　　　2010 年 5 月 31 日　　　　单位：元

项目	金额	项目	金额
企业银行存款日记账余额	112 000	银行对账单余额	148 000
加：银行已收企业未收	20 000	加：企业已收银行未收	4 000
减：银行已付企业未付	16 000	减：企业已付银行未付	36 000
调节后的存款余额	116 000	调节后的存款余额	116 000

小提示：

表中“调节后的存款余额”只是表明企业可以实际动用的银行存款数，并非企业银行存款的实际数；“银行存款余额调节表”只是银行存款清查的一种形式，它只起到对账的作用，不能作为调节账面余额的原始凭证；银行存款日记账的登记，必须要在收到有关原始凭证后再予以进行。

10.1.6.2　实物的清查

实物指具有实物形态的各种财产，包括原材料、半成品、在产品、产成品、低值易耗品、包装物和固定资产等。

不同品种的实物财产，由于其实物形态、体积重量、堆放方式等不同，所采用的清查方法也有所不同。常用的实物财产清查方法包括以下两种：

1. 实地盘点法

实地盘点法是指对库存品按其存放地点进行逐一清点，或用计量器具（镑称、米尺等）进行实地称量，以确定其实有数量。大多数库存品清查均采用此种方法。

2. 技术推算法

针对大堆、笨重，但存放有一定规则的库存品，如露天堆放的原煤等，不便于称量，可以在抽样盘点的基础上，进行技术推算。

为了明确经济责任，盘点时，相关保管人员必须在场并参加盘点工作。盘点的结果，应逐一如实登记在“盘存单”上，并由参加盘点的人员和实物保管员签章生效。“盘存单”是记录各项库存品盘点结果的书面证明，一般一式三联，一联由清点人员留存备查，一联交实物保管人员保存，一联交会计部门核对账面记录。其一般格式如表 10－3 所示。

表 10－3　　　　　　　　　　　　　　**盘存单**

单位名称:　　　　　　　　　　　　　　　　　　　　　　　　　　　编号:

财产类别:　　　　　　　　　　存放地点:　　　　　　　　　　　盘点时间:

编号	名称	规格型号	计量单位	数量	单价	金额	备注

盘点人员签章:　　　　　　　　　　　　　　　　　　　　　　　保管人员签名:

盘点结束后，将“盘存单”中记录的实存数与账面结存数核对，确定盘盈或盘亏数额，填制“实存账存对比表”。该表是调整账簿记录的原始凭证，也是分析盈亏原因、明确经济责任的重要依据。其格式如表 10－4 所示。

表 10－4　　　　　　　　　　　　**实存账存对比表**

财产类别:　　　　　　　　　　　　　　　　　　　　　　　　　　　年　月　日

编号	名称及规格	计量单位	实存		账存		盘盈		盘亏		备注
			数量	金额	数量	金额	数量	金额	数量	金额	

10.1.6.3　债权债务的清查

各种债权债务的清查，应采取“询证核对法”，即与对方核对账目。清查单位应在其各种往来款项记录准确的基础上，编制“往来款项对账单”，寄发或派人送交对方单位进行核对。“往来款项对账单”的格式和内容图 10－2 所示。

××单位:

你单位×年×月×日购入我单位×产品×件，已付货款×元，尚有×元货款未付，请核对后将回联单寄回。

核查单位:（盖章）

×年×月×日

沿此虚线裁开，将以下回联单寄回!

- - - - - - - - - - - - - - - - - - - -

往来款项对账单（回联）

××单位:

你单位寄来的“往来款项对账单”已经收到，经核对相符无误。

××单位（盖章）

×年×月×日

图 10－2　往来款项对账单

10.2 存货盘存制度

在会计核算中，由于确定存货账面结存额的依据不同，存在着两种盘存制度，即“永续盘存制”和“实地盘存制”。

10.2.1 永续盘存制（Runing Inventory）

永续盘存制也称账面盘存制，是指在日常会计核算中，在账簿上既记录存货的增加又记录其减少，且必须在有关账簿中连续登记，并随时结出其账面结存数、与实地盘点数相核对的一种制度。

具体做法是：收入或发出某项存货时，根据记录收入或发出业务的凭证，逐笔、逐日在账簿中作出连续登记，并计算出余额。

在永续盘存制下，账户各金额之间的等量关系是：

期末结存数 = 期初结存数 + 本期增加数 - 本期减少数

如表10-5所示，长胜公司采用“永续盘存制”反映其材料的增减变化情况。6月份，甲材料明细账既登记了其增加的数量和成本，也登记了其减少的数量和成本以及最后的结存情况。

表10-5　　原材料明细账

材料名称：甲材料　　单位：千克

2010年		凭证		摘要	收入			发出			余额		
月	日	字	号										
6	1			期初余额							15	100	1 500
	2		1	购进	20	100	2 000				35	100	3 500
	15		3	领用				10	100	1 000	25	100	2 500
	30			本月合计	20	100	2 000	10	100	1 000	25	100	2 500

可以看出，企业采用永续盘存制，便于随时掌握存货的收入、发出和结存情况，有利于加强财产管理，有利于实施会计监督，但是存货的明细分类核算工作量较大。在实际工作中，大多数企业采用永续盘存制。

10.2.2 实地盘存制（Physical Inventory）

实地盘存制，是指在日常会计核算中，在账簿上只登记存货的增加，不登记其减少，期末根据实地盘点数倒挤出本期减少数的一种方法。

具体做法是：平时只登记存货的增加数，不登记发出数，月末按照期末实地盘点数量确认期末数，根据盘点的期末数倒挤出减少数。

在实地盘存制下，账户各金额之间的等量关系是：

本期发出数 = 期初结存数 + 本期收入数 - 期末实存数

发出存货成本 = 发出数量 × 确定的存货单价

【例 10-2】某种材料月初余额 3 500 千克，单价 2 元。本月两次购入该材料，共计 2 500 千克，单价为 2 元。月末，经盘点确认该材料的结存数量为 1 500 千克。

解析：发出存货数量 = 期初数量 + 本期增加数量 - 期末数量

= 3 500 + 2 500 - 1 500 = 4 500（千克）

发出存货成本 = 发出存货数量 × 确定的存货单价

= 4 500 × 2 = 9 000（元）

采用实地盘存制，核算工作简单，工作量小，但倒挤出的存货减少数中可能存在一些非正常因素，不便于实行会计监督。所以只有那些品种多、价值低、收发交易比较频繁，数量不稳定、损耗大且难以控制的存货，才采用这种方法，如鲜活商品的核算。

10.3　财产清查结果的处理

10.3.1　财产清查结果的处理要求

通过财产清查，可以发现企业财产管理和核算方面存在的问题，对所发现的问题应当认真分析研究、总结经验，按照有关财产管理制度，做好财产清查结果的处理工作。具体有以下要求：

1. 分析产生差异的原因和性质，提出处理建议。

一般来说，由个人造成的损失，应由个人赔偿；因管理不善原因造成的损失，应作为企业“管理费用”入账；因自然灾害造成的非常损失，应列入企业的“营业外支出”。

2. 积极处理多余积压财产，清理往来款项。

对于企业不需用的或多余物资，除在单位内部设法利用、改制代用外，还应积极处理。对于长期不清的债权、债务要指定专人负责查明原因，主动与对方单位协商解决。

3. 总结经验教训，建立健全各项管理制度。

针对财产清查中所发现的问题，要总结经验教训，查找存在问题的原因，而对管理不严造成的问题，则需要建立健全必要的规章制度，明确责任，从根本上解决问题。

4. 及时调整账簿记录，保证账实相符。

对于财产清查中发现的盘盈或盘亏，应及时调整账面记录，以保证账实相符。要根据清查中取得的原始凭证编制记账凭证，登记有关账簿，使各种库存品的账存数与实存数相一致，同时反映待处理财产损溢的发生。

10.3.2 财产清查结果的处理步骤和方法

10.3.2.1 处理步骤

在财产清查中发现的盘盈和盘亏等问题，首先要核准金额，然后按规定的程序报经主管领导批准后，才能进行会计处理。其主要步骤如下：

1. 核准金额，查明差异原因，提出处理意见。

对财产清查结果进行具体的处理之前，应对有关原始凭证中所记录的盈亏数据作全面的核实，即核准货币资金、存货和债权资产的盈亏金额，并对各项差异的性质及其原因进行分析，提出处理意见，报送有关领导和部门批准。

2. 调整账簿记录，做到账实相符。

在核准金额、查明原因的基础上，为了做到账实相符、保证会计信息真实正确，对财产清查中发现的盘盈或盘亏，应及时进行批准前的会计处理，即根据“实存账存对比表”等原始凭证编制记账凭证，并据以调整账簿记录。

3. 报经批准后，登记入账，予以核销。

在有关领导部门对所呈报的财产清查结果处理意见作出批示后，企业应严格按照批复意见编制记账凭证，登记有关账簿，及时进行批准后的账务处理。

10.3.2.2 处理方法

为了核算各单位在财产清查过程中查明的各种财产的盈亏或毁损及其报经批准后的转销数额，企业应设置“待处理财产损溢”账户。该账户属于资产类账户，是暂记账户，下设“待处理流动资产损溢”和“待处理固定资产损溢”两个明细分类账户，以进行明细分类核算。该类账户借方登记各项财产的盘亏或毁损数额和各项盘盈财产报经批准后的转销数；贷方登记各项财产的盘盈数额和各项盘亏或毁损财产报经批准后的转销数，按规定企业的各项盘盈、盘亏必须于期末结账前处理完毕，所以该账户期末无余额。

注意：
账面数 > 实存数，即为盘亏
账面数 < 实存数，即为盘盈

10.3.2.3 账务处理

1. 现金清查结果的账务处理

（1）现金盘亏。属于应由责任人赔偿或保险公司赔偿的部分计入“其他应收款”账户；属于无法查明原因的，应由企业自行承担的部分计入“管理费用”账户。

（2）现金盘盈。属于应支付给个人或单位的部分计入“其他应付款”账户；属于无法查明原因的，计入“营业外收入”账户。

【例 10－3】长胜公司某日进行现金清查，经清点发现库存现金为 4 500 元，而现金日记账上的余额是 4 650 元。假设，经批准盘亏的现金由出纳赔偿。

（1）批准前

经济业务分析：

①公司现金盘亏，应选择“待处理财产损溢”账户（资产类），该账户是暂记账户，由于资产在会计等式左方，按“借增贷减”规则，此时资产盘亏，“待处理财产损溢”应记借方；

相当于费用增加

②公司的现金盘亏，应选择“库存现金”账户（资产类），由于资产在会计等式左方，按“借增贷减”规则，此时“库存现金”减少，应记贷方；

③按记账规则，借方和贷方对应账户各自金额合计相等，为 150 元。

会计分录为：

借：待处理财产损溢—— 待处理流动资产损溢　　150

　贷：库存现金　　150

（2）批准后

经济业务分析：

①公司盘亏的现金由出纳赔偿，应选择“其他应收款”账户，由于资产在会计等式左方，按“借增贷减”规则，此时“其他应收款”增加，应记借方；

②经批准后处理盘亏的现金，应选择“待处理财产损溢”账户（资产类），该账户是暂记账户，按“借增贷减”规则，此时“待处理财产损溢”应记贷方；

③按记账规则，借方和贷方对应账户各自金额合计相等，为 150 元。

会计分录为：

借：其他应收款　　150

　贷：待处理财产损溢—— 待处理流动资产损溢　　150

【例 10－4】长胜公司某日进行现金清查，经清点发现库存现金为 3 300 元，而现金日记账上的余额是 3 250 元。经反复核查，未查明原因。

（1）批准前

经济业务分析：

①公司现金盘盈，应选择“库存现金”账户（资产类），由于资产在会计等式左方，按“借增贷减”规则，此时“库存现金”增加，应记借方；

②公司现金盘盈，应选择“待处理财产损溢”账户（资产类），该账户是暂记账户，由于资产在会计等式左方，按“借增贷减”规则，此时资产盘盈，“待处理财产损溢”应记贷方；

相当于收入增加

③按记账规则，借方和贷方对应账户各自金额合计相等，为 50 元。

会计分录为：

借：库存现金　　50

　贷：待处理财产损溢—— 待处理流动资产损溢　　50

（2）批准后

经济业务分析：

①经批准后处理盘盈的现金，应选择“待处理财产损溢”账户（资产类），该账户是暂记账户，按“借增贷减”规则，此时“待处理财产损溢”应记借方；

②盘盈的现金未查明原因，应选择“营业外收入”账户（收益类），由于收益在会计等式“左”方，按“借减贷增”规则，此时“营业外收入”增加，应记贷方。

③按记账规则，借方和贷方对应账户各自金额合计相等，为50元。

会计分录为：

借：待处理财产损溢——待处理流动资产损溢　　50

　贷：营业外收入　　50

2. 存货清查结果的账务处理

①存货盘亏或毁损，属于应由责任人赔偿或机构赔偿的部分，计入“其他应收款”账户；属于定额内自然损耗或计量工具不准等原因造成的部分，计入“管理费用”账户；属于非常损失所造成的财产毁损，扣除保险公司赔款和残料价值后，计入“营业外支出”账户。

②存货盘盈，冲减“管理费用”账户。

【例10－5】长胜公司在财产清查过程中，发现甲材料毁损200千克，其单价为18元。经查明，甲材料毁损是由于非常损失造成的。

（1）批准前

经济业务分析：

①公司材料毁损，应选择“待处理财产损溢”账户（资产类），该账户是暂记账户，由于资产在会计等式左方，按“借增贷减”规则，此时资产盘亏，“待处理财产损溢”应记借方；

相当于费用增加

②公司材料毁损，应选择“原材料”账户（资产类），由于资产在会计等式左方，按“借增贷减”规则，此时“原材料”减少，应记贷方；

③按记账规则，借方和贷方对应账户各自金额合计相等，为3 600元。

会计分录为：

借：待处理财产损溢——待处理流动资产损溢　　3 600

　贷：原材料——甲材料　　3 600

（2）批准后

经济业务分析：

①经批准后毁损的材料由非常损失造成，应选择“营业外支出”账户（费用类），由于费用在会计等式左方，按“借增贷减”规则，此时“营业外支出”增加，应记借方。

②经批准后处理毁损的材料，应选择“待处理财产损溢”账户（资产类），该账户是暂记账户，按“借增贷减”规则，此时“待处理财产损溢”应记贷方；

③按记账规则，借方和贷方对应账户各自金额合计相等，为3 600元。

会计分录为：

借：营业外支出　　3 600

贷：待处理财产损溢——待处理流动资产损溢　　3 600

【例10－6】长胜公司在财产清查中盘盈乙材料2 000千克，其单价为每千克4元。经查明，是由于收发计量错误造成的。

（1）批准前

经济业务分析：

①公司材料盘盈，应选择“原材料”账户（资产类），由于资产在会计等式左方，按“借增贷减”规则，此时“原材料”增加，应记借方；

②公司材料盘盈，应选择“待处理财产损溢”账户（资产类），该账户是暂记账户，由于资产在会计等式左方，按“借增贷减”规则，此时资产盘盈，“待处理财产损溢”应记贷方；

（相当于收入增加）

③按记账规则，借方和贷方对应账户各自金额合计相等，为8 000元。

会计分录为：

借：原材料——A材料　　8 000

　贷：待处理财产损溢——待处理流动资产损溢　　8 000

（2）批准后

经济业务分析：

①经批准后处理盘盈的材料，应选择“待处理财产损溢”账户（资产类），该账户是暂记账户，按“借增贷减”规则，此时“待处理财产损溢”应记借方；

②盘盈的材料由收发计量错误造成，应选择“管理费用”账户（费用类），由于费用在会计等式右方，按“借增贷减”规则，此时“管理费用”减少，应记贷方；

③按记账规则，借方和贷方对应账户各自金额合计相等，为8 000元。

会计分录为：

借：待处理财产损溢——待处理流动资产损溢　　8 000

　贷：管理费用　　8 000

3. 债权债务清查结果的账务处理

在财产清查中，查明确实无法收回的应收款项和无法付出的应付款项，不通过“待处理财产损溢”账户核算，而是在原来账面记录的基础上，按规定程序批准后，直接转账冲销。对无法收回的应收款项，冲减已计提的坏账准备金；对无法支付的应付款项，经批准后直接转入“营业外收入”账户。

【例10－7】长胜公司在财产清查中，查明应付甲公司的货款40 000元确实无法支付出去，经批准后转作营业外收入。

经济业务分析：

（1）应付甲公司货款无法支付，应选择“应付账款”账户（负债类），由于负债在会计等式右方，按“借减贷增”规则，此时“应付账款”减少，应记借方；

（2）应付甲公司货款无法支付，应选择“营业外收入”账户（收益类），由于收益在会计等式右方，按“借减贷增”规则，此时“营业外收入”增加，应记贷方；

（3）按记账规则，借方和贷方对应账户各自金额合计相等，为40 000元。

会计分录为：

借：应付账款——甲公司　　40 000

　贷：营业外收入　　40 000

4. 固定资产清查结果的账务处理

（1）固定资产盘亏。属于应由责任人赔偿或保险公司赔偿的部分，计入“其他应收款”账户；属于其他原因的一般计入“营业外支出”账户。

（2）固定资产盘盈。属于会计差错的，应通过“以前年度损益调整”账户核算。在此不作详细介绍。

【例10－8】长胜公司在财产清查中，发现盘亏设备一台，其原价为30 000元，已计提折旧28 000元。

（1）批准前

经济业务分析：

①公司盘亏设备，应选择“待处理财产损溢”账户（资产类），该账户是暂记账户，由于资产在会计等式左方，按“借增贷减”规则，此时资产盘亏，“待处理财产损溢”应记借方；

相当于费用增加

②公司盘亏设备转出折旧，应选择“累计折旧”账户（资产类），由于资产在会计等式左方，该账户是固定资产的备抵账户，按“借减贷增”规则，此时“累计折旧”减少，应记借方；

③公司盘亏设备，应选择“固定资产”账户（资产类），由于资产在会计等式左方，按“借增贷减”规则，此时“固定资产”减少，应记贷方；

④按记账规则，借方和贷方对应账户各自金额合计相等，为30 000元。

会计分录为：

借：待处理财产损溢—— 待处理固定资产损溢　　2 000

　　累计折旧　　28 000

　贷：固定资产　　30 000

（2）批准后

经济业务分析：

①经批准后设备盘亏属于其他原因，应选择“营业外支出”账户（费用类），由于费用在会计等式左方，按“借增贷减”规则，此时“营业外支出”增加，应记借方；

②经批准后处理盘亏设备，应选择“待处理财产损溢”账户（资产类），该账户是暂记账户，按“借增贷减”规则，此时“待处理财产损溢”应记贷方；

③按记账规则，借方和贷方对应账户各自金额合计相等，为2 000元。

会计分录为：

借：营业外支出　　2 000

　贷：待处理财产损溢—— 待处理固定资产损溢　　2 000

复习思考题

1. 简述永续盘存制和实地盘存制。

2. 某出纳对账时发现现金日记账比实存现金多了273.60元。你能判断这笔错款的原因吗?

3. 什么是“未达账项”?简述银行存款发生“未达账项”的四种情况。

实务练习题

一、单项选择题

1. 通过财产清查,能确保( )。

A. 账证相符　B. 账实相符　C. 账账相符　D. 账表相符

2. 仓库因水灾发生损失。为查明损失情况而进行的盘点,按时间分类属于( )。

A. 定期清查　B. 不定期清查　C. 全面清查　D. 局部清查

3. 技术推算盘点法,通常用于对( )的清查。

A. 固定资产　B. 贵重存货　C. 库存现金　D. 大宗材料物资

4. 对库存现金的清查,采用的方法是( )。

A. 实地盘点　B. 与银行对账　C. 查询核对　D. 技术推算

5. 现金清查中无法查明原因的短款,经批准后计入( )。

A. 管理费用　B. 财务费用　C. 其他应收款　D. 营业外支出

6. 某企业仓库本期期末盘亏原材料原因已经查明,属于自然损耗,经批准后,应编制的会计分录为( )。

A. 借:待处理财产损溢
　　贷:原材料

B. 借:待处理财产损溢
　　贷:管理费用

C. 借:管理费用
　　贷:待处理财产损溢

D. 借:营业外支出
　　贷:待处理财产损溢

7. 出纳每天工作结束前都要将库存现金日记账结清并与库存现金实存数核对,这属于( )。

A. 账账核对　B. 账证核对　C. 账实核对　D. 账表核对

8. “待处理财产损溢”账户未转销的借方余额表示( )。

A. 等待处理的财产盘盈

B. 等待处理的财产盘亏

C. 尚待批准处理的财产盘盈数大于尚待批准处理的财产盘亏和毁损数的差额

D. 尚待批准处理的财产盘盈数小于尚待批准处理的财产盘亏和毁损数的差额

9. 对银行存款进行清查时,应将( )与银行对账单逐笔核对。

A. 银行存款总账　　B. 银行存款日记账
C. 银行支票备查簿　　D. 库存现金日记账

10. 下列各项中，采用与对方核对账目的方法清查的是（　　）。
A. 固定资产　　B. 存货　　C. 库存现金　　D. 往来账款

11. 调整前，企业银行存款日记账余额为56 000元；银行已收，企业未收的款项为2 000元；企业已收，银行未收的款项为1 200元；银行已付，企业未付的款项为3 000元。调整后企业银行存款账余额为（　　）元。
A. 56 200　　B. 55 000　　C. 58 000　　D. 51 200

12. 存货盘盈，经批准后应冲减（　　）。
A. 管理费用　　B. 财务费用　　C. 原材料　　D. 库存商品

13. 一般来说，在企业撤销、合并和改变隶属关系时，应对财产进行（　　）。
A. 全面清查　　B. 局部清查　　C. 实地盘点　　D. 定期清查

14. 库存现金盘点时发现短缺，应借记的会计科目是（　　）。
A. 库存现金　　B. 其他应付款
C. 待处理财产损溢　　D. 其他应收款

15. 对实物资产进行清查盘点时，（　　）必须在场。
A. 实物保管员　　B. 记账人员
C. 会计主管　　D. 单位领导

16. 财产清查中发现库存材料实存数小于账面数，原因为自然损耗，经批准后，应（　　）。
A. 增加营业外收入　　B. 增加管理费用
C. 减少管理费用　　D. 增加营业外支出

17. 财产物资的保管员发生变动时，应对其经管的那部分财产进行清查，这种清查属于（　　）。
A. 局部清查和定期清查　　B. 局部清查和不定期清查
C. 全面清查和定期清查　　D. 全面清查和不定期清查

18. 对实物资产的盘点结果编制并据以调整账面记录的原始凭证是（　　）。
A. 盘存单　　B. 入库单
C. 实存账存对比表　　D. 领料单

19. 月末存在未达账项时，企业实际可动用的银行存款数额是（　　）。
A. 企业银行存款日记账上的余额
B. 银行对账单上的存款余额
C. 银行存款余额调节表中调整后的存款余额
D. 以上三项都不是

二、多项选择

1. 财产的盘存制度有（　　）。
A. 权责发生制　　B. 收付实现制

C. 实地盘存制 D. 永续盘存制

2. 以下情形中，应该对财产进行不定期清查的是（　　）。

A. 发现库存现金被盗 B. 与其他企业合并

C. 年终决算时 D. 自然灾害造成部分财产损失

3. 发生下列（　　）事项需要对财产物资进行不定期的局部清查。

A. 库存现金、财产物资保管人员更换时

B. 企业改变隶属关系时

C. 发生非常灾害造成财产物资损失时

D. 企业进行清产核资时

4. 属于“未达账项”的情况有（　　）。

A. 企业已收，银行未收 B. 企业已付，银行未付

C. 企业未收，银行已收 D. 企业未付，银行已付

5. 以下情况中可能造成账实不符的有（　　）。

A. 财产收发计量或检验不准 B. 管理不善

C. 未达账项 D. 账簿记录发生差错

6. 财产清查按清查的时间可分为（　　）。

A. 定期清查 B. 不定期清查

C. 全面清查 D. 局部清查

7. 常用的实物资产的清查方法包括（　　）。

A. 技术推算法 B. 实地盘点法

C. 函证核对法 D. 账目核对法

8. 单位年终决算时进行的清查属于（　　）。

A. 全面清查 B. 局部清查

C. 定期清查 D. 不定期清查

9. 存货在盘亏或毁损时记入“待处理财产损溢”的金额，批准后可能计入（　　）等科目。

A. 营业外支出 B. 其他应收款

C. 管理费用 D. 其他应付款

10. 下列适用“询证函”查询核对法的是（　　）。

A. 应收账款 B. 库存商品 C. 库存现金 D. 应付账款

三、判断题

1. 每日终了，必须将银行存款日记账与银行对账单进行核对。（　　）

2. 永续盘存制是以耗计存或以销计存，一般适用于价值低、进出频繁的材料物资盘点。（　　）

3. 企业的定期清查一般在期末进行，可以是全面清查，也可以是局部清查。（　　）

4. 企业确认无法支付的应付账款，计入营业外收入；确认无法收回的应收账款，

应计入营业外支出。 (　　)

5. “银行存款余额调节表”只起对账的作用，不能作为登记账簿的依据，所有未达账项只能待收到银行转来的有关收付款结算凭证时方可登记入账。 (　　)

6. 盘盈固定资产的入账价值应是其净值。 (　　)

7. 对于银行存款的清查，一般采用实地盘点的方法。 (　　)

8. 实地盘存制下，计算确定本月财产物资减少数的依据是实地盘点的结果。 (　　)

9. 未达账项只是在企业和银行之间发生，企业与企业之间不会发生。 (　　)

10. 企业在财产清查中盘盈的固定资产，应通过“以前年度损益调整”账户核算。 (　　)

四、实务计算题

（一）某厂年终进行财产清查，发现下列事项：

1. 盘亏水泵一部，原价5 200元，账面已提折旧1 400元。

2. 甲材料账面余额455千克，价值19 110元。盘点实际存量为450千克。

3. 乙材料账面余额166千克，价值5 312元，盘点实际存量为161千克。

4. 丙材料盘盈25千克，每千克30元，经查明属于日常收发计量差错。

5. 经查实，应收账款中某运输公司的欠款250元，属于委托该公司运输材料，由于装卸工疏忽而造成的损失，已确定由该公司赔偿；但该运输公司已撤销，该笔应收账款无法收回。

上述各项盘盈、盘亏和损失，经查原因属实，报请领导审核批准，作如下处理：

1. 盘亏水泵系因自然灾害招致毁损，作非常损失处理。

2. 经查明，甲材料中：3千克为定额内损耗，2千克为日常收发计量差错。均列入管理费用。

3. 乙材料缺少数为保管员失职造成，责成过失人赔偿。

4. 丙材料盈余属于日常收发计量差错，冲减当期损益。

5. 无法收回的应收款，作坏账损失处理。

要求：

1. 将上列清查结果编制审批前的会计分录。

2. 根据报请批准处理的结果编制会计分录。

（二）某企业2009年6月30日银行存款日记账余额为238 000元，银行对账单余额为243 000元。经逐笔核对，发现有以下几笔未达账项：

1. 企业偿还A公司货款25 000元已登记入账，但银行尚未登记入账；

2. 企业收到销售商品款35 100元已登记入账，但银行尚未登记入账；

3. 银行划转电费4 900元已登记入账，但企业尚未收到付款通知单、未登记入账；

4. 银行收外地汇入货款20 000元已登记入账，但企业尚未收到收款通知单、未登记入账。

要求：填写下列银行存款余额调节表。

银行存款余额调节表

2009 年 6 月 30 日　　　　　　货币单位：元

项目	金额	项目	金额
企业银行存款日记账余额		银行对账单余额	
加：银行已收，企业未收款		加：企业已收，银行未收款	
减：银行已付，企业未付款		减：企业已付，银行未付款	
调节后余额		调节后余额	

第 11 章　账务处理程序与会计循环

本章要解决的问题

●什么是账务处理程序？
●三种账务处理程序各有什么特点？程序是什么？分别适用于什么企业？
●三种会计循环的流程是什么？

本章重点

●三种账务处理程序各自的特点
●三种会计循环的流程

本章难点

●三种会计循环的流程

11.1　账务处理程序（Accounting Process Procedure）概述

11.1.1　财务处理程序——按业务规模大小区分的处理程序

账务处理程序又称会计核算组织程序或核算形式，是指在会计核算中，以账簿体系为核心，把会计凭证、会计账簿、记账程序和记账方法有机地结合起来的技术组织方式。其中，账簿体系是指账簿的种类、格式和各种账簿之间的相互关系，记账程序和记账方法是指会计凭证的整理、传递以及登记账簿并据以编制会计报表的程序和方法。由于各会计主体的业务性质、规模大小不同，应当设置的账簿种类、格式和账簿之间的相互关系，以及与之相适应的记账程序和记账方法也就不完全相同。不同的账簿组织、记账程序和记账方法相互结合在一起，就构成了不同的核算组织程序。

为了科学地组织会计核算工作，充分发挥会计的核算和监督职能，各会计主体应根据会计制度的要求，结合本单位的实际情况，选用适当的、实用的会计核算组织程序。一般来说，应符合以下要求：

1. 与本单位经济活动的性质、规模的大小和业务的繁简程度相适应，有利于会计核算工作的分工协作和建立，有利于落实会计工作岗位责任制。

2. 能全面、系统地反映单位经济活动情况，以满足经营管理需要。

3. 在保证会计信息质量正确、及时、完整的前提下，应尽可能地减少会计核算的工作量，以提高会计工作效率、节省核算费用。

11.1.2　账务处理程序种类

各种核算组织程序的根本区别在于登记总分类账的依据和方法不同，企业根据自身规模大小，可选用以下三种账务处理程序：

1. 记账凭证账务处理程序
2. 汇总记账凭证账务处理程序
3. 科目汇总表账务处理程序

11.1.2.1　记账凭证账务处理程序

1. 特点

记账凭证账务处理程序是根据记账凭证直接逐笔登记总分类账的一种账务处理程序，是最基本、最简单的账务处理程序。

2. 核算要求

（1）记账凭证

记账凭证可以采用通用格式，也可以采用收款凭证、付款凭证及转账凭证的专用格式。

（2）账簿设置

①三栏式总账，三栏式现金、银行存款日记账；

②三栏式、多栏式、数量金额式等明细账。

3. 核算步骤

（1）根据原始凭证或原始凭证汇总表编制记账凭证；

（2）根据与收款、付款有关的记账凭证序时、逐笔登记现金日记账和银行存款日记账；

（3）根据记账凭证和有关原始凭证（原始凭证汇总表）登记各种明细账；

（4）根据记账凭证逐笔登记总分类账；

（5）将现金日记账、银行存款日记账和有关明细账余额分别与总分类账的有关账户余额定期进行核对；

（6）月末，根据总账、明细账和其他有关资料编制会计报表。

记账凭证账务处理程序核算步骤如图 11－1 所示。

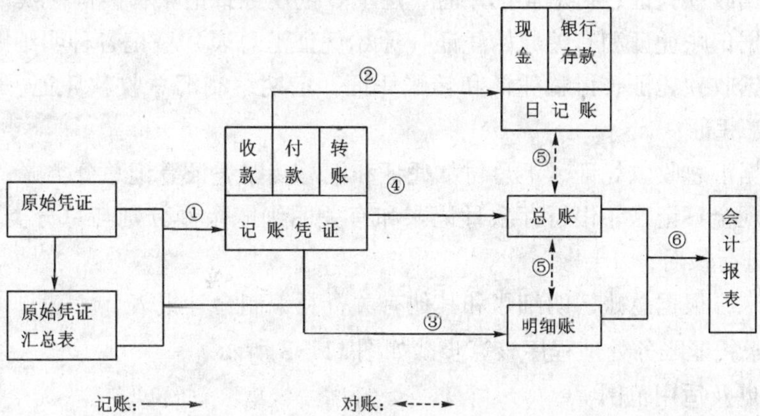

图 11－1　记账凭证账务处理程序核算步骤图

4. 优缺点及适用范围

采用记账凭证账务处理程序，优点是简单明了、容易理解，总分类账能详细地反映经济业务的发生情况，便于分析检查。部分经济业务发生较少的账户，总账可代替明细账。其不足之处是逐笔登记总分类的工作量较大，不便于分工记账。

这种账务处理程序一般只适用于规模小、经济业务较少的单位。

11.1.2.2 汇总记账凭证账务处理程序

1. 特点

汇总记账凭证账务处理程序，是根据收款凭证、付款凭证和转账凭证定期编制汇总记账凭证，再根据汇总记账凭证登记总账的一种账务处理程序。

2. 核算要求

（1）记账凭证

①采用收款凭证、付款凭证、转账凭证的专用格式；

②编制汇总收款凭证、汇总付款凭证及汇总转账凭证。

（2）账簿设置

①三栏式总账，三栏式现金、银行存款日记账；

②三栏式、多栏式、数量金额式等明细账。

3. 编制方法

（1）汇总收款凭证。以“库存现金”、“银行存款”为借方科目分别开设，分别根据“库存现金”和“银行存款”这两个账户对应的贷方账户归类汇总编制。

（2）汇总付款凭证。以“库存现金”、“银行存款”为贷方科目分别开设，分别根据“库存现金”和“银行存款”这两个账户对应的借方账户归类汇总编制。

（3）汇总转账凭证。按每个科目（“库存现金”、“银行存款”除外）的贷方分别开设，根据对应账户的借方账户归类汇总编制。

注意：汇总转账凭证只能是一贷一借或一贷多借！

4. 核算步骤

（1）根据原始凭证或原始凭证汇总表编制专用记账凭证；

（2）根据收款凭证、付款凭证序时、逐笔登记现金日记账和银行存款日记账；

（3）根据记账凭证和有关原始凭证（原始凭证汇总表）登记各种明细账；

（4）根据收款凭证、付款凭证和转账凭证，定期编制汇总收款凭证、汇总付款凭证和汇总转账凭证；

（5）根据汇总收款凭证、汇总付款凭证和汇总转账凭证登记总分类账；

（6）将现金日记账、银行存款日记账和有关明细账余额分别与总分类账的有关账户余额定期进行核对；

（7）月末，根据总账、明细账和其他有关资料编制会计报表。

汇总记账凭证账务处理程序核算步骤如图 11 -2 所示。

5. 优缺点及适用范围

采用汇总记账凭证账务处理程序，其优点是，可以反映账户的对应关系，有助于

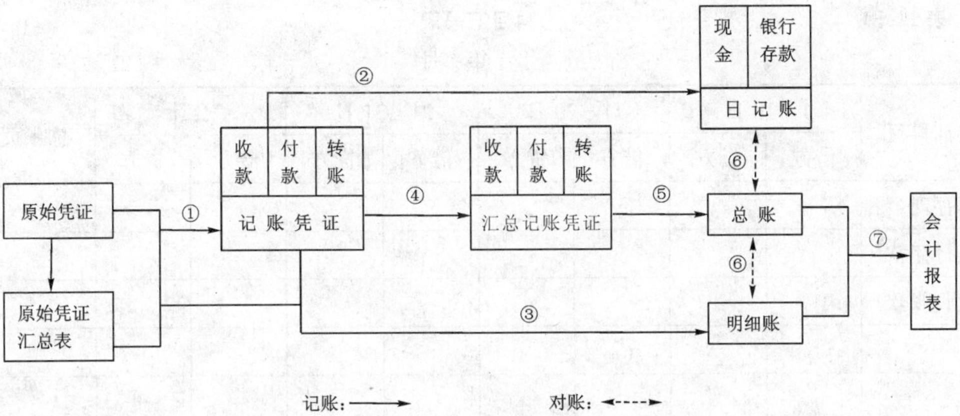

图 11－2　汇总记账凭证账务处理程序核算步骤图

了解经济业务的来龙去脉，便于分析和检查，而且简化了登记总账的工作；其不足之处是，记账凭证的汇总是按有关账户借方或贷方而不是按照经济业务性质归类汇总的，不便于会计分工，同时汇总的工作量较大。

这种账务处理程序适用于规模较大、经济业务较多的单位。

11.1.2.3　科目汇总表账务处理程序

1. 特点

科目汇总表账务处理程序是根据记账凭证定期编制科目汇总表，再根据科目汇总表登记总分类账的一种账务处理程序。

2. 核算要求

(1) 记账凭证

记账凭证可采用通用格式，也可以采用收款凭证、付款凭证及转账凭证的专用格式。除此之外还要编制科目汇总表。

(2) 账簿设置

①三栏式总账，三栏式现金、银行存款日记账；

②三栏式、多栏式、数量金额式等明细账。

3. 编制方法

(1) 将定期（每 5 天、一旬或一月等，企业可视单位经济业务多少自行确定）内所涉及的会计科目按一定顺序填列在表内的“会计科目”栏内；

(2) 采用“T”字账户工作底稿，将记账凭证中每一个会计科目的借、贷方发生额加计后，分别填入表内各相应会计科目的“借方”和“贷方”栏内；

(3) 分别将各会计科目借方发生额合计、贷方发生额合计，分别填入表内“合计”栏内，并进行试算平衡。

科目汇总表如表 11－1 所示。

表 11－1　　　　　　　　　　科目汇总表

年　月

会计科目	1－10 日		11－20 日		21－31 日		合计		总账页数
	借方	贷方	借方	贷方	借方	贷方	借方	贷方	
库存现金									
银行存款									
应收账款									
…									
…									
合 计									

4. 核算步骤

（1）根据原始凭证或原始凭证汇总表编制记账凭证；

（2）根据与收款、付款有关的记账凭证序时、逐笔登记现金日记账和银行存款日记账；

（3）根据记账凭证和有关原始凭证（原始凭证汇总表）登记各种明细账；

（4）根据各记账凭证定期编制科目汇总表；

（5）根据科目汇总表登记总分类账；

（6）将现金日记账、银行存款日记账和有关明细账余额分别与总分类账的有关账户余额定期进行核对；

（7）月末，根据总账、明细账和其他有关资料编制会计报表。

科目汇总表账务处理程序核算步骤如图 11－3 所示。

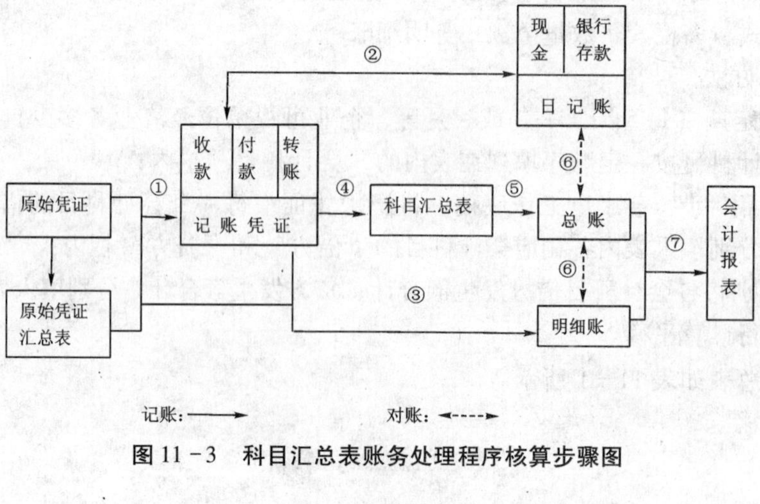

图 11－3　科目汇总表账务处理程序核算步骤图

5. 优缺点及适用范围

采用科目汇总表账务处理程序，其优点是根据科目汇总表登记总分类账简化了登记总账的工作量，也便于试算平衡；其不足之处在于，科目汇总表不能反映账户的对应关系，不便于分析和检查经济业务的来龙去脉以及查对账目。

这种账务处理程序适用于规模较大、经济业务较多的单位。

三种账务处理程序的比较如表 11 - 2 所示。

表 11 - 2　　三种账务处理程序的比较

账务处理程序	核算要求		核算步骤		优点	缺点	适用范围
	相同	不同	相同	不同			
记账凭证账务处理程序	1. 设置三栏式总账，现金和银行存款日记账 2. 设置三栏式、多栏式、数量金额式等明细账	通用、专用格式的记账凭证都行	1. 根据原始凭证和原始凭证汇总表编制记账凭证；2. 根据与收款、付款有关的记账凭证序时、逐笔登记现金日记账和银行存款日记账；3. 根据记账凭证和有关原始凭证（原始凭证汇总表）登记各种明细账；4. 将现金日记账、银行存款日记账和有关明细账余额分别与总分类账的有关账户余额定期进行核对；5. 月末，根据总账、明细账和其他有关资料编制会计报表。	根据记账凭证逐笔登记总分类账。	简单明了，容易理解，总分类账就能详细地反映经济业务的发生情况，便于分析检查；部分经济业务发生较少账户，总账可代替明细账。	逐笔登记总分类的工作量较大，不便于分工记账。	规模小、经济业务较少的单位。
汇总记账凭证账务处理程序		只能是专用格式的记账凭证，编制汇总记账凭证		1. 定期编制汇总收款凭证、汇总付款凭证和汇总转账凭证；2. 再根据汇总收款凭证、汇总付款凭证和汇总转账凭证登记总分类账。	可以反映账户的对应关系，了解经济业务的来龙去脉，便于分析和检查，而且简化了登记总账的工作。	记账凭证的汇总是按有关账户借方或贷方而不是按照经济业务性质归类汇总的，不便于会计分工，同时汇总工作量较大。	规模较大、经济业务较多的单位。
科目汇总表账务处理程序		通用、专用记账凭证都可以，除此之外还要编制科目汇总表		1. 根据各记账凭证定期编制科目汇总表；2. 再根据科目汇总表登记总分类账。	简化了登记总账的工作量，也便于试算平衡。	不能反映账户的对应关系，不便于分析和检查经济业务的来龙去脉，查对账目。	规模较大、经济业务较多的单位。

11.2　会计循环（Accounting Cycle）

11.2.1　会计循环——按不同行业经济业务复杂程度区分的处理程序

会计循环是指在经济业务事项发生时，从填制和审核会计凭证开始，到登记账簿，直至编制财务会计报告，即完成一个会计期间会计核算工作的过程。这个循环意味着这些程序必须持续重复进行，在合理的会计期间内必须更新财务报表。在日常经济活动中，根据不同行业经济业务的复杂程度，可分为三种会计循环：

1. 第一种会计循环——以服务性企业为例
2. 第二种会计循环——以商品购销企业为例
3. 第三种会计循环——以工业制造业为例

本节中提及的三种会计循环，业务量依次由少到多，业务内容由简入繁，企业性质由供给劳务到购销商品，到生产产品再进行销售，以期逐步引导入门。

11.2.2 第一种会计循环——以服务性企业为例

该循环主要涉及的过程和环节有：

1. 根据日常经济业务发生时收集的原始凭证，分析经济业务的内容；

2. 根据审核无误的日常经济业务原始凭证，填制记账凭证（编制会计分录）；

3. 根据记账凭证登记有关账簿（过账）；

4. 计算出各账户的发生额合计数和余额，并编制结账前试算平衡表，如试算平衡发现核算错误，改正后的内容返回序号2的程序，重新顺序核算；

5. 期末按照权责发生制的原则进行账项调整（分录、过账、结余额），结清虚账户，结转实账户；

6. 根据期末各账户余额，编制结账后试算平衡表，如试算平衡发现核算错误，改正后的内容返回序号2的程序，重新顺序核算；

7. 编制会计报表。

第一种会计循环如图11－4所示。

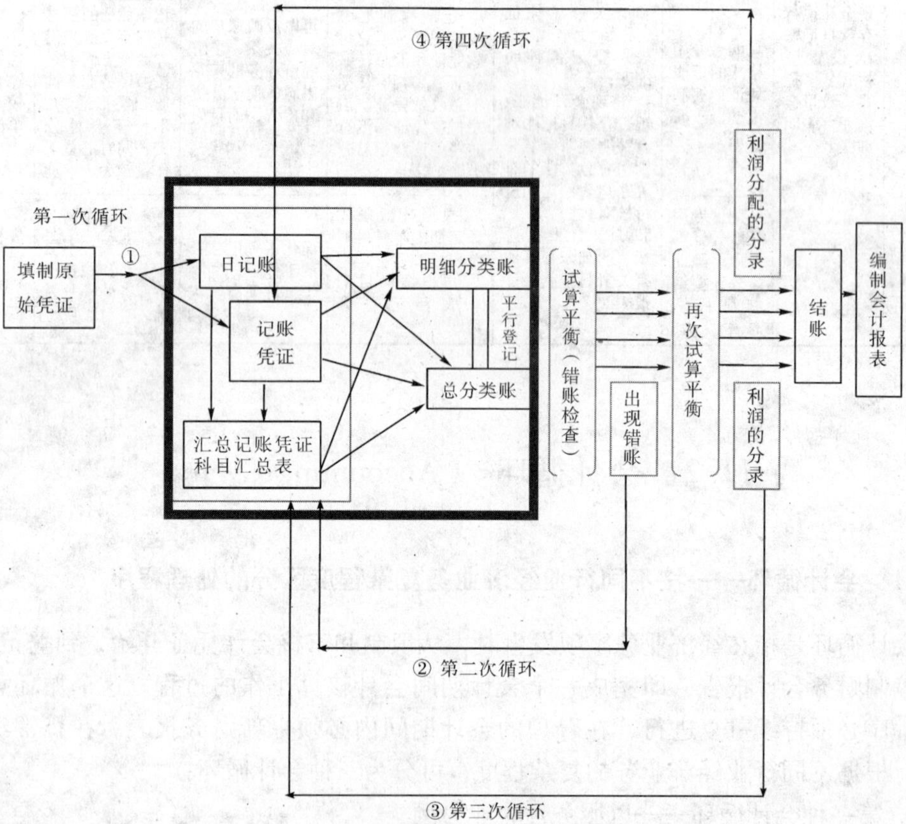

图11－4 （以服务性企业为例）第一种会计循环

11.2.3 第二种会计循环——以商品购销企业为例

与前一循环相比，商品购销企业处理的业务增加了，适应了更高的会计管理要求以及更为广泛的行业范围，因而构成了比第一种会计循环更加完整的会计循环。

该循环主要涉及的过程和环节有：

1. 对于发生的经济业务进行初步的确认和记录，即填制和审核原始凭证；

2. 填制记账凭证，即在审核通过的原始凭证的基础上，通过编制会计分录填制记账凭证；

3. 登记账簿，即根据原始凭证、记账凭证登记日记账，并汇总记账凭证；

4. 根据日记账或记账凭证、汇总记账凭证、科目汇总表，将经济业务过入或记入总分类账、明细账中；

5. 编制调整前的本期发生额和余额表（试算表），试算总分类账各账户的借方发生额和与贷方发生额之和、借方余额之和与贷方余额之和，是否相等，如不相等，则返回序号 2 的程序重新顺序核算；

6. 若发生借方发生额和与贷方发生额、借方余额之和与贷方余额不相等，说明发生错账，此时需要在进行错账更正后，再次进行试算平衡，验证是否相等，如不相等，则返回序号 2 的程序重新顺序核算；

7. 将计算确定的本期利润的分录记入日记账，或者编制记账凭证，据以过入或记入总分类账和有关明细分类账，结束各种收入和成本、费用账户；然后将利润分配分录记入日记账，或者编制记账凭证，据以记入或过入总分类账和明细分类账；

8. 经过期末财产物资的清查后，编制对账、盘点的调账分录，以及期末账项的调整；（正是由于有了商品购销业务的库存品核算，才产生了第二种会计循环，当出现期末账项调整时，仍返回序号 2 的程序重新顺序核算）

9. 结账，即将有关账户结算出本期总的发生额和期末余额；

10. 编制会计报表。

第二种会计循环如图 11－5 所示。

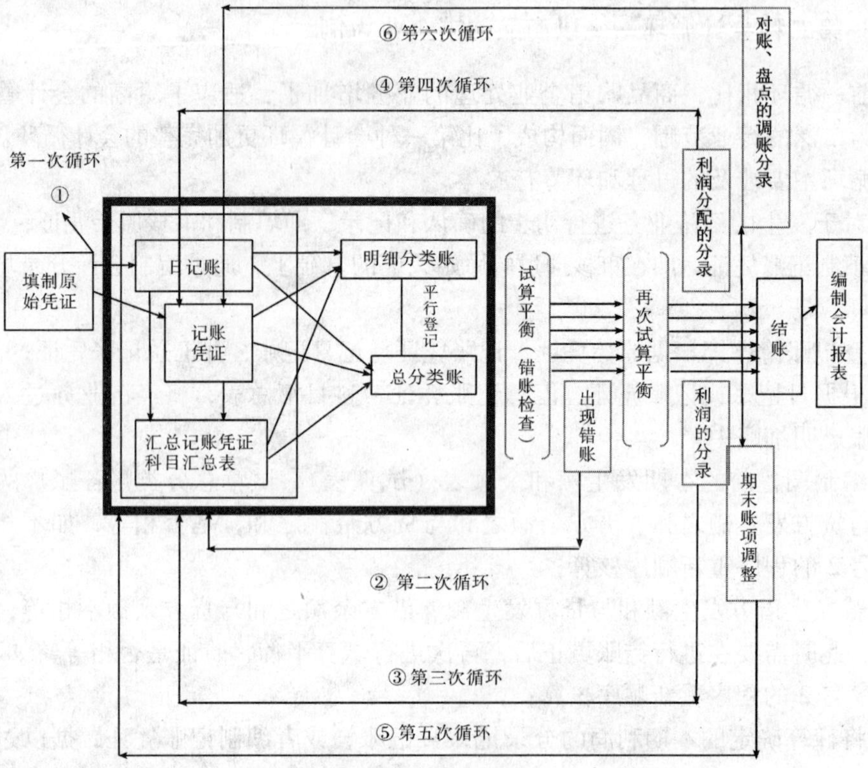

图11-5 （以商品购销企业为例）第二种会计循环

11.2.4 第三种会计循环——以工业制造业为例

该循环主要涉及的过程和环节有：

1. 填制原始凭证；

2. 根据原始凭证在各种日记账中序时地登记经济业务；或者根据原始凭证编制记账凭证，再根据记账凭证编制汇总记账凭证或科目汇总表；

3. 根据原始凭证、记账凭证或日记账逐笔登记各种明细分类账；

4. 根据日记账或记账凭证、汇总记账凭证、科目汇总表，将经济业务过入或记入总分类账；

5. 编制调整前本期发生额和余额表（试算表），试算总分类账各账户的借方发生额和与贷方发生额之和、借方余额之和与贷方余额之和，是否相等，如不相等，则返回序号2的程序重新顺序核算；

6. 将期末账项调整分录计入日记账，或者编制记账凭证，然后据以过入或记入总分类账和有关明细分类账；

7. 将期末账项结转分录记入日记账，或者编制记账凭证，然后据以过入或记入总分类账和有关明细分类账；

8. 将计算确定的本期利润的分录记入日记账，或者编制记账凭证，据以过入或记入总分类账和有关明细分类账，结束各种收入和成本、费用账户；然后将利润分配分

录记入日记账，或者编制记账凭证，据以记入或过入总分类账和明细分类账；（正是有了成本计算过程，才产生了第三种会计循环）

9. 编制结账后的本期发生额和余额表以及有关明细分类账户的本期发生额和余额明细表，检查期末账项调整、账项结转和其他结账等记录的正确性，如发现核算结果不符，则返回序号 2 的程序重新顺序核算，然后结计各个账户；

10. 根据总分类账和有关明细分类账户所提供的资料，于期末编制利润表和资产负债表等会计报表，以便总括地反映企业的经营成果和财务状况。

第三种会计循环如图 11 -6 所示。

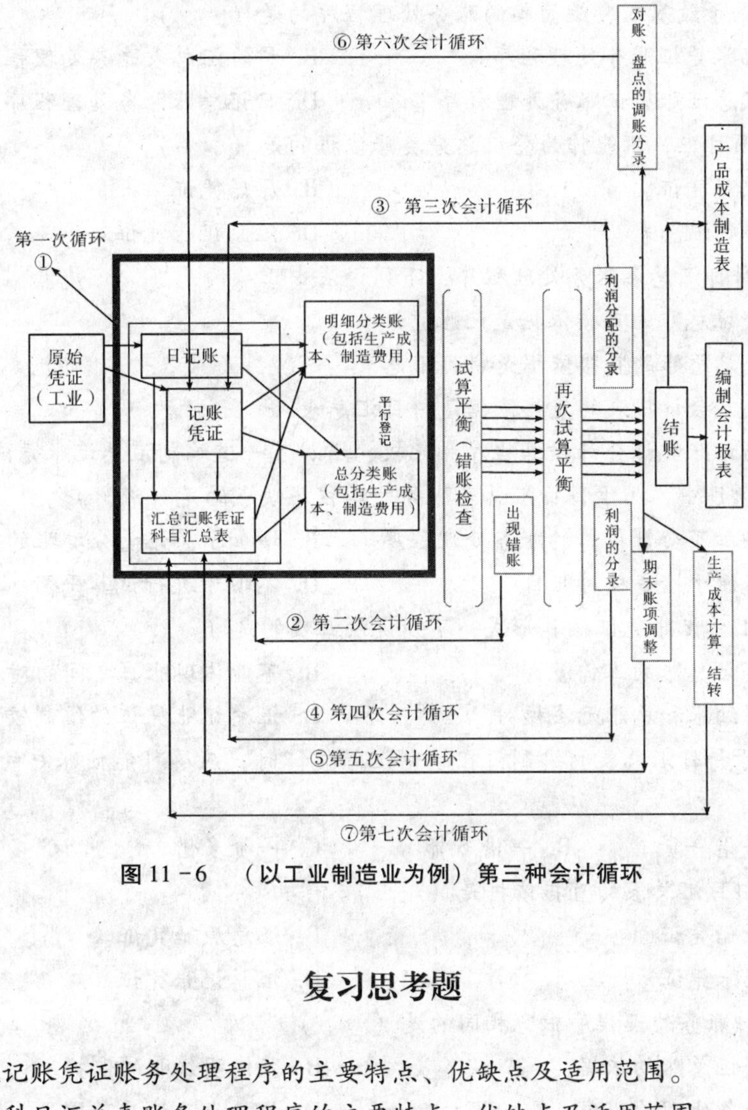

图 11 -6 （以工业制造业为例）第三种会计循环

复习思考题

1. 简述记账凭证账务处理程序的主要特点、优缺点及适用范围。
2. 简述科目汇总表账务处理程序的主要特点、优缺点及适用范围。

实务练习题

一、单项选择题

1. 各种账务处理程序的根本区别在于（　　）不同。

A. 记账凭证的种类和格式　　B. 登记总账的直接依据

C. 登记明细账的依据　　D. 原始凭证的种类和格式

2. 下列属于最基本、最简单的账务处理程序的是（　　）。

A. 记账凭证账务处理程序　　B. 科目汇总表账务处理程序

C. 汇总记账凭证账务处理程序　　D. 日记总账账务处理程序

3. 下列项目中，不能作为登记总分类账依据的是（　　）。

A. 记账凭证　　B. 原始凭证

C. 科目汇总表　　D. 汇总记账凭证

4. 关于科目汇总表账务处理程序，下列说法中正确的是（　　）。

A. 登记总账的直接依据是记账凭证

B. 登记总账的直接依据是科目汇总表

C. 编制会计报表的直接依据是科目汇总表

D. 与记账凭证会计核算程序相比较，增加了一道编制汇总记账凭证程序

5. 下列项目中，属于科目汇总表账务处理程序缺点的是（　　）。

A. 增加了会计核算的账务处理程序　　B. 增加了登记总分类账的工作量

C. 不便于检查核对账目　　D. 不便于进行试算平衡

6. 对于汇总记账凭证核算形式，下列说法正确的是（　　）。

A. 登记总账的工作量大　　B. 不能体现账户之间的对应关系

C. 明细账和总账无法核对　　D. 汇总记账凭证的编制较为繁琐

7. 为便于科目汇总表的编制，在填制记账凭证时，应尽可能使账户的对应关系保持（　　）。

A. 一借一贷　　B. 一借多贷　　C. 一贷多借　　D. 多借多贷

8. 编制科目汇总表的直接依据是（　　）。

A. 原始凭证　　B. 汇总原始凭证

C. 记账凭证　　D. 汇总记账凭证

9. 在各种账务处理程序中，相同的是（　　）。

A. 登记总账的依据　　B. 登记明细账的依据

C. 账务处理的程序　　D. 优缺点及适应范围

10. 不能简化登记总账工作量的账务处理程序是（　　）。

A. 记账凭证账务处理程序　　B. 科目汇总表账务处理程序

C. 汇总记账凭证账务处理程序　　D. 多栏式日记账账务处理程序

二、多项选择

1. 记账凭证、科目汇总表、汇总记账凭证账务处理程序登记总账的直接依据分别是（　　）。

A. 日记账　　B. 记账凭证
C. 汇总记账凭证　　D. 科目汇总表

2. 下列登记总账的方法中，正确的有（　　）。

A. 根据记账凭证逐笔登记总账
B. 根据原始凭证或汇总记账凭证登记总账
C. 根据科目汇总表登记总账
D. 根据明细账逐笔登记总账

3. 在科目汇总表核算程序下，月末应将（　　）与总分类账进行核对。

A. 库存现金日记账　　B. 银行存款日记账
C. 明细分类账　　D. 备查账

4. 在科目汇总表核算形式下，记账凭证是用来（　　）的依据。

A. 登记库存现金日记账　　B. 登记总分类账
C. 登记明细分类账　　D. 编制科目汇总表

5. 汇总记账凭证账务处理程序的优点在于（　　）。

A. 反映内容详　　B. 简化总分类账的登记
C. 能反映账户对应关系　　D. 便于试算平衡

6. 下列项目中，属于科学、合理地选择适用于本单位账务处理程序的优点的是（　　）。

A. 有利于会计工作程序的规范化　　B. 有利于提高会计信息的质量
C. 有利于增强会计信息可靠性　　D. 有利于保证会计信息的及时性

7. 下列不属于科目汇总表账务处理程序优点的是（　　）。

A. 便于反映各账户间的对应关系　　B. 便于进行试算平衡
C. 便于检查核对账目　　D. 简化登记总账的工作量

8. 在汇总记账凭证账务处理程序下，月末与总账核对的内容有（　　）。

A. 银行存款日记账　　B. 会计报表
C. 明细账　　D. 记账凭证

9. 以记账凭证为依据，按有关科目的贷方设置，按借方科目归类汇总的有（　　）。

A. 汇总收款凭证　　B. 汇总付款凭证
C. 汇总转账凭证　　D. 科目汇总表

10. 记账凭证账务处理程序一般适用的企业和单位是（　　）。

A. 规模较小　　B. 规模较大
C. 经济业务较多　　D. 经济业务较少

三、判断题

1. 记账凭证账务处理程序一般是适用于规模小且经济业务较少的单位。 (　　)
2. 科目汇总表不仅可以起到试算平衡的作用，而且可以反映账户之间的对应关系。 (　　)
3. 汇总转账凭证是按借方科目分别设置，按其对应的贷方科目归类汇总。 (　　)
4. 汇总记账凭证账务处理程序适用于规模大、经济业务较多的单位。 (　　)
5. 各种账务处理程序的主要区别表现在登记总账的依据和方法的不同。 (　　)
6. 汇总记账凭证可以明确反映账户之间的对应关系。 (　　)
7. 会计账务处理程序不同，其核算结果必然不同。 (　　)
8. 科目汇总表账务处理程序是在记账凭证账务处理程序基础上发展起来的。 (　　)
9. 汇总记账凭证账务处理程序简化了凭证的整理归类工作。 (　　)
10. 会计账务处理程序还包括集中核算形式和分散核算形式。 (　　)

四、实务计算题

某企业某年1月初各账户余额如下表所示：

资产	金额	负债及所有者权益	金额
库存现金	2 000	短期借款	20 000
银行存款	150 000	应付账款	27 000
应收账款	20 000	实收资本	600 000
原材料	300 000	盈余公积	275 000
固定资产	500 000	利润分配	50 000
合计	972 000	合计	972 000

本期发生如下业务：

1. 3日向丙公司购入材料，货款为100 000元，材料未到，款项尚未支付。

2. 6日向乙公司购入材料20 000元，已验收入库，用银行存款支付13 400元，余款暂欠。

3. 7日以银行存款支付行政管理部门电话费2 000元。

4. 10日经批准企业将已实现的盈余公积100 000元转增资本。

5. 13日向甲公司销售产品，货款为100 000元，货已发出，款项尚未收到。

6. 15日向银行借入期限为10个月的短期借款200 000元，存入银行。

7. 16日收到甲公司前欠货款137 000元，存入银行。

8. 20日采纳员出差借支差旅费1 000元，以现金支付。

9. 21日生产A产品领用甲材料1 000千克，单价为50元；乙材料500千克，单价为 30 元。

10. 24 日开出转账支票一张，支付前欠丙公司购货款 27 000 元。

11. 28 日收到投资者投入的无需安装的全新设备一台，价值 1 000 000 元。

12. 31 日以银行存款支付广告费 30 000 元。

要求：

1. 根据以上经济业务编制记账凭证。
2. 根据记账凭证，登记总账。
3. 根据记账凭证编制科目汇总表，登记总账。
4. 根据记账凭证编制汇总记账凭证，登记总账。

第 12 章 财务会计报表

本章要解决的问题

- 什么是财务会计报表?
- 财务会计报表的编制要求有哪些?
- 资产负债表如何编制?
- 利润表如何编制?

本章重点

- 资产负债表的编制
- 利润表的编制

本章难点

- 利润表的编制

12.1 财务会计报表概述

12.1.1 概念

财务会计报表（Financial Statements）是以日常核算资料为主要依据，以简明的表格形式，总括地反映企业、单位在一定会计期间内的全面财务状况、经营成果和现金流量的书面报告文件。会计报表既是会计核算的专用方法之一，也是会计核算的最终成果，是企业对外提供会计信息的主要形式。

12.1.2 作用

编制财务会计报表的作用是向财务会计报告的使用者提供企业的财务状况、经营成果和现金流量情况，帮助其做出经济决策。财务会计报表的使用者通常包括：投资者、债权人、供应商、政府税收等相关部门和社会公众等一切与企业有利益关系的单位及个人。不同的报表使用者对财务会计报告所提供信息的要求各有侧重。

12.1.3 分类

财务会计报表体现企业财务状况、经营成果和现金流量状况，至少应当包括资产负债表、利润表、现金流量表、所有者权益（股东权益）变动表以及附注。其中，最主要的是资产负债表和利润表。

1. 按照财务报表所反映的内容不同，可分为静态报表和动态报表。

静态会计报表，亦称时点报表，是反映某一特定时点财务状况的报表，如资产负债表。

动态会计报表，亦称时期报表，是反映某一时期经营成果的报表，如利润表、现金流量表等。

2. 按照编制和报送的时间不同，可分为中期财务报表和年度财务报表。

中期财务报表是以短于一个完整会计年度的报告期间为基础编制的财务报表。广义的中期财务报表包括月份、季度、半年度财务报表，狭义的中期财务报表仅指半年度财务报表。与年度财务报表相比，中期财务报表的附注可适当简略。

年度财务报表是全面反映企业整个会计年度的经营成果、现金流量情况及年末财务状况的财务报表。企业每年年底必须编制并报送年度财务报表。

3. 按照编制会计主体不同，可分为个别报表和合并报表。

个别报表是由企业在自身会计核算基础上根据会计相关资料编制的报表，它主要用以反映企业自身的财务状况、经营成果和现金流量情况。

合并报表是以母公司和子公司组成的企业集团为一会计主体，以母公司和所属子公司的财务报表为基础，由母公司编制的综合反映企业集团经营成果、财务状况及其现金流量的财务报表。

4. 按照服务对象不同，可分为内部报表和外部报表。

内部报表是企业根据内部经营管理的需要而编制的、供内部管理人员使用的财务报表。它不要求格式统一，没有统一的指标体系，如成本报表。

外部报表是企业必须定期编制、定期向上级主管部门、投资者、财税部门等报送或按规定向社会公布的财务报表。这是一种主要的、定期规范化的财务报表，要求有统一的报表格式、指标体系和编制时间等。资产负债表、利润表和现金流量表等均属于外部报表。

12.1.4　编制要求

为了保证会计报表的信息质量、发挥会计报表的作用，会计报表要根据登记完整、核对无误的账簿记录和其他有关资料编制，做到数字真实、计算准确、内容完整、编报及时。

12.2　财务报表编制前的准备工作

前述章节分别阐述了成本结转、结账和利润确定等环节，在此基础上，就可以编制需要的各种会计报表，从而完成整个会计期间的全部会计工作。企业期末的会计工作，从编制试算平衡表（3.5 已介绍）开始，进行对账和结账（4.2 已介绍），以便编制各种会计报表。在实际工作中，企业为了及时确定经营成果、迅速编制会计报表，并减少调整结算中出现差错的可能性和保持账页和账表的整洁，可以在期末采用编制工作底稿的方法。通过工作底稿可以及早揭示本期所实现的利润（亏损），编出会计报表报送当地财税机关、开户银行、主管部门等，然后再根据工作底稿上汇集的资料，编制账项调整的分录和结账分录，把账户中应有的记录补齐。

工作底稿（Worksheet）亦称工作底表，是将一定期间计算所得或调查收集得到的资料汇集一起，为取得一定数据而进行调整、试算、分析的表式。工作底稿有多种用途，它的格式和内容视用途而异。工作底稿根据其用途不同，常见的有六栏式、五栏式和四栏式等多种。六栏式工作底稿，表上设有“试算表（调整前）”、“账项调整”、“调整后试算表”、“账项结转”、“损益表”、“资产负债表”六栏，每一大栏下再划分“借方”、“贷方”两栏；“五栏式”工作底稿在“六栏式”基础上，省去“调整后计算表”栏后而成；“四栏式”格式的工作底稿只设置“调整前试算”、“账项调整”、“损益表”和“资产负债表”四栏。需要说明的是，编制工作底稿并不是编制财务报表前的必要环节。

12.3　资产负债表的编制

12.3.1　概念

资产负债表（Balance Sheet）是反映企业在某一特定时点财务状况的会计报表，主要反映资产、负债、所有者权益三方面的内容，并满足“资产 = 负债 + 所有者权益”的平衡公式。

12.3.2　作用

资产负债表主要提供企业财务状况方面的信息。通过资产负债表，可以提供某一时点（例如，公历年 12 月 31 日）企业财产的总额及其构成，表明企业拥有或控制的资源及其构成情况，即有多少资源是流动资产，有多少资源是长期投资，有多少资源是固定资产等；可以提供某一时点的负债总额及其结构，表明企业未来需要以多少资产或劳务清偿债务以及清偿时间，即流动负债有多少，长期负债有多少等；可以反映所有者所拥有的权益，据以判断企业对负债的保障程度。此外，资产负债表还可以提供进行财务分析的基本资料，表明企业的变现能力、偿债能力和资金周转能力。通过对这些数据的分析，可以帮助报表使用者做出经济决策。

12.3.3　格式

资产负债表的常见格式有报告式和账户式两种，我国企业采用的是账户式结构。资产负债表分为左右两边，左边列示资产项目，反映全部资产的分布及存在形态；右边列示负债和所有者权益各项目，反映全部负债和所有者权益的构成内容和情况。编制资产负债表的原理是会计恒等式“资产 = 权益（债权人的权益和所有者的权益）”。因此，该表左边资产各项目的合计应等于右边负债和所有者权益各项目的合计。

资产项目，大体按流动性的大小排列：流动性强的资产如“货币资金”等排在前面，流动性弱的资产如“固定资产”等排在后面。负债项目，一般按清偿时间的先后顺序排列：“短期借款”、“应付票据”等偿还期限短的流动负债排在前面，“长期负债”等非流动负债排在后面。在企业清算之前不需清偿的所有者权益项目排在表右边的最后面。

我国企业资产负债表格式如表 12 - 1 所示。

表 12 - 1　　资产负债表

编制单位：　　　　年　月　日　　　　单位：元

资产	年初余额	期末余额	负债和所有者权益（或股东权益）	年初余额	期末余额
流动资产：			流动负债：		
货币资金			短期借款		
交易性金融资产			交易性金融负债		
应收票据			应付票据		
应收账款			应付账款		
预付账款			预收账款		
应收利息			应付职工薪酬		
应收股利			应交税费		
其他应收款			应付利息		
存货			应付股利		
一年内到期的非流动资产			其他应付款		
其他流动资产			一年内到期的非流动负债		
			其他流动负债		
流动资产合计			流动负债合计		
非流动资产：			非流动负债：		
可供出售金融资产			长期借款		
持有至到期投资			应付债券		
长期应收款			长期应付款		
长期股权投资			专项应付款		
投资性房地产			预计负债		
固定资产			递延所得税负债		
减：累计折旧			其他非流动负债		
固定资产净值			非流动负债合计		
减：固定资产减值准备			负债合计		
固定资产净额					

表12－1(续)

资产	年初余额	期末余额	负债和所有者权益（或股东权益）	年初余额	期末余额
在建工程			所有者权益（股东权益）：		
工程物资			实收资本（股本）		
固定资产清理			资本公积		
生产性生物资产			减：库存股		
无形资产			专项储备		
开发支出			盈余公积		
商誉			未分配利润		
长期待摊费用			所有者权益（股东权益）合计		
递延所得税资产					
其他非流动资产					
非流动资产合计					
资产总计			负债和所有者权益（股东权益）合计		

12.3.4 编制

企业当期财务报表的列报，至少应当提供所有列报项目上一可比会计期间的比较数据，以便使报表使用者可以通过比较不同时点资产负债表的数据，掌握企业财务状况的变动情况及发展趋势。所以，资产负债表就各项目分为“年初余额”和“期末余额”两栏分别填列。

12.3.4.1 “年初余额”的列报方法

资产负债表“年初余额”栏内各项数字，应根据上年末资产负债表“期末余额”栏内的数字进行填列。如果上年度资产负债表规定的各项目的名称和内容同本年度不一致，则应对上年末资产负债表各项目的名称和数字按照本年度的规定进行调整，并填入表中“年初余额”栏内。

12.3.4.2 “期末余额”的列报方法

资产负债表“期末余额”栏内的数字主要是根据资产、负债和所有者权益各账户的期末余额填列，主要包括以下填列方法：

1. 根据总账账户的余额进行填列

（1）根据总账账户的期末余额直接填列

如资产类项目“应收票据”、“其他应收款”等，负债类项目“短期借款”、“应付票据”、“应付职工薪酬”等项目。

（2）根据几个总分类账户的期末余额合计数计算填列

如“货币资金”应根据“库存现金”、“银行存款”、“其他货币资金”账户的期末余额的合计数填列；“存货”应根据“在途物资”、“原材料”、“库存商品”、“生产成本”等账户期末余额的合计数填列。

【例 12－1】长胜公司 20××年 12 月 31 日结账后的“库存现金”科目余额为 12 000元，“银行存款”科目余额为 10 000 000 元，“其他货币资金”科目余额为 2 890 000元。

所以，该公司 20××年 12 月 31 日资产负债表的“货币资金”项目应填列的金额为：12 000＋10 000 000＋2 890 000＝12 902 000（元）

2. 根据明细分类账户的期末余额分析计算填列

有些项目要根据相关总账所属明细账的期末余额分析计算后填列。如“应收账款”项目，需要根据“应收账款”和“预收账款”两个科目所属的相关明细账的期末借方余额计算填列；“应付账款”项目，需要根据“应付账款”和“预付账款”两个科目所属的相关明细账的期末贷方余额计算填列。

具体填列方法如图 12－1 所示。

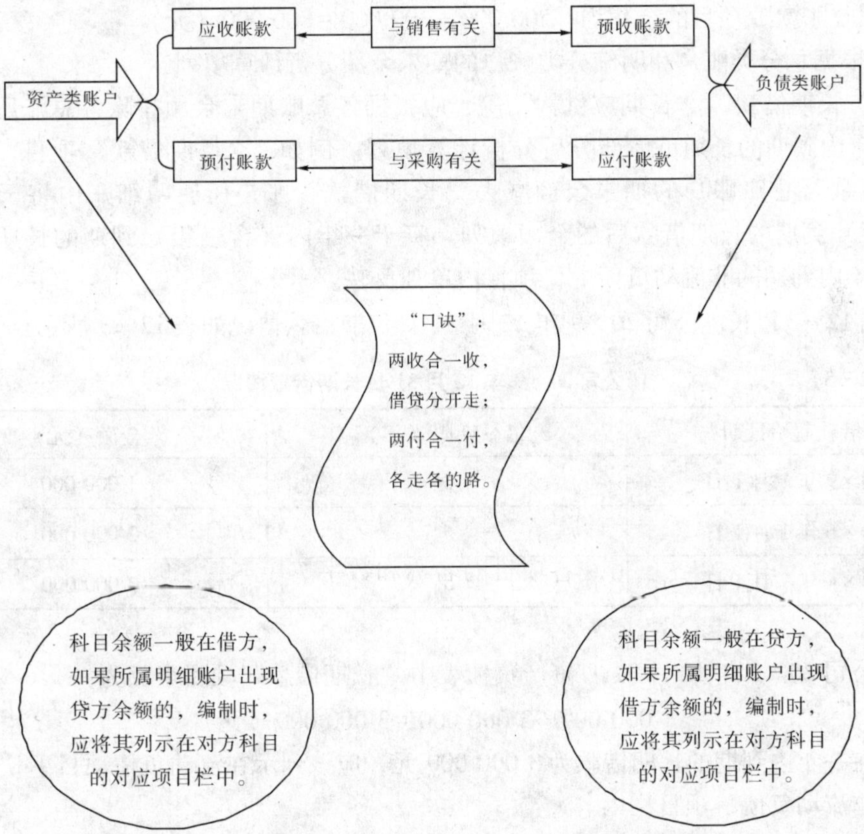

图 12－1　根据明细分类账户的期末余额的填列方法

【例 12－2】长胜公司 20××年 12 月 31 日结账后有关科目所属明细科目借贷余额如下表 12－2 所示。

表 12－2　　　　单位：元

科目名称	明细科目借方余额合计	明细科目贷方余额合计
应收账款	3 300 000	300 000
预付账款	800 000	250 000
应付账款	400 000	4 920 000
预收账款	100 000	500 000

该公司中 20××年 12 月 31 日资产负债表中各项明细科目金额如下：

“应收账款”项目的金额为：3 300 000 + 100 000 = 3 400 000（元）

“预付账款”项目的金额为：800 000 + 400 000 = 1 200 000（元）

“应付账款”项目的金额为：4 920 000 + 250 000 = 5 170 000（元）

“预收账款”项目的金额为：500 000 + 300 000 = 800 000（元）

3. 根据总分类账户和明细分类账户的期末余额分析计算填列

如“长期借款”、“长期应付款”等，应根据各总账期末余额扣除各总账所属明细账中一年内到期的长期负债部分后分析计算填列。例如，“长期借款”项目，应根据“长期借款”总账账户的期末余额减去“长期借款”账户所属明细账中将于一年内（含一年）到期的长期借款后的金额填列。将于一年内（含一年）到期的长期借款应在“一年内到期的非流动负债中”项目内单独反映。

【例 12－3】长胜公司 20×9 年 12 月 31 日长期借款情况如表 12－3 所示：

表 12－3　　　　H 公司 20×9 年 12 月 31 日长期借款情况

借款起始日期	借款期限（年）	金额（元）
20×9 年 1 月 1 日	3	1 000 000
20×6 年 1 月 1 日	5	2 000 000
20×4 年 7 月 1 日	5	3 000 000

该公司 20×9 年 12 月 31 日资产负债表中“长期借款”项目金额为：

1 000 000 + 2 000 000 = 3 000 000（元）

将在一年内到期的长期借款为 3 000 000 元，应该列示在流动负债项目下“一年内到期的非流动负债”项目栏内。

4. 根据有关账户余额减去其备抵账户余额后的净额填列

（1）“应收账款”项目应根据应收账款账户所属各明细账户的借方余额合计减去“坏账准备”账户中有关应收账款计提的坏账准备期末余额后的净额填列。

（2）“长期股权投资”项目应根据其期末余额减去“长期股权投资减值准备”账

户余额后的净额填列。

（3）“固定资产”项目应根据其期末余额减去“累计折旧”、“固定资产减值准备”等账户后余额后的净额填列。

（4）“无形资产”项目应根据其期末余额减去“累计摊销”、“无形资产减值准备”账户余额后的净额填列。

【例 12－4】长胜公司 20××年 12 月 31 日结账后“应收账款”账户在所属各明细账户借方余额合计 3 300 000 元，贷方余额合计 300 000 元，对应收账款已计提的坏账准备有200 000元。则该公司 20××年 12 月 31 日资产负债表中的“应收账款”项目金额为：

$$3\ 300\ 000-200\ 000=3\ 100\ 000（元）$$

【例 12－5】长胜公司 20××年 12 月 31 日结账后“固定资产”账户余额为 20 000 000 元，“累计折旧”账户余额为 3 000 000 元。则该公司 20××年 12 月 31 日资产负债表中的“固定资产”项目应填列的金额为：

$$20\ 000\ 000-3\ 000\ 000=17\ 000\ 000（元）$$

【例 12－6】长胜公司 2010 年 12 月 31 日有关账户的期末余额如表 12－4 所示。

总分类账户期末余额表

表 12－4　　2010 年 12 月 31 日　　单位：元

科目名称	借方余额	贷方余额	科目名称	借方余额	贷方余额
库存现金	8 000		短期借款		198 000
银行存款	150 000		应付账款		140 000
其他货币资金	30 000		预收账款		100 000
应收账款	100 000		应付职工薪酬		80 000
坏账准备		10 000	其他应付款		20 000
预付账款	80 000		应交税费		116 000
其他应收款	10 000		长期借款		200 000
在途物资	50 000		实收资本		674 000
原材料	200 000		资本公积		75 000
周转材料	260 000		盈余公积		25 000
库存商品	100 000		利润分配		50 000
持有至到期投资	180 000				
固定资产	500 000				
累计折旧		140 000			
无形资产	160 000				

又已知长胜公司 2010 年 12 月 31 日有关明细账户的期末余额如下：

（1）“应收账款——甲单位”明细账余额为借方 120 000 元；
（2）“应收账款——乙单位”明细账余额为贷方 20 000 元；
（3）“预付账款——丙单位”明细账余额为借方 90 000 元；
（4）“预付账款——丁单位”明细账余额为贷方 10 000 元；
（5）“应付账款——A 单位”明细账余额为贷方 90 000 元；
（6）“应付账款——B 单位”明细账余额为贷方 50 000 元；
（7）“预收账款——C 单位”明细账余额为借方 30 000 元；
（8）“预收账款——D 单位”明细账余额为贷方 130 000 元。

根据上述资料，编制长胜公司 2010 年 12 月 31 日资产负债表：

（1）货币资金 = 8 000 + 150 000 + 30 000 = 188 000（元）

（2）应收账款 = 120 000 + 30 000 − 10 000 = 140 000（元）

（3）预付账款 = 90 000（元）

（4）应付账款 = 90 000 + 50 000 + 10 000 = 150 000（元）

（5）预收账款 = 130 000 + 20 000 = 150 000（元）

（6）存货 = 50 000 + 200 000 + 260 000 + 100 000 = 610 000（元）

故编制的资产负债表，如表 12 − 5 所示。

表 12 − 5　　资产负债表

编制单位：长胜公司　　2010 年 12 月 31 日　　单位：元

资产	期末余额	年初余额	负债和所有者权益（或股东权益）	期末余额	年初余额
流动资产：			流动负债：		
货币资金	188 000		短期借款	198 000	
交易性金融资产	0		交易性金融负债	0	
应收票据	0		应付票据	0	
应收账款	140 000		应付账款	150 000	
预付款项	90 000		预收款项	150 000	
应收利息	0		应付职工薪酬	80 000	
应收股利	0		应交税费	116 000	
其他应收款	10 000		应付利息	0	
存货	610 000		应付股利	0	
一年内到期的非流动资产	0		其他应付款	20 000	
其他流动资产	0		一年内到期的非流动负债	0	
其他流动负债	0				
流动资产合计	1 038 000	−	流动负债合计	714 000	−
非流动资产：			非流动负债：		

表12－5(续)

资产	期末余额	年初余额	负债和所有者权益（或股东权益）	期末余额	年初余额
可供出售金融资产	0		长期借款	200 000	
持有至到期投资	180 000		应付债券	0	
长期应收款	0		长期应付款	0	
长期股权投资	0		专项应付款	0	
投资性房地产	0		预计负债	0	
固定资产	500 000		递延所得税负债	0	
减：累计折旧	140 000		其他非流动负债	0	
固定资产净值	360 000	–	非流动负债合计	200 000	–
减：固定资产减值准备	0		负债合计	914 000	–
固定资产净额	360 000	–			
在建工程	0		所有者权益（股东权益）：		
工程物资	0		实收资本（股本）	674 000	
固定资产清理	0		资本公积	75 000	
生产性生物资产	0		减：库存股	0	
无形资产	160 000		专项储备	0	
开发支出	0		盈余公积	25 000	
商誉	0		未分配利润	50 000	
长期待摊费用	0		所有者权益（股东权益）合计	824 000	–
递延所得税资产	0				
其他非流动资产	0				
非流动资产合计	700 000 –	–			
资产总计	1 738 000	–	负债和所有者权益（股东权益）合计	1 738 000	–

12.4　利润表的编制

12.4.1　概念

利润表（Income Statement）是反映企业在一定会计期间（月份、季度、半年度、年度等）的经营成果的报表。利润表上的账户被称为虚账户（Nominal Account），也称为临时性账户，期末要结转到“本年利润”账户，期末结转后无余额。与之相对应的资产负债表账户为实账户（Real Account），也称永久性账户。

知识链接：

账户分为实账户与虚账户。实账户称资产负债表账户，它们是永久性的（Permanent），在每个会计期末不需要将账户结平，这类账户的余额由上期带入下期。

虚账户是损益类账户，它们是暂时性的（Temporary），在每一期期末该账户结平为零，以致不会将上期成果带入下期进行重复反映。

12.4.2 作用

利润表可以反映企业一定会计期间的收入实现情况、费用耗费情况、企业生产经营活动的成果，即净利润的实现情况，据此可以判断资本保值、增值情况。将利润表中的信息与资产负债表中的信息相结合，可以进行财务分析，也可以判断企业资金周转情况以及企业的盈利能力和水平。通过利润表不同时期的数字对比，可以分析企业的获利能力及盈利增长趋势，便于会计报表使用者判断企业未来的发展趋势，做出经济决策。利润表提供的利润数据，还是税务部门课征所得税的依据。

12.4.3 内容及结构

利润表主要反映以下几方面的内容：（1）营业收入（Operating Income），由主营业务收入（Revenue from Main Operation）和其他业务收入（Other Operating Revenue）组成；（2）营业利润（Operating Profit），营业收入减去营业成本（包括主营业成本和其他业务成本）、营业税金及附加、销售费用、管理费用、财务费用、资产减值损失，加上公允价值变动收益、投资收益，即为营业利润；（3）利润总额（Profit before Tax），营业利润加上营业外收入，减去营业外支出，即为利润总额；（4）净利润（Net Profit），利润总额减去所得税费用，即为净利润；（5）每股收益（Every Profit of Stocks，EPS），利润表中的每股收益包括基本每股收益和稀释每股收益。

此外，为了使报表使用者通过比较不同期间利润的实现情况，判断企业未来的发展趋势，所以，利润表就各项目分为“本期金额”和“上期金额”两栏分别填列。这里需要说明的是，不同的企业，业务上各有特点，利润表的内容和结构也不完全相同。

利润表一般有表首、正表两部分。其中表首说明报表名称、编制单位、编制日期、报表编号、货币名称、计量单位等；正表是利润表的主体，包括收入、费用、利润等各个项目，体现利润的形成过程。利润表正表的格式一般有两种，即单步式和多步式。我国企业采用多步式利润表。

企业利润表如表12-6所示。

表12-6　　利润表

编制单位：　　单位：元

项目	本年数	上年数
一、营业收入		
减：营业成本		
营业税金及附加		
销售费用		
管理费用		
财务费用		
资产减值损失		
加：公允价值变动收益（损失以“-”号填列）		
投资收益（损失以“-”号填列）		
其中：对联营企业和合营企业的投资收益		
二、营业利润（亏损以“-”号填列）		
加：营业外收入		
减：营业外支出		
其中：非流动资产处置损失		
三、利润总额（亏损总额以“-”号填列）		
减：所得税费用		
四、净利润（净亏损以“-”号填列）		
五、每股收益		
（一）基本每股收益		
（二）稀释每股收益		

12.4.4 编制

利润表编制根据“收入-费用=利润”这一会计平衡公式和运用收入与费用的配比原则进行。在生产经营中，企业不断地发生各种费用支出，同时取得各种收入。收入减去费用，剩余的部分就是企业的盈利。如果企业经营不当，发生的费用超过取得的收入，企业就发生了亏损；反之，企业就能取得一定的利润。会计部门应定期（一般按月份）核算企业的经营成果，并编制利润表。

12.4.4.1 上期金额栏的列报方法

利润表“上期金额”栏内各项数字，应根据上年该期利润表“本期金额”栏内的数字进行填列。如果上年该期利润表规定的各项目的名称和内容同本年度不一致，应将上年该期利润表各项目的名称和数字按照本期的规定进行调整，再填入表中“上期金额”栏内。

12.4.4.2　本期金额栏的列报方法

利润表“本期金额”栏内各项数字，除“基本每股收益”和“稀释每股收益”项目外，一般应根据损益类账户的发生额分析填列。

1.“营业收入”项目，反映企业经营主要业务和其他业务所确认的收入总额。本项目应根据“主营业务收入”和“其他业务收入”的账户发生额分析填列。

2.“营业成本”项目，反映企业经营主要业务和其他业务所发生的成本总额。本项目应根据“主营业务成本”和“其他业务成本”账户的发生额分析填列。

3.“营业税金及附加”项目，反映企业经营业务应负担的消费税、营业税、城市建设维护税、资源税、土地增值税和教育费附加等。本项目应根据“营业税金及附加”账户的发生额分析填列。

4.“销售费用”项目，反映企业在销售商品过程中发生的包装费、广告费等，以及为销售本企业商品而专设的销售机构发生的经营费用。本项目应根据“销售费用”账户的发生额分析填列。

5.“管理费用”项目，反映企业为组织和管理生产经营发生的管理费用。本项目应根据“管理费用”账户的发生额分析填列。

6.“财务费用”项目，反映企业为筹集生产经营所需资金等而发生的筹资费用。本项目应根据“财务费用”账户的发生额分析填列。

7.“资产减值损失”项目，反映企业各项资产发生的减值损失。本项目应根据“资产减值损失”账户的发生额分析填列。

8.“公允价值变动收益”项目，反映企业应当计入当期损益的资产或负债的公允价值变动收益。本项目应根据“公允价值变动损益”账户的发生额分析填列，如为净损失，本项目以“－”号填列。

9.“投资收益”项目，反映企业以各种方式对外投资所取得的收益。本项目应根据“投资收益”账户的发生额分析填列。如为投资损失，本项目以“－”号填列。

10.“营业利润”项目，反映企业实现的营业利润。如为亏损，本项目以“－”号填列。

11.“营业外收入”项目，反映企业发生的与经营业务无直接关系的各项收入。本项目应根据“营业外收入”账户的发生额分析填列。

12.“营业外支出”项目，反映企业发生的与经营业务无直接关系的各项支出。本项目应根据“营业外支出”账户的发生额分析填列。

13.“利润总额”项目，反映企业实现的总利润。如为亏损，本项目以“－”号填列。

14.“所得税费用”项目，反映企业应当从当期利润总额中扣除的所得税费用。本项目应根据“所得税费用”账户的发生额分析填列。

15.“净利润”项目，反映企业实现的净利润。如为亏损，本项目以“-”号填列。

【例12-6】假设长胜公司2010年度相关损益类账户如表12-7所示：

表12-7　　　　单位：元

科目名称	借方发生额	贷方发生额
主营业务收入		5 000 000
其他业务收入		242 000
主营业务成本	2 000 000	
其他业务成本	100 000	
营业税金及附加	86 000	
销售费用	126 000	
管理费用	490 000	
财务费用	34 000	
投资收益		1 000 000
营业外收入		214 000
营业外支出	20 000	
所得税费用	900 000	

根据表12-7，编制该公司2010年度的利润表，如表12-8所示。

表12-8　　利润表

编制单位：长胜公司　　　　单位：元

项目	本年数	上年数
一、营业收入	5 242 000	
减：营业成本	2 100 000	
营业税金及附加	86 000	
销售费用	126 000	
管理费用	490 000	
财务费用	34 000	
资产减值损失	0	
加：公允价值变动收益（损失以“-”号填列）	0	
投资收益（损失以“-”号填列）	1 000 000	
其中：对联营企业和合营企业的投资收益	0	
二、营业利润（亏损以“-”号填列）	3 406 000	-

表12－8(续)

项目	本年数	上年数
加：营业外收入	214 000	
减：营业外支出	20 000	
其中：非流动资产处置损失	0	
三、利润总额（亏损总额以“－”号填列）	3 600 000	-
减：所得税费用	900 000	
四、净利润（净亏损以“－”号填列）	2 700 000	-
五、每股收益		
（一）基本每股收益		
（二）稀释每股收益		

12.5 现金流量表的编制

12.5.1 概念

现金流量表（Cash Flow Statement）是反映企业在一定会计期间现金和现金等价物（也可均简称为现金）流入和流出的报表。现金流量表要根据资产负债表和利润表提供的相关资料，从权责发生制的计量属性向收付实现制计量属性进行转变，以现金（收付实现制）为基础编制的财务状况变动表编制现金流量表。编制现金流量表的目的是为会计报表使用者提供企业在一定会计期间内现金流入和流出的信息，便于报表使用者了解和评价企业获取现金的能力，并据以预测企业未来的现金流量。

现金流量表完全以现金的收支（收付实现制，Cash Basis）为基础，是对资产负债表和利润表的重要补充，能为报表使用者的决策提供更为有用的现金信息。

12.5.2 作用

现金流量表能够反映企业偿还债务及支付企业所有者投资报酬的能力，评估企业未来获取现金的能力。通过现金流量表，企业能够掌握企业经营活动、投资活动、筹资活动的现金流量，了解产生现金收支差异的原因，从现金流量的角度了解净利润的质量，为分析和判断企业的财务前景提供信息。

12.5.3 内容

12.5.3.1 编制基础

现金流量表以现金和现金等价物为编制基础。这里的现金，是指企业库存现金以及可以随时用于支付的存款。现金主要包括库存现金、银行存款和其他货币资金（外埠存款、银行汇票存款、银行本票存款等）。不能随时用于支付的存款不属于现金。现金等价物，是指企业持有期限短、流动性强、易于转换为已知金额现金、价值变动风险很小的投资。其中，“期限短”一般是指从购买日起三个月内到期。现金等价物通常包括三个月内到期的短期债券投资。权益性投资变现的金额通常不确定，因而不属于现金等价物。企业应当根据具体情况，确定现金等价物的范围，一经确定不得随意变更。

注意：对现金流量表中“现金”的理解是一个重点哦！

12.5.3.2　分类

根据企业经营业务发生的性质，企业一定期间内产生的现金流量分为三大类：经营活动产生的现金流量（Operating Activities Cash Flow）；投资活动产生的现金流量（Investing Activities Cash Flow）；筹资活动产生的现金流量（Financing Activities Cash Flow）。

12.5.4　结构

我国企业现金流量表采用报告式结构，分类反映企业经营活动、投资活动和筹资活动对现金流量的影响，具体包括五部分：经营活动产生的现金流量；投资活动产生的现金流量；筹资活动产生的现金流量；汇率变动对现金的影响；现金及现金等价物净增加额。

我国企业现金流量表的格式如表 12－9 所示。

表 12－9　现金流量表

编制单位：　单位：元

项目	金额	金额
一、经营活动产生的现金流量		
销售商品、提供劳务收到的现金		
收到的税费返还		
收到的其他与经营活动有关的现金		
现金流入小计		
购买商品、接受劳务支付的现金		
支付给职工以及为职工支付的现金		
支付的各项税费		
支付的其他与经营活动有关的现金		
现金流出小计		
经营活动产生的现金流量净额		
二、投资活动产生的现金流量		

表12－9(续)

项目	金额	金额
收回投资所收到的现金		
取得投资收益所收到的现金		
处置固定资产、无形资产和其他长期资产所收回的现金净额		
收到的其他与投资活动有关的现金		
现金流入小计		
购建固定资产、无形资产和其他长期资产所支付的现金		
投资所支付的现金		
支付的其他与投资活动有关的现金		
现金流出小计		
投资活动产生的现金流量净额		
三、筹资活动产生的现金流量		
吸收投资所收到的现金		
借款所收到的现金		
收到的其他与筹资活动有关的现金		
现金流入小计		
偿还债务所支付的现金		
分配股利、利润或偿付利息所支付的现金		
支付的其他与筹资活动有关的现金		
现金流出小计		
筹资活动产生的现金流量净额		
四、汇率变动对现金的影响		
五、现金及现金等价物净增加额		

复习思考题

1. 简述会计报表的种类是如何划分的。
2. 简述利润表的编制步骤。
3. 简述现金流量表的结构。
4. 简述第三种会计循环的环节过程。

实务练习题

一、单项选择题

1. 按照会计报表反映的经济内容分类，资产负债表属于反映（ ）的报表。

A. 某一特定日期的财务状况　　B. 经营成果

C. 对外报表　　D. 月报

2. 编制会计报表的主要依据是（ ）提供的核算信息。

A. 日记账　　B. 分类账簿

C. 备查账簿　　D. 科目汇总表

3. （ ）是指企业对外提供的、反映企业某一特定日期财务状况和某一会计期间经营成果、现金流量情况的书面文件。

A. 资产负债表　　B. 利润表

C. 会计报表附注　　D. 财务会计报告

4. 在利润表上，利润总额减去（ ）后，得出净利润。

A. 管理费用、财务费用　　B. 增值税

C. 营业外支出净额　　D. 所得税费用

5. 在编制资产负债表时，下列各项中，需要根据其明细科目及“预付账款”科目的余额计算填列的是（ ）。

A. 应付债券　　B. 应付账款　　C. 实收资本　　D. 存货

6. 在编制资产负债表时，“货币资金”项目的填制依据不包括（ ）。

A. 库存现金　　B. 银行存款

C. 基金　　D. 其他货币资金

7. 下列项目中，影响营业利润的因素是（ ）。

A. 营业外收入　　B. 所得税费用

C. 管理费用　　D. 营业外支出

8. 某企业总账本期累计发生额中有：主营业务收入5 000 000元，主营业务成本3 000 000元，其他业务收入900 000元，其他业务成本400 000元，营业外收入150 000元，营业外支出60 000元，销售费用200 000元，管理费用100 000元。该企业本年营业利润为（ ）元。

A. 2 200 000　　B. 2 350 000　　C. 2 500 000　　D. 2 950 000

9. 某企业“应付账款”明细账期末余额如下：X企业贷方余额200 000元，Y企业借方余额180 000元，Z企业贷方余额300 000元。假如该企业“预付账款”明细账均为借方余额，则根据以上数据计算的反映在资产负债表上“应付账款”项目的数额为（ ）元。

A. 680 000　　B. 320 000　　C. 500 000　　D. 80 000

10. 企业利润表中营业收入为450 000元，营业成本为216 000元，营业税金及附

加为9 000元，管理费用为10 000元，财务费用为5 000元，销售费用为8 000元，则营业利润为（　　）元。

A. 217 000　　B. 225 000　　C. 234 000　　D. 202 000

11. 我国企业的资产负债表采用（　　）结构。

A. 账户式　　B. 报告式　　C. 单步式　　D. 多步式

12. 财务成果具体表现为企业的（　　）。

A. 资产　　B. 收入　　C. 盈利或亏损　　D. 费用

13. 资产负债表是反映企业（　　）财务状况的会计报表。

A. 某一特定日期　　B. 一定时期内

C. 某一年份内　　D. 某一月份内

14. 在下列各个会计报表中，属于企业对外提供的静态报表是（　　）。

A. 利润表　　B. 所有者权益变动表

C. 现金流量表　　D. 资产负债表

15. 资产负债表中的所有者权益反映的是在某一特定日期投资者拥有企业的（　　）。

A. 总资产　　B. 净资产

C. 总负债　　D. 未分配利润

16. 下列各项不在资产负债表中反映的是（　　）。

A. 本年利润　　B. 实收资本　　C. 管理费用　　D. 资本公积

17. 企业资产负债表的编制依据是（　　）。

A. 资产＝负债＋所有者权益

B. 所有账户借方余额合计＝所有账户贷方余额合计

C. 期初余额＋本期增加发生额－本期减少发生额＝期末余额

D. 收入－费用＝利润

18. 企业资产负债表中，根据总账科目余额直接填列的有（　　）。

A. 货币资金　　B. 短期借款　　C. 固定资产　　D. 存货

二、多项选择

1. 下列项目中，会影响营业利润计算的有（　　）。

A. 营业外收入　　B. 营业税金及附加

C. 营业成本　　D. 销售费用

2. 下列各项中，属于资产负债表中流动资产项目的有（　　）。

A. 货币资金　　B. 预收账款　　C. 应收账款　　D. 存货

3. 单位编制财务会计报告的主要目的，是为（　　）及社会公众等财务会计报告的使用者进行决策提供会计信息。

A. 投资者　　B. 债权人

C. 政府及相关机构　　D. 单位管理人员

4. 单位编制的财务会计报告应当（　　）。

A. 真实可靠

B. 相关可比

C. 全面完整、编制及时、便于理解

D. 符合国家统一会计制度的有关规定

5. 下列项目中，属于利润表提供的信息有（　　）。

A. 实现的营业收入　　B. 发生的营业成本

C. 营业利润　　D. 企业的利润或亏损总额

6. 中期财务会计报表至少应当包括（　　）。

A. 资产负债表　　B. 利润表

C. 现金流量表　　D. 报表附注

7. 下列各项中，可以通过资产负债表反映的有（　　）。

A. 某一时点的财务状况　　B. 某一时点的偿债能力

C. 某一期间的经营成果　　D. 某一期间的获利能力

8. 下列资产负债表各项目中，属于流动负债的有（　　）。

A. 预收账款　　B. 应付职工薪酬

C. 预付账款　　D. 一年内到期的长期借款

9. 资产负债表中，应根据有关账户余额减去备抵账户余额后填列的有（　　）。

A. 固定资产　　B. 应付账款

C. 在建工程　　D. 长期股权投资

10. 现金流量表中的现金包括企业的（　　）。

A. 库存现金　　B. 银行存款

C. 其他货币资金　　D. 长期股权投资

三、判断题

1. 企业财务报表按编报的期间不同，可分为中期财务报表和年度财务报表。（　　）

2. 资产负债表是总括反映企业特定日期资产、负债和所有者权益情况的动态报表，通过它可以了解企业的资产构成、资金的来源构成和企业债务的偿还能力。（　　）

3. 资产负债表中货币资金项目根据现金科目期末余额直接填列。（　　）

4. 资产负债表中各资产项目是按照其流动性强、弱排列的。（　　）

5. 企业的净利润等于利润总额加上营业外收入，减去营业外支出后的净额。（　　）

6. 企业“营业税金及附加”账户核算的是企业在生产经营过程中发生的各种流转税。（　　）

7. 现金流量表是反映企业在一定会计期间现金和现金等价物流入和流出的报表。（　　）

8. 企业应当采用直接法列示经营活动产生的现金流量。（　　）

四、实务计算题

1. 某企业2009年度损益类科目本年累计发生额资料如下表所示。

单位：元

科目名称	借方发生额	贷方发生额
主营业务收入		1 100 000
主营业务成本	840 000	
营业税金及附加	1 740	
其他业务收入		52 000
其他业务成本	40 000	
销售费用	60 000	
管理费用	104 000	
财务费用	36 000	
投资收益		80 800
营业外收入		6 000
营业外支出	24 000	
所得税费用	39 920	

要求：根据所给资料编制利润表。

利润表

编制单位：×××企业　　2009年度　　货币单位：元

项目	行次	上年数	本年累计数
一、营业收入			
减：营业成本			
营业税金及附加			
销售费用			
管理费用			
财务费用			
加：投资收益			
二、营业利润			
加：营业外收入			
减：营业外支出			
三、利润总额			
减：所得税费用			
四、净利润			

第 13 章　借贷记账法的实际应用——以工业（制造业）企业为例

一、资金筹集的核算

1. 投入资本的核算

西京市海源有限责任公司，于 2010 年 11 月初筹建，当年 12 月投入生产，公司为一般纳税人。该公司由三家投资公司出资组成，共投资 2 925 000 元。

（1）11 月 5 日，甲公司采用原材料投资，含税价为 585 000 元。其中：A 材料 360 000 元（12 000 千克），B 材料 90 000 元（9 000 千克），C 材料 135 000 元（9 000 千克）。

（2）11 月 5 日，乙公司采用货币资金投资 877 500 元，已存入工商银行。

（3）11 月 5 日，丙公司采用厂房、运输设备等投资，含税价为 1 462 500 元。其中：厂房 700 000 元，办公楼 300 000 元，运输设备 462 500 元。

2. 银行借款的核算

（4）11 月 10 日，公司从招商银行借入 3 年期借款 2 000 000 元，存入银行。

二、生产准备的核算

1. 固定资产购置的核算（不考虑增值税）

（5）11 月 12 日，以招商银行存款支付购置需安装的机器设备款 1 000 000 元。

（6）11 月 20 日，以招商银行存款支付电脑等不需要安装的办公设备款 100 000 元。

（7）11 月 30 日，以招商银行存款支付设备装卸费、安装调试费等共计 537 500 元。

（8）11 月 30 日，上述工程完工，进入可使用状态，结转固定资产成本。

2. 材料采购的核算

（9）12 月 1 日，从工商银行提取现金 5 000 元，备用。

（10）12 月 6 日，以现金 3 000 元支付采购员赵明预支差旅费。

（11）12 月 13 日，以银行存款支付从东方工厂购买的 A 材料 10 000 千克，价款为 290 000 元，增值税为 49 300 元，对方代垫运杂费 10 000 元。材料验收入库。

（12）12 月 15 日，以工商银行存款，预付从光明公司购买的 C 材料，共 60 000 元。

（13）12 月 20 日，从胜利工厂购买 B 材料 4 000 千克，价款为 39 000 元，增值税为 6 630 元，材料尚未到达企业，款项未付。

（14）12 月 23 日，上述 B 材料到达企业，验收入库，以现金支付运杂费 1 000 元。

（15）12 月 24 日，以工商银行存款 45 630 元支付前欠胜利工厂购买 B 材料款。

（16）12 月 30 日，从光明公司购买 C 材料 4 000 千克，价款为 60 000 元，增值税为 10 200 元，材料验收入库，余款以开出的 3 个月期商业汇票支付。

三、产品生产的核算

（17）12月1日，因生产∏产品领用A材料12 000千克，B材料6 000千克；车间领用C材料3 000千克；管理部门领用C材料1 000千克。

（18）12月2日，以现金支付工商登记工本费350元。

（19）12月7日，以工商银行存款25 000元支付办公用品费。

（20）12月9日，以工商银行存款支付律师咨询费12 750元。

（21）12月9日，开出转账支票一张，支付业务招待费28 000元。

（22）12月10日，从工商银行提取现金50 000元，备发工资。

（23）12月10日，以现金支付本月应付职工工资50 000元。

（24）12月17日，以工商银行存款支付设备修理费97 000元。

（25）12月21日，以工商银行存款支付本月通讯费13 700元。

（26）12月21日，收到工商银行存款利息2 000元、招商银行利息300元，存入银行。

（27）12月21日，以招商银行存款支付借款利息6 300元。

（28）12月27日，采购员赵明出差回来，报销差旅费2 650元，多余款交回现金。

（29）12月30日，以工商银行存款支付本月自来水费140 000元、增值税18 200元。

（30）12月30日，以工商银行存款支付本月电费200 000元、增值税34 000元。

（31）12月31日，分配本月工资，其中：∏产品生产工人工资30 000元，车间管理人员工资8 000元，企业管理人员工资12 000元。

（32）12月31日，按工资总额的2%提取工会经费；按工资总额的1.5%提取职工教育经费。

（33）12月31日，计提本月固定资产折旧，其中：厂房、办公楼月折旧率为0.4%，机器设备、运输设备月折旧率为1%，办公用电子设备等月折旧率为2%。

（34）12月31日，分配本月水电费，其中：∏产品生产用电380 000度，用水30 000吨；车间用电5 030度，用水1 245吨；厂部用电14 970度，用水3 755吨。

（35）12月31日，结转本月制造费用。

（36）12月31日，本月生产的420件∏产品全部完工入库，结转完工产品生产成本。

四、销售业务的核算

（37）12月3日，以转账支票方式支付创意公司广告费8 000元。

（38）12月14日，销售给为民工厂A材料2 000千克，单价为50元，已办妥进账手续。

（39）12月28日，销售给华联公司∏产品400件，单价为3 000元，货已发出，款尚未收到。

（40）12月28日，收到前借华联公司的包装物押金4 000元现金。

（41）12月28日，以工商银行存款支付销售运输费6 000元。

（42）12 月 29 日，收到华联公司货款，存入银行。

（43）12 月 31 日，结转本月已销 400 件∏产品的生产成本。

（44）12 月 31 日，结转本月销售 A 材料 200 千克的成本。

五、财务成果的核算

（45）12 月 17 日，运输车辆因意外事故毁损，原始价值为 62 500 元。

（46）12 月 22 日，以工商银行存款对外公益性捐赠 20 000 元。

（47）12 月 30 日，收到员工李力因违章操作的现金罚款 500 元。

（48）12 月 31 日，以银行存款支付本年度审计费 2 000 元。

（49）12 月 31 日，期末盘点，发现 A 材料盘亏 64.7 千克。

（50）12 月 31 日，A 材料盘亏，经查属管理员失职造成，由其赔偿；运输车辆毁损，保险公司赔偿 21 875 元，其余计入非常损失。

（51）12 月 31 日，分别按 7% 和 3% 的税费率，计算本月应缴纳的城市维护建设税和教育费附加。

（52）12 月 31 日，将本月损益类账户余额结转至“本年利润”账户。

（53）12 月 31 日，按利润总额的 25% 计算应交企业所得税。

（54）12 月 31 日，结转企业所得税费用。

（55）12 月 31 日，以工商银行存款缴纳本期税费。

（56）12 月 31 日，以现金支付工会经费。

（57）12 月 31 日，结转实现的净利润。

（58）12 月 31 日，分别按净利润的 10% 和 5% 计提法定盈余公积金和法定公益金。

（59）12 月 31 日，按当年净利润的 40% 计算应付现金股利。

（60）12 月 31 日，将“利润分配”各明细账户余额结转至“利润分配——未分配利润”明细账户。

13.1　资金筹集业务的核算

1. 投入资本的核算

验资报告

西京市海源有限责任公司（筹）：

我们接受委托，审验了贵公司（筹）截至 2010 年 11 月 5 日止申请设立登记的注册资本实收情况。按照法律法规以及协议、章程的要求出资，提供真实、合法、完整的验资资料，保护资产的安全、完整是全体股东及贵公司（筹）的责任。我们的责任是对贵公司（筹）注册资本的实收情况发表审验意见。我们的审验是依据《中国注册会计师审计准则第 1602 号——验资》进行的。在审验过程中，我们结合贵公司（筹）的实际情况，实施了检查等必要的审验程序。

根据协议、章程的规定，贵公司（筹）申请登记的注册资本为人民币 2 925 000

元，由全体股东于2010年11月5日之前一次缴足。经我们审验，截至2010年11月5日止，贵公司（筹）已收到全体股东缴纳的注册资本，合计（大写）人民币贰佰玖拾贰万伍仟元整（¥2 925 000）。各股东以货币出资877 500元，实物出资2 047 500元。

本验资报告供贵公司（筹）申请办理设立登记及据以向全体股东签发出资证明时使用，不应被视为是对贵公司（筹）验资报告日后资本保全、偿债能力和持续经营能力等的保证。因使用不当造成的后果，与执行本验资业务的注册会计师及本会计师事务所无关。

附件：

1. 注册资本实收情况明细表。如表13-1所示。
2. 验资事项说明

方正会计师事务所 ★ 模拟 业务专用章

西京市方正会计师事务所
（盖章）

中国注册会计师：
（签名并盖章）
孔银燕

中国注册会计师：
（签名并盖章）
周 艳

中国西京市
2010年11月10日

附件1

表13-1

注册资本实收情况明细表

截至2010年11月5日止

被审验单位名称：西京市海源有限责任公司（筹） 货币单位：元

股东名称	实际出资情况		认缴注册资本									
									实际出资情况			
											其中：货币出资	
	金额	出资比例	货币	实物	知识产权	土地使用权	其他	合计	金额	占注册资本总额比例	金额	占注册资本总额比例
甲公司	585 000	20%		585 000				585 000	585 000	20%		
乙公司	877 500	30%	877 500					877 500	877 500	30%	877 500	30%
丙公司	1 462 500	50%		1 462 500				1 462 500	1 462 500	50%		
合计	2 925 000	100%	877 500	2 047 500				2 925 000	2 925 000	100%	877 500	30%

附件 2

验资事项说明

一、基本情况

西京市海源有限责任公司（筹）（以下简称贵公司）系由甲公司（以下简称甲方）、乙公司（以下简称乙方）和丙公司（以下简称丙方）共同出资组建的有限责任公司，于 2010 年 11 月 1 日取得西京市工商局核发的 1069 号《企业名称预先核准通知书》，正在申请办理设立登记。

二、申请的注册资本及出资规定

根据协议、章程的规定，贵公司申请登记的注册资本为人民币 2 925 000 元，由全体股东于 2010 年 11 月 5 日之前一次缴足。其中：甲方认缴人民币 585 000 元，占注册资本的 20%，出资方式为实物（原材料）；乙方认缴人民币 877 500 元，占注册资本的 30%，出资方式为货币资金；丙方认缴人民币 1 462 500 元，占注册资本的 50%，出资方式为实物（房屋、运输车辆）。

三、审验结果

截至 2010 年 11 月 5 日止，贵公司（筹）已收到甲方、乙方和丙方缴纳的注册资本（实收资本）合计人民币 2 925 000 元，实收资本占注册资本的 100%。

（一）甲方实际缴纳出资额人民币 585 000 元。其中：已于 2010 年 11 月 5 日投入原材料 585 000 元。其中：A 材料 360 000 元（12 000 千克），B 材料 90 000 元（9 000 千克），C 材料 135 000 元（9 000 千克）；评估价值为人民币 585 000 元，全体股东确认的价值为人民币 585 000 元。

西京市天平资产评估有限责任公司已对甲方出资的原材料进行了评估，并出具了 2010258 号资产评估报告。

甲方已与贵公司于 2010 年 11 月 5 日就出资的原材料办理了财产交接手续。

（二）乙方实际缴纳出资额人民币 877 500 元。已于 2010 年 11 月 5 日缴存西京市海源有限责任公司（筹）在中国工商银行开立的人民币临时存款账户，账号 0691367892308。

（三）丙方实际缴纳出资额人民币 1 462 500 元。已于 2010 年 11 月 5 日投入厂房 700 000元，办公楼 300 000 元，运输车辆 462 500 元。评估价值为人民币 1 462 500 元，全体股东确认的价值为人民币 1 462 500 元。

西京市天平资产评估有限公司已对丙方出资的房屋、运输车辆进行了评估，并出具了 2010258 号资产评估报告。

丙方已与贵公司于 2010 年 11 月 5 日就出资的房屋、运输车辆办理了财产交接手续。

全体股东的货币出资金额合计 877 500 元，占注册资本总额的 30%。

（1）各出资证明分别如图 13 -1、图 13 -2、图 13 -3 所示。

（1）

收料单

发票号码：
供应单位：甲公司　　　　2010年11月5日　　　　收料单编号：01
材料类别：原材料　　　　　　　　　　　　　　　收料仓库：1号

材料类别	材料编号	材料名称及规格	计量单位	数量		实际成本					
				应收	实收	买价		运杂费	其他	合计	单位成本
						单价	金额				
		A材料	千克	12,000	12,000	30	360,000.00			360,000.00	30
		B材料	千克	9,000	9,000	10	90,000.00			90,000.00	10
		C材料	千克	9,000	9,000	15	135,000.00			135,000.00	15
合计							585,000.00			585,000.00	—

备注：接受投资

采购员：赵　明　　检验员：代艳露　　记账员：李　蕊　　保管员：杨云莉

（2）

中国工商银行进账单（收账通知）

2010年11月5日

付款人			收款人		
全　称	西京市乙公司		全　称	西京市海源有限责任公司	
账　号	0102005856887		账　号	0691367892308	
开户银行	中国工商银行建设路支行		开户银行	中国工商银行海源支行	

人民币（大写）	千	百	十	万	千	百	十	元	角	分
捌拾柒万柒仟伍佰元整		¥	8	7	7	5	0	0	0	0

票据种类　转账
票据张数　1

单位：
主管　　会计　　复核　　记账

中国工商银行
海源支行
模拟
收款人开户银行盖章
2010年11月5日
转讫

（3）

西京市海源有限责任公司固定资产验收单

2010年11月5日

资产名称	计量单位	数量	使用年限	使用部门	资产价值
厂房	幢	1	15	生产车间	700,000.00
办公楼	幢	1	15	厂部	300,000.00
运输设备	辆	6	5	厂部	462,500.00
合计	—	—	—	—	1,462,500.00

资产管理：李玉伟　　会计：李　蕊　　验收：杨云莉

2. 银行借款的核算

（4）

中国招商银行人民币资金借款合同

贷款种类：3 年期

合同编号：CQ0097

借款人：西京市海源有限责任公司

住所：西京市海屯西路 296 号　　电话：0871－62177453

法定代表人：雷刚

开户金融机构及账号：招商银行海源支行：8303441650106

传真：0871－83034415　　邮政编码：650106

贷款人：中国招商银行西京市海源支行

住所：西京市长春路 926 号　　电话：0871－58314720

法定代表人：赵司吉

传真：0871－58304172　　邮政编码：650061

借款人（以下简称甲方）：西京市海源有限责任公司

贷款人（以下简称乙方）：中国招商银行西京市海源支行

甲方向乙方申请借款，乙方经审查并根据有关规定同意发放贷款。为明确各自的权利、义务，甲、乙双方遵照有关法律规定，经协商一致，订立本合同，以便共同遵守执行。

第一条　借款金额

甲方向乙方借款人民币（大写）贰佰万元整。

第二条　借款用途

甲方借款将用于经营资金周转。

第三条　借款期限

甲方借款期限自 2010 年 11 月 10 日至 2013 年 11 月 9 日。

借款人（甲方）　　　　　　　　贷款人（乙方）

（签名并盖章）　　　　　　　　（签名并盖章）

雷刚　　　　　　　　　　　　　赵司吉

2010 年 11 月 10 日

中国招商银行贷款凭证（收账通知）

2010年11月10日

贷款单位	西京市海源有限责任公司	种类	三年期	贷款户账号	8303441650106
金额	人民币（大写）贰佰万元整	亿 千 百 十 万 千 百 十 元 角 分			¥ 2 0 0 0 0 0 0 0 0
用途	补充资金	单位申请期限	自2010年11月10日起至2013年11月9日止		
		银行核定期限	自2010年11月10日起至2013年11月9日止		
上述贷款已核准发放，并已转入你单位账户。 银行（盖章） 2010年11月10日				单位会计分录 收入 付出 复核 记账 主管 会计	

中国招商银行海源支行 模拟 转帐 转讫

13.2 生产准备业务的核算

1. 固定资产购置的核算（不考虑增值税）

（5）

西京市工业企业统一发票

模拟 国家税务局监

发 票 联

国字（2010）No. 001256

客户名称：西京市海源有限责任公司　　　　2010年11月12日

货号	品名及规格	单位	数量	单价	千	百	十	万	千	百	十	元	角	分
	机器设备	套	1	1000000		1	0	0	0	0	0	0	0	0
					¥	1	0	0	0	0	0	0	0	0
大写金额：⊗仟壹佰零拾零万零仟零佰零拾零元零角零分														
付款方式：转账支票					开户银行及账号：8303441650106									

②发票联

开票单位：（盖章）　　收款人：葛琳　　开票人：程城

西京市通用机械设备公司 发票专用章 模拟

中国招商银行
转账支票存根
III Ⅷ 0024354

科　　目：银行存款
对方科目：在建工程
出票日期：2010年11月12日

收款人：西京市通用设备公司
金　额：1000000.-
用　途：支付设备款

单位主管　　　　会计
复　　核　　　　记账

西京市海源有限责任公司设备验收单

2010年11月12日

资产名称	计量单位	数量	使用年限	使用部门	资产价值
机器设备	套	1	5	机加车间	1000000.-
合计	套	1	5	机加车间	1000000.-

资产管理：李玉伟　　会计：李蕊　　验收：杨云莉

（6）

西京市工业企业统一发票

模拟
国家税务局监

国字（2010）No. 050463

发　票　联

客户名称：西京市海源有限责任公司　　2010 年 11 月 20 日

货号	品名及规格	单位	数量	单价	金额 百	十	万	千	百	十	元	角	分
	办公设备	套	1	100000		1	0	0	0	0	0	0	0
大写金额：⊗佰壹拾零万零仟零佰零拾零元零角零分					¥	1	0	0	0	0	0	0	0
付款方式：转账支票					开户银行及账号：8303441650106								

② 发票联

开票单位：（盖章）　　收款人：姚琦　　开票人：钱秋云

西京市东城区文渊经贸公司
模拟
发票专用章

西京市海源有限责任公司设备验收单

2010 年11月20日

资产名称	计量单位	数量	使用年限	使用部门	资产价值
办公设备	套	1	5	厂部	100000.-
合计	—	—	—	—	100000.-

资产管理：李玉伟　　会计：李蕊　　验收：杨云莉

中国招商银行
转帐支票存根
Ⅲ Ⅷ 0024355

科　　目：银行存款
对方科目：固定资产
出票日期：2010年11月20日

收款人：东城区文澜经贸公司
金　额：100000.—
用　途：支付办公设备款

单位主管　　　　会计
复　　核　　　　记账

（7）

中国招商银行
转账支票存根
Ⅲ Ⅷ 0024356

科　　目：银行存款
对方科目：在建工程
出票日期：2010年11月30日

收款人：西京市设备安装公司
金　额：537500.—
用　途：安装费

单位主管　　　　会计
复　　核　　　　记账

西京市工业企业统一发票

模拟
国家税务局监

发　票　联

国字（2010）No．056034

客户名称：西京市海源有限责任公司　　　　2010年11月30日

货号	品名及规格	单位	数量	单价	金额								
					百	十	万	千	百	十	元	角	分
	安装费	套	1	537500		5	3	7	5	0	0	0	0
大写金额：⊗佰伍拾叁万柒仟伍佰零拾零元零角零分					¥	5	3	7	5	0	0	0	0
付款方式　转账支票				开户银行及账号 8303441650106									

②发票联

开票单位：（盖章）　　收款人：龚璀郦　　开票人：徐彪

西京市设备安装公司
模拟
发票专用章

（8）

设备安装验收单

合同编号　　　　　　　　　　　　　　　　　项目名称：机器设备

供货单位 （乙方）	西京市通用设备公司	供货单位 项目负责人	姓名：刘长伟 电话：13986543210
合同金额	1000000.00　合同复印件（略）	有无变更	无
安装地点	生产车间	完工日期	2010年11月30日

验收设备清单：包括产品主机、随机备品备件、专用工具的名称及数量（附表略）

序号	设备名称	规格型号及性能参数	单位	数量	单价（元）	合计（元）	安装详细地点
1	机器设备		台	1	1000000.00	1000000.00	生产车间
2	安装费		台	1	537500.00	537500.00	生产车间

验收金额总计	壹佰伍拾叁万柒仟伍佰元　¥1537500.00
验收意见	以上设备乙方已安装调试完成，经我单位按照合同的要求进行验收，意见如下：设备的品牌、外观、规格数量、配件正确，经安装调试　资料齐全，验收合格，同意按合同约定付款。 使用单位验收人签名：刘清　　使用单位负责人签字：夏刚 使用单位资产管理员签名：李政伟　　使用单位签章： 日期：2010年11月30日

2. 材料采购的核算

（9）

中国工商银行
现金支票存根
IX II 05690243

科　　目：银行存款
对方科目：库存现金
出票日期：2010年12月1日

收款人：白娴
金　额：5000.00
用　途：备用

单位主管　　　　会计
复　　核　　　　记账

（10）

西京市海源有限责任公司

内部借款单　　No. 00583

借款单位：赵明　　2010年12月6日

借款事由：	借支差旅费				
人民币（大写）：	叁仟元整			¥3000.00	
备注：	现金付讫				
单位负责人：	雷明	部门负责人	姜由南	借款人：	赵明

（11）

西京市增值税专用发票　　No. 00665863

发票联　　开票日期：2010年12月10日

购货单位	名称：西京市海源有限责任公司 纳税人识别号：62177498314770 地址、电话：西京市海屯西路296号 0871-62177453 开户行及账号：工商银行海源支行 0691367892308						密码区		
货物或应税劳务名称		规格型号	单位	数量	单价	金额	税率	税额	
A材料			千克	10000	29.00	290000.00	17%	49300.00	
价税合计（大写）	叁拾叁万玖仟叁佰零拾零元零角零分　（小写）¥339 300.00								
销货单位	名　称：南疆市东方公司 纳税人识别号：280300450656786 地址、电话：南疆市光华东路210号　0883-52645017 开户行及账号：中国工商银行光华支行 1450562230156						备注		

收款人：周晓芳　　复核：张乐乐　　开票人：杨云莉　　销货单位：（公章）

第二联：发票联　购货方记账凭证

西京市运输服务统一发票

全国统一发票监制章 西京 国家税务局监

2010 年 12 月 10 日

收货人姓名	西京市海源有限责任公司	托运人姓名	南疆市东方公司						
地址	西京市海屯西路 296 号	地址	南疆市光华东路 210 号						
联系电话	0871-62177453	收款情况	已收						
收货人签名		发货人签名							
货物名称	编号	件数	运费金额						
			万	千	百	十	元	角	分
A 材料	0158	50		9	8	8	0	0	0
保险：货物总值	350000 元	保险费：	120 元						
合计金额（大写）壹万零仟零佰零拾零元零角零分			¥10000						
备注：南疆市东方公司运费已垫付									

收款单位：西京市运输有限公司 发票专用章　　　　制单：刘柳

收 料 单

发票号码：00665867

供应单位：南疆市东方公司　　　2010 年 12 月 10 日　　　收料单编号：02

材料类别：原材料　　　　　　　　　　　　　　　　　　收料仓库：1 仓

材料类别	材料编号	材料名称及规格	计量单位	数量		实际成本					
				应收	实收	买价		运杂费	其他	合计	单位成本
						单价	金额				
		A 材料	吨	10,000	10,000	29.-	290,000.-	10,000.-		300,000.-	30.-
合　计										300000.-	
备注：											

采购员：赵　明　　检验员：代艳露　　记账员：李　蕊　　保管员：杨云莉

中国工商银行 **电汇凭证**（回 单）

☑普通☐加急　　委托日期　2010年12月13日

汇款人	全称	西京市海源有限责任公司	收款人	全称	南疆市东方公司
	账号	0691367892308		账号	1450562230156
	汇出地点	/ 省 西京 市/县		汇入地点	/ 省 南疆 市/县
汇出行名称		中国工商银行西京市海源支行	汇入行名称		中国工商银行南疆市光华路支行
金额	人民币（大写）	叁拾肆万玖仟叁佰元整			
中国工商银行西京市海源支行 模拟 转帐 转讫		汇出行签章	支付密码		
			附加信息及用途：		
			复核 王溜	记账 张三	

此联汇出行给汇款人的回单

(12)

中国工商银行 **电汇凭证**（回 单）

☐普通☐加急　　委托日期　2010年12月15日

汇款人	全称	西京市海源有限责任公司	收款人	全称	中宁市光明有限责任公司
	账号	0691367892308		账号	3695932369752
	汇出地点	/ 省 西京 市/县		汇入地点	/ 省 中宁 市/县
汇出行名称		中国工商银行海源支行	汇入行名称		中国工商银行中宁市科普支行
金额	人民币（大写）	陆万元整			
中国工商银行西京市海源支行 模拟 转帐 转讫		汇出行签章	支付密码		
			附加信息及用途：		
			复核 王溜	记账 张三	

此联汇出行给汇款人的回单

（13）

西京市增值税专用发票　　No. 58063066

（全国统一发票专用章 模拟 国家税务局监）

发 票 联　　开票日期：2010 年 12 月 20 日

购货单位	名称：西京市海源有限责任公司 纳税人识别号：62177498314770 地址、电话：西京市海屯西路 296 号 0871-62177453 开户行及账号：工商银行海源支行 0691367892308				密码区		
货物或应税劳务名称	规格型号	单位	数量	单价	金额	税率	税额
B 材料		千克	4000	9.75	39000.00	17%	6630.00
价税合计（大写）	肆万伍仟陆佰叁拾零元零角零分　（小写）￥45630.00						
销货单位	名　称：西京市胜利工厂 纳税人识别号：658012572143469 地址、电话：西京市求实北路 500 号　0871-60415329 开户行及账号：中国工商银行求实支行 5729630514801				备注		

收款人：蔡春丽　复核：邓芳　开票人：彭宇娟　销货单位：（公章）

（西京市胜利工厂 发票专用章 模拟）

第二联：发票联　购货方记账凭证

（14）

收 料 单

发票号码：58062066

供应单位：西京市胜利工厂　2010年12月23日　收料单编号：02

材料类别：原材料　收料仓库：#1仓

材料类别	材料编号	材料名称及规格	计量单位	数量		实际成本					
				应收	实收	买价		运杂费	其他	合计	单位成本
						单价	金额				
		B材料	千克	4,000	4,000	9.75	39,000.00	1,000.00		40,000.00	
合计										40,000.00	-
备注：											

采购员：赵　明　检验员：代艳露　记账员：李　蕊　保管员：杨云莉

西京市运输服务业统一发票

国家税务局监

2010 年 12 月 23 日

收货人姓名	西京市海源有限责任公司	托运人姓名	西京市胜利工厂						
地址	西京市海屯西路 296 号	地址	西京市求实北路 500 号						
联系电话	0871-62177453	收款情况	已收						
收货人签名		发货人签名							
	现金付讫		运费金额						
货物名称	编号	件数	万	千	百	十	元	角	分
B 材料	0369	8			9	8	0	0	0
保险：货物总值	45000 元	保险费：	20 元						
合计金额（大写）⊗万壹仟零佰零拾零元零角零分		￥1000							
备注：									

制单：刘柳　　　　收款单位：

（15）

中国工商银行

转账支票存根

Ⅻ Ⅳ 0024368

科　　目：银行存款

对方科目：应付账款

出票日期：2010年12月24日

收款人：胜利工厂

金　额：45630

用　途：支付材料款

单位主管　　　　会计

复　　核　　　　记账

（16）

西京市增值税专用发票

No. 00745832

国家税务局监

发 票 联

开票日期：2010 年 12 月 30 日

购货单位	名称：西京市海源有限责任公司 纳税人识别号：62177498314770 地址、电话：西京市海屯西路 296 号　0871-62177453 开户行及账号：中国工商银行海源支行 0691367892308			密码区			
货物或应税劳务名称	规格型号	单位	数量	单价	金额	税率	税额
C 材料		千克	4000	15.00	60000.00	17%	10200.00
价税合计（大写）	柒万零仟贰佰零拾零元零角零分　（小写）￥70200.00						
销货单位	名　称：中宁市光明有限责任公司 纳税人识别号：7129803450685 地址、电话：中宁市科普大道 76 号　0896-27396158 开户行及账号：中国工商银行科普支行 3695932369752						

第二联：发票联　购货方记账凭证

收款人：李玲钰　　复核：马永璐　　开票人：杨翠华　　销货单位：（公章）

材料入库单

供货单位：光明公司　　2010年12月30日

材料编号	材料名称	规格	单位	数量	金额	备注
	C材料		千克	4,000	60000.	

保管验收：杨云莉　　　　采购员：赵　明

商业承兑汇票（存根）　　3　　XI782931

签发日期 2010 年 12 月 30 日　　第 101 号

付款人	全　称	西京市海源有限责任公司	收款人	全　称	中宁市光明有限责任公司
	账　号	0691367892308		账　号	3695932369752
	开户银行	中国工商银行海源支行		开户银行	中国工商银行中宁市科普支行
出票金额	人民币（大写）	壹万零贰佰元整 [中国工商银行西京市海源支行]		亿 千 百 十 万 千 百 十 元 角 分	¥ 1 0 2 0 0 0 0
汇票到期日（大写）		贰零壹壹年零叁月叁拾日 [转账 转讫]	付款人开户行	行号	
交易合同号码				地址	
备注：不带息商业承兑汇票			负责人　方柳馨　　经办人　艾靠		

此联由出票人记账

13.3　产品生产业务的核算

（17）

发出材料汇总表

2010年12月1日　　货币单位：元

部门	A材料		B材料		C材料		金额合计
	数量	金额	数量	金额	数量	金额	
A产品	12,000	360000.	6000	60,000.			420000.
生产车间					3,000	45000.	45,000.
厂部					1,000	15000.	15,000.
合计	12000	360000.	6000	60000	4,000	60000.	480000.

会计主管：陈源源　　　　制表：李蕊

（18）

西京市行政事业性收费专用票据

2010年12月2日　　西京财字　No. 0021379

交款单位或个人	西京市海源有限责任公司	收费许可证号	008349275						
收费项目名称	收费标准	金额							备注
		万	千	百	十	元	角	分	
工本费	350			3	5	0	0	0	
									现金付讫
合计金额（大写）	叁佰伍拾元整		¥	3	5	0	0	0	

收款单位签章：　　收款人：陈良玉

②收据联

（19）

西京市商业企业统一发票

国字（2010）No. 0019628

发　票　联

客户名称：西京市海源有限责任公司　　2010年12月7日

货号	品名及规格	单位	数量	单价	金额								
					百	十	万	千	百	十	元	角	分
	办公用品	批	1	25000			2	5	0	0	0	0	0
大写金额：⊗佰⊗拾贰万伍仟零佰零拾零元零角零分						¥	2	5	0	0	0	0	0
付款方式：转账支票					开户银行及账号：0691367892308								

开票单位（盖章）　　收款人：李巧莲　　开票人：王乔生

②发票联

中国工商银行
转账支票存根
XII Ⅳ 0024369

科　　目：银行存款
对方科目：管理费用
出票日期：2010年12月7日

收款人：红联超市
金　额：25000.00
用　途：支付办公用品费

单位主管　　会计
复　　核　　记账

（20）

西京市其他服务业统一发票

模拟
国家税务局监

地税字（2010）No. 0028590

发　票　联

客户名称：西京市海源有限责任公司　　　　2010 年 12 月 9 日

货号	服务项目	单位	数量	单价	金额								
					百	十	万	千	百	十	元	角	分
	咨询费	[illegible]	1	12750			1	2	7	5	0	0	0
大写金额：⊗佰⊗拾壹万贰仟柒佰伍拾零元零角零分						¥	1	2	7	5	0	0	0
付款方式：转账支票					开户银行及账号：0691367892308								

② 发票联

开票单位：（盖章）　　收款人：杨瑞雪　　开票人：吴珊瑚

中国工商银行
转账支票存根
Ⅻ Ⅳ 0024370

科　　目：银行存款
对方科目：管理费用
出票日期：2010年12月9日

收款人：公正律师事务所
金　额：12750.00
用　途：支付咨询费

单位主管　　会计
复　　核　　记账

（21）

西京市餐饮业统一发票

模拟
国家税务局监

地税字（2010）No. 0028590

发　票　联

客户名称：西京市海源有限责任公司　　　　2010 年 12 月 9 日

服务项目	单位	数量	单价	金额								
				百	十	万	千	百	十	元	角	分
业务招待费	次	1	28000			2	8	0	0	0	0	0
大写金额：⊗佰⊗拾贰万捌仟零佰零拾零元零角零分					¥	2	8	0	0	0	0	0
付款方式：转账支票				开户银行及账号：0691367892308								

② 发票联

开票单位：（盖章）　　收款人：高敏　　开票人：　袁生

中国工商银行 转账支票存根 ⅫⅣ 0024371
科　　目：银行存款
对方科目：管理费用
出票日期：2010年12月9日
收款人：西京市锦江饭店 金　额：28000.— 用　途：支付业务招待费
单位主管　　　　会计
复　　核　　　　记账

（22）

中国工商银行 现金支票存根 Ⅸ Ⅱ 05690244
科　　目：银行存款
对方科目：库存现金
出票日期：2010年12月10日
收款人：白洲 金　额：50,000. 用　途：备发工资
单位主管　　　　会计
复　　核　　　　记账

（23）

工资花名册

第1页（共10页）

顺序	职工级别	姓名	基本工资	奖金	津贴		应发工资	扣回		实发工资	签章
					岗位	夜班		水	电		
1	3	程万里	800	400	50		1250	8	50	1192	程万里
2	3	叶佳梅	800	500	50		1350	16	100	1234	叶佳梅
3	3	许敬文	800	200	50		1050	12	75	963	许敬文
4	3	刘婷	800	700	50		1550	8	75	1467	刘婷
5	3	毕新凤	800	100		50	950	8	50	892	毕新凤
6	3	韩颖	800	50		50	900	16	100	784	韩颖
7	2	董梦云	600	500			1100	8	30	1062	董梦云
8	2	赵晓莉	600	200			800	16	60	724	赵晓莉
9	2	鲁玉仙	600	400		50	1050	12	20	1018	鲁玉仙
合计			6600	3050	200	150	10000	104	560	9336	现金付讫

（24）

西京市修理业统一发票

国税字（2010）No. 00365748

发　票　联

客户名称：西京市海源有限责任公司　　　　2010 年 12 月 17 日

服务项目	单位	数量	单价	金额：百	十	万	千	百	十	元	角	分
修理费	次	1	97000			9	7	0	0	0	0	0
大写金额：⊗佰⊗拾玖万柒仟零佰零拾零元零角零分					¥	9	7	0	0	0	0	0
付款方式：转账支票				开户银行及账号：0691367892308								

②发票联

开票单位：（盖章）　　收款人：林森木　　开票人：楚怡香

（西京市机械修理厂 发票专用章）

中国工商银行
转账支票存根
XII IV 0024372

科　　目：银行存款
对方科目：管理费用
出票日期：2010年12月17日

收款人：西京市机械修理厂
金　额：97,000.00
用　途：支付修理费

单位主管　　会计
复　　核　　记账

（25）

中国电信集团专用发票

（全国统一发票专用章 模拟 国家税务局监制）

发　票　联

地税（2010）No. 0016359

2010 年 12 月 21 日

代表号码	8314770	合同号	6217745	设备数量	10									
付款人	西京市海源有限责任公司			千	百	十	万	千	百	十	元	角	分	
实收金额	壹万叁仟柒佰元整					¥	1	3	7	0	0	0	0	
项目	金额（元）	项目	金额（元）	项目	金额（元）	项目	金额（元）							
市话月租	200．00													
市话区内	4000．00													
国内长话	9500．00													

②发票联

（中国电信集团西京市公司 ★ 模拟 发票专用章）

销帐流水 201012210035　　收款单位：（签章）　　收款人：张芝惠

中国工商银行
转账支票存根
XII IV 0024373

科　　目：银行存款
对方科目：管理费用
出票日期：2010年12月21日

收款人：电信西京市公司
金　额：13700.—
用　途：支付通讯费

单位主管　　　会计
复　　核　　　记账

（26）

中国工商银行存款利息通知单（代付款传票）

2010年12月21日　　　　№ 6217782

户　名	西京市海源有限责任公司	账　号	0691367892308							
利息计算期间	2010年11月21日起2010年12月20日止									
利息金额	人民币（大写）贰仟元整		万	千	百	十	元	角	分	
			¥	2	0	0	0	0	0	
上列利息已转入你账转讫 中国工商银行海源支行	科目 转账 复核　　记账　　制单	2010年12月21日								

中国工商银行
海源支行
模拟
转讫

中国招商银行存款利息通知单（代付款传票）

2010年12月21日　　　　№ 8314772

户　名	西京市海源有限责任公司	账　户	8303441650106						
利息计算期间	2010年11月21日起2010年12月20日止								
利息金额	人民币（大写）叁佰元整	万	千	百	十	元	角	分	
			¥	3	0	0	0	0	
上列利息已转入你账户 中国招商银行海源支行	科目 转账 复核　　记账　　制单	2010年12月21日							

中国招商银行
海源支行
模拟
转讫

（27）

中国招商银行贷款利息通知单（代收款传票）

2010 年 12 月 21 日　　　　№ 0951435

户　名	西京市海源有限责任公司	账　户	8303441650106						
利息计算期间	2010 年 11 月 21 日起 2010 年 12 月 20 日止								
利息金额	人民币（大写）陆仟叁佰元整		万	千	百	十	元	角	分
			¥	6	3	0	0	0	0
上列利息已转入你账户转讫 中国招商银行海源支行	科目 转账　　2010 年 12 月 21 日 复核　　记账　　制单								

中国招商银行
海源支行
模拟

（28）

差旅费报销单

单位名称：采购处　　出差起止日期由 2010 年 12 月 7 日至 2010 年 12 月 26 日

出差人姓名：赵明		出差地点：南疆		出差天数：20		事由：采购材料	
飞机车船及住宿 种类	票据张数	金额	出差补助费 出差地点	天数	标准	金额	报销结算情况
火车票	2	710	上海	20	40.00	800.00	预借差旅费：¥3000.00
住宿费	1	1140.00					
							说明：同意报销
小计		1850.00				800.00	审批人 雷刚　支领人 赵明
合计金额	人民币（大写）：贰仟陆佰伍拾元		¥2650.00				2010年12月27日

南疆市翠湖宾馆专用发票　　地税（2010）No. 009742

模拟
发票联

客户名称：赵明　　　　2010 年 12 月 26 日

起止时间	自 2010 年 12 月 7 日 至 2010 年 12 月 25 日				共 19 天 金额						
项目	房号	天数	单价	人数	万	千	百	十	元	角	分
住宿	1806	19	60.00	1			1	4	0	0	0
						¥	1	1	4	0	0	0
合计金额（大写）：⊗万壹仟壹佰肆拾元零角零分											

收款人：鲁馨颖

②
发票联

南疆市翠湖宾馆
模拟
财务专用章

G011557
西京 K80次 南疆
Xi jing Nan jiang
西京 售
2010年12月07日12:07开 09车 29号下铺
¥355.00元 新空调硬座快速卧
限乘当日当次车
在5日内到有效
4819700003126 G011557 5333237187226479975263582035420802662

G051577
南疆 K81次 西京
Nan jiang Xi jing
南疆 售
2010年12月26日18:07开 09车 26号下铺
¥355.00元 新空调硬座快速卧
限乘当日当次车
在5日内到有效
4819700003126 G011557 5333237187226479975263582035420802662

西京市海源有限责任公司

内部收款收据

收款日期：2010年12月07日　　　　NO.95482

今收到：赵明	
交　来：现金	
人民币（大写）伍佰元整	¥500—
备　注：报销差旅费退回余款。　现金收讫	

收款单位：（西京市海源有限责任公司 财务专用章）　收款人：白珊　经办人：赵明

③第三联记账联

（29）

西京市增值税专用发票

No. 27408035

（国家税务总局监制）模拟

发票联

开票日期：2010年12月30日

购货单位	名称：西京市海源有限责任公司 纳税人识别号：62177498314770 地址、电话：西京市海屯西路296号　0871-62177453 开户行及账号：中国工商银行海源支行 0691367892308					密码区	
货物或应税劳务名称	规格型号	单位	数量	单价	金额	税率	税额
自来水		吨	35000	4.00	140000.00	13%	18200.00
价税合计（大写）	壹拾伍万捌仟贰佰零拾零元零角零分				（小写）¥158200.00		
销货单位	名　　称：西京市自来水有限责任公司 纳税人识别号：8796329541078 地址、电话：西市青年路3874号　0871-96185327 开户行及账号：中国工商银行青年支行　7439682958107					备注	

收款人：李师义　　复核：朱韩玉洁　　开票人：司马勇　　销货单位：（公章）

第二联　发票联　购货方记账凭证

中国工商银行
转账支票存根
XII IV 0024374
科　　目：银行存款
对方科目：应付帐款
出票日期：2010年12月30日

收款人：市自来水公司
金　额：158200.00
用　途：支付水费

单位主管　　　会计
复　　核　　　记账

（30）

西京市增值税专用发票　　No. 40207583
模拟
国家税务总局
发票联
开票日期：2010 年 12 月 30 日

购货单位	名称：西京市海源有限责任公司 纳税人识别号：62177498314770 地址、电话：西京市海屯西路 296 号　0871-62177453 开户行及账号：中国工商银行海源支行 0691367892308				密码区		
货物或应税劳务名称	规格型号	单位	数量	单价	金额	税率	税额
电费		度	400000	0.50	200000.00	17%	34000.00
价税合计（大写）	贰拾叁万肆仟零佰零拾零元零角零分				（小写）¥234000.00		
销货单位	名　称：西京市电力有限责任公司 纳税人识别号：6712583490123 地址、电话：西京市中山路 96 号　0871-73918025 开户行及账号：中国工商银行中山支行　7841296352301				备注		

收款人：王瑛　　复核：马铭　　开票人：郑兴宇　　销货单位：（公章）

第二联　发票联　购货方记账凭证

中国工商银行
转账支票存根
XII IV 0024375
科　　目：银行存款
对方科目：应付帐款
出票日期：2010年12月30日

收款人：市电力公司
金　额：234000.00
用　途：支付电费

单位主管　　　会计
复　　核　　　记账

（31）

工资费用分配表

2010年12月31日

应借科目	工资金额	合计
生产成本	30,000	30,000
制造费用	8,000	8,000
管理费用	12,000	12,000
合计	50,000	50,000

财务主管：陈源源　　审核：何雨霖　　制表人：李蕊

（32）

计提费用计算表

2010年12月31日

应借科目	计提基数	工会经费		教育经费		合计金额（元）
		计提比例	计提金额	计提比例	计提金额	
生产成本	30,000	2%	600	1.5%	450	1,050
制造费用	8,000	2%	160	1.5%	120	280
管理费用	12,000	2%	240	1.5%	180	420
合计	50,000	2%	1,000	1.5%	750	1,750

财务主管：陈源源　　审核：何雨霖　　制表人：李蕊

（33）

折旧费用计算分配表

2010年12月31日　　货币单位：元

部门	固定资产名称	固定资产原值	月折旧率	月折旧额
生产车间	厂房	700,000	0.4%	2,800
	设备	1,537,500	1%	15,375
	小计	2,237,500	—	18,175
公司管理部门	办公楼	300,000	0.4%	1,200
	运输设备	462,500	1%	4,625
	办公设备	100,000	2%	2,000
	小计	862,500	—	7,825
合计		3,100,000	—	26,000

财务主管：陈源源　　审核：何雨霖　　制表人：李蕊

（34）

水电费分配表

2010年12月31日　　　　货币单位：元

借方帐户	电费			水费			合计
	用电度数	分配率	金额	用水方数	分配率	金额	
生产成本	380,000		190,000.00	30,000		120,000.00	310,000.00
制造费用	5,030		2,515.00	1,245		4,980.00	7,495.00
管理费用	14,970		7,485.00	3,755		15,020.00	22,505.00
合计	400,000	0.5	200,000.00	35,000	4	140,000.00	340,000.00

财务主管：陈源源　　审核：何雨霖　　制表人：李蕊

（35）

制造费用分配表

2010年12月31日

产品名称	分配标准	分配率	分配额
石300			78,950.00
合计			78,950.00

财务主管：陈源源　　审核：何雨霖　　制表人：李蕊

（36）

产成品入库单

2010年12月31日　　　　第 001 号

产品名称	计量单位	数量	单位成本	金额 千	百	十	万	千	百	十	元	角	分	备注
石300	吨	420	2,000.00			8	4	0	0	0	0	0	0	
合计					¥	8	4	0	0	0	0	0	0	

财务主管：陈源源　质检员：代艳露　保管员：杨云莉　经手人：李小刚

13.4 销售业务的核算

（37）

西京市广告业专用发票 发票联 地税（2010）No. 008395

客户名称：西京市海源有限责任公司 2010 年 12 月 3 日

项目	单位	数量	单价	金额									
				千	百	十	万	千	百	十	元	角	分
广告费								8	0	0	0	0	0
							¥	8	0	0	0	0	0
金额合计（大写）⊗拾⊗万捌仟零佰零拾零元零角零分													

开票单位：（盖章）联合广告公司 模拟 发票专用章 开票人：李志丹

中国工商银行
转账支票存根
Ⅻ Ⅳ 0024376
科　　目：银行存款
对方科目：销售费用
出票日期：2010年12月3日
收款人：联合广告公司
金　额：8000.00
用　途：支付广告费
单位主管　　会计
复　核　　记账

（38）

西京市增值税专用发票　　No. 00741683

发　票　联

开票日期：2010 年 12 月 14 日

购货单位	名称：西京市为民工厂 纳税人识别号：5381372649201 地址、电话：西京市春城南路 258 号　0871-67217493 开户行及账号：中国工商银行春城支行　3718492635208					密码区		
货物或应税劳务名称	规格型号	单位	数量	单价	金额	税率	税额	
A 材料		千克	2000	50.00	100000	17%	17000	
价税合计（大写）	壹拾壹万柒仟零佰零拾零元零角零分				（小写）￥117000.00			
销货单位	名　　称：西京市海源有限责任公司 纳税人识别号：62177498314770 地址、电话：西京市海屯西路 296 号　0871-62177453 开户行及账号：中国工商银行海源支行：0691367892308					备注		

收款人：白　姗　　复核：何雨霖　　开票人：杨云莉　　销货单位：（公章）

第四联　记账联　销货方记账凭证

中国工商银行进账单（收账通知）

2010 年 12 月 14 日

付款人	全　称	西京市为民工厂	收款人	全　称	西京市海源有限责任公司
	账　号	3718492635208		账　号	0691367892308
	开户银行	中国工商银行春城支行		开户银行	中国工商银行海源支行

人民币（大写）壹拾壹万柒仟元整	千	百	十	万	千	百	十	元	角	分
		￥	1	1	7	0	0	0	0	0

票据种类　转账	中国工商银行 海源支行 模拟 转讫
票据张数　1	
单位： 主管　会计　复核　记账	收款人开户银行盖章 2010 年 12 月 14 日

（39）

西京市增值税专用发票

No. 00665863

模拟

国家税务总局

发票联

开票日期：2009 年 12 月 5 日

购货单位	名称：西京市华联商贸有限责任公司 纳税人识别号：9016834271253 地址、电话：西京市经纬路 369 号 0871-65109274 开户行及账号：中工商银行经纬支行 9361472835260					密码区		
货物或应税劳务名称	规格型号	单位	数量	单价	金额	税率	税额	
Π产品		件	400	3000	1200000	17%	204000	
价税合计（大写）	壹佰肆拾万肆仟零佰零拾零元零角零分					（小写）￥1404000.00		
销货单位	名 称：西京市海源有限责任公司 纳税人识别号：62177498314770 地址、电话：西京市海屯西路 296 号 0871-62177453 开户行及账号：中国工商银行海源支行：0691367892308					备注		

第四联 记账联 销货方记账凭证

收款人：白 姗 复核：何雨霖 开票人：杨云莉 销货单位：（公章）

（西京市海源有限责任公司 模拟 发票专用章）

（40）

西京市海源有限责任公司

往来收款收据

NO 00418

收款日期：2010 年 12 月 28 日

今收到	华联公司
交 来：	包装物押金
人民币(大写)	肆仟元整 （小写）¥4,000.—
备注	现金收讫

第三联 记账联

收款单位：（西京市海源有限责任公司 模拟 发票专用章） 收款人：白 珊 交款人：李 江

（41）

西京市运输服务业统一发票

2010 年　12 月 28　日

收货人姓名	华联商贸有限责任公司	托运人姓名	西京市海源有限责任公司						
地址	西京市经纬路 369 号	地址	西京市海屯西路 296 号						
联系电话	0871-65109274	收款情况	已收						
收货人签名	李雪娜	发货人签名	杨云莉						
			运费金额						
货物名称	编号	件数	万	千	百	十	元	角	分
Π产品	1593	400 件	￥	5	6	0	0	0	0
保险：货物总值	1200000.00 元	保险费	400 元						
合计金额（大写）⊗万陆仟零佰零拾零元零角零分			￥6 000.00						
备注：									

制单：刘柳　　　　收款单位：

中国工商银行
转账支票存根
Ⅻ Ⅳ 0024377

科　目：银行存款
对方科目：销售费用
出票日期：2010 年 12 月 28 日

收款人：市万里运输公司
金　额：￥6000.00
用　途：运输费

单位主管　　会计
复　核　　记账

（42）

中国工商银行进账单（收账通知）　3

2010 年 12 月 29 日

付款人	全　称	西京市华联商贸有限责任公司	收款人	全　称	西京市海源有限责任公司
	账　号	9361472835260		账　号	0691367892308
	开户银行	中国工商银行经纬支行		开户银行	中国工商银行海源支行

金额	人民币（大写）	壹佰肆拾万肆仟元整	亿	千	百	十	万	千	百	十	元	角	分
					1	4	0	4	0	0	0	0	0

票据种类	转账	票据张数	1
票据号码	00728		
复核 段永胜　记账 曾万里		收款人开户银行签章	

此联是银行交给收款人的收账通知

（43）

销售产品成本计算单

2010年12月31日

产品	销售数量（件）	单位成本	金额	备注
乙产品	400件	2,000.—	800,000.—	
合计	400件		800,000.—	

财务主管：陈 源 源　　审核：何 雨 霖　　制表人：李 蕊

（44）

材料销售成本计算单

2010年12月31日

品名	销售数量(千克)	单位成本	金额	备注
A材料	2,000	30.—	60,000.—	
合计	2,000		60,000.—	

财务主管：陈 源 源　　审核：何 雨 霖　　制表人：李 蕊

13.5　财务成果的核算

（45）

西京市海源有限责任公司

固 定 资 产 报 废 单

资 字 01 号　　　申报单位 后勤处　　　2010年12月17日

名称	运输车辆	设备号	020	使用部门	后勤处	制造厂	西京市汽车制造厂
规格	大巴士	购置时间	2010年11月5日	原始价值	62,500元	累计折旧	625元

报废原因及单位负责人意见：

因意外事故毁损。

使用部门负责人签字 刘清

2010年12月17日

技术小组鉴定意见

情况属实，车辆已报废。

鉴定人签字 王大林

2010年12月17日

资产管理部门意见：	分管经理意见：	备注：

（46）

西京市慈善总会

收　据

NO 00753

收款日期：2010 年 12 月 22 日

今收到	西京市海源有限责任公司	第三联记账联
交　来：	捐赠款	
人民币(大写)	贰万元整　（小写）¥ 20 000	
备注		

收款单位：　　收款人：邢翠屏　　交款人：白姗

中国工商银行
转账支票存根
XII IV 0024378

科　　目：银行存款
对方科目：营业外支出
出票日期：2010年12月22日

收款人：市慈善总会
金　额：20000.00
用　途：捐赠款

单位主管　　会计
复　核　　记账

（47）

西京市海源有限责任公司

内部收款收据

收款日期：2010 年12月30 日　　NO.95483

今收到：	李力	③第三联记账联
交　来：	违章罚款	
人民币（大写）	伍佰元整　¥500	
备　注：	现金收讫	

收款单位：　　收款人：白姗　　经办人：李力

（48）

西京市其他服务业统一发票

模拟
国家税务局监

地税字（2010）No. 0028590

发 票 联

客户名称：西京市海源有限责任公司　　　　2010 年 12 月 31 日

货号	服务项目	单位	数量	单价	金额								
					百	十	万	千	百	十	元	角	分
	审计费	次	1	2000				2	0	0	0	0	0
大写金额：⊗佰⊗拾⊗万贰仟零佰零拾零元零角零分						¥		2	0	0	0	0	0
付款方式：转账支票					开户银行及账号：0691367892308								

② 发票联

开票单位：（盖章）　收款人：杨瑞雪　　开票人：吴珊珊

方正会计师事务所 发票专用章 模拟

中国工商银行
转账支票存根
XII IV 0024379

科　　目：银行存款
对方科目：管理费用
出票日期：2010年12月31日

收款人：方正会计师事务所
金　额：2,000.—
用　途：支付审计费

单位主管　　会计
复　　核　　记账

（49）

实存账存对比表

2010年12月31日

编号	名称及规格	计量单位	实存		账存		盘盈		盘亏		备注
			数量	金额	数量	金额	数量	金额	数量	金额	
1	A材料	千克	7,935.3	238,060	8,000	240,000			64.7	1,940	

会计主管：陈源源　　仓库保管：杨云莉　　制表：李蕊

（50）

西京市海源有限责任公司
固定资产报废单

资 字 01 号　　申报单位 后勤处　　2010年12月17日

名称	运输车辆	设备号	020	使用部门	后勤处	制造厂	西京市汽车制造厂
规格	大巴士	购置时间	2010年11月5日	原始价值	62,500.00元	累计折旧	6,005.00元
报废原因及单位负责人意见： 因意外事故毁损。 使用部门负责人签字 刘清 2010年12月17日							
技术小组鉴定意见 情况属实，车辆已报废。 鉴定人签字 王大林 2010年12月17日							
资产管理部门意见： 同意报废。 李玉红		分管经理意见： 同意报废， 按规定处理。 赵×洋			备注：		

实存账存对比表

2010年12月31日

编号	名称及规格	计量单位	实存		账存		盘盈		盘亏		备注
			数量	金额	数量	金额	数量	金额	数量	金额	
1	A材料	千克	7,935.3	238,060.00	8,000	240,000.00			64.7	1,940.00	仓管员赔偿
											赵×洋

会计主管：陈源源　　仓库保管：杨云莉　　制表：李蕊

（51）

城市维护建设税和教育费附加计算表

2010年12月31日

计税依据	城市维护建设税		教育费附加		合计
	税率	金额	税率	金额	
103,000.00	7%	7210.00	3%	3090.00	10,300.00
合计		7210.00		3090.00	10,300.00

财务主管：陈 源 源　　审核：何 雨 霖　　制单：李　蕊

（52）结转损益。

（53）

企业所得税计算表

2010年12月31日

税前利润	调整金额	应纳税所得	所得税率	应纳所得税额
133,000.00	—	133,000.00	25%	33,250.00

财务主管：陈 源 源　　审核：何 雨 霖　　制单：李　蕊

（54）结转企业所得税费用。

（55）

（1/2）

税票顺序号：3　　中华人民共和国　　国

核定纳税日：15　　税收通用缴款书　　国 3

（国家税务总局 票据监制章）

隶属关系：市（地）级　　（0871）国税缴字 2120512

注册类型：有限责任公司　填发日期 2010 年 12 月 31 日　征收机关：西京市国家税务局

缴款单位	代码	62177498314770	预算科目	编码	增值税
	全称	西京市海源有限责任公司		名称	03
	开户银行	中国工商银行海源支行		级次	市（地）级
	账号	0691367892308		收缴国库	西京市金库
税款所属期间 2010 年 12 月		税款限缴时间 2011 年 1 月 15 日			

品目名称	课税数量	计税金额或销售收入	税率或单位税额	已缴或扣除额	实缴金额
工业企业		1 300 000	17%	118 000	103 000
金额合计	人民币（大写）壹拾万零叁仟元整				￥103 000
缴纳单位（盖章）经办人	税务机关（盖章）填票人	上列款项转收款单位账户 国库（银行） 2010 年 12 月 31 日		备注：	

（中国工商银行 海源支行 模拟 转讫）

无银行收讫章无效

一联收据作完税凭证

税票顺序号：3　　中华人民共和国　税收通用缴款书　　国

核定纳税日：15　　国　3

隶属关系：市（地）级　　（0871）国税缴字 0512012

注册类型：有限责任公司　填发日期 2010 年 12 月 31 日　征收机关：西京市国家税务局

无银行收讫章无效

缴款单位	代码	62177498314770		预算科目	编码	企业所得税
	全称	西京市海源有限责任公司			名称	03
	开户银行	中国工商银行海源支行			级次	市（地）级
	账号	0691367892308				西京市金库
税款所属期间 2010 年 12 月		税款限缴时间 2011 年 1 月 15 日				
品目名称	课税数量	计税金额或销售收入	税率或单位税额	已缴或扣除额	实缴金额	
企业所得税		133 000	25%	0	33 250	
金额合计	人民币（大写）叁万叁仟贰佰伍拾元整				￥33 250	
缴纳单位（盖章）经办人	税务机关（盖章）填票人	上列款项转收款单位账户 国库（银行） 2010 年 12 月 31 日			备注：	

一联收据作完税凭证

（2/2）

税票顺序号：3　　中华人民共和国　税收通用缴款书　　地

核定纳税日：15　　地　3

隶属关系：市（地）级　　（0871）地税缴字 2512012

注册类型：有限责任公司　填发日期 2010 年 12 月 31 日　征收机关：西京市地方税务局

无银行收讫章无效

缴款单位	代码	62177498314770		预算科目	编码	城市维护建设税
	全称	西京市海源有限责任公司			名称	03
	开户银行	中国工商银行海源支行			级次	市（地）级
	账号	0691367892308				西京市金库
税款所属期间 2010 年 12 月		税款限缴时间 2011 年 1 月 15 日				
品目名称	课税数量	计税金额或销售收入	税率或单位税额	已缴或扣除额	实缴金额	
城建税		103 000	7%	0	7 210	
金额合计	人民币（大写）柒仟贰佰壹拾元整				￥7 210	
缴纳单位（盖章）经办人	税务机关（盖章）填票人	上列款项转收款单位账户 国库（银行） 2010 年 12 月 31 日			备注：	

一联收据作完税凭证

税票顺序号：3　　中华人民共和国　税收通用缴款书　　地

核定纳税日：15　　地　3

隶属关系：市（地）级　　（0871）地税缴字 5201221

注册类型：有限责任公司　填发日期 2010 年 12 月 31 日　征收机关：西京市地方税务局

无银行收讫章无效

缴款单位	代码	62177498314770		预算科目	编码	教育费附加
	全称	西京市海源有限责任公司			名称	03
	开户银行	中国工商银行海源支行			级次	市（地）级
	账号	0691367892308				西京市金库
税款所属期间 2010 年 12 月		税款限缴时间 2011 年 1 月 15 日				
品目名称	课税数量	计税金额或销售收入	税率或单位税额	已缴或扣除额	实缴金额	
教育费附加		103 000	3%	0	3 090	
金额合计	人民币（大写）叁仟零玖拾元整				￥3 090	
缴纳单位（盖章）经办人	税务机关（盖章）填票人	上列款项转收款单位账户 国库（银行） 2010 年 12 月 31 日			备注：	

一联收据作完税凭证

（56）

西京市总工会

往 来 收 据　　　　NO 00491

收款日期：2010 年 12 月 31 日

今收到：西京市海源有限责任公司

交来：会费

人民币（大写）壹仟元整　　¥1 000

备注：　　现金收讫

模拟

西京市总工会 财务专用章

第三联 收据联

收款单位：　　收款人：张扬　　交款人：白　姗

（57）结转本年利润。

（58）

利润分配计算表

2010年12月31日　　　　单位：元

利润分配项目	分配基数	分配比例	分配额
法定盈余公积	99,250.—	10%	9,925.—
法定公益金	99,250.—	5%	4,987.50
合计	—	—	14,962.50

财务主管：陈源源　　审核：何雨霖　　制单：李　蕊

（59）

利润分配计算表

2010年12月31日　　　　单位：元

利润分配项目	分配基数	分配比例	分配额
甲公司	585,000.—		2,980.—
乙公司	877,500.—		11,970.—
丙公司	1,462,500.—		19,950.—
合计	2,925,000.—	1.364%	39,900.—

财务主管：陈源源　　审核：何雨霖　　制单：李　蕊

（60）结转利润分配各明细账。

13.6　会计分录

13.6.1　资金筹集

1. 投入资本的核算

（1）借：原材料——A 材料　　　　360 000

——B 材料　　90 000
——C 材料　　135 000
贷：实收资本——甲公司　　585 000
附件壹张，验资报告等单独装订
（2）借：银行存款——工商银行　　877 500
贷：实收资本——乙公司　　877 500
附件壹张，验资报告等单独装订
（3）借：固定资产——厂房　　700 000
——办公楼　　300 000
——运输车辆　　462 500
贷：实收资本——丙公司　　1 462 500
附件壹张，验资报告等单独装订
2. 银行借款的核算
（4）借：银行存款——招商银行　　2 000 000
贷：长期借款　　2 000 000（附件贰张）

13.6.2　生产准备

1. 固定资产购置的核算（不考虑增值税）
（5）借：在建工程——机器设备　　1 000 000
贷：银行存款——招商银行　　1 000 000（附件叁张）
（6）借：固定资产——办公设备　　100 000
贷：银行存款——招商银行　　100 000（附件叁张）
（7）借：在建工程——机器设备　　537 500
贷：银行存款——招商银行　　537 500（附件贰张）
（8）借：固定资产——机器设备　　1 537 500
贷：在建工程——机器设备　　1 537 500（附件壹张）
2. 材料采购的核算
（9）借：库存现金　　5 000
贷：银行存款——工商银行　　5 000（附件壹张）
（10）借：其他应收款——赵明　　3 000
贷：库存现金　　3 000（附件壹张）
（11）借：原材料——A 材料　　300 000
应交税费——应交增值税（进项税额）　　49 300
贷：银行存款——工商银行　　349 300（附件肆张）
（12）借：预付账款——光明公司　　60 000
贷：银行存款——工商银行　　60 000（附件壹张）
（13）借：在途物资——B 材料　　39 000
应交税费——应交增值税（进项税额）　　6 630

贷：应付账款——胜利工厂　　45 630（附件壹张）

（14）借：原材料——B 材料　　40 000

贷：在途物资——B 材料　　39 000

库存现金　　1 000（附件贰张）

（15）借：应付账款——胜利工厂　　45 630

贷：银行存款——工商银行　　45 630（附件壹张）

（16）借：原材料——C 材料　　60 000

应交税费——应交增值税（进项税额）　　10 200

贷：预付账款——光明公司　　60 000

应付票据——光明公司　　10 200（附件叁张）

13.6.3　产品生产的核算

（17）借：生产成本——Π产品　　420 000

制造费用——材料费用　　45 000

管理费用——材料费用　　15 000

贷：原材料——A 材料　　360 000

——B 材料　　60 000

——C 材料　　60 000（附件壹张）

（18）借：管理费用——其他　　350

贷：库存现金　　350（附件壹张）

（19）借：管理费用——办公费　　25 000

贷：银行存款——工商银行　　25 000（附件贰张）

（20）借：管理费用——咨询费　　12 750

贷：银行存款——工商银行　　12 750（附件贰张）

（21）借：管理费用——业务招待费　　28 000

贷：银行存款——工商银行　　28 000（附件贰张）

（22）借：库存现金　　50 000

贷：银行存款　　50 000（附件壹张）

（23）借：应付职工薪酬——工资　　50 000

贷：库存现金　　50 000（附件拾张）

（24）借：管理费用——修理费　　97 000

贷：银行存款——工商银行　　97 000（附件贰张）

（25）借：管理费用——通讯费　　13 700

贷：银行存款——工商银行　　13 700（附件贰张）

（26）借：银行存款——工商银行　　2 000

银行存款——招商银行　　300

贷：财务费用——利息　　2 300（附件贰张）

（27）借：财务费用——利息　　6 300

贷：银行存款——招商银行 6 300（附件壹张）

（28）借：管理费用——差旅费 2 650

库存现金 350

贷：其他应收款——赵明 3 000（附件伍张）

（29）借：应付账款——自来水公司 140 000

应交税费——应交增值税（进项税额） 18 200

贷：银行存款——工商银行 158 200（附件贰张）

（30）借：应付账款——电力公司 200 000

应交税费——应交增值税（进项税额） 34 000

贷：银行存款——工商银行 234 000（附件贰张）

（31）借：生产成本——Π产品 30 000

制造费用——工资 8 000

管理费用——工资 12 000

贷：应付职工薪酬——工资 50 000（附件壹张）

（32）借：生产成本——Π产品 1 050

制造费用——工会、教育经费 280

管理费用——工会、教育经费 420

贷：应付职工薪酬——工会经费 1 000

——教育经费 750（附件壹张）

（33）借：制造费用——折旧 18 175

管理费用——折旧 7 825

贷：累计折旧 26 000（附件壹张）

（34）借：生产成本——Π产品 310 000

制造费用——水电费 7 495

管理费用——水电费 22 505

贷：应付账款——自来水公司 140 000

——电力公司 200 000（附件壹张）

（35）借：生产成本——Π产品 78 950

贷：制造费用 78 950（附件壹张）

（36）借：库存商品——Π产品 840 000

贷：生产成本——Π产品 840 000（附件壹张）

13.6.4 销售业务的核算

（37）借：销售费用——广告费 8 000

贷：银行存款——工商银行 8 000（附件贰张）

（38）借：银行存款——工商银行 117 000

贷：其他业务收入 100 000

应交税费——应交增值税（销项税税额） 17 000（附件贰张）

（39）借：应收账款——华联公司　　1 404 000
　　贷：主营业务收入　　1 200 000
　　　　应交税费——应交增值税（销项税税额）　　204 000（附件壹张）
（40）借：库存现金　　4 000
　　贷：其他应付款——华联公司　　4 000（附件壹张）
（41）借：销售费用——运杂费　　6 000
　　贷：银行存款——工商银行　　6 000（附件贰张）
（42）借：银行存款——工商银行　　936 000
　　贷：应收账款——华联公司　　936 000（附件壹张）
（43）借：主营业务成本　　800 000
　　贷：库存商品——Π产品　　800 000（附件壹张）
（44）借：其他业务成本　　60 000
　　贷：原材料——A 材料　　60 000（附件壹张）

13.6.5　财务成果的核算

（45）借：固定资产清理　　61 875
　　　　累计折旧　　625
　　贷：固定资产——运输设备　　62 500（附件壹张）
（46）借：营业外支出　　20 000
　　贷：银行存款——工商银行　　20 000（附件贰张）
（47）借：库存现金　　500
　　贷：营业外收入　　500（附件壹张）
（48）借：管理费用——审计费　　2 000
　　贷：银行存款——工商银行　　2 000（附件贰张）
（49）借：待处理财产损溢——待处理流动资产损溢　　2 270
　　贷：原材料——A 材料　　1 940
　　　　应交税费——应交增值税（进项税税额）　　330（附件壹张）
（50）
（1/2）借：其他应收款——杨云莉　　2 270
　　贷：待处理财产损溢——待处理流动资产损溢　　2 270（附件壹张）
（2/2）借：营业外支出　　20 000
　　　　其他应收款——保险公司　　41 875
　　贷：固定资产清理　　61 875（附件壹张）
（51）借：营业税金及附加　　10 300
　　贷：应交税费——应交城市维护建设税　　7 210
　　　　　　　　——应交教育费附加　　3 090（附件壹张）
（52）
（1/2）借：主营业务收入　　1 200 000

其他业务收入　　100 000
营业外收入　　500
贷：本年利润　　1 300 500（附件无）
（2/2）借：本年利润　　1 167 500
贷：主营业务成本　　800 000
其他业务成本　　60 000
营业税金及附加　　10 300
销售费用　　14 000
管理费用　　239 200
财务费用　　4 000
营业外支出　　40 000（附件无）
（53）借：所得税费用　　33 250
贷：应交税费——应交所得税　　33 250（附件壹张）
（54）借：本年利润　　33 250
贷：所得税费用　　33 250（附件无）
（55）
（1/2）借：应交税费——应交增值税（已交税金）　　103 000
——应交所得税　　33 250
贷：银行存款——工商银行　　103 000
——工商银行　　33 250（附件贰张）
（2/2）借：应交税费——应交城市维护建设税　　7 210
——应交教育费附加　　3 090
贷：银行存款——工商银行　　7 210
——工商银行　　3 090（附件贰张）
（56）借：应付职工薪酬——工会经费　　1 000
贷：库存现金　　1 000（附件壹张）
（57）借：本年利润　　99 750
贷：利润分配——未分配利润　　99 750（附件无）
（58）借：利润分配——计提盈余公积　　14 962.50
贷：盈余公积——法定盈余公积　　9 975
——法定公益金　　4 987.50（附件壹张）
（59）借：利润分配——分配现金股利　　39 900
贷：应付股利——甲　　7 980
——乙　　11 970
——丙　　19 950（附件壹张）
（60）借：利润分配——未分配利润　　54 862.50
贷：利润分配——计提盈余公积　　14 962.50
——分配现金股利　　39 900（附件无）

13.7　记账凭证

（1）

记　账　凭　证

2010 年 11 月 5 日　　　　凭证编号 1

摘　要	总账科目	明细科目	借方金额（千百十万千百十元角分）	贷方金额（千百十万千百十元角分）	记账签章
接受原材料投资	1403原材料	A材料	36000000		✓
	1403原材料	B材料	9000000		✓
	1403原材料	C材料	13500000		✓
	4001实收资本	甲公司		58500000	✓
合　计　金　额			¥58500000	¥58500000	

附件　张

会计主管 陈源源　稽核 何雨霖　出纳　制单 李蕊　领缴款人

（2）

记　账　凭　证

2010 年 11 月 5 日　　　　凭证编号 2

摘　要	总账科目	明细科目	借方金额（千百十万千百十元角分）	贷方金额（千百十万千百十元角分）	记账签章
接受货币资金投资	1002银行存款	工商银行	87750000		✓
	4001实收资本	乙公司		87750000	✓
合　计　金　额			¥87750000	¥87750000	

附件　张

会计主管 陈源源　稽核 何雨霖　出纳 白珊　制单 李蕊　领缴款人

（3）

记　账　凭　证

2010 年 11 月 5 日　　　　凭证编号 3

摘　要	总账科目	明细科目	借方金额（千百十万千百十元角分）	贷方金额（千百十万千百十元角分）	记账签章
接受固定资产投资	1601固定资产	厂房	70000000		✓
	1601固定资产	办公楼	30000000		✓
	1601固定资产	运输车辆	46250000		✓
	4001实收资本	丙公司		146250000	✓
合　计　金　额			¥146250000	¥146250000	

附件　张

会计主管 陈源源　稽核 何雨霖　出纳　制单 李蕊　领缴款人

（4）

记 账 凭 证

2010年11月10日　　　　凭证编号 4

摘要	总账科目	明细科目	借方金额（千百十万千百十元角分）	贷方金额（千百十万千百十元角分）	记账签章
借入借款存银行	1002银行存款	招商银行	200000000		√
	2501长期借款			200000000	√
合计金额			¥200000000	¥200000000	

附件 贰 张

会计主管 陈源源　稽核 何雨霖　出纳 白珊　制单 李蕊　领缴款人

（5）

记 账 凭 证

2010年11月12日　　　　凭证编号 5

摘要	总账科目	明细科目	借方金额（千百十万千百十元角分）	贷方金额（千百十万千百十元角分）	记账签章
银行存款支付设备款	1604在建工程	生产设备	100000000		√
	1002银行存款	招商银行		100000000	√
合计金额			¥100000000	¥100000000	

附件 叁 张

会计主管 陈源源　稽核 何雨霖　出纳 白珊　制单 李蕊　领缴款人

（6）

记 账 凭 证

2010年11月20日　　　　凭证编号 6

摘要	总账科目	明细科目	借方金额（千百十万千百十元角分）	贷方金额（千百十万千百十元角分）	记账签章
银行存款支付设备款	1601固定资产	办公用设备	10000000		√
	1002银行存款	招商银行		10000000	√
合计金额			¥10000000	¥10000000	

附件 叁 张

会计主管 陈源源　稽核 何雨霖　出纳 白珊　制单 李蕊　领缴款人

(7)

记 账 凭 证

2010年11月30日　　　　凭证编号 7

摘要	总账科目	明细科目	借方金额	贷方金额	记账签章
支付装卸、安装调试费	1604在建工程	生产设备	537750000		✓
	1002银行存款	招商银行		537750000	✓
合计金额			¥537750000	¥537750000	

附件 贰 张

会计主管 陈源源　稽核 何雨霖　出纳 白珊　制单 李蕊　领缴款人

(8)

记 账 凭 证

2010年11月30日　　　　凭证编号 8

摘要	总账科目	明细科目	借方金额	贷方金额	记账签章
工程完工，结转成本	1601固定资产	生产设备	1537750000		✓
	1604在建工程	生产设备		1537750000	✓
合计金额			¥1537750000	¥1537750000	

附件 壹 张

会计主管 陈源源　稽核 何雨霖　出纳　制单 李蕊　领缴款人

(9)

记 账 凭 证

2010年12月1日　　　　凭证编号 1

摘要	总账科目	明细科目	借方金额	贷方金额	记账签章
提现备用	1001库存现金		500000		✓
	1002银行存款	工商银行		500000	✓
合计金额			¥500000	¥500000	

附件 壹 张

会计主管 陈源源　稽核 何雨霖　出纳 白珊　制单 李蕊　领缴款人

（10）

记 账 凭 证

2010 年 12 月 6 日　　　　凭证编号 5

摘要	总账科目	明细科目	借方金额	贷方金额	记账签章
现金支付赵明借款	1221 其他应收款	赵明	700000		√
	1001 库存现金			700000	√
合计金额			¥700000	¥700000	

附件 壹 张

会计主管 陈源源　稽核 何雨霖　出纳 白珊　制单 李蕊　领缴款人

（11）

记 账 凭 证

2010 年 12 月 9 日　　　　凭证编号 11

摘要	总账科目	明细科目	借方金额	贷方金额	记账签章
购A材料10,000千克	1403 原材料	A材料	30000000		√
	2221 应交税费	增值税（进项）	4930000		√
	1002 银行存款	工商银行		34930000	√
合计金额			¥34930000	¥34930000	

附件 肆 张

会计主管 陈源源　稽核 何雨霖　出纳 白珊　制单 李蕊　领缴款人

（12）

记 账 凭 证

2010 年 12 月 15 日　　　　凭证编号 14

摘要	总账科目	明细科目	借方金额	贷方金额	记账签章
预付光明公司材料款	1123 预付账款	光明公司	6000000		√
	1002 银行存款	工商银行		6000000	√
合计金额			¥6000000	¥6000000	

附件 壹 张

会计主管 陈源源　稽核 何雨霖　出纳 白珊　制单 李蕊　领缴款人

（13）

记　账　凭　证

2010 年 12 月 20 日　　　　凭证编号 16

摘　要	总账科目	明细科目	借方金额（千百十万千百十元角分）	贷方金额（千百十万千百十元角分）	记账签章
购入B材料4000千克	1402 在途物资	B材料	3900000		√
	2221 应交税费	增值税（进项）	663000		√
	2202 应付账款	胜利2厂		4563000	√
合　计　金　额			¥4563000	¥4563000	

附件 壹 张

会计主管 陈源源　稽核 何雨霖　出纳　制单 李蕊　领缴款人

（14）

记　账　凭　证

2010 年 12 月 2[illegible] 日　　　　凭证编号 21

摘　要	总账科目	明细科目	借方金额（千百十万千百十元角分）	贷方金额（千百十万千百十元角分）	记账签章
B材料4000千克入库	1403 原材料	B材料	4000000		√
	1402 在途物资	B材料		3900000	√
	1001 库存现金			100000	√
合　计　金　额			¥4000000	¥4000000	

附件 贰 张

会计主管 陈源源　稽核 何雨霖　出纳 白珊　制单 李蕊　领缴款人

（15）

记　账　凭　证

2010 年 12 月 24 日　　　　凭证编号 22

摘　要	总账科目	明细科目	借方金额（千百十万千百十元角分）	贷方金额（千百十万千百十元角分）	记账签章
支付前欠胜利厂货款	2202 应付账款	胜利2厂	4563000		√
	1002 银行存款	2商银行		4563000	√
合　计　金　额			¥4563000	¥4563000	

附件 壹 张

会计主管 陈源源　稽核 何雨霖　出纳 白珊　制单 李蕊　领缴款人

（16）

记 账 凭 证

2010年12月30日　　凭证编号 28

摘要	总账科目	明细科目	借方金额	贷方金额	记账签章
外购C材料4,000千克	1403原材料	C材料	6000000		✓
	2221应交税费	增值税(进项)	1020000		✓
	1123预付账款	光明公司		6000000	✓
	2201应付票据	光明公司		1020000	✓
合计金额			¥7020000	¥7020000	

附件 叁 张

会计主管 陈源源　稽核 何雨霖　出纳　制单 李蕊　领缴款人

（17）

记 账 凭 证

2010年12月1日　　凭证编号 2

摘要	总账科目	明细科目	借方金额	贷方金额	记账签章
各部门领用材料	5001生产成本	A产品	42000000		✓
	5101制造费用	材料费用	4500000		✓
	6602管理费用	材料费用	1500000		✓
	1403原材料	A材料		36000000	✓
	1403原材料	B材料		6000000	✓
	1403原材料	C材料		6000000	✓
合计金额			¥48000000	¥48000000	

附件 壹 张

会计主管 陈源源　稽核 何雨霖　出纳　制单 李蕊　领缴款人

（18）

记 账 凭 证

2010年12月2日　　凭证编号 3

摘要	总账科目	明细科目	借方金额	贷方金额	记账签章
现金支付零星费用	6602管理费用	其他	35000		✓
	1001库存现金			35000	✓
合计金额			¥35000	¥35000	

附件 壹 张

会计主管 陈源源　稽核 何雨霖　出纳 白珊　制单 李蕊　领缴款人

（19）

记 账 凭 证

2010 年 12 月 7 日　　凭证编号 6

摘要	总账科目	明细科目	借方金额	贷方金额	记账签章
支付办公用品费	6602 管理费用	办公费	2500000		√
	1002 银行存款	工商银行		2500000	√
合计金额			¥2500000	¥2500000	

附件 贰 张

会计主管 陈源源　稽核 何雨霖　出纳 白珊　制单 李蕊　领缴款人

（20）

记 账 凭 证

2010 年 12 月 9 日　　凭证编号 7

摘要	总账科目	明细科目	借方金额	贷方金额	记账签章
支付律师咨询费	6602 管理费用	咨询费	1275000		√
	1002 银行存款	工商银行		1275000	√
合计金额			¥1275000	¥1275000	

附件 贰 张

会计主管 陈源源　稽核 何雨霖　出纳 白珊　制单 李蕊　领缴款人

（21）

记 账 凭 证

2010 年 12 月 9 日　　凭证编号 8

摘要	总账科目	明细科目	借方金额	贷方金额	记账签章
支付业务招待费	6602 管理费用	业务招待费	2800000		√
	1002 银行存款	工商银行		2800000	√
合计金额			¥2800000	¥2800000	

附件 贰 张

会计主管 陈源源　稽核 何雨霖　出纳 白珊　制单 李蕊　领缴款人

（22）

记 账 凭 证

2010 年 12 月 10 日　　　　凭证编号 9

摘要	总账科目	明细科目	借方金额	贷方金额	记账签章
提现备发工资	1001库存现金		5000000		√
	1002银行存款	工商银行		5000000	√
合计金额			¥5000000	¥5000000	

附件 壹 张

会计主管 陈源源　稽核 何雨霖　出纳 白珊　制单 李蕊　领缴款人

（23）

记 账 凭 证

2010 年 12 月 10 日　　　　凭证编号 10

摘要	总账科目	明细科目	借方金额	贷方金额	记账签章
现金发放本月工资	2211应付职工薪酬	工资	5000000		√
	1001库存现金			5000000	√
合计金额			¥5000000	¥5000000	

附件 壹 张

会计主管 陈源源　稽核 何雨霖　出纳 白珊　制单 李蕊　领缴款人

（24）

记 账 凭 证

2010 年 12 月 17 日　　　　凭证编号 14

摘要	总账科目	明细科目	借方金额	贷方金额	记账签章
支付修理费	6602管理费用	修理费	9700000		√
	1002银行存款	工商银行		9700000	√
合计金额			¥9700000	¥9700000	

附件 贰 张

会计主管 陈源源　稽核 何雨霖　出纳 白珊　制单 李蕊　领缴款人

（25）

记 账 凭 证

2010 年 12 月 21 日　　　　凭证编号 17

摘要	总账科目	明细科目	借方金额	贷方金额	记账签章
支付本月通讯费	6602管理费用	通讯费	1370000		√
	1002银行存款	工商银行		1370000	√
合计金额			¥1370000	¥1370000	

附件 贰 张

会计主管 陈源源　稽核 何雨霖　出纳 白珊　制单 李蕊　领缴款人

（26）

记 账 凭 证

2010 年 12 月 21 日　　　　凭证编号 18

摘要	总账科目	明细科目	借方金额	贷方金额	记账签章
收到银行存款利息	1002银行存款	工商银行	200000		√
	1002银行存款	招商银行	30000		√
	6603财务费用	利息		230000	√
合计金额			¥230000	¥230000	

附件 贰 张

会计主管 陈源源　稽核 何雨霖　出纳 白珊　制单 李蕊　领缴款人

（27）

记 账 凭 证

2010 年 12 月 21 日　　　　凭证编号 19

摘要	总账科目	明细科目	借方金额	贷方金额	记账签章
付银行贷款利息	6603财务费用	利息	630000		√
	1002银行存款	招商银行		630000	√
合计金额			¥630000	¥630000	

附件 壹 张

会计主管 陈源源　稽核 何雨霖　出纳 白珊　制单 李蕊　领缴款人

(28)

记账凭证

2010 年 12 月 27 日　　　　凭证编号 27

摘要	总账科目	明细科目	借方金额	贷方金额	记账签章
赵明报销差旅费	6602 管理费用	差旅费	265000		√
	1001 库存现金		35000		√
	1221 其他应收款	赵明		300000	√
合计金额			¥300000	¥300000	

附件 伍 张

会计主管 陈源源　稽核 何雨霖　出纳 白珊　制单 李蕊　领缴款人

(29)

记账凭证

2010 年 12 月 30 日　　　　凭证编号 29

摘要	总账科目	明细科目	借方金额	贷方金额	记账签章
支付本月自来水费	2202 应付账款	自来水公司	14000000		√
	2221 应交税费	增值税(进项)	1820000		√
	1002 银行存款	工商银行		15820000	√
合计金额			¥15820000	¥15820000	

附件 贰 张

会计主管 陈源源　稽核 何雨霖　出纳 白珊　制单 李蕊　领缴款人

(30)

记账凭证

2010 年 12 月 30 日　　　　凭证编号 30

摘要	总账科目	明细科目	借方金额	贷方金额	记账签章
支付本月电费	2202 应付账款	电力公司	20000000		√
	2221 应交税费	增值税(进项)	3400000		√
	1002 银行存款	工商银行		23400000	√
合计金额			¥23400000	¥23400000	

附件 贰 张

会计主管 陈源源　稽核 何雨霖　出纳 白珊　制单 李蕊　领缴款人

（31）

记　账　凭　证

2010 年 12 月 31 日　　　　凭证编号 32

摘　要	总账科目	明细科目	借方金额	贷方金额	记账签章
分配本月工资	5001生产成本	石多品	3000000		√
	5101制造费用	工资	800000		√
	6602管理费用	工资	1200000		√
	2211应付职工薪酬	工资		5000000	√
合　计　金　额			¥5000000	¥5000000	

附件　张

会计主管 陈源源　稽核 何雨霖　出纳　　制单 李蕊　领缴款人

（32）

记　账　凭　证

2010 年 12 月 31 日　　　　凭证编号 33.

摘　要	总账科目	明细科目	借方金额	贷方金额	记账签章
计提：工会经费、职工教育经费	5001生产成本	石多品	105000		√
	5101制造费用	工会经费、教育经费	28000		√
	6602管理费用	工会、教育经费	42000		√
	2211应付职工薪酬	工会经费		100000	√
	2211应付职工薪酬	教育经费		75000	√
合　计　金　额			¥175000	¥175000	

附件　张

会计主管 陈源源　稽核 何雨霖　出纳　　制单 李蕊　领缴款人

（33）

记　账　凭　证

2010 年 12 月 31 日　　　　凭证编号 34

摘　要	总账科目	明细科目	借方金额	贷方金额	记账签章
计提本月折旧	5101制造费用	折旧	1817500		√
	6602管理费用	折旧	782500		√
	1602累计折旧			2600000	√
合　计　金　额			¥2600000	¥2600000	

附件　张

会计主管 陈源源　稽核 何雨霖　出纳　　制单 李蕊　领缴款人

（34）

记 账 凭 证

2010年12月31日　　凭证编号 35

摘要	总账科目	明细科目	借方金额	贷方金额	记账签章
分配本月水电费	5001生产成本	乙产品	310000.00		√
	5101制造费用	水、电费	7495.00		√
	6602管理费用	水电费	22505.00		√
	2202应付账款	自来水公司		140000.00	√
	2202应付账款	电力公司		200000.00	√
合计金额			¥340000.00	¥340000.00	

附件 壹 张

会计主管 陈源源　稽核 何雨霖　出纳　制单 李蕊　领缴款人

（35）

记 账 凭 证

2010年12月31日　　凭证编号 36

摘要	总账科目	明细科目	借方金额	贷方金额	记账签章
结转本月制造费用	5001生产成本	乙产品	78950.00		√
	5101制造费用			78950.00	√
合计金额			¥78950.00	¥78950.00	

附件 壹 张

会计主管 陈源源　稽核 何雨霖　出纳　制单 李蕊　领缴款人

（36）

记 账 凭 证

2010年12月31日　　凭证编号 37

摘要	总账科目	明细科目	借方金额	贷方金额	记账签章
乙产品420件全部完工	1405库存商品	乙产品	840000.00		√
	5001生产成本	乙产品		840000.00	√
合计金额			¥840000.00	¥840000.00	

附件 壹 张

会计主管 陈源源　稽核 何雨霖　出纳　制单 李蕊　领缴款人

（37）

记 账 凭 证

2010 年 12 月 3 日　　凭证编号 4

摘要	总账科目	明细科目	借方金额（千百十万千百十元角分）	贷方金额（千百十万千百十元角分）	记账签章
银行存款支付广告费	6601销售费用	广告费	800000		√
	1002银行存款	工商银行		800000	√
合计金额			¥800000	¥800000	

附件 贰 张

会计主管 陈源源　稽核 何雨霖　出纳 白珊　制单 李蕊　领缴款人

（38）

记 账 凭 证

2010 年 12 月 14 日　　凭证编号 12

摘要	总账科目	明细科目	借方金额（千百十万千百十元角分）	贷方金额（千百十万千百十元角分）	记账签章
销售A材料2,000千克	1002银行存款	工商银行	11700000		√
	6051其他业务收入			10000000	√
	2221应交税费	增值税（销项）		1700000	√
合计金额			¥11700000	¥11700000	

附件 贰 张

会计主管 陈源源　稽核 何雨霖　出纳 白珊　制单 李蕊　领缴款人

（39）

记 账 凭 证

2010 年 12 月 28 日　　凭证编号 24

摘要	总账科目	明细科目	借方金额（千百十万千百十元角分）	贷方金额（千百十万千百十元角分）	记账签章
销售丙产品400件	1122应收账款	华联公司	140400000		、
	6001主营业务收入			120000000	
	2221应交税费	增值税（销项）		20400000	、
合计金额			¥140400000	¥140400000	

附件 叁 张

会计主管 陈源源　稽核　出纳 白珊　制单 李蕊　领缴款人

（40）

记 账 凭 证

2010 年 12 月 28 日　　凭证编号 25

摘要	总账科目	明细科目	借方金额	贷方金额	记账签章
收到出借包装物押金	1001库存现金		400000		√
	2241其他应付款	华联公司		400000	√
合 计 金 额			¥400000	¥400000	

附件 壹 张

会计主管 陈源源　稽核 何雨霖　出纳 白珊　制单 李蕊　领缴款人

（41）

记 账 凭 证

2010 年 12 月 28 日　　凭证编号 26

摘要	总账科目	明细科目	借方金额	贷方金额	记账签章
支付销售运杂费	6601销售费用	运杂费	600000		√
	1002银行存款	工商银行		600000	√
合 计 金 额			¥600000	¥600000	

附件 贰 张

会计主管 陈源源　稽核 何雨霖　出纳 白珊　制单 李蕊　领缴款人

（42）

记 账 凭 证

2010 年 12 月 29 日　　凭证编号 27

摘要	总账科目	明细科目	借方金额	贷方金额	记账签章
收到华联公司货款	1002银行存款	工商银行	9360000		√
	1122应收账款	华联公司		9360000	√
合 计 金 额			¥9360000	¥9360000	

附件 壹 张

会计主管 陈源源　稽核 何雨霖　出纳 白珊　制单 李蕊　领缴款人

（43）

记　账　凭　证

2010 年 12 月 31 日　　凭证编号 38

摘要	总账科目	明细科目	借方金额	贷方金额	记账签章
结转本月已销产品成本	6401主营业务成本		80000000		✓
	1405库存商品	乙产品		80000000	✓
合　计　金　额			¥80000000	¥80000000	

附件 壹 张

会计主管 陈源源　稽核 何雨霖　出纳　　制单 李蕊　领缴款人

（44）

记　账　凭　证

2010 年 12 月 31 日　　凭证编号 39

摘要	总账科目	明细科目	借方金额	贷方金额	记账签章
结转已销A材料成本	6402其他业务成本		6000000		✓
	1403原材料	A材料		6000000	✓
合　计　金　额			¥6000000	¥6000000	

附件 壹 张

会计主管 陈源源　稽核 何雨霖　出纳　　制单 李蕊　领缴款人

（45）

记　账　凭　证

2010 年 12 月 17 日　　凭证编号 15

摘要	总账科目	明细科目	借方金额	贷方金额	记账签章
运输车辆毁损	1606固定资产清理		6187500		✓
	1602累计折旧		62500		✓
	1601固定资产			6250000	✓
合　计　金　额			¥6250000	¥6250000	

附件 壹 张

会计主管 陈源源　稽核 何雨霖　出纳　　制单 李蕊　领缴款人

（46）

记 账 凭 证

2010年12月22日　　　　凭证编号 20

摘要	总账科目	明细科目	借方金额	贷方金额	记账签章
支付公益性捐赠款	6711 营业外支出		2000000		✓
	1002 银行存款	工商银行		2000000	✓
合计金额			￥2000000	￥2000000	

附件 贰 张

会计主管 陈源源　稽核 何雨霖　出纳 白珊　制单 李蕊　领缴款人

（47）

记 账 凭 证

2010年12月30日　　　　凭证编号 31

摘要	总账科目	明细科目	借方金额	贷方金额	记账签章
收到李力交罚没款	1001 库存现金		50000		✓
	6301 营业外收入			50000	✓
合计金额			￥50000	￥50000	

附件 壹 张

会计主管 陈源源　稽核 何雨霖　出纳 白珊　制单 李蕊　领缴款人

（48）

记 账 凭 证

2010年12月31日　　　　凭证编号 40

摘要	总账科目	明细科目	借方金额	贷方金额	记账签章
支付年度审计费	6602 管理费用	审计费	200000		✓
	1002 银行存款	工商银行		200000	✓
合计金额			￥200000	￥200000	

附件 贰 张

会计主管 陈源源　稽核 何雨霖　出纳 白珊　制单 李蕊　领缴款人

（49）

记 账 凭 证

2010 年 12 月 31 日　　　　凭证编号 41

摘要	总账科目	明细科目	借方金额	贷方金额	记账签章
盘亏材料647千克	1901待处理财产损溢	流动资产损溢	227000		✓
	1403原材料	A材料		194000	✓
	2221应交税费	增值税(进转)		33000	✓
合计金额			¥227000	¥227000	

附件 叁 张

会计主管 陈源源　稽核 何雨霖　出纳　制单 李蕊　领缴款人

（50）

记 账 凭 证

2010 年 12 月 31 日　　　　凭证编号 42 1/2

摘要	总账科目	明细科目	借方金额	贷方金额	记账签章
盘亏材料处理	1221其他应收款	杨文新	227000		✓
	1901待处理财产损溢	流动资产损溢		227000	✓
合计金额			¥227000	¥227000	

附件 叁 张

会计主管 陈源源　稽核 何雨霖　出纳　制单 李蕊　领缴款人

记 账 凭 证

2010 年 12 月 31 日　　　　凭证编号 42 2/2

摘要	总账科目	明细科目	借方金额	贷方金额	记账签章
毁损固定资产处理	6711营业外支出		2000000		✓
	1221其他应收款	保险公司	4187500		✓
	1606固定资产清理			6187500	✓
合计金额			¥6187500	¥6187500	

附件 壹 张

会计主管 陈源源　稽核 何雨霖　出纳　制单 李蕊　领缴款人

（51）

记 账 凭 证

2010年12月31日　　凭证编号 43

摘要	总账科目	明细科目	借方金额	贷方金额	记账签章
计提本月城建税、教育费附加	6403营业税金及附加		1030000		√
	2221应交税费	应交城建税		721000	√
	2221应交税费	应交教育费附加		309000	√
合计金额			¥1030000	¥1030000	

附件 壹 张

会计主管 陈源源　稽核 何雨霖　出纳　制单 李蕊　领缴款人

（52）

记 账 凭 证

2010年12月21日　　凭证编号 44 1/2

摘要	总账科目	明细科目	借方金额	贷方金额	记账签章
结转收益	6001主营业务收入		120000000		√
	6051其他业务收入		10000000		√
	6301营业外收入		50000		√
	4103本年利润			130050000	√
合计金额			¥130050000	¥130050000	

附件 无 张

会计主管 陈源源　稽核 何雨霖　出纳　制单 李蕊　领缴款人

记 账 凭 证

2010年12月31日　　凭证编号 44 2/2

摘要	总账科目	明细科目	借方金额	贷方金额	记账签章
结转费用	4103本年利润		116750000		√
	6401主营业务成本			80000000	√
	6402其他业务成本			6000000	√
	6403营业税金及附加			1030000	√
	6601销售费用			1400000	√
	6602管理费用			22920000	√
合计金额					

附件 无 张

会计主管 陈源源　稽核 何雨霖　出纳　制单 李蕊　领缴款人

记　账　凭　证

2010 年 12 月 31 日　　　　凭证编号 44 3/3

摘要	总账科目	明细科目	借方金额	贷方金额	记账签章
结转费用	6603 财务费用			400000	✓
	6711 营业外支出			4000000	✓
合计金额			¥116750000	¥116750000	

附件 无 张

会计主管 陈源源　稽核 何雨霖　出纳　制单 李蕊　领缴款人

（53）

记　账　凭　证

2010 年 12 月 31 日　　　　凭证编号 45

摘要	总账科目	明细科目	借方金额	贷方金额	记账签章
计算应交所得税	6801 所得税费用		3325000		✓
	2221 应交税费	应交所得税		3325000	✓
合计金额			¥3325000	¥3325000	

附件 壹 张

会计主管 陈源源　稽核 何雨霖　出纳　制单 李蕊　领缴款人

（54）

记　账　凭　证

2010 年 12 月 31 日　　　　凭证编号 46

摘要	总账科目	明细科目	借方金额	贷方金额	记账签章
结转所得税费用	4103 本年利润		3325000		✓
	6801 所得税费用			3325000	✓
合计金额			¥3325000	¥3325000	

附件 无 张

会计主管 陈源源　稽核 何雨霖　出纳　制单 李蕊　领缴款人

(55)

记 账 凭 证

2010年12月31日　　　　凭证编号 47 1/2

摘要	总账科目	明细科目	借方金额	贷方金额	记账签章
缴纳本期税费	2221应交税费	增值税(已交)	10300000		√
	2221应交税费	应交[illegible]税	3325000		√
	1002银行存款	工商银行		10300000	√
	1002银行存款	工商银行		3325000	√
合计金额			¥13625000	¥13625000	

附件 贰 张

会计主管 陈源源　稽核 何雨霖　出纳 白珊　制单 李蕊　领缴款人

记 账 凭 证

2010年12月31日　　　　凭证编号 47 2/2

摘要	总账科目	明细科目	借方金额	贷方金额	记账签章
缴纳本期税费	2221应交税费	应交城建税	721000		√
	2221应交税费	应交教育费附加	309000		√
	1002银行存款	工商银行		721000	√
	1002银行存款	工商银行		309000	√
合计金额			¥1030000	¥1030000	

附件 贰 张

会计主管 陈源源　稽核 何雨霖　出纳 白珊　制单 李蕊　领缴款人

(56)

记 账 凭 证

2010年12月31日　　　　凭证编号 48

摘要	总账科目	明细科目	借方金额	贷方金额	记账签章
拨付工会经费	2211应付职工薪酬	工会经费	100000		√
	1001库存现金			100000	√
合计金额			¥100000	¥100000	

附件 壹 张

会计主管 陈源源　稽核 何雨霖　出纳 白珊　制单 李蕊　领缴款人

(57)

记 账 凭 证

2010年12月31日　　　　凭证编号 49

摘要	总账科目	明细科目	借方金额	贷方金额	记账签章
结转本年利润	4103本年利润		9975000		✓
	4104利润分配	未分配利润		9975000	✓
合计金额			¥9975000	¥9975000	

附件 无 张

会计主管 陈源源　稽核 何雨霖　出纳　　制单 李蕊　领缴款人

(58)

记 账 凭 证

2010年12月31日　　　　凭证编号 50

摘要	总账科目	明细科目	借方金额	贷方金额	记账签章
计提法定公积金	4104利润分配	计提法定公积金	1496250		✓
	4101盈余公积	法定盈余公积		997500	✓
	4101盈余公积	法定公益金		498750	✓
合计金额			¥1496250	¥1496250	

附件 壹 张

会计主管 陈源源　稽核 何雨霖　出纳　　制单 李蕊　领缴款人

(59)

记 账 凭 证

2010年12月31日　　　　凭证编号 51

摘要	总账科目	明细科目	借方金额	贷方金额	记账签章
计算应付股利	4104利润分配	应付现金股利	3990000		✓
	2232应付股利	甲公司		798000	✓
	2232应付股利	乙公司		1197000	✓
	2232应付股利	丙公司		1995000	✓
合计金额			¥3990000	¥3990000	

附件 壹 张

会计主管 陈源源　稽核 何雨霖　出纳　　制单 李蕊　领缴款人

（60）

记 账 凭 证

2010 年 12 月 31 日　　　　凭证编号 52

摘要	总账科目	明细科目	借方金额	贷方金额	记账签章
结转利润分配各明细帐户	4104利润分配	未分配利润	5486250		✓
	4104利润分配	计提法定公积金		1496250	✓
	4104利润分配	应付现金股利		3990000	✓
合计金额			¥5486250	¥5486250	

附件 九 张

会计主管 陈源源　稽核 何雨霖　出纳　制单 李蕊　领缴款人

13.8　账簿登记

（1）

科目汇总表

第	号
第 1	页

2010 年 12 月 1-31 日（#1～#52220）

会计科目	页数	借方（亿千百十万千百十元角分）	贷方（亿千百十万千百十元角分）
1001库存现金	✓	5985000	4535000
1002银行存款	✓	105530000	126743000
1122应收账款	✓	140400000	93600000
1123预付账款	✓	6000000	6000000
1221其他应收款	✓	4714500	300000
1402在途物资	✓	3900000	3900000
1403原材料	✓	40000000	54194000
1405库存商品	✓	84000000	80000000
1601固定资产	✓		6250000
1602累计折旧	✓	62500	2600000
1606固定资产清理	✓	6187500	6187500
1901待处理财产损益	✓	227000	227000
2201应付票据	✓		1020000
2202应付账款	✓	38563000	38563000
2211应付职工薪酬	✓	5100000	5175000
2221应交税费	✓	26488000	26488000
2232应付股利	✓		3990000
2241其他应付款	✓		400000
4101盈余公积	✓		1496250
4103本年利润	✓	120050000	120050000
4104利润分配	✓	1097250	15461250
5001生产成本	✓	84000000	84000000
5101制造费用	✓	7895000	7895000
6001主营业务收入	✓	120000000	120000000
6051其他业务收入	✓	10000000	10000000
6301营业外收入	✓	50000	50000
6401主营业务成本	✓	80000000	80000000
6402其他业务成本	✓	6000000	6000000
6403营业税金及附加	✓	1030000	1030000
6601销售费用	✓	1400000	1400000
6602管理费用	✓	23920000	23920000
6603财务费用	✓	630000	630000
6711营业外支出	✓	4000000	4000000

主管 陈源源　会计 李蕊　复核 何雨霖　出纳 白珊　制表 李蕊

（2）

科目汇总表

第	号
第 2	页

2010年12月1-31日（#1~#52(?)8-）

会计科目	页数	借方 亿	千	百	十	万	千	百	十	元	角	分	贷方 亿	千	百	十	万	千	百	十	元	角	分
6801所得税费用	✓					3	3	2	5	0	0	0					3	3	2	5	0	0	0
合计				9	5	0	4	3	0	0	0	0			9	5	0	4	3	0	0	0	0

主管 陈源源　会计 李蕊　复核 何雨霖　出纳 白珊　制表 李蕊

(3)

现金日记账

页码 1

2010年 月	日	凭证 种类	凭证 号数	摘要	对方科目	页	借方金额	√	贷方金额	√	借或贷	余额	√
12	1		1	提现备用	1002银行存款		500000	√			借	500000	√
	2		3	支付工本费	6602管理费用				35000	√	借	465000	√
	6		5	赵明借支差旅费	1221其他应收款				300000	√	借	165000	√
	10		9	提现备发工资	1002银行存款		5000000	√			借	5165000	√
	10		10	发放工资	2211应付职工薪酬				5000000	√	借	165000	√
	23		21	支付运杂费	1403原材料				100000	√	借	65000	√
	27		23	赵明报销退回	1221其他应收款		35000	√			借	100000	√
	28		25	收到包装物押金	2241其他应付款		400000	√			借	500000	√
	30		31	收到罚没收入	6301营业外收入		50000	√			借	550000	√
	31		48	支付工会经费	2211应付职工薪酬				100000	√	借	450000	√
	31			本月合计			5985000		5535000				

(4)

银行存款日记账——工商银行

页码 1

2010年 月	日	凭证 种类	凭证 号数	摘要	对方科目	页	借方金额	√	贷方金额	√	借或贷	余额	√
11	5		2	投资者投入	4001实收资本		87750000	√			借	87750000	√
	30			本月合计			87750000						
12	1		1	提现备用	1001库存现金				500000	√	借	87250000	√
	2		4	支付广告费	6601销售费用				800000	√	借	86450000	√
	7		6	支付办公用品费	6602管理费用				2500000	√	借	83950000	√
	8		7	支付律师咨询费	6602管理费用				1275000	√	借	82675000	√
	9		8	支付业务招待费	6602管理费用				2800000	√	借	79875000	√
	10		9	提现备发工资	1001库存现金				5000000	√	借	74875000	√
	13		11	支付材料款	1403原材料				34930000	√	借	39945000	√
	14		12	收到销售材料款	6051其他业务收入		11700000	√			借	51645000	√
	15		13	预付材料款	1123预付账款				6000000	√	借	45645000	√
	17		14	支付修理费	6602管理费用				9700000	√	借	35945000	√
	21		17	支付本月通讯费	6602管理费用				1370000	√	借	34575000	√
	21		18	收到存款利息	6603财务费用		200000	√			借	34775000	√
	22		20	支付捐赠款	6711营业外支出				2000000	√	借	32775000	√
	24		22	支付货款	2202应付账款				4563000	√	借	28212000	√
	28		26	支付运杂费	6601销售费用				600000	√	借	27612000	√
	29		27	收到货款	1122应收账款		93600000	√			借	121212000	√
	30		29	支付自来水费	2202应付账款				15820000	√	借	105392000	√
	30			过次页			193250000		87858000				

(5)

2 页码

银行存款日记账——工商银行

2010年 月	日	凭证 种类	号数	摘要	对方科目	日页	借方金额	√	贷方金额	√	借或贷	余额	√
12	30			承前页			193250000		87858000		借	105392000	
	30		30	支付电费	2202应付账款				23400000	√	借	81992000	√
	31		40	支付审计费	6602管理费用				200000	√	借	81792000	√
	31		47号	缴纳增值税	2221应交税费				10300000	√	借	71492000	√
	31		47号	缴纳企业所得税	2221应交税费				3325000	√	借	68167000	√
	31		47号	缴纳城建税	2221应交税费				721000	√	借	67446000	√
	31		47号	缴纳教育费附加	2221应交税费				309000	√	借	67137000	√
	31			本月合计			105500000		126112000				
	31			累计			193250000		126113000				

(6)

银行存款日记账——招商银行

页码 1

年 月	日	凭证 种类	号数	摘要	对方科目	日页	借方金额	√	贷方金额	√	借或贷	余额	√
11	10		4	银行借入	2501长期借款		200000000	√			借	200000000	√
	12		5	支付设备款	1604在建工程				100000000	√	借	100000000	√
	20		6	支付外购设备款	1601固定资产				10000000	√	借	90000000	√
	30		7	支付工程款	1604在建工程				53750000	√	借	36250000	√
	30			本月合计			200000000		163750000				
12	21		18	收到存款利息	6603财务费用		30000	√			借	36280000	√
	21		19	支付贷款利息	6603财务费用				630000	√	借	35650000	√
	31			本月合计			30000		630000				
	31			累计			200030000		164380000				

（7）

明细账

总第____页　分第 1 页

一级账户编号及名称 1122应收账款

明细级账户编号及名称 华联公司

2010年 月	日	记账凭证 种类	编号	摘要	页数	借方	贷方	借或贷	余额	核对
12	28		24	销售产品，款未收		140400000		借	140400000	✓
	29		27	收回部分货款			93600000	借	46800000	✓
	31			本月合计		140400000	93600000			

（8）

明细账

总第____页　分第 2 页

一级账户编号及名称 1123预付账款

明细级账户编号及名称 光明公司

2010年 月	日	记账凭证 种类	编号	摘要	页数	借方	贷方	借或贷	余额	核对
12	15		13	预付材料采购款		6000000		借	6000000	✓
	30		28	结算货款			6000000	平	0	✓
	31			本月合计		6000000	6000000			

(9)

明细账

总第____页 分第 7 页

一 级账户编号及名称 1221其他应收款

明细 级账户编号及名称 赵明

2010年 月	日	记账凭证 种类	编号	摘要	页数	借方	贷方	借或贷	余额	核对
12	6		5	借支差旅费		300000		借	300000	√
	27		23	报销冲帐			300000		θ	√
	31			本月合计		300000	300000			

(10)

明细账

总第____页 分第 4 页

一 级账户编号及名称 1221其他应收款

明细 级账户编号及名称 杨文莉

2010年 月	日	记账凭证 种类	编号	摘要	页数	借方	贷方	借或贷	余额	核对
12	31		46/2	盘亏材料处理		2227000		借	2227000	√
	31			本月合计		2227000				

（11）

明 细 账

总第____页 分第 1 页

一级账户编号及名称 1221 其他应收款

明细级账户编号及名称 保险公司

2010 年 月	日	记账凭证 种类	编号	摘要	页数	借方	贷方	借或贷	余额	核对
12	31	(4号)		确认应收赔款		4187500		借	4187500	✓
	31			本月合计		4187500				

（12）

最高存量　最低存量　存放地点

1403 原材料 明细账

品名 A材料

2010 年 月	日	凭单号数	摘要	收入 数量	收入 单价	收入 金额	发出 数量	发出 单价	发出 金额	结存 数量	结存 单价	结存 金额
11	5	1	接受投资者投入	12,000	30.-	36000000				12,000	30.-	36000000
	30		本月合计	12,000	30.-	36000000						
12	1	2	生产领用				12,000	30.-	36000000			0
	17	11	外购	10,000	30.-	30000000				10,000	30.-	30000000
	31	39	外销				2,000	30.-	6000000	8,000	30.-	24000000
	31	41	盘亏				64.7	30.-	194000	7935.3	30.-	23806000
	31		本月合计	10,000	30.-	30000000	14064.7	30.-	42194000			
	31		累计	22,000	30.-	66000000	14064.7	30.-	42194000			

（13）

最高存量 最低存量 存放地点

1403原 材 料 明细账

帐号 页数 7 总页数
种类 品名 B材料 单位 千克
规格

2010年 月	日	凭单号数	摘要	收入 数量	收入 单价	收入 金额	发出 数量	发出 单价	发出 金额	结存 数量	结存 单价	结存 金额
11	5	1	接受投资者投入	9,000	10.-	9000000				9,000	10.-	9000000
	30		本月合计	9,000	10.-	9000000						
12	1	2	生产领用				6,000	10.-	6000000	3,000	10.-	3000000
	23	21	外购4,000千克	4,000	10.-	4000000				7,000	10.-	7000000
	31		本月合计	4,000	10.-	4000000	6,000	10.-	6000000			
	31		累计	13,000	10	13000000	6,000	10.-	6000000			

（14）

最高存量 最低存量 存放地点

4403原 材 料 明细账

帐号 页数 8 总页数
种类 品名 C材料 单位 千克
规格

2010年 月	日	凭单号数	摘要	收入 数量	收入 单价	收入 金额	发出 数量	发出 单价	发出 金额	结存 数量	结存 单价	结存 金额
11	5	1	接受投资者投入	9,000	15.-	13500000				9,000	15.-	13500000
	30		本月合计	9,000	15.-	13500000						
12	1	2	部门领用				4,000	15.-	6000000	5,000	15.-	7500000
	30	28	外购4,000千克	4,000	15.-	6000000				9,000	15.-	13500000
	31		本月合计	4,000	15.-	6000000	4,000	15.-	6000000			
	31		累计	13,000	15.-	19500000	4,000	15.-	6000000			

（15）

最高存量　最低存量　存放地点

1405库存商品 明细账

账号　页数 9 总页数　种类　品名 产成品　规格　单位 件

2010年 月	日	凭单号数	摘要	收入 数量	收入 单价	收入 金额	发出 数量	发出 单价	发出 金额	结存 数量	结存 单价	结存 金额
12	31	37	完工产品验收入库	420	2,000.	84000000				420	2,000.	84000000
	31	38	结转销售成本				400	2,000.	80000000	20	2,000.	4000000
	31		本月合计	420	2,000.	84000000	400	2,000.	80000000			

（16）

明细账

总第＿＿页　分第 10 页

一级帐户编号及名称 2202应付账款

明细级帐户编号及名称 胜利工厂

2010年 月	日	记账凭证 种类	编号	摘要	页数	借方	贷方	借或贷	余额	核对
12	20		16	应付材料采购款			4563000	贷	4563000	√
	24		22	支付货款		4563000			θ	√
	31			本月合计		4563000	4563000			

(17)

明 细 账

总第____页 分第 11 页

一级账户编号及名称 2202应付账款

明细级账户编号及名称 自来水公司

2010年 月	日	记账凭证 种类	编号	摘要	页数	借方	贷方	借或贷	余额	核对
12	30		29	支付自来水费		14000000		借	14000000	√
	31		31	分配水费			14000000	平	0	√
	31			本月合计		14000000	14000000			

(18)

明 细 账

总第____页 分第 102 页

一级账户编号及名称 2202应付账款

明细级账户编号及名称 电力公司

2010年 月	日	记账凭证 种类	编号	摘要	页数	借方	贷方	借或贷	余额	核对
12	30		30	支付电费		20000000		借	20000000	√
	31		31	分配电费			20000000	平	0	√
	31			本月合计		20000000	20000000			

（19）

应交增值税明细账

总页＿＿＿ 页分 13 页

2010年 月	日	凭证 种类	凭证 编号	摘要	借方 合计	借方 进项税额	借方 已交税金
12	13		11	进项税额	4930000	4930000	
	14		12	销项税额			
	20		16	进项税额	663000	662000	
	28		24	销项税额			
	30		28	进项税额	1020000	1020000	
	30		29	进项税额	1820000	1820000	
	30		30	进项税额	3400000	3400000	
	31		41	进项税额转出			
	31		47/2	缴纳	10300000		10300000
	31			本月合计	22133000	11833000	10300000

（20）

应交增值税明细账（续）

总页＿＿＿ 页分 14 页

借方 转出未交增值税	贷方 合计	贷方 销项税额	贷方 进项税额转出	借或贷	余额
				借	4930000
	1700000	1700000		借	3230000
				借	3893000
	20400000	20400020		贷	16507000
				贷	15487000
				贷	13667000
				贷	10267000
	33000		33000	贷	10300000
				平	√
	22133000	22100000	33000		

(21)

明细账

总第____页 分第 15 页

一级帐户编号及名称 2221应交税费

明细级帐户编号及名称 应交城建税

2010年 月	日	记账凭证 种类	编号	摘要	页数	借方	贷方	借或贷	余额	核对
12	31		43	计算			721000	贷	721000	✓
	31		45	缴纳		721000		平	θ	✓
	31			本月合计		721000	721000			

(22)

明细账

总第____页 分第 16 页

一级帐户编号及名称 2221应交税费

明细级帐户编号及名称 应交教育费附加

2010年 月	日	记账凭证 种类	编号	摘要	页数	借方	贷方	借或贷	余额	核对
12	31		43	计算			309000	贷	309000	✓
	31		45	缴纳		309000		平	θ	✓
	31			本月合计		309000	309000			

（23）

明　细　账

总第____页 分第17页

一级账户编号及名称 2221应交税费

明细级账户编号及名称 应交企业所得税

2010年 月	日	记账凭证 种类	编号	摘要	页数	借方	贷方	借或贷	余额	核对
12	31		45	计算			33250000	贷	33250000	✓
	31		47	缴纳		33250000		平	θ	✓
	31			本月合计		33250000	33250000			

（24）

明　细　账

总第____页 分第18页

一级账户编号及名称 2232应付股利

明细级账户编号及名称 甲公司

2010年 月	日	记账凭证 种类	编号	摘要	页数	借方	贷方	借或贷	余额	核对
12	31		51	分配股利			798000	贷	798000	✓
	31			本月合计			798000			

（25）

明 细 账

总第____页 分第 19 页

一级账户编号及名称 2232应付股利

明细级账户编号及名称 乙公司

2010年 月	日	记账凭证 种类	号数	摘要	页数	借方	贷方	借或贷	余额	核对
12	31		51	分配现金股利			1197000	贷	1197000	✓
	31			本月合计			1197000			

（26）

明 细 账

总第____页 分第 20 页

一级账户编号及名称 2232应付股利

明细级账户编号及名称 丙公司

2010年 月	日	记账凭证 种类	号数	摘要	页数	借方	贷方	借或贷	余额	核对
12	31		51	分配现金股利			1995000	贷	1995000	✓
	31			本月合计			1995000			

（27）

明细账

总第____页　分第 01 页

一级账户编号及名称 2241其他应付款

明细级账户编号及名称 华联公司

2010年		记账凭证		摘要	页数	借方	贷方	借或贷	余额	核对
月	日	种类	编号							
12	28		025	收到出借包装物押金			400000	贷	400000	√
	31			本月合计			400000			

（28）

明细账

总第____页　分第 00 页

一级账户编号及名称 4001实收资本

明细级账户编号及名称 甲公司

2010年		记账凭证		摘要	页数	借方	贷方	借或贷	余额	核对
月	日	种类	编号							
11	5		1	接受原材料投资			18500000	贷	18500000	√
	30			本月合计			18500000			

（29）

明细账

总第____页 分第 03 页

一 级帐户编号及名称 4001实收资本

明细 级帐户编号及名称 乙公司

2010年		记账凭证		摘要	页数	借方	贷方	借或贷	余额	核对
月	日	种类	编号							
11	5		2	接受货币资金投资			87750000	贷	87750000	✓
	30			本月合计			87750000			

（30）

明细账

总第____页 分第 04 页

一 级帐户编号及名称 4001实收资本

明细 级帐户编号及名称 丙公司

2010年		记账凭证		摘要	页数	借方	贷方	借或贷	余额	核对
月	日	种类	编号							
11	5		7	接受固定资产投资			146250000	贷	146250000	✓
	30			本月合计			146250000			

（31）

生产成本明细分类账

投产日期 12月1日　计划工时 ______　完工日期 12月31日　实际工时 ______　完成产量 420件　数量 ______　产品规格 ______

科目名称 5001生产成本　页次 25 总页　生产批号 ______　生产车间 基本生产　产品名称 九号品

2010年 月	日	凭证号数	摘要	借方发生额	成本项目：直接材料	直接工资	制造费用			
12	1	2	领用材料	42000000	42000000					
	31	32	分配工资	3000000		3000000				
	31	33	计提工会、教育经费	105000		105000				
	31	35	分配水电费	31000000	31000000					
	31	36	分配制造费用	7895000			7895000			
	31	37	结转完工	84000000	73000000	3105000	7895000			
	31		本月合计	0						

财会主管　　复核　　记账

（32）

26　借　科目 5101制造费用　明细账

2010年 月	日	凭证号数	摘要	借方	贷方	余额	借：材料费用	工资	工会经费	教育经费	折旧	水费	电费
12	1	2	领用材料	4500000		4500000	4500000						
	31	32	分配工资	800000		5300000		800000					
	31	33	计提工会、教育经费	28000		5328000			16000	12000			
	31	34	计提折旧	1817500		7145500					1817500		
	31	35	分配水电费	749500		7895000						498000	251500
	31	36	结转		7895000	0	4500000	800000	16000	12000	1817500	498000	251500
	31		本月合计	7895000	7895000								

（33）

借 方科目 6601销售费用

2010年 月	日	凭证号数	摘要	借方	贷方	余额	借：广告费	借：运杂费
12	3	4	支付广告费	800000		800000	800000	
	28	26	支付运杂费	600000		1400000		600000
	31	44号	结转损益		1400000	0	800000	600000
	31		本月合计	1400000	1400000			

（34）

借 方科目 6602管理费用 明细账 第 30 页

月	日	凭证号数	摘要	借方	贷方	余额	材料费用	办公费	咨询费	业务招待费	修理费	通讯费	差旅费	工资	工会、教育经费	折旧	水电费	审计费
12	1	2	领用材料	1500000		1500000	1500000											
	2	3	支付零星办公费用	45000		1545000		45000										
	7	6	支付办公用品费	2500000		4045000		2500000										
	8	7	支付律师咨询费	1275000		5310000			1275000									
	9	8	支付业务招待费	2800000		8110000				2800000								
	17	14	支付修理费	9700000		17810000					9700000							
	21	17	支付通讯费	1370000		19180000						1370000						
	27	23	支付差旅费	265000		19445000							265000					
	31	32	分配工资	1200000		20645000								1200000				
	31	33	计提工会、教育经费	42000		20687000									42000			
	31	34	计提折旧	782500		21469500										782500		
	31	35	分配水电费	2250500		23720000											2250500	
	31	40	支付审计费	200000		23920000												200000
	31	44号	结转损益		23920000	0	1500000	2545000	1275000	2800000	9700000	1370000	265000	1200000	42000	782500	2250500	200000
	31		本月合计	23920000	23920000													

（35）

31　借方科目 6603财务费用

2010年 月	日	凭证号数	摘要	借方	贷方	余额	借方：利息
12	21	18	收到存款利息		230000	230000	230000
	21	19	支付贷款利息	630000		400000	630000
	31	44号	结转损益		400000	0	400000
	31		本月合计	630000	630000		

（36）

总　分　类　账　　　第 1 页

会计科目或户名 1001库存现金

2010年 月	日	凭证字号	摘要	借方	贷方	借或贷	余额	✓
12	1-31		根据科目汇总表	5985000	5535000	借	450000	✓
			本月合计	5985000	5535000			

（37）

总 分 类 账 第 3 页

会计科目或户名 1002银行存款

2010年 月	日	凭证 字	号	摘要	借方	贷方	借或贷	余额	✓
11	5		2	接受投资者投入	87750000		借	87750000	✓
	10		4	向银行借入	200000000		借	287750000	✓
	22		5	支付设备款		100000000	借	187750000	✓
	20		6	支付办公设备款		10000000	借	177750000	✓
	30		7	支付工程款		53750000	借	124000000	✓
	30			本月合计	287750000	163750000			
12	1-31			根据科目汇总表	105530000	126743000	借	102787000	✓
				本月合计	105530000	126743000			
				累计	393280000	290493000			

（38）

总 分 类 账 第 5 页

会计科目或户名 1122应收账款

2010年 月	日	凭证 字	号	摘要	借方	贷方	借或贷	余额	✓
12	1-31			根据科目汇总表	140400000	93600000	借	46800000	✓
				本月合计	140400000	93600000			

（39）

总分类账　　第 7

会计科目或户名 1123预付账款

2010年 月	日	凭证 字	号	摘要	借方	贷方	借或贷	余额
12	1-31			根据科目汇总表	6000000	6000000	平	0
				本月合计	6000000	6000000		

（40）

总分类账　　第 9 页

会计科目或户名 1221其他应收款

2010年 月	日	凭证 字	号	摘要	借方	贷方	借或贷	余额	✓
12	1-31			根据科目汇总表	4714500	300000	借	4414500	✓
				本月合计	4714500	300000			

（41）

总 分 类 账

第 11 页

会计科目或户名 1402在途物资

2010年 月	日	凭证 字	号	摘要	借方	贷方	借或贷	余额	✓
12	1-31			根据科目汇总表	2900000	2900000	平	0	✓
				本月合计	2900000	2900000			

（42）

总 分 类 账

第 13 页

会计科目或户名 1403原材料

2010年 月	日	凭证 字	号	摘要	借方	贷方	借或贷	余额	✓
11	5		1	接受投资者投入	58500000		借	58500000	✓
	30			本月合计	58500000				
12	1-31			根据科目汇总表	40000000	54194000	借	44306000	✓
				本月合计	40000000	54194000			
				累计	98500000	54194000			

(43)

总　分　类　账

第 15 页

会计科目或户名 1405库存商品

2010 月	日	凭证 字	号	摘要	借方	贷方	借或贷	余额	✓
12	1-31			根据科目汇总表	84000000	80000000	借	4000000	✓
				本月合计	84000000	80000000			

(44)

总　分　类　账

第 17 页

会计科目或户名 1601固定资产

2010年 月	日	凭证 字	号	摘要	借方	贷方	借或贷	余额	✓
11	5		2	接受投资者投入	146250000		借	146250000	✓
	20		6	外购办公用设备	10000000		借	156250000	✓
	30		8	结转在建工程设备款	153750000		借	310000000	✓
	30			本月合计	310000000				
12	1-31			根据科目汇总表		6250000	借	303750000	✓
				本月合计		6250000			
				累计	310000000	6250000			

(45)

总分类账

第 19 页

会计科目或户名 1602累计折旧

2010年 月	日	凭证 字	号	摘要	借方	贷方	借或贷	余额	✓
12	1-31			根据科目汇总表	62500	2600000	贷	2537500	✓
				本月合计	62500	2600000			

(46)

总分类帐

第 21 页

会计科目或户名 1604在建工程

2010年 月	日	凭证 字	号	摘要	借方	贷方	借或贷	余额	✓
11	12		5	外购设备进入安装	100000000		借	100000000	✓
	30		7	支付工程款	53750000		借	153750000	✓
	30		8	结转完工		153750000	平	0	✓
	30			本月合计	153750000	153750000			

（47）

总　分　类　账

第 23 页

会计科目或户名 1606固定资产清理

2010年 月	日	凭证 字	号	摘要	借方	贷方	借或贷	余额	√
12	1-31			根据科目汇总表	6187500	6187500	平	θ	√
				本月合计	6187500	6187500			

（48）

总　分　类　账

第 25 页

会计科目或户名 1901待处理财产损溢

2010年 月	日	凭证 字	号	摘要	借方	贷方	借或贷	余额	√
12	1-31			根据科目汇总表	2227000	2227000	平	θ	√
				本月合计	2227000	2227000			

（49）

总分类账

第 27 页

会计科目或户名：2201应付票据

2010年 月	日	凭证 字	号	摘要	借方	贷方	借或贷	余额	✓
12	1-31			根据科目汇总表		10200000	贷	10200000	√
				本月合计		10200000			

（50）

总分类账

第 29 页

会计科目或户名：2202应付账款

2010年 月	日	凭证 字	号	摘要	借方	贷方	借或贷	余额	✓
12	1-31			根据科目汇总表	38563000	38563000	平	0	√
				本月合计	38563000	38563000			

（51）

总 分 类 账 第 31 页

会计科目或户名 2211应付职工薪酬

2010年 月	日	凭证 字	号	摘要	借方	贷方	借或贷	余额	✓
12	31			根据科目汇总表	5100000	5175000	贷	75000	✓
				本月合计	5100000	5175000			

（52）

总 分 类 账 第 33 页

会计科目或户名 2221应交税费

2010年 月	日	凭证 字	号	摘要	借方	贷方	借或贷	余额	✓
12	31			根据科目汇总表	26488000	26488000	平	V	✓
				本月合计	26488000	26488000			

（53）

总分类账

第35页

会计科目或户名：2232应付股利

2010年 月	日	凭证 字号	摘要	借方	贷方	借或贷	余额	✓
12-31			根据科目汇总表		3990000	贷	3990000	✓
			本月合计		3990000			

（54）

总分类账

第37页

会计科目或户名：2241其他应付款

2010年 月	日	凭证 字号	摘要	借方	贷方	借或贷	余额	✓
12	31		根据科目汇总表		400000	贷	400000	✓
			本月合计		400000			

（55）

总 分 类 账　　　　第 39 页

会计科目或户名 2501长期借款

2010年 月	日	凭证 字号	摘要	借方	贷方	借或贷	余额	√
11	10	4	借款存银行		200000000	贷	200000000	√
	30		本月合计		200000000			

（56）

总 分 类 账　　　　第 41 页

会计科目或户名 4001实收资本

2010年 月	日	凭证 字号	摘要	借方	贷方	借或贷	余额	√
11	5	1	接受原材料投资		58500000	贷	58500000	√
	5	2	接受货币资金投资		87750000	贷	146250000	√
	5	3	接受固定资产投资		146250000	贷	292500000	√
	3		本月合计		292500000			

(57)

总 分 类 账　　第 43 页

会计科目或户名 4101盈余公积

2010年 月	日	凭证 字	号	摘要	借方	贷方	借或贷	余额	√
12	1-31			根据科目汇总表		1496250	贷	1496250	√
				本月合计		1496250			

(58)

总 分 类 账　　第 45 页

会计科目或户名 4103本年利润

2010年 月	日	凭证 字	号	摘要	借方	贷方	借或贷	余额	√
12	1-31			根据科目汇总表	130050000	130050000	平	0	√
				本月合计	130050000	130050000			

(59)

总 分 类 账

第 47 页

会计科目或户名 4104利润分配

2010年 月	日	凭证 字	号	摘要	借方	贷方	借或贷	余额	√
12	1-31			根据科目汇总表	1097250 00	1546125 0	贷	448875 0	√
				本月合计	1097250 0	1546125 0			

(60)

总 分 类 账

第 49 页

会计科目或户名 5001生产成本

2010年		凭证		摘要	借方	贷方	借或贷	余额	✓
月	日	字	号		亿千百十万千百十元角分	亿千百十万千百十元角分		亿千百十万千百十元角分	
12	1-31			根据科目12汇总表	84000000	84000000	平	θ	✓
				本月合计	84000000	84000000			

（61）

总 分 类 账

第 51 页

会计科目或户名 5101制造费用

2010年 月	日	凭证 字	号	摘要	借方（亿千百十万千百十元角分）	贷方（亿千百十万千百十元角分）	借或贷	余额（亿千百十万千百十元角分）	√
12	31			根据科目汇总表	7895000	7895000	平	θ	√
				本月合计	7895000	7895000			

（62）

总 分 类 账

第 53 页

会计科目或户名 6001主营业务收入

2010年 月	日	凭证 字	号	摘要	借方	贷方	借或贷	余额	√
12	1-31			根据科目汇总表	120000000	120000000	平	0	√
				本月合计	120000000	120000000			

（63）

—、

总 分 类 账　　　第 55 页

会计科目或户名　6051其他业务收入

2010年 月	日	凭证 字	号	摘要	借方	贷方	借或贷	余额	√
12	1-31			根据科目汇总表	10000000	10000000	平	θ	√
				本月合计	10000000	10000000			

（64）

总分类账

第 57 页

会计科目或户名 6301营业外收入

2010年 月	日	凭证 字	号	摘要	借方	贷方	借或贷	余额	√
12	1-31			根据科目汇总表	50000	50000	平	θ	√
				本月合计	50000	50000			

（65）

总分类账　　第 59 页

会计科目或户名：6401主营业务成本

2010年 月	日	凭证 字	号	摘要	借方	贷方	借或贷	余额	√
12	31			根据科目汇总表	80000000	80000000	平	0	√
				本月合计	80000000	80000000			

（66）

总分类账

第 61 页

会计科目或户名 6402其他业务成本

2010年 月	日	凭证 字	号	摘要	借方	贷方	借或贷	余额	✓
12	1-31			根据科目汇总表	6000000	6000000	平	0	✓
				本月合计	6000000	6000000			

（67）

总　分　类　账

第 63 页

会计科目或户名 6403营业税金及附加

2016年		凭证		摘要	借方	贷方	借或贷	余额	
月	日	字	号		亿千百十万千百十元角分	亿千百十万千百十元角分		亿千百十万千百十元角分	√
12	31			根据科目汇总表	1030000	1030000	平	θ	√
				本月合计	1030000	1030000			

（68）

总分类账

第 65 页

会计科目或户名 6601销售费用

2010年		凭证		摘要	借方	贷方	借或贷	余额	√
月	日	字	号		亿千百十万千百十元角分	亿千百十万千百十元角分		亿千百十万千百十元角分	
12	31			根据科目汇总表	1400000	1400000	平	0	√
				本月合计	1400000	1400000			

（69）

总分类账　　第 67 页

会计科目或户名 6602管理费用

2010年 月	日	凭证 字	号	摘要	借方	贷方	借或贷	余额	
12	1-31			根据科目汇总表	23920000	23920000	平	θ	√
				本月合计	23920000	23920000			

(70)

总分类账

第 69 页

会计科目或户名 6603财务费用

2010年		凭证		摘要	借方	贷方	借或贷	余额	✓
月	日	字	号		亿千百十万千百十元角分	亿千百十万千百十元角分		亿千百十万千百十元角分	
12	1-31			根据科目汇总表	620000	620000	平	0	✓
				本月合计	620000	620000			

（71）

总 分 类 账

第 71 页

会计科目或户名 6711 营业外支出

2010年 月	日	凭证 字	号	摘要	借方	贷方	借或贷	余额	√
12	31			根据科目汇总表	4000000	4000000	平	0	√
				本月合计	4000000	4000000			

（72）

总分类账

第 73 页

会计科目或户名 6801所得税费用

2010年 月	日	凭证 字	号	摘要	借方	贷方	借或贷	余额	✓
12	1-31			根据科目汇总表	3325000	3325000	平	θ	√
				本月合计	3325000	3325000			

（73）

总账科目余额平衡表

2010 年 12 月 1 日

科目名称	借方余额	科目名称	贷方余额
1002银行存款	1,240,000.	2501长期借款	2,000,000.
1403原材料	585,000.	4001实收资本	2,925,000.
1601固定资产	3,100,000.	合计	4,925,000.
合计	4,925,000.		
合　　计		合　　计	

（74）

总账科目余额平衡表

2010 年 12 月 31 日

科目名称	借方余额	科目名称	贷方余额
1001库存现金	4,500.00	1602累计折旧	25,375.00
1002银行存款	1,027,870.00	2201应付票据	10,200.00
1122应收账款	468,000.00	2211应付职工薪酬	750.00
1221其他应收款	44,145.00	2232应付股利	39,900.00
1403原材料	443,060.00	2241其他应付款	4,000.00
1405库存商品	40,000.00	2501长期借款	2,000,000.00
1601固定资产	3,037,500.00	4001实收资本	2,925,000.00
合计	5,065,075.00	4101盈余公积	14,962.50
		4104利润分配	44,887.50
		合计	5,065,075.00
合计		合计	

（75）

资产负债表

编制单位：西京市恒源有限责任公司　　　　2010 年 12 月 31 日　　　　单位：元

资产	期末余额	年初余额	负债和所有者权益(或股东权益)	期末余额	年初余额
流动资产：			流动负债：		
货币资金	1,032,370.00		短期借款		
交易性金融资产			交易性金融债券		
应收票据			应付票据	10,200.00	
应收账款	468,000.00		应付账款		
预付款项			预收款项		
应收利息			应付职工薪酬	750.00	
应收股利			应交税费		
其他应收款	44,145.00		应付利息		
存货	483,060.00		应付股利	39,900.00	
一年内到期的非流动资产			其他应付款	4,000.00	
其他流动资产			一年内到期的非流动负债		
流动资产合计	2,027,575.00		其他流动负债		
非流动资产：			流动负债合计	54,850.00	
可供出售金融资产			非流动负债：		
持有至到期投资			长期借款	2,000,000.00	
长期应收款			应付债券		
长期股权投资			长期应付款		
投资性房地产			专项应付款		
固定资产	3,012,125.00		预计负债		
在建工程			递延所得税负债		
工程物资			其他非流动负债		
固定资产清理			非流动负债合计	2,000,000.00	
生产性生物资产			负债合计	2,054,850.00	
油气资产			所有者权益(或股东权益)		
无形资产			实收资本(或股本)	2,925,000.00	
开发支出			资本公积		
商誉			减：库存股		
长期待摊费用			盈余公积	14,962.50	
递延所得税资产			未分配利润	44,887.50	
其他非流动资产			所有者权益(或股东权益)合计	2,984,850.00	
非流动资产合计	3,012,125.00				
资产总计	5,039,700.00		负债和所有者权益(或股东权益)总计	5,039,700.00	

企业负责人：雷刚　　主管会计：陈源源　　制表：陈源源　　报出日期：2011 年 1 月 10 日

（76）

利　润　表

会企02表

编制单位：南京市道源有限责任公司　2016年12月　　单位：元

项 目	本期金额	上期金额
一、营业收入	1,300,000	
减：营业成本	860,000	
营业税金及附加	10,300	
销售费用	14,000	
管理费用	239,200	
财务费用	4,000	
资产减值损失		
加：公允价值变动收益（损失以“-”号填列）		
投资收益（损失以“-”号填列）		
其中：对联营企业和合营企业的投资收益		
二、营业利润（亏损以“-”号填列）	172,500	
加：营业外收入	500	
减：营业外支出	40,000	
其中：非流动资产处置损失		
三、利润总额（亏损总额以“-”号填列）	133,000	
减：所得税费用	33,250	
四、净利润（净亏损以“-”号填列）	99,750	
五、每股收益		
（一）基本每股收益		
（二）稀释每股收益		

单位负责人：雷 刚　　会计主管：陈 源 源　　制表：陈 源 源

第 14 章　非营利组织会计

本章要解决的问题

- 什么是非营利组织会计？有什么特点？
- 非营利组织会计核算的基本前提、原则是什么？
- 非营利组织会计的会计要素、会计科目有哪些？
- 非营利组织会计的会计核算方法是什么？
- 非营利组织会计与营利性会计的差异有哪些？

本章重点

- 非营利组织会计的会计核算基础
- 非营利组织会计与营利性会计的差异

本章难点

- 非营利组织会计与营利性会计的差异

14.1　非营利组织会计概述

14.1.1　特点

在实际工作中，有一些单位和组织并不以营利为目的而存在，而是以服务社会而存在。比如：各级政府及其所属机构等国家行政机关、各类公办学校、医院、文化机构、社会服务组织等。这些单位和组织包括各级政府、各级行政单位、事业单位，总的来说，都具备以下几个共同的特点：

1. 非营利性

由于非营利组织（Non-profit Organization）和单位的存在目的是服务社会，具有公共性质，因此其经费由国家财政部门给予保证。其收入主要来自国家根据其上报的预算经费经审核批准后层层下拨的财政拨款及补助收入。非营利组织运用这些收入行使自己的职能，其支出主要用于服务社会，以实现社会效益以及满足自身生存发展需要，并非为营利而付出代价，因此，其收入与支出一般无配比性。其收入与支出的差额体现的是资金使用的盈余和不足，而非企业会计中的经营成果。营业性企业的会计核算，主要核算经济效益（收入与费用之比）；非赢利组织会计核算主要核算在一定收入约束条件下，运用所拨付收入达到特定管理目标的效率及效果。当然，也监督财、物的安全性及完整性。

2. 政策性

非营利组织会计所核算和监督的对象是财政资金的接收、收取和使用，因此无论是资金的预算申报、使用还是收取都必须严格遵循国家的财政政策与纪律。各单位会计科目、核算体系要按规定严格与政府预算收支体系保持一致。

3. 一般采用收付实现制（Cash-basis Accounting）

在非营利组织的会计所核算中，为了真实、有效地反映国家财政拨款及补助收入和支出情况，强调预算收支的会计处理与财务状况的切实性，通常情况下，一般都采用较为直观的收付实现制。但是，在实际工作中，有的事业单位为了扩充收入，在专业业务外也适当提供有偿营利服务，对于这部分经营性收支业务，为了体现权利和义务的发生并强调经营成果的计算，一般采用权责发生制。

14.1.2　概念

符合以上特点的单位——各级政府部门、行政单位、事业单位等以货币为主要计量单位，以预算收支核算为重点，不以营利为目的，核算和监督本单位预算资金运动过程和结果的会计工作称为非营利组织会计，也称预算会计。

根据预算会计主体的不同，我国预算会计体系主要由以下三部分构成：

1. 财政总预算会计

即各级政府财政部门核算、监督财政资金周转使用以及收支的专业会计。

2. 行政单位活动会计

即国家各级行政单位包括各级人民代表大会及其所属机构等国家权利机关、各级政府及其所属机构等国家行政机关、各级司法机构、检察机构、党政机构和团体组织等对单位预算资金收支、周转活动进行核算、监督的专业会计。

3. 事业单位会计

即社会精神财富的创造者和社会服务者，包括教育、文化、科研、体育、卫生、社会福利等单位对其资金运动过程和结果进行核算和监督的专业会计。

14.2　核算的基本前提和核算原则

14.2.1　基本前提

一般情况下，为了保证会计资料的可靠、合理，各级组织会对会计核算的空间、时间、手段作出限定。预算会计同样也作出以下会计假设，作为会计核算的基本前提：

1. 会计主体

为会计处理设置了空间界限，以使本单位的会计活动与其他单位和组织的会计活动区分开。

2. 持续运行

假设主体业务活动能无限期正常运行，这一假设为选择正常的会计处理方法奠定了基础，为会计处理设置了时间界限。

3. 会计分期

为保证及时提供会计报表和信息，一般将持续运行的时间人为地分割为长短相等的期间。

4. 货币计量

货币是现代会计处理的必要手段和主要计量单位，能体现会计价值核算的基本特征。

14.2.2　核算原则

由于非营利组织会计一般采用收付实现制，因此在会计核算原则中，排除了企业会计核算原则中以权责发生制为基础的“实质重于形式”原则、“谨慎性”原则。根据非营利组织会计的主要经济来源是国家财政拨款及补助收入，且有的拨款或补助指定用途的特点，非营利组织会计增加了“专款专用”原则。总的来说，具体包括真实性原则、相关性原则、可比性原则、一致性原则、及时性原则、重要性原则、明晰性原则、实际成本原则、配比原则、专款专用原则。其中，“配比原则”适用于有经营活动的事业单位，其经营支出与相关的收入应当配比。

14.3　会计要素、会计科目与平衡等式

14.3.1　会计要素

与企业会计的六大会计要素不同，非营利组织会计根据其特点，具有五大会计要素：资产、负债、净资产、收入、支出。

1. 资产

即非营利组织占有或者使用的能以货币计量的经济资源，包括各种财产、权利和其他权利等。与营利组织资产不同的是，非营利组织中由于有的资产的提供者指定了附加限制，从而资产有限定性和非限定性之分。

2. 负债

即非营利组织所承担的、能以货币计量，需要以资产或劳务偿付的债务，包括借入款项、应付账款、其他应付款、各种应缴款项等。

3. 净资产

即非营利组织资产减去负债后的差额。其所拥有的资产净值，相当于营业性组织的所有者权益。由于非营利组织的非营利性，故不存在所有者权益，因此采用“净资产”表示资产净值。

4. 收入

即非营利组织在业务活动中依法取得的非偿还性资金。一般包括财政拨款和补助收入等。

5. 支出

非营利组织开展业务活动，按照批准的预算发生的各种资产耗费和损失，即为支出。

14.3.2 会计科目

为了设置会计账户、进行会计核算，清晰地反映非营利组织财政资金周转使用以及收支活动，将上述会计要素进行进一步分类，便形成以下会计科目。如表14-1、表14-2、表14-3所示。财政总预算会计、行政单位会计、事业单位会计由于主体不同以及业务性质的区别，科目也有所不同。至于科目的具体应用，本书将不予讲解，读者在后续课程《预算会计》中细致学习。

表14-1　　行政单位常用会计科目表

编号	科目名称	编号	科目名称
一、资产类		三、净资产类	
101	现金	301	固定基金
102	银行存款	303	结余
103	有价证券	四、收入类	
104	暂付款	401	拨入经费
105	库存材料	404	预算外资金收入
106	固定资产	407	其他收入
二、负债类		五、支出类	
201	应缴预算款	501	经费支出
202	应缴财政专户款	502	拨出经费
203	暂存款	503	结转自筹基建

表 14-2　　事业单位常用会计科目表

编号	科目名称	编号	科目名称
一、资产类		三、净资产类	
101	现金	301	事业基金
102	银行存款	302	固定基金
105	应收票据	303	专用基金
106	应收账款	306	事业结余
108	预付账款	307	经营结余
110	其他应收款	308	结余分配
115	材料	四、收入类	
116	产成品	401	财政补助收入
117	对外投资	403	上级补助收入
120	固定资产	404	拨入专款
124	无形资产	405	事业收入
二、负债类		409	经营收入
201	借入款项	412	附属单位缴款
202	应付票据	423	其他收入
203	应付账款	五、支出类	
204	预收账款	501	拨出经费
207	其他应付款	502	拨出专款
208	应缴预算款	503	专款支出
209	应缴财政专户款	504	事业支出
210	应交税金	505	经营支出
		509	成本费用
		512	销售税金
		516	上缴上级支出
		517	对附属单位补助
		520	结转自筹基建

表 14－3　　财政总预算常用会计科目表

编号	科目名称	编号	科目名称
一、资产类		三、净资产	
101	国库存款	301	预算结余
102	其他财政存款	306	基金预算结余
104	有价证券	307	专用基金结余
105	在途款	321	预算周转金
111	暂付款	322	财政周转基金
112	与下级往来	四、收入类	
121	预拨经费	401	一般预算收入
122	基建拨款	405	基金预算收入
131	财政周转金放款	407	专用基金收入
132	借出财政周转金	411	补助收入
133	待处理财政周转金	412	上解收入
二、负债类		414	调入资金
211	暂存款	425	财政周转金收入
212	与上级往来	五、支出类	
222	借入款	501	一般预算支出
223	借入财政周转金	505	基金预算支出
		507	专用基金支出
		511	补助支出
		512	上解支出
		514	调出资金
		524	财政周转金支出

14.3.3　平衡等式

1. 对于非营利组织而言，当用一定数量的资产偿付负债后，剩余的便为单位所拥有的资产净值，而一定数额的资产也由一定数量的负债与净资产构成：

资产＝负债＋净资产

该等式反映了资产、负债、净资产的恒等关系。

2. 一个正常运作的非营利组织，不仅需要来自政府性的各类拨款、业务收入、投资利益、捐赠收入等，还需在自己行使职能的同时发生一定的支出。收入与支出相抵后的金额即为结余，即：

收入－支出＝结余

这也是收入支出表的编制依据，反映了运作过程总收支的结余情况。

3. 在非营利组织运作中，如果收入减支出后的结余是正数，则可以增加净资产，反之，减少净资产，因此，五大会计要素之间存在以下关系：

资产＝负债＋净资产＋收入－支出

也就是：

资产＋支出＝负债＋净资产＋收入

这也是资产负债表的编制依据。

14.4 会计核算方法

14.4.1 会计核算基础

根据上述内容的介绍可知，财政总预算会计和行政单位会计主要对“收入”与“支出”进行核算。前者为政府核算财政收入与支出；后者为行政单位核算经费收入与支出。为了强调预算收支的会计处理，两者均采用收付实现制。

事业单位会计经费来源于国家财政的拨款和补助收入，除此之外，也有经营性收入。因此为了强调预算收支的会计处理，对其专业业务活动应实行收付实现制；对经营性收支业务活动，为了强调经营成果的计算，则实行权责发生制。

14.4.2 记账方法

与营利性组织相同，为了完整反映经济业务的来龙去脉，非营利性组织每发生一笔经济业务，同样也应采用较为科学的记账方法——借贷记账法。即以“借、贷”为记账符号，在两个或两个以上相互联系的账户中，对所发生的每一笔经济业务以“有借必有贷，借贷必相等”的记账规则进行记录。

非营利性组织具有五大会计要素：资产、负债、净资产、收入、支出。由于每个会计要素的性质不同，记账方向也不相同。一般情况下：资产类，借方记录增加数，贷方记录减少数；负债类，贷方记录增加数，借方记录减少数；净资产类，贷方记录增加数，借方记录减少数；收入类，贷方记录增加数，借方记录减少数；支出类，借方记录增加数，贷方记录减少数。

14.4.3 凭证、账簿、报表

与营利性组织相同，会计凭证、会计账簿、会计报表仍然是非营利性组织会计核算的工具。其中，会计凭证、会计账簿与营利性组织采用的一致。

1. 会计凭证

会计凭证分为原始凭证和记账凭证。原始凭证为发生或完成业务时取得的书面证明；记账凭证根据审核无误的原始凭证编制。

2. 会计账簿

会计账簿分为总账、日记账、明细账。其中明细账包括收入明细账、支出明细账、往来款项明细账。会计账簿以审核无误的会计凭证为登记依据。

3. 会计报表

行政单位的会计报表一般包括资产负债表、收入支出总表、支出明细表、附表和报表说明书。事业单位的会计报表一般包括资产负债表、收入支出表、基建投资表、附表及会计报表附注和收支情况说明书等。财政总预算的会计报表一般包括资产负债表、财政周转金收支情况表、财政周转金投放情况表、预算执行情况表、预算执行情况说明书及其他附表。

现简单介绍一下资产负债表和收入支出表。资产负债表是反映非营利组织在某一特定日期财务状况的报表，根据“资产+支出=负债+净资产+收入”的平衡公式编制。收入支出表以收入、支出、结余来反映非营利组织年度收支总规模。值得注意的是，会计报表一般反映会计主体的财务状况、经营成果等信息，但是非营利组织具有非营利性等特点，由于其特殊的职能，因此为了体现非营利组织的工作成果，应在结合会计报表的基础上，选择合适的业绩评价方法。

14.4.4 一般账务处理程序

一般情况下，非营利组织要形成一个完整的会计工作体系，必须将会计凭证、会计账簿、会计报表以一定的形式进行有效结合。一般常用的账务处理程序如下图 14－1 所示。

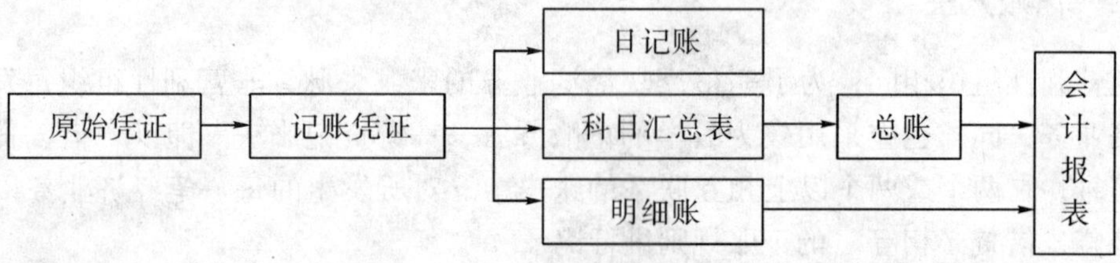

图 14－1 常用账务处理程序

14.5 非营利组织会计（预算会计）和营利性会计（企业会计）的比较

非营利组织会计（预算会计）和营利性会计（企业会计）都是以货币为主要计量单位，对会计主体的经营活动进行核算和监督。由于性质、任务等不同，两者又具有各自的特点，相比较而言，非营利组织会计和营利性会计有以下不同：

14.5.1 适用范围不同

非营利组织会计适用于行政单位、事业单位、各级政府财政部门。营利性会计适用于从事生产经营活动的企业。

14.5.2 目标不同

非营利组织以服务社会为目标，具有非营利性。营利性单位以生产经营为主，以追求利润最大化为目标。

14.5.3　会计核算基础不同

非营利组织会计一般以收付实现制为核算基础。其中，事业单位从事经营性收支业务的部分以权责发生制为核算基础。营利性单位以权责发生制为核算基础。

14.5.4　会计要素、会计等式不同

非营利组织会计具有五大会计要素：资产、负债、净资产、收入、支出。其会计等式为：资产 + 支出 = 负债 + 净资产 + 收入。营利性单位具有六大会计要素：资产、负债、所有者权益、收入、费用、利润。其会计等式为：资产 + 费用 = 负债 + 所有者权益 + 收入。

14.5.5　核算原则、方法不同

非营利组织会计所占用或使用的资源会因特定需要而受到限制，强调专款专用。行政单位会计、事业单位会计、财政总预算会计虽同属预算会计体系，但由于会计主体、业务性质不同，核算的方法也有所区别。

复习思考题

1. 简述我国非营利性组织会计体系的构成。
2. 相比较企业会计，简述我国非营利性组织会计的特点。

附 录

会计基础工作规范

Standardization of Basic Work of Accounting

(1996 年 6 月 17 日财政部财会字 19 号发布)

第一章　总则

第一条　为了加强会计基础工作，建立规范的会计工作秩序，提高会计工作水平，根据《中华人民共和国会计法》的有关规定，制定本规范。

第二条　国家机关、社会团体、企业、事业单位、个体工商户和其他组织的会计基础工作，应当符合本规范的规定。

第三条　各单位应当依据有关法律、法规和本规范的规定，加强会计基础工作，严格执行会计法规制度，保证会计工作依法有序地进行。

第四条　单位领导人对本单位的会计基础工作负有领导责任。

第五条　各省，自治区、直辖市财政厅（局）要加强对会计基础工作的管理和指导，通过政策引导、经验交流、监督检查等措施，促进基层单位加强会计基础工作，不断提高会计工作水平。

国务院各业务主管部门根据职责权限管理本部门的会计基础工作。

第二章　会计机构和会计人员

第一节　会计机构设置和会计人员配备

第六条　各单位应当根据会计业务的需要设置会计机构；不具备单独设置会计机构条件的，应当在有关机构中配人员。

事业行政单位会计机构的设置和会计人员的配备，应当符合国家统一事业行政单位会计制度的规定。

设置会计机构，应当配备会计机构负责人；在有关机构中配备专职会计人员，应当在专职会计人员中指定会计主管人员。

会计机构负责人、会计主管人员的任免，应当符合《中华人民共和国会计法》和有关法律的规定。

第七条　会计机构负责人、会计主管人员应当具备下列基本条件：

（一）坚持原则，廉洁奉公；

（二）具有会计专业技术资格；

（三）主管一个单位或者单位内一个重要方面的财务会计工作时间不少于2年；

（四）熟悉国家财经法律、法规、规章和方针、政策，掌握本行业业务管理的有关知识；

（五）有较强的组织能力；

（六）身体状况能够适应本职工作的要求。

第八条　没有设置会计机构和配备会计人员的单位，应当根据《代理记账管理暂行办法》委托会计师事务所或者持有代理记账许可证书的其他代理记账机构进行代理记账。

第九条　大、中型企业、事业单位、业务主管部门应当根据法律和国家有关规定设置总会计师。总会计师由具有会计师以上专业技术资格的人员担任。

总会计师行使《总会计师条例》规定的职责、权限。

总会计师的任命（聘任）、免职（解聘）依照《总会计师条例》和有关法律的规定办理。

第十条　各单位应当根据会计业务需要配备持有会计证的会计人员。未取得会计证的人员，不得从事会计工作。

第十一条　各单位应当根据会计业务需要设置会计工作岗位。

会计工作岗位一般可分为：会计机构负责人或者会计主管人员，出纳，财产物资核算，工资核算，成本费用核算，财务成果核算，资金核算，往来结算，总账报表，稽核，档案管理等。开展会计电算化和管理会计的单位，可以根据需要设置相应工作岗位，也可以与其他工作岗位相结合。

第十二条　会计工作岗位，可以一人一岗、一人多岗或者一岗多人。但出纳人员不得兼管稽核、会计档案保管和收入、费用、债权债务账目的登记工作。

第十三条　会计人员的工作岗位应当有计划地进行轮换。

第十四条　会计人员应当具备必要的专业知识和专业技能，熟悉国家有关法律、法规，规章和国家统一会计制度，遵守职业道德。

会计人员应当按照国家有关规定参加会计业务的培训。各单位应当合理安排会计人员的培训，保证会计人员每年有一定时间用于学习和参加培训。

第十五条　各单位领导人应当支持会计机构、会计人员依法行使职权；对忠于职守，坚持原则，做出显著成绩的会计机构、会计人员，应当给予精神的和物质的奖励。

第十六条　国家机关、国有企业、事业单位任用会计人员应当实行回避制度。

单位领导人的直系亲属不得担任本单位的会计机构负责人、会计主管人员。会计机构负责人，会计主管人员的直系亲属不得在本单位会计机构中担任出纳工作。

需要回避的直系亲属为：夫妻关系、直系血亲关系、三代以内旁系血亲以及配偶亲关系。

第二节　会计人员职业道德

第十七条　会计人员在会计工作中应当遵守职业道德，树立良好的职业品质、严谨的工作作风，严守工作纪律，努力提高工作效率和工作质量。

第十八条　会计人员应当热爱本职工作，努力钻研业务，使自己的知识和技能适应所从事工作的要求。

第十九条　会计人员应当熟悉财经法律、法规、规章和国家统一会计制度，并结合会计工作进行广泛宣传。

第二十条　会计人员应当按照会计法律、法规和国家统一会计制度规定的程序和要求进行会计工作，保证所提供的会计信息合法、真实、准确、及时、完整。

第二十一条　会计人员办理会计事务应当实事求是、客观公正。

第二十二条　会计人员应当熟悉本单位的生产经营和业务管理情况，运用掌握的会计信息和会计方法，为改善单位内部管理、提高经济效益服务。

第二十三条　会计人员应当保守本单位的商业秘密。除法律规定和单位领导人同意外，不能私自向外界提供或者泄露单位的会计信息。

第二十四条　财政部门、业务主管部门和各单位应当定期检查会计人员遵守职业道德的情况，并作为会计人员晋升、晋级、聘任专业职务、表彰奖励的重要考核依据

会计人员违反职业道德的，由所在单位进行处罚；情节严重的，由会计证发证机关吊销其会计证。

第三节　会计工作交接

第二十五条　会计人员工作调动或者因故离职，必须将本人所经管的会计工作全部移交给接替人员。没有办清交接手续的，不得调动或者离职。

第二十六条　接替人员应当认真接管移交工作，并继续办理移交的未了事项。

第二十七条　会计人员办理移交手续前，必须及时做好以下工作：

（一）已经受理的经济业务尚未填制会计凭证的，应当填制完毕。

（二）尚未登记的账目，应当登记完毕，并在最后一笔余额后加盖经办人员印章。

（三）整理应该移交的各项资料，对未了事项写出书面材料。

（四）编制移交清册，列明应当移交的会计凭证、会计账簿、会计报表、印章、现金、有价证券、支票簿、发票、文件、其他会计资料和物品等内容；实行会计电算化的单位，从事该项工作的移交人员还应当在移交清册中列明会计软件及密码、会计软件数据磁盘（磁带等）及有关资料、实物等内容。

第二十八条　会计人员办理交接手续，必须有监交人负责监交。一般会计人员交接，由单位会计机构负责人、会计主管人员负责监交；会计机构负责人、会计主管人员交接，由单位领导人负责监交，必要时可由上级主管部门派人会同监交。

第二十九条　移交人员在办理移交时，要按移交清册逐项移交；接替人员要逐项核对点收。

（一）现金、有价证券要根据会计账簿有关记录进行点交。库存现金、有价证券必须与会计账簿记录保持一致。不一致时，移交人员必须限期查清。

（二）会计凭证、会计账簿、会计报表和其他会计资料必须完整无缺。如有短缺，必须查清原因，并在移交清册中注明，由移交人员负责。

（三）银行存款账户余额要与银行对账单核对，如不一致，应当编制银行存款余额调节表调节相符，各种财产物资和债权债务的明细账户余额要与总账有关账户余额核对相符；必要时，要抽查个别账户的余额，与实物核对相符，或者与往来单位、个人核对清楚。

（四）移交人员经管的票据、印章和其他实物等，必须交接清楚；移交人员从事会计电算化工作的，要对有关电子数据在实际操作状态下进行交接。

第三十条　会计机构负责人、会计主管人员移交时，还必须将全部财务会计工作、重大财务收支和会计人员的情况等，向接替人员详细介绍。对需要移交的遗留问题，应当写出书面材料。

第三十一条　交接完毕后，交接双方和监交人员要在移交注册上签名或者盖章，并应在移交注册上注明：单位名称，交接日期，交接双方和监交人员的职务、姓名，移交清册页数以及需要说明的问题和意见等。

移交清册一般应当填制一式三份，交接双方各执一份，存档一份。

第三十二条　接替人员应当继续使用移交的会计账簿，不得自行另立新账，以保持会计记录的连续性。

第三十三条　会计人员临时离职或者因病不能工作且需要接替或者代理的，会计机构负责人、会计主管人员或者单位领导人必须指定有关人员接替或者代理，并办理交接手续。

临时离职或者因病不能工作的会计人员恢复工作的，应当与接替或者代理人员办理交接手续。

移交人员因病或者其他特殊原因不能亲自办理移交的，经单位领导人批准，可由移交人员委托他人代办移交，但委托人应当承担本规范第三十五条规定的责任。

第三十四条　单位撤销时，必须留有必要的会计人员，会同有关人员办理清理工作，编制决算。未移交前，不得离职。接收单位和移交日期由主管部门确定。

单位合并、分立的，其会计工作交接手续比照上述有关规定办理。

第三十五条　移交人员对所移交的会计凭证、会计账簿、会计报表和其他有关资料的合法性、真实性承担法律责任。

第三章　会计核算

第一节　会计核算一般要求

第三十六条　各单位应当按照《中华人民共和国会计法》和国家统一会计制度的规定建立会计账册，进行会计核算，及时提供合法、真实、准确、完整的会计信息

第三十七条　各单位发生的下列事项，应当及时办理会计手续、进行会计核算：

（一）款项和有价证券的收付；

（二）财物的收发、增减和使用；

（三）债权债务的发生和结算；

（四）资本、基金的增减；

（五）收入、支出、费用、成本的计算；

（六）财务成果的计算和处理；

（七）其他需要办理会计手续、进行会计核算的事项。

第三十八条　各单位的会计核算应当以实际发生的经济业务为依据，按照规定的会计处理方法进行，保证会计指标的口径一致、相互可比和会计处理方法的前后各期相一致。

第三十九条　会计年度自公历1月1日起至12月31日止。

第四十条　会计核算以人民币为记账本位币。

收支业务以外国货币为主的单位，也可以选定某种外国货币作为记账本位币，但是编制的会计报表应当折算为人民币反映。

境外单位向国内有关部门编报的会计报表，应当折算为人民币反映。

第四十一条　各单位根据国家统一会计制度的要求，在不影响会计核算要求、会计报表指标汇总和对外统一会计报表的前提下，可以根据实际情况自行设置和使用会计科目。

事业行政单位会计科目的设置和使用，应当符合国家统一事业行政单位会计制度的规定。

第四十二条　会计凭证、会计账簿、会计报表和其他会计资料的内容和要求必须符合国家统一会计制度的规定，不得伪造、变造会计凭证和会计账簿，不得设置账外账，不得报送虚假会计报表。

第四十三条　各单位对外报送的会计报表格式由财政部统一规定。

第四十四条　实行会计电算化的单位，对使用的会计软件及其生成的会计凭证、会计账簿。会计报表和其他会计资料的要求，应当符合财政部关于会计电算化的有关规定。

第四十五条　各单位的会计凭证、会计账簿、会计报表和其他会计资料，应当建立档案，妥善保管。会计档案建档要求、保管期限、销毁办法等依据《会计档案管理办法》的规定进行。

实行会计电算化的单位，有关电子数据、会计软件资料等应当作为会计档案进行管理。

第四十六条　会计记录的文字应当使用中文，少数民族自治地区可以同时使用少数民族文字。中国境内的外商投资企业、外国企业和其他外国经济组织也可以同时使用某种外国文字。

第二节　填制会计凭证

第四十七条　各单位办理本规范第三十七条规定的事项，必须取得或者填制原始凭证，并及时送交会计机构。

第四十八条　原始凭证的基本要求是：

（一）原始凭证的内容必须具备：凭证的名称；填制凭证的日期；填制凭证单位名称或者填制人姓名；经办人员的签名或者盖章；接受凭证单位名称；经济业务内容；

数量、单价和金额。

（二）从外单位取得的原始凭证，必须盖有填制单位的公章；从个人取得的原始凭证，必须有填制人员的签名或者盖章。自制原始凭证必须有经办单位领导人或者其指定的人员签名或者盖章。对外开出的原始凭证，必须加盖本单位公章。

（三）凡填有大写和小写金额的原始凭证，大写与小写金额必须相符。购买实物的原始凭证，必须有验收证明。支付款项的原始凭证。必须有收款单位和收款人的收款证明。

（四）一式几联的原始凭证，应当注明各联的用途，只能以一联作为报销凭证。

一式几联的发票和收据，必须用双面复写纸（发票和收据本身具备复写纸功能的除外）套写，并连续编号。作废时应当加盖“作废”戳记，连同存根一起保存，不得撕毁。

（五）发生销货退回的，除填制退货发票外，还必须有退货验收证明；退款时，必须取得对方的收款收据或者汇款银行的凭证，不得以退货发票代替收据。

（六）职工公出借款凭据，必须附在记账凭证之后。收回借款时，应当另开收据或者退还借据副本，不得退还原借款收据。

（七）经上级有关部门批准的经济业务，应当将批准文件作为原始凭证附件：如果批准文件需要单独归档的，应当在凭证上注明批准机关名称、日期和文件字号。

第四十九条　原始凭证不得涂改、挖补。发现原始凭证有错误的，应当由开出单位重开或者更正，更正处应当加盖开出单位的公章。

第五十条　会计机构、会计人员要根据审核无误的原始凭证填制记账凭证。

记账凭证可以分为收款凭证、付款凭证和转账凭证，也可以使用通用记账凭证。

第五十一条　记账凭证的基本要求是：

（一）记账凭证的内容必须具备：填制凭证的日期；凭证编号；经济业务摘要；会计科目；金额；所附原始凭证张数；填制凭证人员、稽核人员、记账人员、会计机构负责人、会计主管人员签名或者盖章。收款和付款记账凭证还应当由出纳人员签名或者盖章。

以自制的原始凭证或者原始凭证汇总表代替记账凭证的，也必须具备记账凭证应有的项目。

（二）填制记账凭证时，应当对记账凭证进行连续编号。一笔经济业务需要填制两张以上记账凭证的，可以采用分数编号法编号。

（三）记账凭证可以根据每一张原始凭证填制，或者根据若干张同类原始凭证汇总填制，也可以根据原始凭证汇总表填制。但不得将不同内容和类别的原始凭证汇总填制在一张记账凭证上。

（四）除结账和更正错误的记账凭证可以不附原始凭证外，其他记账凭证必须附有原始凭证。如果一张原始凭证涉及几张记账凭证，可以把原始凭证附在一张主要的记账凭证后面，并在其他记账凭证上注明附有该原始凭证的记账凭证的编号或者附原始凭证复印件。一张原始凭证所列支出需要几个单位共同负担的，应当将其他单位负担的部分，开给对方原始凭证分割单，进行结算。原始凭证分割单必须具备原始凭证的基本内容：凭证名称、填制凭证日期、填制凭证单位名称或者填制人姓名、经办人的签名或者盖章、接受凭证单位名称、经济业务内容、数量、单价、金额和费用分摊情况等。

（五）如果在填制记账凭证时发生错误，应当重新填制。

已经登记入账的记账凭证，在当年内发现填写错误时，可以用红字填写一张与原内容相同的记账凭证，在摘要栏注明“注销某月某日某号凭证”字样，同时再用蓝字重新填制一张正确的记账凭证，注明“订正某月某日某号凭证”字样。如果会计科目没有错误，只是金额错误，也可以将正确数字与错误数字之间的差额，另编一张调整的记账凭证，调增金额用蓝字，调减金额用红字。发现以前年度记账凭证有错误的，应当用蓝字填制一张更正的记账凭证。

（六）记账凭证填制完经济业务事项后，如有空行，应当自金额栏最后一笔金额数字下的空行处至合计数上的空行处划线注销。

第五十二条　填制会计凭证，字迹必须清晰、工整，并符合下列要求：

（一）阿拉伯数字应当一个一个地写，不得连笔写。阿拉伯金额数字前面应当书写货币币种符号或者货币名称简写和币种符号。币种符号与阿拉伯金额数字之间不得留有空白。凡阿拉伯数字前写有币种符号的，数字后面不再写货币单位。

（二）所有以元为单位（其他货币种类为货币基本单位，下同）的阿拉伯数字，除表示单价等情况外，一律填写到角分；无角分的，角位和分位可写“00”，或者符号“——”；有角无分的，分位应当写“0”，不得用符号“——”代替。

（三）汉字大写数字金额如零、壹、贰、叁、肆、伍、陆、柒、捌、玖、拾、佰、仟、万、亿等，一律用正楷或者行书体书写，不得用0、一、二、三、四、五、六、七、八、九、十等简化字代替，不得任意自造简化字。大写金额数字到元或者角为止的，在“元”或者“角”字之后应当写“整”字或者“正”字；大写金额数字有分的，分字后面不写“整”或者“正”字。

（四）大写金额数字前未印有货币名称的，应当加填货币名称，货币名称与金额数字之间不得留有空白。

（五）阿拉伯金额数字中间有“0”时，汉字大写金额要写“零”字；阿拉伯数字金额中间连续有几个“0”时，汉字大写金额中可以只写一个“零”字；阿拉伯数字金额元位是“0”，或者数字中间连续有几个“0”、元位也是“0”但角位不是“0”时，汉字大写金额可以只写一个“零”字，也可以不写“零”字。

第五十三条　实行会计电算化的单位，对于机制记账凭证，要认真审核，做到会计科目使用正确，数字准确无误。打印出的机制记账凭证要加盖制单人员、审核人员、记账人员及会计机构负责人、会计主管人员印章或者签字。

第五十四条　各单位会计凭证的传递程序应当科学、合理，具体办法由各单位根据会计业务需要自行规定。

第五十五条　会计机构、会计人员要妥善保管会计凭证。

（一）会计凭证应当及时传递，不得积压。

（二）会计凭证登记完毕后，应当按照分类和编号顺序保管，不得散乱丢失。

（三）记账凭证应当连同所附的原始凭证或者原始凭证汇总表，按照编号顺序，折叠整齐，按期装订成册，并加具封面，注明单位名称、年度、月份和起讫日期、凭证种类、起讫号码，由装订人在装订线封签外签名或者盖章。

对于数量过多的原始凭证，可以单独装订保管，在封面上注明记账凭证日期、编号、种类，同时在记账凭证上注明“附件另订”和原始凭证名称及编号。

各种经济合同、存出保证金收据以及涉外文件等重要原始凭证，应当另编目录，单独登记保管，并在有关的记账凭证和原始凭证上相互注明日期和编号。

（四）原始凭证不得外借，其他单位如因特殊原因需要使用原始凭证时，经本单位会计机构负责人、会计主管人员批准，可以复制。向外单位提供的原始凭证复制件，应当在专设的登记簿上登记，并由提供人员和收取人员共同签名或者盖章。

（五）从外单位取得的原始凭证如有遗失，应当取得原开出单位盖有公章的证明，并注明原来凭证的号码、金额和内容等，由经办单位会计机构负责人、会计主管人员和单位领导人批准后，才能代作原始凭证。如果确实无法取得证明的，如火车、轮船、飞机票等凭证，由当事人写出详细情况，由经办单位会计机构负责人、会计主管人员和单位领导人批准后，代作原始凭证。

第三节　登记会计账簿

第五十六条　各单位应当按照国家统一会计制度的规定和会计业务的需要设置会计账簿。会计账簿包括总账、明细账、日记账和其他辅助性账簿。

第五十七条　现金日记账和银行存款日记账必须采用订本式账簿。不得用银行对账单或者其他方法代替日记账。

第五十八条　实行会计电算化的单位，用计算机打印会计账簿必须连续编号，经审核无误后装订成册，并由记账人员和会计机构负责人、会计主管人员签字或者盖章。

第五十九条　启用会计账簿时，应当在账簿封面上写明单位名称和账簿名称。在账簿扉页上应当附启用表，内容包括：启用日期、账簿页数、记账人员和会计机构负责人、会计主管人员姓名，并加盖名章和单位公章。记账人员或者会计机构负责人、会计主管人员调动工作时，应当注明交接日期、接办人员或者监交人员姓名，并由交接双方人员签名或者盖章。

启用订本式账簿，应当从第一页到最后一页顺序编定页数，不得跳页、缺号。使用活页式账页，应当按账户顺序编号，并须定期装订成册。装订后再按实际使用的账页顺序编定页码。另加目录，记明每个账户的名称和页次。

第六十条　会计人员应当根据审核无误的会计凭证登记会计账簿。登记账簿的基本要求是：

（一）登记会计账簿时，应当将会计凭证日期、编号、业务内容摘要、金额和其他有关资料逐项记入账内；做到数字准确、摘要清楚、登记及时、字迹工整。

（二）登记完毕后，要在记账凭证上签名或者盖章，并注明已经登账的符号，表示已经记账。

（三）账簿中书写的文字和数字上面要留有适当空格，不要写满格；一般应占格距的二分之一。

（四）登记账簿要用蓝黑墨水或者碳素墨水书写，不得使用圆珠笔（银行的复写账簿除外）或者铅笔书写。

（五）下列情况，可以用红色墨水记账：

1. 按照红字冲账的记账凭证，冲销错误记录；

2. 在不设借贷等栏的多栏式账页中，登记减少数；

3. 在三栏式账户的余额栏前，如未印明余额方面的，在余额栏内登记负数余额；

4. 根据国家统一会计制度的规定可以用红字登记的其他会计记录。

（六）各种账簿按页次顺序连续登记，不得跳行、隔页。如果发生跳行、隔页，应当将空行、空页划线注销，或者注明“此行空白”、“此页空白”字样，并由记账人员签名或者盖章。

（七）凡需要结出余额的账户，结出余额后。应当在“借或贷”栏内写明“借”或者“贷”等字样。没有余额的账户，应当在“借或贷”栏内写“平”字，并在余额栏内用“Ø”表示。

现金日记账和银行存款日记账必须逐日结出余额。

（八）每一账页登记完毕结转下页时，应当结出本页合计数及余额，写在本页最后一行和下页第一行有关栏内，并在摘要栏内注明“过次页”和“承前页”字样；也可以将本页合计数及金额只写在下页第一行有关栏内，并在摘要栏内注明“承前页”字样。

对需要结计本月发生额的账户，结计“过次页”的本页合计数应当为自本月初起至本页末止的发生额合计数；对需要结计本年累计发生额的账户，结计“过次页”的本页合计数应当为自年初起至本页末止的累计数；对既不需要结计本月发生额也不需要结计本年累计发生额的账户，可以只将每页末的余额结转次页。

第六十一条　实行会计电算化的单位，总账和明细账应当定期打印。

发生收款和付款业务的，在输入收款凭证和付款凭证的当天必须打印出现金日记账和银行存款日记账，并与库存现金核对无误。

第六十二条　账簿记录发生错误，不准涂改、挖补、刮擦或者用药水消除字迹，不准重新抄写，必须按照下列方法进行更正：

（一）登记账簿时发生错误，应当将错误的文字或者数字划红线注销，但必须使原有字迹仍可辨认；然后在划线上方填写正确的文字或者数字，并由记账人员在更正处盖章。对于错误的数字，应当全部划红线更正，不得只更正其中的错误数字。对于文字错误，可只划去错误的部分。

（二）由于记账凭证错误而使账簿记录发生错误，应按更正的记账凭证登记账簿。

第六十三条　各单位应当定期对会计账簿记录的有关数字与库存实物、货币资金、有价证券、往来单位或者个人等进行相互核对，保证账证相符、账账相符、账实相符。对账工作每年至少进行一次。

（一）账证核对。核对会计账簿记录与原始凭证、记账凭证的时间、凭证字号、内容、金额是否一致，记账方向是否相符。

（二）账账核对。核对不同会计账簿之间的账簿记录是否相符，包括：总账有关账户的余额核对，总账与明细账核对，总账与日记账核对，会计部门的财产物资明细账与财产物资保管和使用部门的有关明细账核对等。

（三）账实核对。核对会计账簿记录与财产等实有数额是否相符。包括：现金日记账账面余额与现金实际库存数相核对；银行存款日记账账面余额定期与银行对账单相核对；各种财物明细账账面余额与财物实存数额相核对；各种应收、应付款明细账账面余额与有关债务、债权单位或者个人核对等。

第六十四条　各单位应当按照规定定期结账。

（一）结账前，必须将本期内所发生的各项经济业务全部登记入账。

（二）结账时，应当结出每个账户的期末余额。需要结出当月发生额的，应当在摘要栏内注明“本月合计”字样，并在下面通栏划单红线。需要结出本年累计发生额的，应当在摘要栏内注明“本年累计”字样，并在下面通栏划单红线；12月末的“本年累计”就是全年累计发生额。全年累计发生额下面应当通栏划双红线。年度终了结账时，所有总账账户都应当结出全年发生额和年末余额。

（三）年度终了，要把各账户的余额结转到下一会计年度，并在摘要栏注明“结转下年”字样；在下一会计年度新建有关会计账簿的第一行余额栏内填写上年结转的余额，并在摘要栏注明“上年结转”字样。

第四节　编制财务报告

第六十五条　各单位必须按照国家统一会计制度的规定，定期编制财务报告。财务报告包括会计报表及其说明。会计报表包括会计报表主表、会计报表附表、会计报表附注。

第六十六条　各单位对外报送的财务报告应当根据国家统一会计制度规定的格式和要求编制。

单位内部使用的财务报告，其格式和要求由各单位自行规定。

第六十七条　会计报表应当根据登记完整、核对无误的会计账簿记录和其他有关资料编制，做到数字真实、计算准确、内容完整、说明清楚。

任何人不得篡改或者授意、指使、强令他人篡改会计报表的有关数字。

第六十八条　会计报表之间、报表各项目之间，凡有对应关系的数字，应当相互一致。本期会计报表与上期会计报表之间有关数字应当相互衔接。如果不同会计年度会计报表中各项目的内容和核算方法有变更的，应当在年度会计报表中加以说明。

第六十九条　各单位应当按照国家统一会计制度的规定认真编写会计报表附注及其说明，做到项目齐全，内容完整。

第七十条　各单位应当按照国家规定的期限对外报送财务报告。

对外报送的财务报告，应当依次编定页码，加具封面，装订成册，加盖公章。封面上应当注明：单位名称，单位地址，财务报告所属年度、季度、月度，送出日期，并由单位领导人、总会计师、会计机构负责人、会计主管人员签名或者盖章。

单位领导人对财务报告的合法性、真实性负法律责任。

第七十一条　根据法律和国家有关规定应当对财务报告进行审计的，财务报告编制单位应当先行委托注册会计师进行审计，并将注册会计师出具的审计报告随同财务报告按照规定的期限报送有关部门。

第七十二条　如果发现对外报送的财务报告有错误，应当及时办理更正手续。除更正本单位留存的财务报告外，并应同时通知接受财务报告的单位更正。错误较多的，应当重新编报。

第四章　会计监督

第七十三条　各单位的会计机构、会计人员对本单位的经济活动进行会计监督。

第七十四条　会计机构、会计人员进行会计监督的依据是：

（一）财经法律、法规、规章；

（二）会计法律、法规和国家统一会计制度；

（三）各省、自治区、直辖市财政厅（局）和国务院业务主管部门根据《中华人民共和国会计法》和国家统一会计制度制定的具体实施办法或者补充规定；

（四）各单位根据《中华人民共和国会计法》和国家统一会计制度制定的单位内部会计管理制度；

（五）各单位内部的预算、财务计划、经济计划、业务计划。

第七十五条　会计机构、会计人员应当对原始凭证进行审核和监督。

对不真实、不合法的原始凭证，不予受理。对弄虚作假、严重违法的原始凭证，在不予受理的同时，应当予以扣留，并及时向单位领导人报告，请求查明原因，追究当事人的责任。

对记载不明确、不完整的原始凭证，予以退回，要求经办人员更正、补充。

第七十六条　会计机构、会计人员对伪造、变造、故意毁灭会计账簿或者账外设账行为，应当制止和纠正；制止和纠正无效的，应当向上级主管单位报告，请求作出处理。

第七十七条　会计机构、会计人员应当对实物、款项进行监督，督促建立并严格执行财产清查制度。发现账簿记录与实物、款项不符时，应当按照国家有关规定进行处理。超出会计机构、会计人员职权范围的，应当立即向本单位领导报告，请求查明原因，作出处理。

第七十八条　会计机构、会计人员对指使、强令编造、篡改财务报告行为，应当制止和纠正；制止和纠正无效的，应当向上级主管单位报告，请求处理。

第七十九条　会计机构、会计人员应当对财务收支进行监督。

（一）对审批手续不全的财务收支，应当退回，要求补充、更正。

（二）对违反规定不纳入单位统一会计核算的财务收支，应当制止和纠正。

（三）对违反国家统一的财政、财务、会计制度规定的财务收支，不予办理。

（四）对认为是违反国家统一的财政、财务、会计制度规定的财务收支。应当制止和纠正；制止和纠正无效的，应当向单位领导人提出书面意见请求处理。

单位领导人应当在接到书面意见起十日内作出书面决定，并对决定承担责任。

（五）对违反国家统一的财政、财务、会计制度规定的财务收支，不予制止和纠正，又不向单位领导人提出书面意见的；也应当承担责任。

（六）对严重违反国家利益和社会公众利益的财务收支，应当向主管单位或者财政、审计、税务机关报告。

第八十条　会计机构、会计人员对违反单位内部会计管理制度的经济活动，应当制止和纠正；制止和纠正无效的，向单位领导人报告，请求处理。

第八十一条　会计机构、会计人员应当对单位制定的预算、财务计划、经济计划、业务计划的执行情况进行监督。

第八十二条　各单位必须依照法律和国家有关规定接受财政、审计、税务等机关的监督，如实提供会计凭证、会计账簿、会计报表和其他会计资料以及有关情况、不得拒绝、隐匿、谎报。

第八十三条　按照法律规定应当委托注册会计师进行审计的单位，应当委托注册会计师进行审计，并配合注册会计师的工作，如实提供会计凭证、会计账簿、会计报表和其他会计资料以及有关情况，不得拒绝、隐匿、谎报；不得示意注册会计师出具不当的审计报告。

第五章　内部会计管理制度

第八十四条　各单位应当根据《中华人民共和国会计法》和国家统一会计制度的规定，结合单位类型和内容管理的需要，建立健全相应的内部会计管理制度。

第八十五条　各单位制定内部会计管理制度应当遵循下列原则：

（一）应当执行法律、法规和国家统一的财务会计制度。

（二）应当体现本单位的生产经营、业务管理的特点和要求。

（三）应当全面规范本单位的各项会计工作，建立健全会计基础，保证会计工作的有序进行。

（四）应当科学、合理，便于操作和执行。

（五）应当定期检查执行情况。

（六）应当根据管理需要和执行中的问题不断完善。

第八十六条　各单位应当建立内部会计管理体系。主要内容包括：单位领导人、总会计师对会计工作的领导职责；会计部门及其会计机构负责人、会计主管人员的职责、权限；会计部门与其他职能部门的关系；会计核算的组织形式等。

第八十七条　各单位应当建立会计人员岗位责任制度。主要内容包括：会计人员的工作岗位设置；备会计工作岗位的职责和标准；各会计工作岗位的人员和具体分工；会计工作岗位轮换办法；对各会计工作岗位的考核办法。

第八十八条　各单位应当建立账务处理程序制度。主要内容包括：会计科目及其明细科目的设置和使用；会计凭证的格式、审核要求和传递程序；会计核算方法；会计账簿的设置；编制会计报表的种类和要求；单位会计指标体系。

第八十九条　各单位应当建立内部牵制制度。主要内容包括：内部牵制制度的原则；组织分工；出纳岗位的职责和限制条件；有关岗位的职责和权限。

第九十条　各单位应当建立稽核制度。主要内容包括：稽核工作的组织形式和具体分工；稽核工作的职责、权限；审核会计凭证和复核会计账簿、会计报表的方法。

第九十一条　各单位应当建立原始记录管理制度。主要内容包括：原始记录的内容和填制方法；原始记录的格式；原始记录的审核；原始记录填制人的责任；原始记录签署；传递、汇集要求。

第九十二条　各单位应当建立定额管理制度。主要内容包括：定额管理的范围；制定和修订定额的依据、程序和方法；定额的执行；定额考核和奖惩办法等。

第九十三条　各单位应当建立计量验收制度。主要内容包括：计量检测手段和方法；计量验收管理的要求；计量验收人员的责任和奖惩办法。

第九十四条　各单位应当建立财产清查制度。主要内容包括：财产清查的范围；财产清查的组织；财产清查的期限和方法；对财产清查中发现问题的处理办法；对财产管理人员的奖惩办法。

第九十五条　各单位应当建立财务收支审批制度。主要内容包括：财务收支审批人员和审批权限；财务收支审批程序；财务收支审批人员的责任。

第九十六条　实行成本核算的单位应当建立成本核算制度。主要内容包括：成本核算的对象；成本核算的方法和程序；成本、分析等。

第九十七条　各单位应当建立财务会计分析制度。主要内容包括：财务会计分析的主要内容；财务会计分析的基本要求和组织程序；财务会计分析的具体方法；财务会计分析报告的编写要求等。

第六章　附则

第九十八条　本规范所称国家统一会计制度，是指由财政部制定、或者财政部与国务院有关部门联合制定、或者经财政部审核批准的在全国范围内统一执行的会计规章、准则、办法等规范性文件。

本规范所称会计主管人员，是指不设置会计机构、只在其他机构中设置专职会计人员的单位行使会计机构负责人职权的人员。

本规范第三章第二节和第三节关于填制会计凭证、登记会计账簿的规定，除特别指出外，一般适用于手工记账。实行会计电算化的单位，填制会计凭证和登记会计账簿的有关要求，应当符合财政部关于会计电算化的有关规定。

第九十九条　各省、自治区、直辖市财政厅（局）、国务院各业务主管部门可以根据本规范的原则，结合本地区、本部门的具体情况，制定具体实施办法，报财政部备案。

第一百条　本规范由财政部负责解释、修改。

第一百零一条　本规范自公布之日起实施。1984 年 4 月 24 日财政部发布的《会计人员工作规则》同时废止。

参考文献

1. 葛家澍．会计学原理．北京：辽宁人民出版社，1998.

2. 葛家澍．会计学导论．北京：立信会计出版社，2003.

3. 王化成．财务管理教学案例．北京：中国人民大学出版社，2001.

4. 王化成．财务管理案例点评．浙江：浙江人民出版社，2003.

5. 娄尔行．基础会计．上海：三联书店上海分店，1993.

6. 李海波．会计学原理——基础会计．北京：立信会计出版社，2009.

7. 罗伯特·N·安东尼，莱斯利·K·布莱特纳．会计核心概念.8 版．周春芳，译．北京：中国人民大学出版社，2003.

8. 崔刚，侯立新．会计英语.2 版．北京：机械工业出版社，2009.

9. 李海波，刘学华．预算会计．北京：立信会计出版社，2006.

10. 新编预算会计编写组．新编预算会计．北京：经济科学出版社，2004.